高等教育会计类专业创新与重构系列规划教材

FINANCIAL SHARED SERVICES

财务共享服务

陈虎 孙彦丛／主编
温素彬 刘俊勇 胡仁昱／副主编

东北财经大学出版社
Dongbei University of Finance & Economics Press
大连

图书在版编目（CIP）数据

财务共享服务 / 陈虎，孙彦丛主编. —大连：东北财经大学出版社，2022.10（2024.7重印）

（高等教育会计类专业创新与重构系列规划教材）

ISBN 978-7-5654-4517-0

Ⅰ. 财… Ⅱ. ①陈… ②孙… Ⅲ. 企业管理-财务管理-高等学校-教材 Ⅳ. F275

中国版本图书馆CIP数据核字（2022）第074647号

东北财经大学出版社出版

（大连市黑石礁尖山街217号 邮政编码 116025）

网 址：http://www.dufep.cn

读者信箱：dufep@dufe.edu.cn

大连日升彩色印刷有限公司印刷 东北财经大学出版社发行

幅面尺寸：185mm×260mm 字数：383千字 印张：17.25

2022年10月第1版 2024年7月第3次印刷

责任编辑：王 丽 责任校对：王 慧

封面设计：冀贵收 版式设计：原 皓

定价：52.00元

教学支持 售后服务 联系电话：（0411）84710309

如有印装质量问题，请联系营销部：（0411）84710711

序（一）

新时代，新挑战，新机遇，集理论与方法，谋财务创新；

践发展，践融合，践升级，重应用与案例，夯共享实践。

“大、智、移、云、物、区”等新兴技术的发展，对传统会计与财务管理工作提出了极大挑战，同时，也为会计和财务管理的变革提供了极好机遇。一方面，光学字符识别、自然语言处理、数据挖掘、机器学习等智能技术的普遍运用推动财务工作向数字化、自动化、智能化方向发展；另一方面，财务管理的智能化转型升级也是企业实现数字化转型的重要基础，是企业实现资源集约化、运营自动化、管理数字化、决策智能化的必由之路。因而，企业迫切需要具有财务专业能力、商业逻辑理解力、数据价值发掘能力的复合型专业背景人才，客观上对高校财会教育提出了全新的要求和挑战。

2017年以来，上海国家会计学院每年组织开展“影响会计人员的十大信息技术”评选活动，结果，以财务共享服务管理模式为核心的“财会云”从2018年以来连续5年高居榜首。信息生产是财务管理工作的基础环节和起点，以大数据智能技术为基础的财务共享服务为促进财务管理水平提高和价值创造能力提升奠定了坚实的基础。因此，智能财务共享是财务智能化的关键基础。

为了顺应数字经济时代的潮流，落实教育部新文科建设规划，培养“大数据、人工智能”（数）和“管理智慧”（智）交叉融合的“数智赋能”型高级财会专业人才，助力一流财务管理体系建设，促进企事业单位数字化转型，推动企事业单位高质量发展，在中国会计学会会计教育专业委员会、中国会计教育专家委员会的指导下，本教材团队经过3年多时间的不断论证，聚焦于财务共享服务这一主题，力求通过理论讲述与实践案例相结合的方式，生动展现财务共享服务的基本理论、基本方法和实践路径。

本教材以习近平新时代中国特色社会主义思想为指导，坚持立德树人，贯彻“价值塑造、知识传授、能力培养”三位一体的育人理念，坚持“思政引领、科技赋能、学科交叉、产教融合”的原则，促进学生对业财融合和财务共享的全面理解，帮助学生树立数智赋能的财务共享思维，打造学生智能管理和智能决策支持的综合能力。

我们认为，财务共享服务中心应当是企事业单位的数据加工中心、资源整合中心、管理创新中心、价值创造中心。首先，依托影像识别、语音识别等自动化技术实现企业经济业务相关信息的自动收集与整理，并生成会计数据与账表；其次，利用财务可视化技术，生动展现企业所拥有的内外部财务与非财务资源，实现企业内外部资源配置的“顺畅化、协同化、智能化”；再次，流程化的运作模式有利于覆盖管理盲区，实现管理流程改造升级；最后，实现财务管理创造价值的目标。

本教材总体上体现了以下特点：第一，理念新。本教材突出学以致用的教学理念，注重对学生综合应用能力的培养。第二，融合性。教材内容和编写团队都体现了理论和实践的高度融合。本教材为校企共建教材，编写团队由中国财务数字化和财务共享服务领导者——中兴新云服务有限公司的总裁陈虎、高级副总裁孙彦丛等资深实践专家和诸多学术界专家联合组成，从而实现了理论与实践的高度融合。第三，资源多。本教材依托中兴新云在各类企事业单位的服务实践，提供了丰富的数字化教学资源。第四，体系化。本教材从理论、建设、管理、展望等方面系统地阐述了财务共享服务的理论和方法体系，注重培养学生的系统化思维。第五，场景化。本教材注重财务共享服务的场景化教学，融理论、方法于现实场景，使课堂教学也能产生身临其境的效果。

本教材遵循“内涵-建设-管理-发展”的基本逻辑，体系化地展现了财务共享服务的理论、方法、体系、路径、管理、发展，适合管理类专业、企事业单位的中高层管理者、财务管理高级管理人员、咨询工作从业人员等学习和参考。

数字经济时代已然到来，智能财务也正在走向企业价值创造和可持续发展的舞台中央。本教材是财务共享服务理论与实践相结合的产物，也是团队集体智慧的结晶，更是理论源于实践、指导实践的体现。让我们共同拥抱数字经济的浪潮，走在财务智能化变革的时代前列！

教授
南京审计大学

序（二）

早在2008年，我在会计专业硕士的高级管理会计理论与实践课中介绍了美国管理会计师协会发布的管理会计公告，在38份公告中有2份是关于财务共享服务的。当时，我们能收集到的中国案例就是中兴通讯的财务共享服务实践。但同学们很希望了解中国企业的实践，这也就有了中央财经大学会计学院目前开展的奥马行动（Action Learning Management Account，ALMA，行动学习式管理会计）。自2011年开展的奥马行动，前4年每年选题都有财务共享服务，这期间的实践关注的重点更多是是否有必要开展财务共享服务。自2015年后，实践的重点已经转向如何开展财务共享服务。目前，财务共享服务已经成为业界共识和必然的发展趋势，在规模企业中都能发挥规模效应，具体体现在以下三个方面：

第一，助力合法合规。财务共享服务中心的成立可以规范集团各子公司的操作流程，对助力集团合法合规经营以及财务管控起着日趋明显的作用，尤其是在审计、纪检、巡视等工作中。

第二，提升工作质量。通过建立财务共享服务中心，企业可规范大量基础性财务工作流程，在一定程度上也会提高企业管理的标准化与专业化，大大提高工作效率与工作质量。

第三，树立服务意识。财务共享可以通过引进财务机器人，利用可视化数据看板等，让业务高标准、高质量、低成本开展，树立客户导向的服务意识，让服务水平得到极大的改善。

目前，实务界中大部分企业实施财务共享服务主要是为了满足财务会计的需求，即追求合规和流程标准化，基于财务共享来改进和提升管理会计的成功案例几乎没有，但是财务共享的出现确实可以支撑和加速企业管理会计应用，主要实现路径有以下几点：

一是还原数据背后的业务真相。财务共享服务中心将全公司的会计核算工作集中到一个平台进行，全面打通了财务、业务和管理信息系统，实现了对交易过程的显性化和规范化，使企业低成本地获得大量统一、真实、可靠的业务和财务数据，支持业务更好地发展。

二是搭建集中管理的系统平台。财务共享的应用作为企业建立会计工作集中平台的基础，从组织架构、人员储备、数据基础、系统架构等全方位地为管理会计应用创造有利条件，推动企业完成管理会计建设和实现财务转型。

三是提高财务风险管理质量。在财务共享模式下，可以从业务端采集源头数据，实现财务与业务数据信息的融合和统一管理，各部门共同对风险信息进行“靶向分析”，将财务风险管理工作前置，能够保证企业财务风险管理工作规范健康运行。

建设财务共享服务中心不能仅仅为了降低成本，这是不可持续的，因为有些企业建立财务共享服务中心后反而在短期内增加了运营成本。只有积极利用财务共享采集数据和运用数据，才能在更多领域帮助业务部门和高层管理者，进而发挥乘数效应。

鉴于财务共享服务中心在大型企业集团管理中日益成为主流实践，中央财经大学会计学院在会计专业硕士培养中，5年前就与陈虎先生领导的中兴新云团队进行了合作，在我院开设财务共享服务课程。几年下来，该课程及陈总团队的辛勤付出对学生的知识结构、能力提升、实习实践、就业质量和职业发展都发挥了重要作用。

基于近几年在中央财经大学和多所高校合作的经验积累，以及陈虎团队对财务共享服务的深刻洞察和大量的成功实践案例，《财务共享服务》教材终于面世了。这将极大地促进广大师生系统地学习财务共享服务理论和实践，对于财务共享服务人才培养也将发挥重要作用。

刘俊勇　教授
中央财经大学会计学院党委书记
中国管理会计研究与发展中心主任

序（三）

科技的发展已经把我们带入了数字化时代，作为掌握企业财务信息系统的会计人员，如果能够乘上数字化转型的东风，必将在未来的企业管理中发挥更大的作用。目前，在会计实务中，各种新技术的应用层出不穷，各种新的管理模式也不断涌现。对于会计行业而言，要想实现整个行业的长远发展，必须要为行业源源不断地提供符合时代要求的、掌握数字时代必备技能的专业人员，这对会计的教育工作就提出了更高的要求。目前，仍有部分高校的会计教育没能跟上时代的步伐，保持着旧时代的逻辑和操作，这对会计专业学生的未来职业发展，对财会行业的总体前景，在一定程度上产生了阻碍。

中兴新云是国内比较早开始财务共享实践的公司，总裁陈虎先生多年来带领中兴新云团队打造了很多有代表性的财务共享实践案例，为行业和教育界都提供了很多的标杆指引。陈虎先生本人也是一个学者型的企业家，多年来与学术界保持着良好的交流，并且经常以专著、学术论文等方式输出观点，为学术界的研究提供了实务界的源头活水。因此，陈虎先生有能力编好这本《财务共享服务》教材。

本教材的内容紧密围绕财务共享服务这一中心，对财务共享服务的全环节进行了梳理和讲解。本教材不仅有理论，也有切实的实践指引，对于实务经验尚不充足的在校学生而言具有很强的指导性。尤其是本教材的第八章，突出了财务共享服务中心的组织设置和人员配置问题，在很多人还在谈论技术应用的问题时，就比较早地关注到了财务共享服务的组织架构问题，这既有前瞻性又有全局性，对于培养数字时代的财会管理型人才具有很大的意义。

总体而言，本教材对财务共享服务进行了内容充足、形式多样的讲解，具有实践性、前瞻性、全局性，能够满足数字时代的会计教育新要求。对于在校学生而言，这样一本教材是学习和了解财务共享、为将来职业生涯做准备的一条捷径。希望这本教材能够对数字时代的会计教育做出应有的贡献，也期待会计这样一个古老的学科能够在新时代绽放出新光芒。

胡仁昱　教授

华东理工大学

前　言

伴随着现代经济与信息技术的快速发展，人工智能、数据挖掘、云计算、数字孪生等一系列新兴技术催生出许多创新业务模式，推动社会进入一个全面感知、高速传输、智能处理、精准决策的数字化时代。

财务转型的第一步是实现财务的“工业化革命”，建立财务共享服务中心。2005年，中兴通讯建成中国企业的第一家财务共享服务中心，经过十几年的发展，共享服务在我国得到了积极推动并逐渐成熟。财务共享服务实现了财务基础业务的专业化、标准化、流程化和信息化，重塑了财务工作流程、财务组织和财务信息系统，为财务转型提供了数据基础、管理基础与组织基础。共享服务模式的普及、日新月异的技术发展、逐渐丰富的数字财务场景应用均对行业人才的培养提出了更高的要求。未来行业更需要拥有财务专业能力、商业逻辑理解力、数据价值发掘等能力的复合型财务人才。面对冲击与挑战，我们不禁要思考：高校财会专业教育应该如何应对变化，帮助学生获得竞争优势呢？

会计专业一直是高校热门专业，会计人才培养规模也在不断扩大，面对瞬息万变的外部环境，唯有拥抱变革才能适应时代赋予财务人员的新角色。因此，高校会计专业教育亟须站在新的角度，积极探索人才培养“破局之道”，塑造数字化时代的财务设计师、财务工程师、财务分析师，以适应企业战略迭代对财会人才需求的变化。2016年，中国会计学会会计教育专业委员会（以下简称“专家委”）发起会计专业教学一体化改革，持续推动高等会计教育转型；2020年，专家委围绕数字化时代背景下智能会计方向的课程及教材改革进行了深入的讨论。

本教材作为“高等教育会计类专业创新与重构系列规划教材”之一，也是新课程专业方向课配套教材之一。为适应数字化时代发展要求，教材以财务共享服务为主题，从财务数字化转型背景切入，引入前沿理念、新兴技术以及优秀实践案例，详细阐述了财务共享服务建设、运营管理及未来发展趋势；加强学生对业财一体信息化流程的理解，帮助学生了解企业经营过程，熟悉管理循环，培养学生的业务洞察能力；提升学生对财务自动化、智能化、数字化等技术的理解与应用能力，帮助学生在数字化发展的道路上以深入思考与创新实践制胜未来。

本教材结合党的二十大报告等党和国家发布的规章、制度等，以课程教学为核心，聚焦立德树人，将思政内容贯穿人才培养体系并融入教材。“学思践悟”专栏，旨在促进知识传授、能力培养和价值引领的有机统一；“政策指引”专栏，旨在帮助学生了解行业最新国家政策，引导学生全面贯彻新发展理念，深入社会实践。同时，教材形式多样，各章引导案例深入浅出地帮助学生更好地理解教材内容；配套微课视频、电子课件、思考与练习、教学案例等丰富资源，实现线上线下结合，打造立体化和可视化教学体系。

本教材由深圳市中兴新云服务有限公司（以下简称“中兴新云”）总裁陈虎、高级副总裁孙彦丛主编并负责写作大纲拟定、组织编写、执笔工作。整个编写过程中，南京审计大学温素彬教授、中央财经大学刘俊勇教授、华东理工大学胡仁昱教授等提供了专业指导与建议，极大地推动了教材的编写进程，在此表示衷心的感谢！

在教材出版之际，感谢中兴新云客户的信任与支持，帮助我们在财务共享与财务数字化发展道路上不断成长与突破。感谢中兴新云团队，他们拥有严谨务实的态度与锐意创新的能力，源源不断地输出高质量的研究成果与专业的解决方案，为教材编写提供了理论指导，他们的实践经验是本教材顺利完成的源泉和基础。特别感谢在本教材编写过程中给予支持的赵旖旎、禹萌、李维初、彭甜甜、刘雅琼、黄仁芬、朱子凝、李云、崔凡、任婷钰、王梦茹、张蓓等人，他们对本教材的写作贡献了力量、倾注了心血！

最后，也要感谢东北财经大学出版社为本教材出版付出的辛苦努力。

由于作者时间和能力所限，教材中还可能存在遗漏、疏忽或不足之处，恳请读者批评指正，以便我们完善与优化教材内容。

编 者

2023年12月

目　录

第一篇　财务转型与财务共享服务概述

第二篇　财务共享服务中心的建设

第一篇

财务转型与财务共享服务概述

第一章
变革时代的财务转型

大数据、智能化、移动互联网、云计算和物联网等技术在生产和社会生活领域的广泛应用和深度融合，对竞争环境、商业模式及企业管理方式产生了深刻的影响，推动了企业财务转型的进程。传统的财务工作采用分散式、封闭的手工操作模式，复杂的交易行为不断被压缩在会计科目里，财务部门丢弃了反映企业业务经营状况的过程数据，仅仅记录了经营的结果。“大智移云物”时代背景下的财务转型，要从“最小数据集”向“大数据”转变，通过与利益相关者的在线互联，运用信息技术高效地采集、加工、报告数据，建立企业的数字神经网络，帮助企业用数据来管理、用数据来决策、用数据来创新，使企业在多变的商业环境中保持竞争优势。

本章学习目标

1. 了解财务转型的背景；
2. 理解财务转型的目标、趋势与路径；
3. 学习并掌握财务的职能与层次；
4. 理解并掌握财务管理模式；
5. 领悟积极探索、改革创新、突破陈规的时代精神。

引导案例

A集团成立于1997年，已成功在中国香港上市，拥有超过百家分子公司，规模达到了400亿元，在全球拥有近20家研发机构、约30 000名员工，为全球客户提供优质的、创新的、定制化产品与服务。

公司规模在不断发展壮大，但公司内部对财务人员以及传统财务模式的不满与抱怨却在不断增加。

“我们子公司财务和业务人员规模相当，你们财务只会对我们提要求，也没见你们对业务有什么贡献。”

“除了每天记账做账，你们对公司经营决策几乎没有提供任何支持。”

“你们财务人员不仅提供不了帮助，财务运营成本还居高不下。”

这些抱怨场景在A集团各分子公司财务部门屡见不鲜，财务人员疲于应付各种复杂繁多的财务工作，经常加班加点，还是容易出错；同时，由于财务流程繁冗，业务部门怨声载道，对财务部门的满意度持续走低。

怎样突破财务低附加值、高重复性的传统工作模式？如何更好地把控财务风险？如何更好地为企业的经营决策提供支持？过去的财务工作模式与思路已不能满足集团快速发展的需求，更无法应对日新月异的变化，在集团CFO的领导下，A集团财务变革事宜被提上日程，“变革！刻不容缓的变革！”

然而，财务变革对于A集团以及各分子公司的财务部门来说又谈何容易，该如何面对各种质疑？如何消除员工心中的不安情绪，使大家积极面对即将到来的变革？带着这些未知的挑战，A集团企业变革小组于2010年正式成立，这标志着A集团财务变革的序幕正式拉开。

本章知识地图

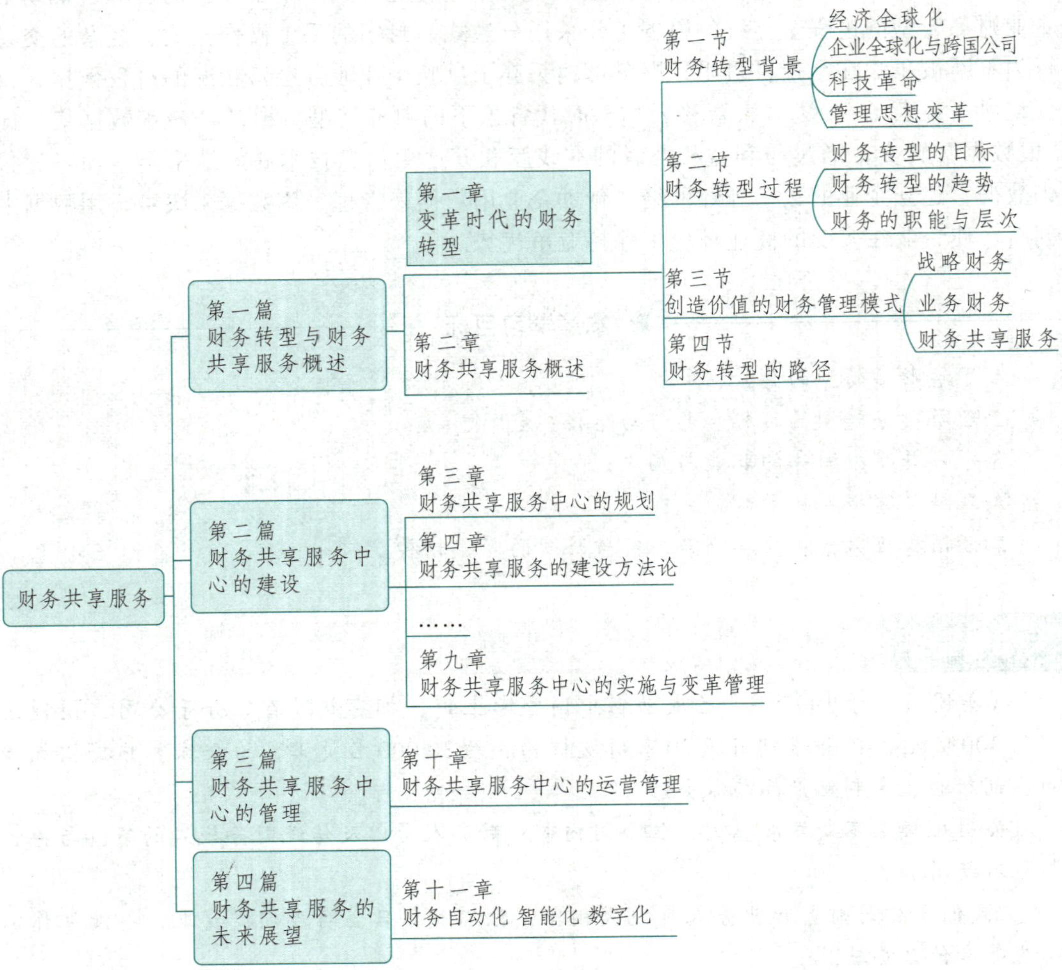

图1-1 第一章知识地图

本章关键名词

财务转型、业务循环、管理循环、信息循环、战略财务、业务财务、共享服务、专家团队

第一节　财务转型背景

一、经济全球化

经济全球化（economic globalization）是商品、技术、信息、服务、货币、人员、资金、管理经验等生产要素跨国跨地区的流动，这种流动将全世界连接成为一个统一的大市场。各国在这一大市场发挥各自优势，实现资源在世界范围内的优化与配置。

经济全球化是当代世界经济的重要特征之一，也是世界经济发展的重要趋势。经济全球化主要表现在以下四个方面：

（1）贸易自由化。经济全球化促进了世界多边贸易体制的形成，从而加快了国际贸易的增长速度，促进了全球贸易自由化的发展，几乎每个国家都成为世界经济体系中的一员，并从对外开放中得到实惠。

（2）生产一体化。生产力作为人类社会发展的根本动力，极大地推动着世界市场的发展与扩大。经济全球化最基本也是最为实质的特征就是生产要素和商品的全球化流动。例如，一架飞机通常有上百万个零部件，由分布在各个国家的成千上万个企业参与协作生产，由它们加工成各种最终产品。

（3）金融一体化。世界性的金融机构网络，大量的金融业务跨国界进行，跨国贷款、跨国证券发行和跨国并购体系已经形成。世界各主要金融市场在时间上相互接续、价格上相互联动，几秒钟内就能实现上千万亿美元的交易，尤其是外汇市场已经成为世界上最具流动性和全天候的市场。

（4）科技全球化。这是经济全球化最新拓展和进展迅速的领域，以信息技术产业为典型代表，各国科技资源在全球范围内的优化配置，具体表现为先进技术和研发能力的大规模跨国界转移以及广泛存在的跨国界联合研发，各国的技术标准越来越趋向一致。

二、企业全球化与跨国公司

经济全球化时代的快速发展促使越来越多的企业从国内经营走向全球市场，越来越多的企业以本土为中心，将经营的触角伸向其他各国，力争打造全球化企业。通用电气（GE）前任CEO杰克·韦尔奇（Jack Welch）曾说：“全球化已经成为不容忽视的现实。衡量企业（业绩）成功与否的标准只有一个——国际市场占有率。成功的企业通常依靠在全球各地找到市场而获胜。”随着经济全球化进程不断加快，企业所面对的外部经营环境已经从国家内部扩大到了全球，企业“走出去”开展全球化经营已成为一个必然的发展趋势。

跨国公司是当今世界经济中除国家以外最活跃的国际行为主体，是经济活动的主要组织者。跨国公司作为经济全球化的产物，它的迅速发展不仅使其在世界经济中的地位和作用不断加强，同时也进一步促进了经济全球化，推动了国际分工的深化和经济全球化在生产、投资、贸易、金融、技术开发等方面的发展，推动了经济全球化的进程和世界经济的发展。

当企业成为无国界经营的全球性企业，企业的国籍属性不再重要。企业不仅是将分别位于全球不同地理位置的点简单地连接起来，还要让它们进行有机的融合并产生更为紧密的联系，使得企业的资源、产业链布局以全球为舞台展开，形成战略、运营、文化全球化。但是要想真正实现全球化运营，还需要能力的积累与长远的眼光，不可一蹴而就，从全球范围来看，只有为数不多的企业能达到这一境界。

三、科技革命

随着“大智移云物”等新一代信息技术的广泛应用，社会信息化、企业信息化日趋成熟，多样的、海量的数据以爆炸般的速度迅速生成，全球数据的增长速度之快前所未有，企业创造业务价值的能力将越来越多地取决于其技术架构的发展空间和机遇[①]。

数字经济快速发展，数据已成为关键战略性资源。根据国际权威机构Statista的统计和预测，2020年全球数据产生量预计为47 ZB，到2035年，这一数字将达到2 142 ZB，全球数据量即将迎来更大规模的爆发[②]。大数据是指无法在一定时间范围内用常规软件工具进行捕捉、管理和处理的数据集合，需要新处理模式才能具有更强决策力、洞察发现力和流程优化能力的海量、高增长率和多样化的信息资产。大数据的特点可以概括为5个V，数据量大（volume）、速度快（velocity）、类型多（variety）、价值（value）、真实性（veracity），其核心技术之一就是能够在不同的数据类型中进行交叉分析。语义分析技术、图文转换技术、模式识别技术、地理信息技术等都在大数据分析时获得应用。

人工智能（artificial intelligence，AI）是财务智能化的关键技术。从本质来看，我们所谈论的人工智能并不特指某项技术，而是通过对一系列不同的技术的有效组合，使机器能够以类似人类的智能水平展开行动[③]，这些技术包括机器学习、自然语言处理、机器视觉、生物特征识别、人机交互、虚拟现实/增强现实、知识图谱等。根据麦肯锡全球研究机构（MGI）的预测，到2030年，人工智能将为全球经济贡献13万亿美元，拉动GDP增长约16%[④]。

随着宽带无线接入技术和移动终端技术的飞速发展，移动互联网应运而生并迅猛发展，已经渗透到人们生活、工作的各个领域，短信、移动音乐、手机游戏、视频应用、手机支付、位置服务等丰富多彩的移动互联网应用迅猛发展，正在深刻改变信息时代的社会生活。由于移动是一种不同的工作负载，已改变了交易方式，所以在同一个系统里，有数据、事物、应用程序、基础架构，还有虚拟化资源，它通过无处不在的移动网络，将大量的数据传输到“云”中。

云计算（cloud computing）通常和大数据分析联系在一起，因为实时的大型数据集分析需要向数十、数百甚至数千的电脑分配工作。云计算就是这样一种资源交付和使用模式，用户通过网络以按需、易扩展的方式获得所需服务。基于云计算，服务提供商为客户提供远程的即时服务，当用户在某时某地需要一项服务时，只需提出服务请求并付费，服务云就会提供相应服务产品，把自己的运营能力像水和电一样让外部随需使用，即云服务。云计算的核心概念就是以互联网为中心，在网站上提供快速且安全的云计算服务与数据存储，让每一个使用互联网的人都可以使用网络上的庞大计算资源与

① 埃森哲.技术展望［EB/OL］.［2021-02-17］. https://qr31.cn/DQl2jS.
② 中国信息通信研究院.大数据白皮书［EB/OL］.［2020-12-28］. https://qr31.cn/E5rCHz.
③ 埃森哲.人工智能AI应用高管指南［EB/OL］.［2019-07-02］. https://qr31.cn/BnR0W7.
④ 麦肯锡全球研究机构（MGI）.人工智能前沿报告：人工智能对全球经济影响的模拟计算［EB/OL］.［2018-09-04］. https://qr31.cn/DQVhpy.

数据中心。

物联网是互联网基础上延伸和扩展的网络，将各种信息传感设备与互联网结合起来形成一个巨大网络，实现在任何时间、任何地点，人、机、物的互联互通。物联网具有全面感知、可靠传递与智能处理的特征，被广泛运用于智能制造、智慧零售、智能医疗、智慧交通等领域。

移动互联、云计算、大数据等创新技术领域连在一起，经济的发展将进入一个新的时代，由技术创新带来的新经济形态意义将越来越大。

四、管理思想变革

20世纪90年代以来，知识经济的到来使信息与知识成为重要的战略资源，技术越来越多地被用于企业管理；顾客的个性化、消费的多元化决定了企业只有合理组织全球资源，在全球市场上争得顾客的青睐，才有生存和发展的可能。而企业组织愈来愈不能适应新的、竞争日益激烈的环境。美国企业从20世纪80年代起开始了大规模的企业重组革命，日本企业也于20世纪90年代开始进行第二次管理革命。这十几年间，企业管理经历着前所未有的、脱胎换骨的变革。此时，传统的古典管理理论、行为科学理论、战略管理理论已不能满足管理实践的发展需求，管理学界提出要在企业管理的制度、流程、组织、文化等方面进行创新，出现了企业再造（re-engineering）、学习型组织（learning organization）等新的管理思想。

企业再造理论的最终构架由迈克尔·海默（M. Hammer）博士与詹姆斯·钱皮（J. Champy）完成。他们在其合著的《企业再造》（1993）中阐述了这一理论：现代企业普遍存在着大企业病，面对日新月异的变化与激烈的竞争，要提高企业的运营状况与效率，迫切需要脱胎换骨式的革命。企业再造的首要任务是BPR——业务流程再造（business process re-engineering），它是企业重新获得竞争优势与生存活力的有效途径；BPR的实施又需两大基础，即现代信息技术与高素质的人才，以BPR为起点的企业再造工程将创造出一个全新的工作世界。

1990年，彼德·圣吉（P.M. Senge）所著的《第五项修炼》出版，该书的主要内容旨在说明：企业唯一持久的竞争优势源于比竞争对手学得更快更好的能力，面对剧烈变化的外在环境，组织应力求精简、扁平化、终身学习、不断自我组织再造，以维持竞争力。学习型组织不存在单一的模型，它是关于组织的概念和雇员作用的一种态度或理念，是用一种新的思维方式对组织的思考。在学习型组织中，每个人都要参与识别和解决问题，使组织能够进行不断的尝试，改善和提高它的能力。

第二节　财务转型过程

一、财务转型的目标

数据显示[①]，企业对财务部门的转型主要有以下几个期望：创造财富与控制风险

---

① IMA，厦门大学管理会计研究中心，上海国家会计学院智能财务研究中心．智能技术驱动下的财务共享模式创新与应用实践研究报告［EB/OL］．［2020-11-05］．https://qr31.cn/EZfN4B．

(90%)、开展精细化管理(88%)、支持企业管理模式变革(87%)和参与企业决策(84%)。确定财务转型的目标,首先需要明晰企业的目标。企业的目标是什么?从根本上看,企业之间的竞争,是企业为顾客创造价值的能力之间的较量,为顾客提供他们满意的价值,为顾客创造更多、更好的价值,是企业存在和发展的目标。

企业经营活动纷繁复杂,如何保证企业的管理与各项日常活动都秉承这一目标呢?不同企业的规模、性质、所处环境以及营业模式等各不相同,但其本质都会抽象成为业务循环、信息循环与管理循环。三大循环相互协作、共同运转,构成了企业从战略制定到行为修正的PDCA循环(如图1-2所示),只要每一项循环、循环的每一项活动都能够遵循为顾客创造价值的目标,企业就能够保持竞争优势,实现持续发展。阿妮塔·S.霍兰德(Anita Sawyer Hollander)在其*Accounting, Information Technology, and Business Solutions*一书中,对三大循环做出如下阐释:

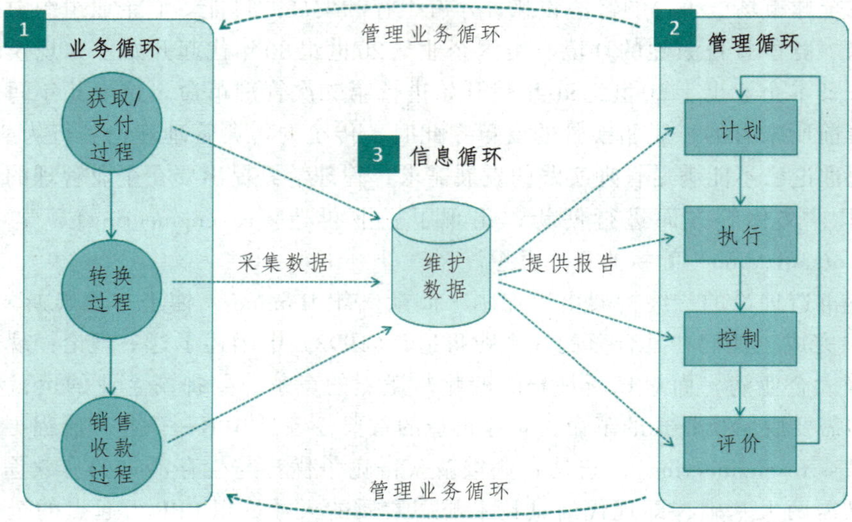

图1-2　企业三大循环[①]

1.业务循环

三大循环的第一个循环是企业的业务循环,企业通过开发和提供满足客户需要的商品和服务来创造价值,而商品和服务是通过一系列的业务过程来提供的。业务过程是指为实现某个业务目标而进行的一系列活动。不论所提供的商品和服务的种类如何,每个组织都至少存在三种类型的业务过程:

(1)获取/支付过程:获取、维护和支付企业所需的资源,这些资源包括人力资源、财产、厂房、设备、财务资源、原材料等,它们是企业向顾客提供商品和服务所需的输入。

(2)转换过程:将获取的资源转换为顾客需要的商品和服务。通过转换过程,原始的输入变成完工的商品和服务。

(3)销售/收款过程:向顾客销售和交付商品及服务,并收取款项。

① 霍兰德. 现代会计信息系统[M]. 杨周南,等译. 北京:经济科学出版社,1999.

2.管理循环

企业的管理者负责管理业务循环，管理活动可以分为计划、执行、控制、评价。

（1）计划：需要企业的管理者定义业务目标，优化业务过程，并提供实现目标所需的蓝图。企业的管理者必须发现可能得到的机会，并评价与每个机会相关的风险。

（2）执行：管理者将业务过程分成较小的业务活动，组织并激励团队完成，从而执行计划。

（3）控制：通过复查来实行，复查是为了验证某项业务活动或整个业务过程的执行结果是否与管理者所期望的结果一致。

（4）评价：通常管理者需要定期评价运营成果以考察业务过程是否正在实现组织的目标。评价的结果可用于修正计划、目标或期望值。

3.信息循环

管理的中心是决策。管理人员在计划、执行、控制、评价企业的过程中需要做出多项决策，而正确的决策需要及时、相关的信息。因此，在业务循环和管理循环运转的过程中，还有一条无形的信息流在发挥作用，这就是企业的第三个循环——信息循环。信息循环通过三个主要的信息过程提供决策有用的信息，分别是记录业务活动数据、数据维护、报告管理所需的数据。

当企业的业务循环和管理循环发生变化时，信息循环也必须随之变化。当业务循环、信息循环和管理循环融为一体时，企业完成为顾客提供价值的目标的可能性大大增加；而当它们三者不能紧密合作时，企业会处于一种不协调和无效的状态，前进缓慢、费力。

二、财务转型的趋势

财务是信息循环的重要组成部分。财务的目标，是以客户为中心，将业务循环中的信息进行提取、挖掘、加工、分析、展示，输出内部报告和外部报告，支持企业的管理循环（含资金管理、预算管理、投资管理、风险管理、合规管理和税务管理等），进而支持企业的经营决策分析，为客户创造价值。在全球化时代，技术的飞速进步让本已复杂多变的商业世界更加难以预料，企业需要获得的财务支持与日俱增，财务部门所服务的不再仅仅局限于外部客户，而是包括了企业主价值链上的各个业务单元以及企业的各级管理者；财务部门需要提供的将不再仅仅是三张会计报表（资产负债表、利润表和现金流量表），而是从各个维度分析企业经营业绩的管理报告。

在社会、技术等综合因素的推动下，财务变革已势在必行。在财务变革过程中，出现如下三种趋势：

1.降低财务运行成本

全球化促进了资源的优化配置，也带来了超越以往的资源竞争。面对激烈的市场竞争，很多企业将降低成本作为竞争的重要手段，而传统的财务部门仍用超过80%的资源进行简单的交易记录和活动控制，这不仅没有增加企业的价值，还造成了企业资源的严重浪费。面对这一状况，财务部门也不得不寻求降低成本的良方。另外，在实现企业价值最大化目标的驱使下，价值链管理与战略决策支持要求财务提供支持的呼声越来越大，这就要求财务组织的结构能够及时进行调整，整合资源，使财务人员的精力能够从大量重复的基础核算业务中释放出来，进而投入到企业的经营以及战略决策支持中去。

科尔尼咨询公司（A.T.Kearney）在对欧洲的25家跨国公司进行基准研究（benchmarking study）后发现，“交易处理的规模效应”能够在最大程度上对财务成本进行削减，交易处理量越大，单位交易的处理成本则越低，而建立共享服务中心来处理大量交易可以大大降低成本。围绕这一核心原则，企业有两个选择：一是建立财务共享服务中心来处理大量交易；二是选择将部分财务工作外包，目前公司外包的财务模块主要是一些非核心模块，如应付、税务申报等。

2.提供深入价值链的业务支持

随着现代企业的发展，越来越多的信息技术被应用在业务循环中。财务作为信息循环的重要构成部分，可以以这些信息技术为平台，更好地和业务循环以及管理循环相融合，面向业务经营，提供财务服务。财务可以在以下三个方面提供深入价值链的业务支持：

（1）控制和反馈业务循环是否遵循管理循环提出的规则和要求；

（2）采集和存储有关业务循环的详细数据；

（3）为管理循环提供及时的、与决策相关的报告。

3.提供决策支持

决策支持所包含的范围甚广，其核心内容主要是三个方面：为企业战略提供财务评价；为管理层及经营者提供经营预测的模型和工具；为管理层提供动态的预算、预测信息和实时的经营信息。为帮助企业面对复杂的经济环境和激烈的市场竞争，财务必须从事后的记账、反映职能中予以转型，帮助管理者制定企业规章或政策，控制并塑造业务循环，支持企业经营决策。

在过去，很多企业的财务部门是金字塔式的组织，金字塔最下面一层的交易处理占了财务部门80%～90%的人员和精力，而财务部门在业务支持和决策支持上投入的精力是非常少的。财务的变革趋势就是要将财务部门从金字塔式的组织转变成菱形组织，通过流程优化、系统集成和技术应用来不断降低在交易处理中投入的人力成本，使交易处理变得越来越自动化与智能化，这样，财务人员才能把更多的精力转向支持公司的经营过程和战略决策，财务的人力投入才能从交易处理向业务经营和管理决策转移（如图1-3所示）。

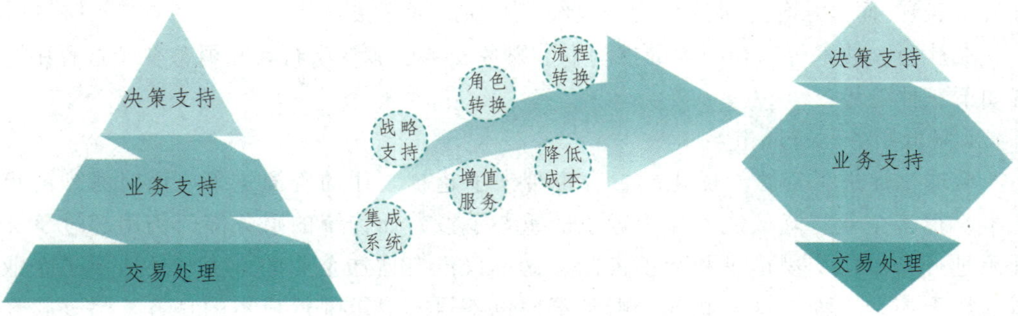

图1-3 财务变革趋势

【政策指引】

完善面向未来的财务人才队伍建设体系。健全财务人才选拔、培养、使用、管理和储备机制，打造政治过硬、作风优良、履职尽责、专业高效、充满活力的财务人才队伍，实现能力更多元、结构更优化，数量和质量充分适应时代进步、契合企业需求。科学构建与企业高质量发展目标相匹配的复合型财务人才能力提升框架，着重增强科学思维能力、创新提效能力、风险管控能力、统筹协调能力、国际经营能力。建立健全多层次财务人才培养培训体系。加强中高端财务人才队伍建设，提高中高级财务人才占比，推动财务人才结构从金字塔型向纺锤型转变。配强配优各级总会计师和财务部门负责人，深入开展重要子企业总会计师委派。加大轮岗交流力度，探索开展业务和项目派驻制。加强境外财务人才管理，全面落实向境外派出财务主管人员要求。加强履职管理，建立关键岗位任职资格要求和科学评价体系，强化正向引导激励，畅通职业发展通道。强化党建引领和文化建设，营造干事创业的良好环境，培养风清气正的团队氛围和健康向上的财务文化，推动财务人才不断提高政治素质和党性修养，坚守职业操守和道德底线。

资料来源：关于中央企业加快建设世界一流财务管理体系的指导意见（节选）[①]。

财务的变革和转型需要以基础架构、绩效管理、运营管理和风险管理四个方面的能力为基础。

（1）基础架构能力：要求企业必须具有统一的会计科目、信息系统、财务流程和财务制度，只有满足了基础架构的要求，大型企业集团各分子公司才能够在统一的信息系统平台、按照统一的财务流程和制度产生逻辑规则一致的数据，这些数据才能够进而被提取、汇总、合并、加工、分析、展示，以支持企业的经营决策。

（2）绩效管理能力：要求绩效管理体系紧紧围绕公司战略，将绩效管理服务贯穿企业决策建模与模拟、企业战略制定、预算管理、财务报告与合并、多维盈利分析等各个方面，从计划、监控与行动三个层面保证公司战略的有效执行，推动企业发展。

（3）运营管理能力：要求企业能够高效、可靠地完成交易处理型业务，对财务基础信息进行有效管理，并且实现流程的持续优化。

（4）风险管理能力：要求企业能够应对财务风险和非财务风险，并提前进行风险评估及预警。

三、财务的职能与层次

财务职能是指财务在企业运行中所发挥的功能。财务职能服务于财务目标，受财务环境的影响从而产生不同的组织形式。

1.财务目标和财务职能

财务目标是企业在特定的财务环境中组织财务活动、处理财务关系所要达到的目

① 国资委.关于中央企业加快建设世界一流财务管理体系的指导意见［EB/OL］.［2022-02-18］. http://www.sasac.gov.cn/n2588030/n16436136/c23471965/content.html.

的，是整个财务管理工作的出发点和归宿。财务职能的内涵则是如何实施财务管理，即如何组织企业的财务活动，处理财务关系，提高资金的使用效益，以达到既定目标。

2.财务环境和财务职能

财务环境是企业从事财务管理活动过程中所处的特定时间和空间。财务环境既包括企业经营所面临的政治、经济、法律和社会文化等宏观环境，也包含企业自身管理体制、经营组织形式、生产经营规模、内部管理水平等微观环境。就财务职能而言，其内涵与外延总是伴随着经济、科技、文化、法律、市场经济体制等环境因素的变化而不断发生变化。

从影响财务职能的因素来看，企业面临的竞争环境越激烈，财务的职能越重要，所面临的挑战也越大。企业管理模式的变革相应地要求财务职能也及时做出改变。图1-4列示了财务的基本职能，每个企业将根据自身所处的财务环境做出调整和细化。财务的基本职能，纵向可以分为六个模块，横向可以分为三个层次。

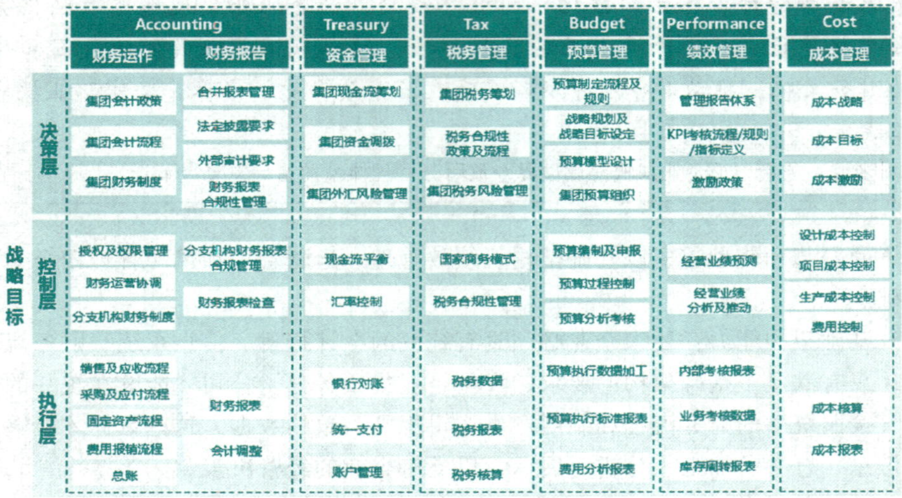

图1-4 财务的基本职能

从纵向来看，财务的基本职能分为六个模块：财务核算（含财务运作和财务报告）、资金管理、税务管理、预算管理、绩效管理、成本管理。其中，财务核算、资金管理、税务管理共同构成企业的财务会计职能；预算管理、绩效管理和成本管理共同构成企业的管理会计职能。除此之外，财务职能还应包括投资、融资、证券投资者关系和风险内控管理。

从横向来看，财务的基本职能分为三个层次：执行层、控制层和决策层。每一个具体职能，都可以划分为这三个层次（如图1-5所示）。

（1）执行层：高效、可靠、优质地整合并完成分散在各个业务模块的量大、重复性高、易于标准化的基础财务处理流程，并进行数据的采集与加工，即财务共享服务。例如，财务核算中的应收及应付、固定资产、工资、费用核算、定期关账并出具财务报表、内部往来清理及自查报告等，都属于执行层的工作。

（2）控制层：财务专家深入到各个业务单元，不做账也不出报表，而是配合业务单位一起提升业绩、创造价值，真正履行业务单元CFO的职责，帮助业务单位进行决策

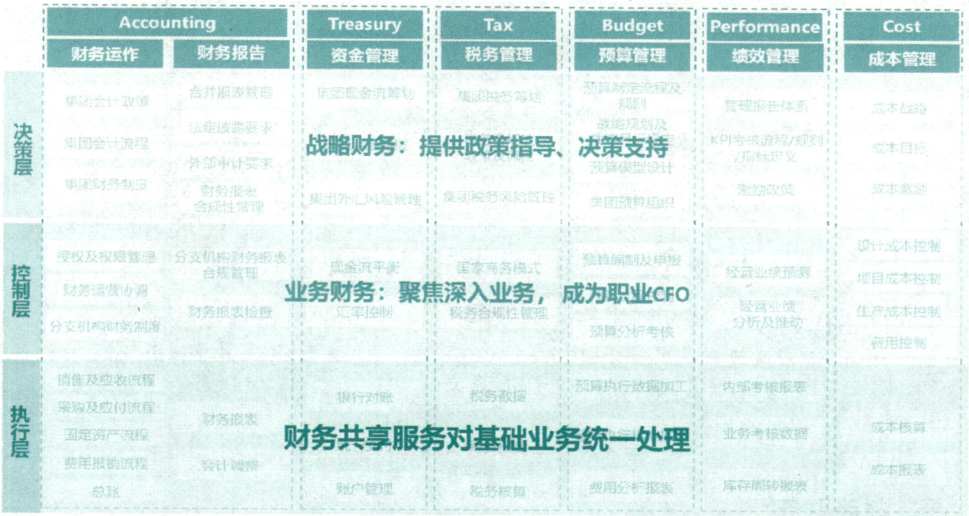

图1-5　财务的职能层次

层管控的落地，同时，将执行层提供的财务数据转变为有效的财务信息，及时传递至决策层，提供战略决策支持，即业务财务。例如，税务管理中的税务合规性管理，既要满足决策层对税务合规性的要求，又要根据执行层完成的税务核算数据，检查是否出现了政策没有覆盖到的新情况，并提交决策层出具指导意见。

微课：财务的职能

（3）决策层：在集团层面进行决策支持与政策指导，指导公司的战略落地，将公司的战略意图转化为更为详细的资源分配机制、绩效考核机制、内控管理机制等，助力公司实现战略目标，即战略财务。例如，预算管理中的预算规则、预算流程的制定，预算模型的设计等，都是基于公司战略，在政策层面上细化，引导公司资源分配。

以共享“助推”企业全球财资管控力．金融与贸易

第三节　创造价值的财务管理模式

复杂的内外部环境要求企业构建越来越完备的财务职能体系，这一庞大的职能体系对财务管理模式提出了新的挑战。过去分散、网状的财务管理模式已经越来越不能适应公司的快速发展，财务管理模式开始发生变化，逐步形成三分天下的财务管理模式①，即：公司层面控制管理的战略财务、全价值链财务管理支持的业务财务、交易处理为主的财务共享服务，这一财务管理模式将支撑企业的快速成长与发展。

在“战略财务、业务财务、财务共享服务”三分天下的财务管理模式下，三大职能协同发展（如图1-6所示），战略财务作为总部的参谋中枢，发挥管理和导向作用；业务财务深入业务一线，建立业务与财务的广泛连接；财务共享服务对财务会计业务流程进行全盘整合优化，财务基础业务处理时效大大提高，使公司整体的业务流程得到重造，价值得以提升。

① 陈虎，孙苗．以共享服务为基础的创造价值的财务管理体系［J］．财务与会计：理财版，2011（7）．

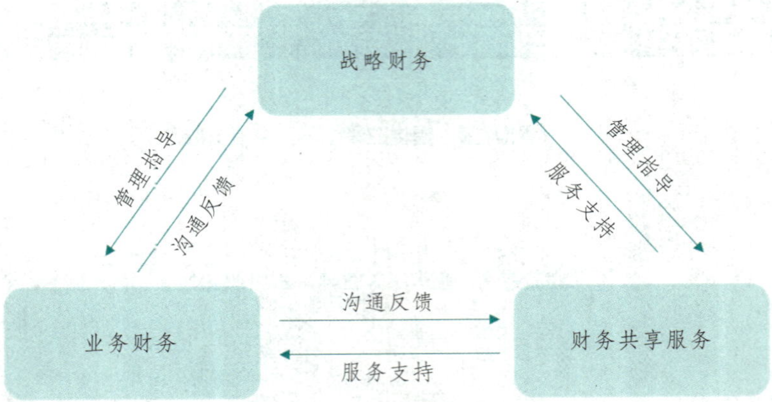

图 1-6 三分天下的财务管理模式

一、战略财务

战略财务对应财务职能中的决策层。战略财务深入企业的管理循环，相当于财务的大脑，在专业领域有着深入的研究，参与战略的制定与推进，将业务财务和财务共享服务提供的信息转化为对公司经营决策有价值的经营信息分析，支持战略决策的落地。战略财务采用“集权–网状辐射”组织架构（如图 1–7 所示），总体职能分为预算管理、成本管理、经营绩效管理等子职能模块，以子职能模块为核心设立层级辐射式组织架构，使战略财务意识渗透到基层业务单元，各子职能模块享有资源配置与协调权、政策制定权、业绩考核权。

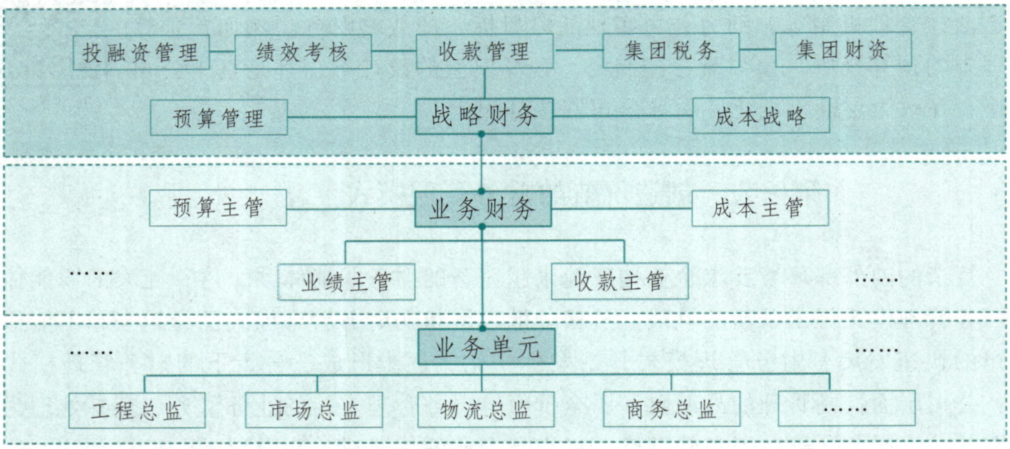

图 1–7 “集权–网状辐射”组织架构

战略财务的职能包括以下几个方面：

（1）预算管理：建立全面预算管理机制，规范预算管理 PDCA 循环，实现项目预算管理精细化。

（2）成本管理：保持公司的整体运作基于有竞争力的成本，建立一流的成本管理体系，构建全员成本文化，负责公司成本战略的落地。

（3）税务管理：对经营、投资等活动进行税务筹划。

（4）资金管理：以满足公司当前和未来可测资金需求为基础，预测资金缺口，解决资金收支存在的时间、币种、金额不匹配的问题，并保证持有资金余额的合理最小化，合理降低资金成本。

（5）会计政策与报表合规性管理：确定企业会计政策、保证各分子公司会计报表的合规性。

（6）经营绩效管理：政策制定、业绩推动、质量控制、系统优化等管理实现改善。

二、业务财务

业务财务对应财务职能中的控制层，分布在各分子公司、海外运营机构中，深度参与价值链各环节，将总部的战略、目标与计划在业务单位进行分解，帮助业务单位推动和落地，同时把业务单位的具体经营状况反馈给总部，成为经营决策团队的重要成员，提供全价值链业务财务管理，包括各业务单元的分析、计划、预算和业绩管理，融入业务，促进公司价值最大化。业务财务的特点是“随需而变”，每个企业的管理模式不同，业务财务的组织模式也会有很大差异。业务财务的职能如图 1-8 所示。

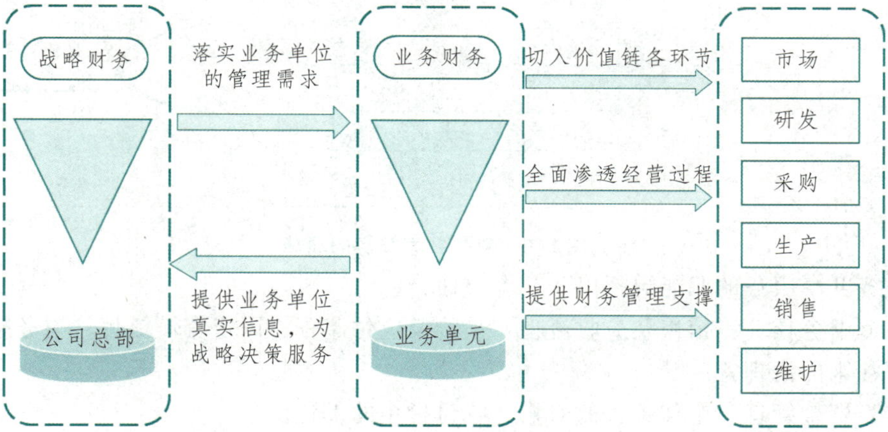

图 1-8 业务财务的职能

业务财务的职能包括以下几个方面：

（1）支持财务管理：深入业务一线，充分分析业务单位的财务支持需求，将财务管理融入价值链各环节，全面渗透经营过程，提升经营能力。

（2）服务战略决策：将财务共享服务提供的财务数据转变为有效的财务信息，并及时将财务信息传递给相关的决策者，进而服务战略决策。

（3）推进政策落实：促进公司战略和政策向业务单元推进、落实。

（4）执行管理要求：具体执行公司的预算配置原则、成本管理导向、风险管理要求等。

（5）协调业务单元财务运营：承担本地财务制度、财务报表合规性、现金流平衡和汇率控制等职能。

业务财务人员在财务团队中的职能是比较独特的。他们不做会计数据，但是把数据转化为信息；他们不制定政策，但是把政策运用到业务循环中去，同时对公司的管理循环提出相应的建议。他们定位于“业务中的财务专家、财务中的业务专家”，是战略财务在业务单元的首席代表。业务财务可以说是财务的毛细血管，正是这些丰富的毛细血管，使得公司的所有经营状况都及时处于财务的掌握之中。如果仅仅有财务共享服务，整个财务就只能看作一个会计部门，或者一个数据中心；如果仅仅有战略财务，缺乏业务财务的支持，战略财务也会逐渐成为无源之水、无本之木。正是在业务财务的支持下，财务真正成为把触角深入到公司经营方方面面的系统管理体系。

三、财务共享服务

财务共享服务覆盖财务职能的执行层，以全球统一的流程、政策、信息系统集中进行全球的交易处理，涵盖核算、报表、资金、税务、审计等（如图1-9所示）。

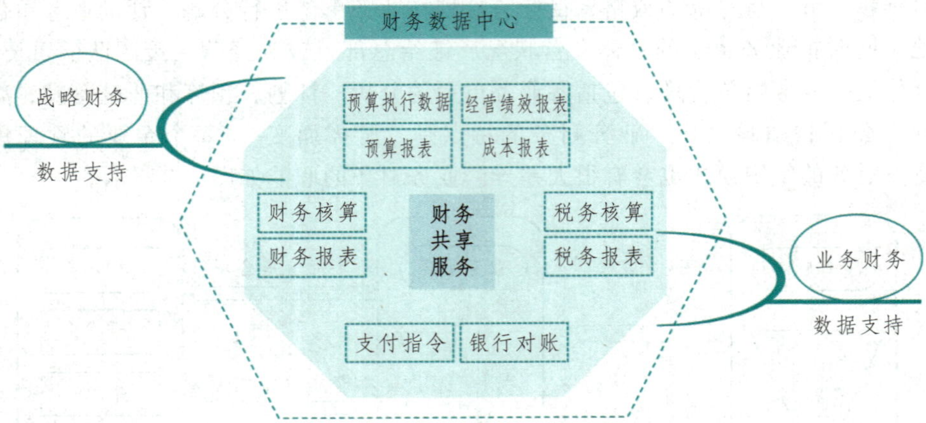

图1-9 财务共享服务的职能

财务共享服务的职能包括以下几个方面：

（1）财务核算：销售及应收流程、采购及应付流程、固定资产流程、财务报表制作及内部往来的清理等。

（2）资金管理：全球银行的对账、收付指令的下达。

（3）税务管理：税务核算、税务数据、税务报表、税务检查支持。

（4）经营绩效管理：内部管理报表、经营分析报表。

（5）预算管理：预算执行数据、预算报表、分析报表。

（6）成本管理：成本核算、成本报表。

（7）财务数据中心：获取、加工、提供财务数据，是业务财务与战略财务的数据基础。

战略财务、业务财务、财务共享服务三者可自成体系，同时三者间可实现相互协同，造就稳定发展的三分天下格局，为财务管理模式的持续创新奠定了基础。战略财务为业务财务提供支持和资源保障，对于公司目标的下达落实，需要通过业务财务的网络进行分解和执行监控，从而将财务管理的触角伸向业务前端。业务财务是战略财务与业务单位间的信息桥梁，在为业务单位提供财务服务的同时，也需要战略财务在预算管理、绩效考核等方面给予的指导和政策支持。财务共享服务为战略财务和业务财务提供数据支持，为财务经营决策和业务分析提供基础数据，从而支持二者在各自的领域中不断拓展管理的深度和广度。

【案例】中兴通讯：基于共享服务的全球财经管理体系[①]

中兴通讯在2005年建立了中国企业第一家财务共享服务中心，并于2013年发展为第一家以中国本土为总部，服务全球的财务共享服务中心。中兴通讯全球财务共享服务中心处理全球上百个国家（地区）会计核算、报表出具、资金结算业务，是中兴通讯的全球核算中心、全球资金中心、全球费用中心、全球会计档案中心、全球税务中心和全球数据管理中心。

从1995年起，中兴通讯开始推行全球化战略。由于中兴通讯全球分子公司激增，各分子公司的财务管理水平不同，业务处理标准口径各异，企业集团难以实现对全球分子公司的统一管控，财务管控难度较大。为了降低全球经营风险，提高数据透明度，保证信息的充分传递，必须改变过去分散的财务管理方式，加强中兴通讯的财务集中管控，建立统一标准的、支持全球化经营的财务管理体系。

随着中兴通讯的国际化步伐加快，全球各地的财务人员工作量激增，分散的财务管理模式要求全球各地的财务团队负责从财务核算到财务管理的全部业务，没有实现专业分工，精力极为分散。财务人员长期陷于财务核算等低附加值的工作中，无法有效切入企业各业务流程进行深入了解，无法提供高质量的管理决策支撑，长此以往，只会沦为企业的计算器和报数器。

而财务管理的目标，是以客户为中心，将业务循环中的信息进行提取、挖掘、加工、分析、展示，输出内部报告和外部报告，支持企业的管理循环，为企业创造价值。全球化时代、技术的飞速进步让本已复杂多变的商业世界更加难以预料，各国政治经济环境的多变对全球化企业的管理提出了更高的要求，中兴通讯认识到必须加强全球范围的战略分析、切入各价值链进行成本控制、风险管理。中兴通讯还认识到，财务服务的对象不仅是集团决策团队，还应扩展到企业主价值链上的各个业务单元以及企业的各级管理者；财务部门需要提供的，将不再仅仅是三张会计报表，而是从各个维度分析经营业绩的管理报告，才能实现对管理决策和业务经营的有力支持，从而进一步提升核心竞争力。

随着国际化程度的加深，中兴通讯全球分支机构数量也不断增加。按照传统的财务管理模式，业务分布之地都需要配置财务团队，完成从财务核算到财务管理的全部业务，以支持全球各分子公司的业务运转。基于这种模式，当中兴通讯的业务覆盖全球超过160个国家和地区时，财务人员迅速增长，各地财务人员之间又不可复用，导致财务成本居高不下。为了支持中兴通讯全球业务规模的增长，财务必须提高管理效率，降低成本，关注价值创造的需要。

基于三分天下的财务管理模式，中兴通讯根据国际化战略需要，搭建了完整的、四位一体的财务管理体系（如图1-10所示），在全球财务共享的基础上，进一步建设战略财务团队、业务财务团队和专家团队，最终实现财务对公司战略决策和业务价值链的支持作用。

---

① 中兴财务云. 中兴财务云白皮书：国际化企业基于共享服务的全球财务管理［EB/OL］.［2016-04-22］. https://qr31.cn/DqPsWE.

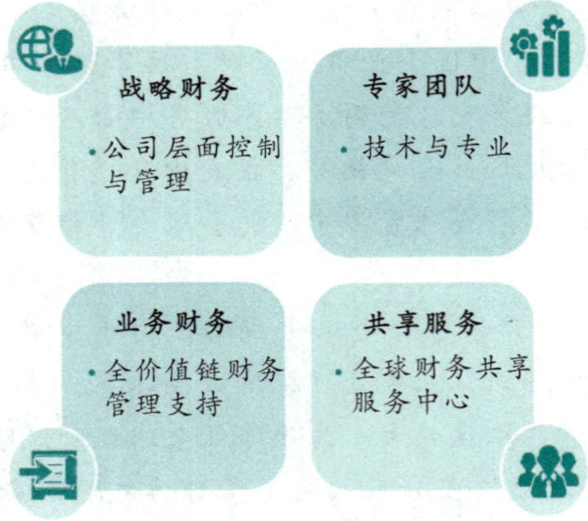

图1-10 四位一体的财务管理模式

1.建设全球财务共享服务中心，实现财务基础业务的统一处理。

中兴通讯通过全球财务共享服务中心的建设，将全球分子公司的财务基础业务集中至财务共享服务中心，遵循流程化、标准化和专业化分工的建设原则，实现了对全球财务基础业务的统一处理。

中兴通讯全球财务共享服务中心（以下简称SSC）成立于2005年，是中国企业建立的第一家财务共享服务中心。SSC沿着两项基本职能，即全球会计核算和全球资金收付，不断延伸业务范围。SSC的业务范围涵盖海外子公司核算、全球AP中心、国际资金中心、全球档案管理和全球管理数据中心。在理念层面，SSC遵循全球五项统一，成为全球标准规范的财务共享服务中心；在业务层面，SSC立足流程管理，实现了全业务的流程化运作。

SSC将全球财务核算业务划分为三大流程：PTP流程（采购到付款，Purchase to Payment）、OTC流程（订单到收款，Order to Cash）、ATR流程（核算到报表，Accounting to Report）。所有人员按照流程进行专业化分工，打破了传统的根据全球地域分布、子公司布局进行分工的工作模式。

在每一个流程中，SSC继续细化所有的操作节点，将岗位配置和操作节点进行对应。比如，OTC团队的一名员工，处理的是全球所有子公司在合同审核中的某一个节点。基于此，每一个岗位都可以完成在某个操作节点的全球知识积累，可以更好地进行全球对标和持续优化。

2.建设战略财务团队，切入经营管理循环，支持公司战略决策。

企业的管理动作从战略规划开始，经过业务和经营规划制定其经营策略，在企业经营的过程中实施全面预算管理、过程管理、绩效考核的PDCA管理循环来考量企业的经营状况，进而实现企业的战略任务和价值提升。中兴通讯将战略财务的角色定位为集“公司价值创造者”“战略与业务计划参与者”“预算及预算执行管控者”于一身的智慧战略财务单元，基于财务独有的全面视角和天然拥有的经营全价值链大数据的优势，切入企业经营管理循环，发挥财务影响力。战略财务发挥参谋部、指挥部、控制部、仪表盘等多种管理职能，覆盖公司战略选择、策划战略推进与落实、效果评估等关键动作，实现了“战略共性”与“财务个性”的巧妙结合。

中兴通讯围绕预算管理、成本管理、绩效管理、收款管理、集团税务管理、投融资管理和集团财资管理七个子职能模块，确立了以战略财务为圆心、通过业务财务辐射各业务单元的“集权-网状辐射”组织模式。这一模式通过两层组织架构的布局完成对近端的集中管理和对远端的有力渗透。

一级集权：战略财务将七个子职能模块确立为七大圆心，拥有资源配置与协调权、政策制定权、业绩考核权，通过这些权利的集中，掌握对业务单位的财务控制权，使得战略工作能有效触及远端业务。

二级辐射：以七大战略财务团队为圆心设立层级辐射式组织架构，使战略财务意识渗透到基层业务单元。

基于“服务于公司战略规划、支持公司战略发展决策”的定位，为高层就公司战略规划与实施提供有价值的决策支持，中兴通讯将财务的资源调配权、政策制定权以及业绩考核与奖励权集中于战略财务部门，从而确立了战略财务在业务单位中的协调资源、导向经营、推进战略的权威性，为其对业务单位进行管控提供了权力保障。围绕这一总体职能，分设了七个子职能模块：预算管理、成本管理、绩效管理、收款管理、集团税务管理、投融资管理和集团财资管理。

3.建设业务财务团队，促进财务对于业务价值链的支撑和服务。

中兴通讯的业务财务是财务部门选派到业务单位的财务代表，担任业务单位合作伙伴的角色。对业务单元的经营提供财务服务、支持和管理。负责公司相关财务战略、制度在基层业务单位的宣贯落实，及时反馈经营中存在的问题，在财务和业务之间起到桥梁纽带作用。业务财务深度参与价值链各个环节，成为业务单元经营决策团队的重要成员，提供全价值链业务财务管理，是一种新型的业务合作伙伴关系。

业务财务利用深入一线的优势，与业务单位人员朝夕相处，共同办公，相互交流，可以较为及时、全面地了解财务数据背后的经营问题，并能够提出有针对性的建议供业务单位参考，能够提升财务在业务单位中的权威性和地位。

中兴通讯业务财务按照所支持的业务活动分为五大模块：产品财务、研发项目财务、供应链财务、国家财务、营销项目财务，对公司主价值链进行全面、深入、细致的财务支持（如图1-11所示）。业务财务不就数字论数字，而是参与项目的可行性分析、成本目标制定、商务报价支持、资源配置等环节，真正做到为决策者创造价值。同时中兴通讯形成了以战略财务为支点、业务财务为半径辐射各业务单位的财务工作架构，业务财务的触角（半径）越长，对战略财务制定的规则的贯彻越深入，对战略财务的支撑作用也越强。

企业价值链	市场	研发	采购	生产	运输	销售	售后
业务财务配置	产品财务	研发项目财务	供应链财务			国家财务	营销项目财务
业务财务职责	·市场需求分析 ·产品选择 ·市场选择 ·资源调配	·基于HPPD的研发财务管理 ·财务评估 ·目标成本管理 ·研发费用管理	·材料成本分析 ·供应商分析 ·采购成本控制		·发货成本分析 ·库存成本分析 ·运输成本分析	·商务报价支持 ·收款跟踪与协调 ·经营情况分析 ·汇率研究	·客户分析 ·项目盈利分析 ·投标方案优化 ·项目签约评审 ·项目执行跟踪 ·项目复盘

图1-11　中兴通讯业务财务的人员配置

中兴通讯建立了业务财务的矩阵考核机制，业务财务由财务部门和业务单位双向考核。第一，在人员任免方面，财务部门以财务专业技能为主要依据，具有人员任免的提名权及决策权，业务单位对财务人员的任免有建议权，对为本单位配备的财务人员有要求更换的权力；第二，在考核方面，财务部门以财务专业方面的业绩为主要依据，对业务财务人员的考核有50%权重，业务单位以业务财务在业务单位工作的价值为依据，对业务财务人员的考核有50%权重；第三，在薪酬福利方面，财务部门对业务财务发放的工资、奖金及其他各项福利由财务部门按照考核结果最终确定，占50%权重，业务单位向业务财务人员发放的奖金占50%权重。矩阵考核的双向激励政策有助于业务财务人员深入业务，真正从业务单位的角度思考问题，提供符合业务单位需求的财务支持（如图1-12所示）。

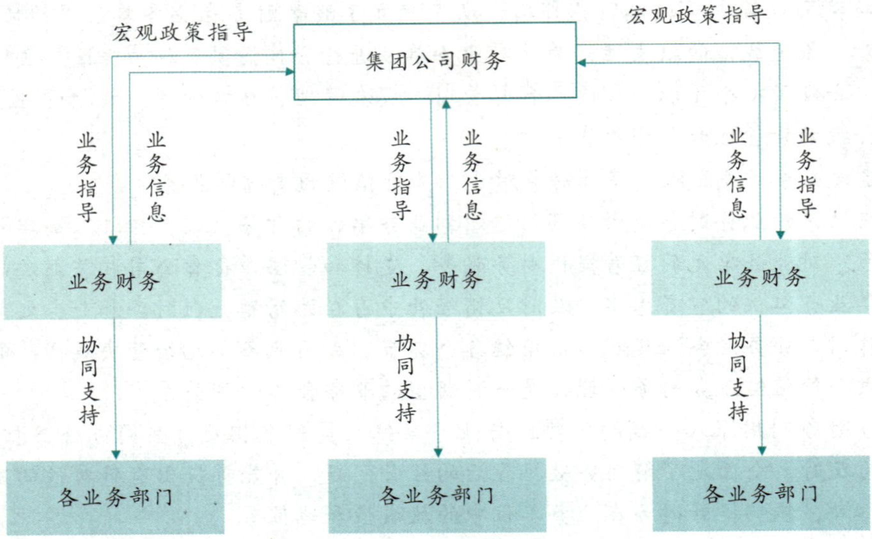

图1-12 业务协同关系

4.建设专家团队，提升财务的专业化能力。

中兴通讯遍布全球的分支机构带来了巨大的市场和商机，同时也给财务核算、财务管理带来了极大的挑战。资源收紧、产业升级、结构转型，供应链越来越长，客户差异化越来越大，业务复杂程度不断提升，语言、文化、价值链不断冲突，如何为全球经营战略提供经营决策支持？如何应对全球会计政策法规的要求、全球税务遵从的要求？如何做到风险预警、风险应对？财务体系迫切需要一批熟悉全球财务政策法规、海外商务模式的财务专家。

专家团队定位于“项目运作的护航者”“财务专业的探索人”，是中兴通讯财务体系的智囊团。专家团队由战略财务、业务财务、共享服务三大领域的核心及骨干成员构成，专业范围涉及全球商业模式、会计政策、税务、汇率、资金等各个领域，致力于击破项目运作中的各类财务问题，为重点项目或事项提供专业财务支持（如图1-13所示）。

图1-13　专家团队的职能

专家团队不是一个实体单位，是一个以“专家池”的形式存在的虚拟组织，所有成员按照专业进行区分，没有严格的组织架构。专家池没有人数限制，一般从战略财务、业务财务、共享服务人员中根据工作绩效、工作经验进行选拔，选拔出的成员还需要经过专业测试、项目培训、专家互评等进行二次筛选，确保最终进入专家池的成员能够有效应对大型项目的专业化需求，以便后续能够迅速应对各类项目的专业化需求。

为此，财务部门大力推行财务能力提升项目，通过资源管理、学习运营、重点活动，搭建财务能力提升整体方案。首先，专家团队成员作为内部讲师，为优秀员工进行专业化培训；其次，通过专家团队的研讨交流，以及实际业务的实践总结、案例共享，将最佳实践进行复制推广，进一步提升财务的整体能力；最后，推行“专家进项目，专家结对子”的运作机制，为专家指派项目及优秀员工，培养各领域的专业后备力量，通过项目实践、课程开发、以师带徒等多种方式锻炼优秀员工，使其迅速成长为各专业领域的资深专家。

战略财务站在公司层面，参与公司战略的制定，控制和管理财务体系的发展运作，通过集团财务政策的制定，发挥其牵头和导向作用。为了确保拟定的集团财务政策能够更好地适应集团全球化核算的现状，作为财务领域的智囊团，专家团队中的骨干成员凭借其在相关专业领域的建树，给予专业化的意见和建议，确保集团财务政策符合国内、国际的各项财务法规和政策。

中兴财务云白皮书–国际化企业基于共享服务的全球财务管理

海外各经营机构所在国家资金管理、外汇管制情况各不相同，为共享服务集中资金收付、管控等增添困难。随着国际金融业的发展，金融工具越来越多，国际化的融资手段层出不穷，财务核算的难度不断提升。海外各经营机构所在国家税法差异较大，税费计提缴纳规则各不相同，进一步为财务核算带来极大的挑战。面对此类问题，共享服务的专家发起专家团队的内部研讨，通过流程梳理、业务分析确定解决方案，并由共享服务的专家出具标准化流程方案及作业方案，为后续同类业务的处理提供依据，保障财务核算的准确性和统一性。

微课：创造价值的财务管理模式

思考：中兴通讯是如何通过全球财务管理有效支持企业国际化发展的？

【政策指引】

推动财务管理功能手段变革：

支撑战略。科学配置财务资源，平衡好资本结构，建立由战略规划到年度预算、由预算到考核的闭环联动机制，推动上下贯通、协调一致，促进企业实现发展质量、结构、规模、速度、效益、安全的有机统一。

支持决策。积极有效参与重大决策全过程，提供准确、高效、多维数据信息，主动、及时发表专业性、建设性意见，支持理性决策、科学决策。

服务业务。主动融入业务事前、事中、事后全流程，有效识别业务改进的机会和目标，帮助解决业务痛点和难点，为生产运行优化赋能。

创造价值。运用全面预算、成本管控、税务规划等有效工具，通过资金运作、资产管理、资源配置、资本运营等有效手段，主动创造财务价值，促进提升企业价值。

防控风险。健全风险防控体系，加强源头治理，强化穿透监测，实现经营、财务风险精准识别、及时预警、有效处置，为企业持续健康发展保驾护航。

资料来源：关于中央企业加快建设世界一流财务管理体系的指导意见（节选）①。

第四节　财务转型的路径

财务转型是指一个企业的财务部门在财务战略、角色定位、组织结构和操作流程等方面的全方位转变，以及财务组织在信息系统等技术支持下所进行的职能定位、组织结构、人力资源等全方位优化。如果没有清晰的路线图，财务转型及财务运营提升则会变得复杂而具有挑战性。财务转型的路径可划分为三个阶段：共享服务建设，财务管理模式发展成熟，财务自动化、智能化与数字化。

一、第一阶段：共享服务建设

财务转型的第一步，首先需要将目光聚焦在交易处理业务领域，只有将财务自身从交易处理的工作中解放出来，才有可能承担更多的经营管理与决策支持职能。按照财务的职能模块，将执行层的工作按照标准化、流程化的作业方式进行业务流程再造，明确共享服务和业务单元、其他财务部门的职责界面，依托共享服务为业务运转提供高效、可靠、优质的财务基础服务和财务数据服务，全力支持公司业务的高速发展和扩张，为财务转型提供数据基础、管理基础和组织基础（如图 1-14 所示）。

① 国资委. 关于中央企业加快建设世界一流财务管理体系的指导意见［EB/OL］.［2022-02-18］. http://www.sasac.gov.cn/n2588030/n16436136/c23471965/content.html.

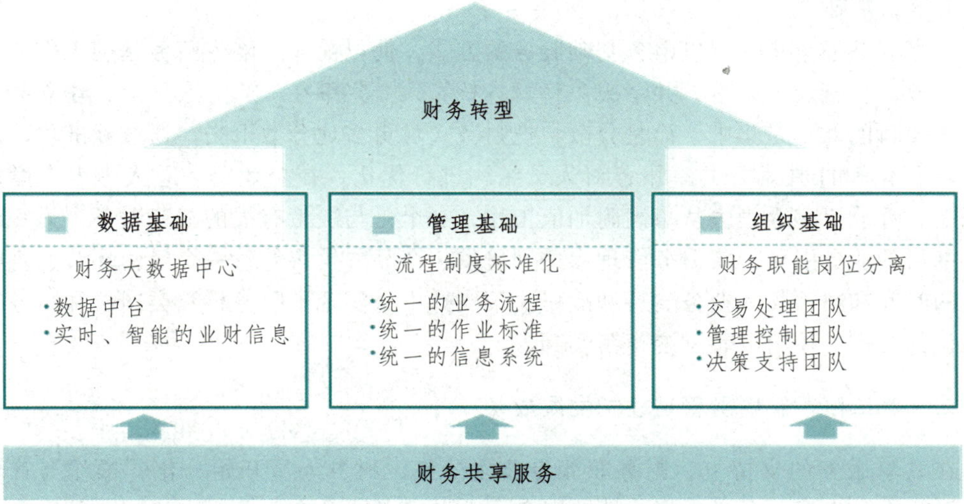

图1-14　共享服务为财务转型提供三大基础

1. 数据基础

从事财务工作的人在谈及"数据"时，往往会联想到纷繁复杂的数据口径、多种多样的数据加工方法和一整套看似逻辑严密却无法解释清楚的数据假设。之所以存在这种情况，是因为各分子公司在进行数据处理时采用不同的规则，或者虽然采用同一规则，但操作方式上又带有自身的理解，如此，每个节点出现一个细小的差异，就会导致数据在宏观层面的合并、汇总、处理过程中出现口径不一致的问题，而处理口径不一致的方法和假设，往往也带有人为因素和主观色彩。在这基础上产生的数据和信息，很难对经营决策提供强有力的支持。

共享服务通过标准化、流程化的处理流程和操作规范，保证了所有的基础数据从产生的源头起就遵循统一的逻辑规则，每个数据从诞生之初就成为一个标准统一的粒子，能够轻松地和其他数据粒子对接、组合、整合，大大减少了数据加工过程中的数据转换和数据假设，使报告和决策支持在数据层面得以裨益。

2. 管理基础

衡量一个企业的管理水平，通常以是否具备完善的财务制度和流程为判断标准。然而，有制度和流程与有标准统一的制度和流程，又是两个完全不同的层次。基础架构能力，要求企业必须具有统一的会计科目、信息系统、财务流程和财务制度。大部分企业集团虽然在集团层面有明确的制度和流程，但是各分子公司又存在不同的个性化诠释和执行标准，导致从集团层面来看，存在几十套甚至上百套不统一的流程和制度标准，难以计量、评价和考核，各分子公司各自为政，集团很难整体协调资源并对外界的竞争和挑战做出快速、正确的响应。

根据共享服务的发展路径，第一个阶段是在不同的地方，以相同的标准做事；第二个阶段是在同一个地方以相同的标准做事，达到集中的层次；第三个阶段是在同一个地方以相同的标准按照专业化的分工做事，达到共享的层次；第四个阶段是承接外包或者被外包。可以看到，"相同的标准"贯穿共享服务的发展全过程，共享服务发展的过程就是企业不断标准化的过程，共享服务成为企业提高管理水平的重要手段。

3.组织基础

共享服务通过集中提供财务基础服务的方式，使以前大量陷入财务基础工作的人员得以释放。从直观上来看，共享服务将财务核算人员集中在一起，实际上，建立共享服务的主要目的并不是集中，而是分散，把财务人员更多地分散下去。通过标准化、制度化、流程化和IT技术，共享服务对人员结构进行优化，在企业财务总人力没有增加的情况下，释放更多人力去从事高附加值工作，一个是与决策有关的战略财务，另一个是深入基层的业务财务，将财务管理渗透到研发、产品、销售等每一个经营环节，将财务更多的时间和精力投入业务支持和战略决策支持中，实现了财务核算类岗位和财务管理类岗位的分离，使财务转型变革落实到人。

二、第二阶段：财务管理模式发展成熟

在共享服务的支持下，财务职能专业化分工，财务人员开始分化，操作与管理分离，财务人员发展更科学，形成战略财务、业务财务、共享服务和专家团队的财务管理模式雏形。

在财务管理模式雏形的基础上，组织架构的升级，战略财务、业务财务、共享服务、专家团队相辅相成，财务人员在各自的领域内发挥价值，更加灵活地满足企业不断变化的财务需求。四个团队定位清晰、职责明确，开始探索各自领域的工作模式，形成对团队组织架构、职责界面、人才培养与激励业务流程、制度等工作的理解和判断，并根据实践不断优化，逐渐落实成为可操作的路径，进入PDCA的良性循环，使企业在资金、税务、汇率、内控、财务报告等各领域的财务管理水平符合国际化、专业化的标准，真正帮助业务进行经营管理，支持财务转型。

同时，由于专业化分工的不断加强，财务人员的职业发展路径也逐步清晰，人员的培养和流动更加科学和有序，专项能力持续提升，成为保障企业持续发展的最宝贵的人员财富。

三、第三阶段：财务自动化、智能化与数字化

随着企业的发展，业务活动越来越复杂，前沿信息技术的应用为企业财务转型提供了持续的动力。财务自动化将基于规则的、人工重复且耗时的事务性工作进行自动化处理，解放财务人员的精力。人工智能等新技术为财务提供多个场景的智能化应用，提升效率和生产率，帮助企业释放人力于更有价值的工作中去。企业和利益相关者的链接越来越广泛，在经营过程中产生了大量的数据。财务部门应及时获取并分析这些海量数据，借助经营预测、风险预测的模型和工具，描绘企业的价值图谱，成为企业的“数字神经网络”，帮助企业用数据进行管理、决策和创新，实现数字化转型。

【案例】一汽集团——财务转型及财务共享之路①

中国第一汽车集团有限公司（以下简称一汽集团）成立于1953年，其前身为“第一汽车制造厂”，经过60余年的发展，现拥有一汽红旗、一汽解放、一汽奔腾等多个自主品牌。

---

① 张普霞．一汽的财务数字化之路［J］．国资报告，2020（6）：30-33.

2018年，一汽集团启动财务共享服务建设，以重构财务职能，推动财务组织转型。一汽集团财务转型的最终目标是希望能够实现财务价值创造，而财务价值的创造依赖于财务数字化，而财务数字化的第一步就是建立财务共享中心。

2020年，一汽集团提出以“价值创造”为目标，以“体系化与数字化、业财融合、全面预算管理、全过程全域监控、管理决策分析”为关键，加快大财务转型，全力建设“高效、实时、创新”的大财务管理体系，加强大财务共享服务中心建设，全面实现大财务信息共享、知识管理。

（一）财务数字化转型初探索

伴随着汽车行业的智能化发展，新业务不断涌现，业务量持续增长，需要更加灵活有效的财务管理能力予以支撑，这是推动一汽集团财务数字化的业务驱动力。

同时，企业精益管理和数字化转型需要财务部门提供更加准确、真实的财务数据，而财务共享中心往往是企业天然的财务数据中心，这是财务数字化转型的内部推动力。

1.战略驱动

从汽车行业发展来看，汽车行业面临“新技术、新业态、新消费、新模式”的转型，汽车企业需要进行“业务重构、能力提升”。一汽集团在2018年发布的《中国一汽2025战略愿景规划报告》中指出，新兴业务要加速实现“乘数效应”，海外业务也要充分发展，生态业务要达到国内领先水平。业务发展驱动财务数字化转型，为了更好地支撑企业的业务扩展，需要更加灵活有效的财务服务。一汽集团董事长更是明确提出“加快财务转型，建设财务共享中心”的战略指示。

2.管理驱动

一汽集团“多分子公司、跨区域经营”的特点凸显，分子公司数量众多，地点相对分散，管控难度相对较大。各核算主体在信息系统、业务流程、核算标准、政策执行等方面都有差异，导致财务数据的口径不一致。通过统一的信息系统建设，能够保证财务数据口径一致和财务数据的准确、可用。信息的及时动态反馈，便于集团对下属公司的“财务数据、财务过程”进行直达式监控，提高监管水平。

（二）财务数字化转型正当时——建立财务共享中心

财务共享中心的建设从制度、流程、系统、组织四个层面发力。首先，要搭建“高效、实时、创新”的大财务管理体系，强化业财融合；其次，要对财务业务流程进行梳理和优化，提升财务处理效率和质量；再次，要打通业务信息系统和财务信息系统之间的信息孤岛，为财务数据化提供信息系统支撑，实现数据的单点录入，全程共享；最后，要通过财务人员组织结构的重塑，完善财务人员发展通道，借力财务人员转型推动财务转型。

1.财务管理体系重构

要实现财务的专业化分工，首先要界定财务的职能，将原先分散的、网状的财务职能进行重新界定和合理切割，建立一套分工明确、框架完整的财经管理体系。2020年，一汽集团总部财务机构调整，财务共享中心成立，这标志着一汽集团已基本建成以交易处理为主的财务共享服务中心、全价值链财务管理支持的业务财务、集团总部层面控制管理的战略财务的分工格局（如图1-15所示）。

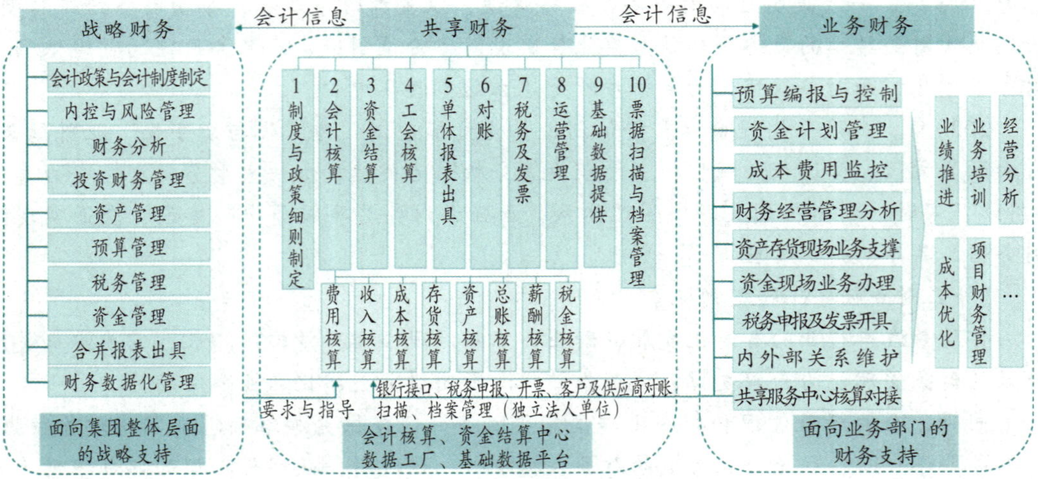

图 1-15 一汽集团财务职能架构

战略财务参与战略的制定与推进，将集团的管理需求和战略意图转化为详细的资源分配机制、绩效考核机制、内控管理机制等，同时将业务财务和财务共享服务提供的信息转化为对公司经营有用的信息，支持战略决策的落地。

业务财务深度参与价值链各环节。一方面将公司战略向执行层推进、落实；另一方面将执行层提供的财务数据转变为有效的财务信息，及时传递给战略财务。

财务共享中心专注于财务核算，根据战略财务和业务财务制定的制度和规则，对全部核算主体业务进行统一的交易处理，并提供财务数据。

战略财务和业务财务的交易处理职能剥离至财务共享中心，将财务人员从基础繁杂的财务交易工作中解放出来，推动财务人员向业务财务和战略财务转型。财务共享中心将分散在各核算单位的财务交易集中起来，同时统一了各核算主体的会计政策、标准等，保证了财务数据的口径一致、准确可用。一汽集团完成总部财务组织机构的调整，后期将更加注重发挥业务财务职能，进一步深化业财融合，加快推动财务体系由核算型向管理和决策型转变。

2. 业务流程标准化

财务共享中心建成后，所有标准财务核算业务均纳入财务共享中心，包括费用报销、采购到付款核算、订单到收款核算、投资到资产核算、总账到报表核算、税金核算、薪酬核算、会计档案管理、资金结算等核心财务交易处理业务。

由于集团业态众多，且各个业态规模各异，各分子公司的管理要求和流程不尽统一，对同一业务的处理方式、会计核算也有差异。在业务流程梳理过程中，以“求同存异”为原则，归并优化同类业务流程，并对差异化的业务场景逐一梳理优化，力求通过缜密、完善的流程设计，保证财务共享中心的高效、稳定、规范运转。

财务共享中心建成后，财务处理效率增益显著。以一汽股份有限公司为例，在总部运营红旗之后，财务核算量由2018年的10.3万单增长到2019年的13.6万单，同比业务处理量增长32%，总处理时效由7天缩减至4.2天，效率提升40%。随着共享运营中心更加稳定成熟，这一时间还会逐渐缩短。

3.完善信息系统架构

一汽集团在财务数字化建设中，不断将信息系统融合到管理业务中，日常运营中生成的各类经济数据以一定的规则形成数据仓库，实现了业务端的信息积累和集成，并最终汇集到财务系统。而财务共享中心的建设，亦离不开财务信息系统的有效支撑。

一汽集团财务共享中心的信息系统框架，基于财务核算的主要职能，可划分为业财连接、共享核心、发票税务、会计核算、资金管理五大模块。通过业务系统和财务系统的有机连接，避免了信息的重复、手工录入，提升了数据效率。财务信息系统的优化与完善，为财务核算、资金管理、税务管理、预算管理、绩效管理、内控与分析等主要的财务职能提供工具，提升了财务作业效率和管控水平。

4.财务组织重塑

清晰的职能界定和专业化分工，是一汽集团财务转型中的重要遵从。

从整个财务组织来看，通过专业化分工，财务组织结构得以优化。以集团总部财务管理部门为例，财务共享中心建成前，内部基础交易人员占比高达42%，财务共享中心建成后，这一比例缩小至27%。战略财务和业务财务可以在其岗位上更加专注，不断深耕。而财务共享中心的内部岗位及人员设置也遵从专业化分工这一原则，基于业务流程和岗位职责，分为业务交易岗和运营管理岗两大序列。

专业化的组织人员架构，有助于财务人员将自身的工作与集团战略目标有机结合，借助质量评价、服务评价、绩效考核、激励政策等手段，保证各项工作更加有效、有质量地开展，并留有拓展和深化管理工作的空间，促进财务工作向企业价值创造转型升级。

（三）财务数字化转型享未来

1.财务共享中心分阶段建设

从无到有，从有到优，财务共享中心的建设往往不能一蹴而就。一汽集团于2018年启动财务共享中心的建设，从试点公司逐步扩展，不断吸并新的业务单元，其建设路径主要分为以下四个阶段：

总部试点期。集团总部采取了部分单位全部业务试点上线的方式，既减少了试运行期间的人力投入，又能保障试运行业务的全面性。试点期间采取分阶段上线的方式，首先上线集团总部的职能部门和主要业务板块（整车业务），后期逐步扩展至其他业务板块。这一方式将稳步支撑财务共享中心的业务适用性，通过不断优化的方式，实现更加高效高质的财务服务。

全面建设优化期。各下属单位全面进行财务共享中心的建设，部分单位自主建设财务共享中心，对已建成的财务共享中心进行优化。在这一阶段，实现财务共享中心的全面上线，为后期财务共享中心的全面整合奠定基础。

自主单位整合期。自建单位财务共享中心整合，成为集团总部财务共享服务中心下属运营分中心。

合资单位整合期。合资单位财务共享服务中心整合，最终建立全球统一的财务共享服务中心。

2.财务共享中心多职能演变

一汽集团财务共享中心建设初期，其职能定位仍聚焦于财务内部，旨在建成集团统一的会计核算中心和资金结算中心。随着财务共享中心的稳定运营，其职能在财务领域不断拓展，逐渐成为财务数据中心、财务人才中心、财务知识中心。随着财务共享中心的职能进一步拓展和演变，财务共享中心逐渐向非财务领域拓展，有效提升了企业运营能力。

展望未来，一汽集团期望建成全球统一的财务共享中心，演变为一个服务多法人、多地域、多准则、多语言、多时区，覆盖多类业务的共享服务中心。财务共享中心还将不断提升财务信息采集、处理、分析的自动化和智能化水平，构建企业的“数字神经网络”，沉淀数据价值。从而使财务部门更多、更深入地参与到业务活动中，在产品研发、市场营销、用户服务和运营的提升等方面发挥作用，助力公司的未来发展和价值创造。

始于财务共享服务，但不止于财务共享服务。中国一汽将坚持在财务数字化的道路上继续探索与创新，坚持以“价值创造”为目标，以高效的财务管理体系和先进的财务信息系统为支撑，加速推进财务数字化转型进程。积极响应集团数字化发展策略，有机协同其他业务板块，打造高效、精益、协同的企业运营，推动一汽实现高质量发展。

思考：一汽集团是如何探索财务数字化转型之路的？

本章小结

经济全球化、企业全球化、管理思想变革、科技革命……面对变幻莫测的商业环境，企业以创造价值为目标，引导企业的业务循环、管理循环和信息循环，保证企业的竞争优势。财务作为信息循环的重要构成部分，负责将业务循环中的数据进行提取和分析，为管理循环提供经营决策分析。经济全球化时代，技术的飞速进步让本已复杂多变的商业世界更加难以预料，企业需要获得的财务支持与日俱增，面对这样的挑战，财务变革已势在必行。在财务变革的过程中，出现了如下三种趋势：第一，降低财务运行成本；第二，提供深入价值链的业务支持；第三，提供决策支持。

共享服务通过将各分子机构中分散、重复的财务核算和账务处理业务予以标准化、流程化，为财务转型提供数据基础、管理基础和组织基础，成为财务转型的第一步。在共享服务的支持下，财务转型从复杂模糊的概念逐渐落实成为清晰可操作的路径，形成财务共享服务建设到财务数字化的转型路径，最终实现战略财务、业务财务、财务共享服务三分天下的财务管理模式。

学思践悟

习近平总书记在庆祝改革开放40周年大会上提出：“只有顺应历史潮流，积极应变，主动求变，才能与时代同行。”作为新时代社会主义事业的接班人，青年一代要将积极探索、改革创新、突破陈规的时代精神融入新时代财务变革与转型事业中。通过对财务转型相关理论与技术知识及优秀企业实践案例的学习，不断夯实自身专业基础，在飞速变化的经济发展中准确找到自身定位，增强自身竞争实力；同时，要将财务转型及变革思路与个人创新思维有效联系，培养创新意识、提升创新能力，为社会发展创造价值。

思考与练习

（一）选择题

1.（　　）是财务转型的第一步。

A.流程标准化　　B.信息系统构建

C.数据平台搭建　　D.财务共享服务

2.阿尼塔·S.霍兰德认为企业包含（　　）。

A.业务循环　　B.资金循环

C.信息循环　　D.管理循环

3.（　　）共同构成企业完整的管理循环。

A.计划　　B.执行　　C.控制　　D.反馈

E.评价

4.业务财务的职能包括（　　）。

A.服务战略决策并推进政策落实　　B.执行管理要求

C.协调业务单元财务运营　　D.深入业务一线并支持财务管理

（二）判断题

1.企业战略财务的职能包含预算模型设计、经营业绩预测、成本战略、税务核算等。（　　）

2.财务未来转型的趋势是财务自动化、智能化、数字化。（　　）

3.财务共享服务为财务转型提供了数据基础、管理基础、组织基础。（　　）

（三）简答题

1.请简要阐述财务转型的趋势。

2.请简要介绍三分天下的财务管理模式。

（四）思考题

传统财务有三个典型特征：

1.分散。每增加一个分支机构，就需要设立对应的财务部门，每个财务部门都需要完成财务的多个职能，这是很难实现的；同时，分散导致财务人员数量增加，大型企业集团财务人员占比在3%～5%，并且大多数财务人员主要从事低水平、重复性工作。

2.封闭。财务部门远离业务部门，专注于按照自己的规则处理账务、出具报表，无法实现对业务和战略的支持。

3.手工。很多财务人员的工作围绕着“票账表钱税”这些基础会计工作，且大部分基于手工作业，效率低下。

传统财务分散、封闭、手工的特征，导致其面临两大痛点：

1.财务“失控”。财务分散、分支机构众多会造成财务管理的失控，例如账务失真、资金安全受到威胁、税务案件频发等。

2.数据“无用”。财务是企业过去行为的“记录仪”，提供的是“精确而不准确”的数据。财务应当提供及时、准确、相关的财务数据，反映业务现状，还要为业务的经营决策提供支持。

财务人员以及财务部门应该如何做出改变来实现突破？你有什么好的建议吗？

第一章客观题
即测即评

第二章
财务共享服务概述

随着全球经济的迅猛发展和企业竞争的日益加剧，现代化跨国公司已经由单一的价值链之间的竞争转向价值网络之间的竞争。这种价值网络的形成，使企业可以在全球范围内综合考虑业务的成本效益原则。财务共享服务中心作为一种新型的管理模式，通过将易于标准化的运营业务进行整合、流程再造，以提高管理效率、压缩成本、提升服务水平，解决了大型企业集团财务组织重复建设和效率低下的问题，恰恰顺应了这种价值网络建设的财务转型趋势，为企业管理服务提供了全球范围最佳配置的可能。

本章学习目标

1. 了解共享服务的特点及意义；
2. 了解财务共享服务的起源与发展历程；
3. 掌握财务共享服务的内涵；
4. 理解财务共享服务的发展趋势与收益；
5. 坚持创新与改革，增强学习精神、奋斗精神、服务精神、团结精神。

引导案例

A集团不断加大国际市场业务的深度与广度，在国内市场稳步增长的同时，推动国际市场销售迅猛增长，为了支持公司的国际化战略，财务部门向公司的国内外分支机构派驻了财务团队，但财务组织与人员分散带来的组织效率低下、成本增加、集团统一管控难度大等问题日益凸显。

A集团的加速发展使得上述问题亟待解决，2013年，企业变革小组参观了多家同行业标杆财务共享服务中心，进行了深入交流，初步认识到财务共享服务模式可以解决集团遇到的问题。

伴随着变革工作的推进，随之而来的质疑与阻力层出不穷。

“财务不过是个职能部门，最重要的是做好服务，你把会计和出纳都拿走了，我们业务人员想问个财务制度都找不到人，谁来服务?”

“财务这么忙，远程服务？怎么可能？我不看好!”

……

面对这样的质疑，A集团是否要继续推进财务共享模式呢？财务共享服务模式是否真的能有效解决A集团面临的问题？A集团各部门与企业变革小组展开了激烈的讨论。

本章知识地图

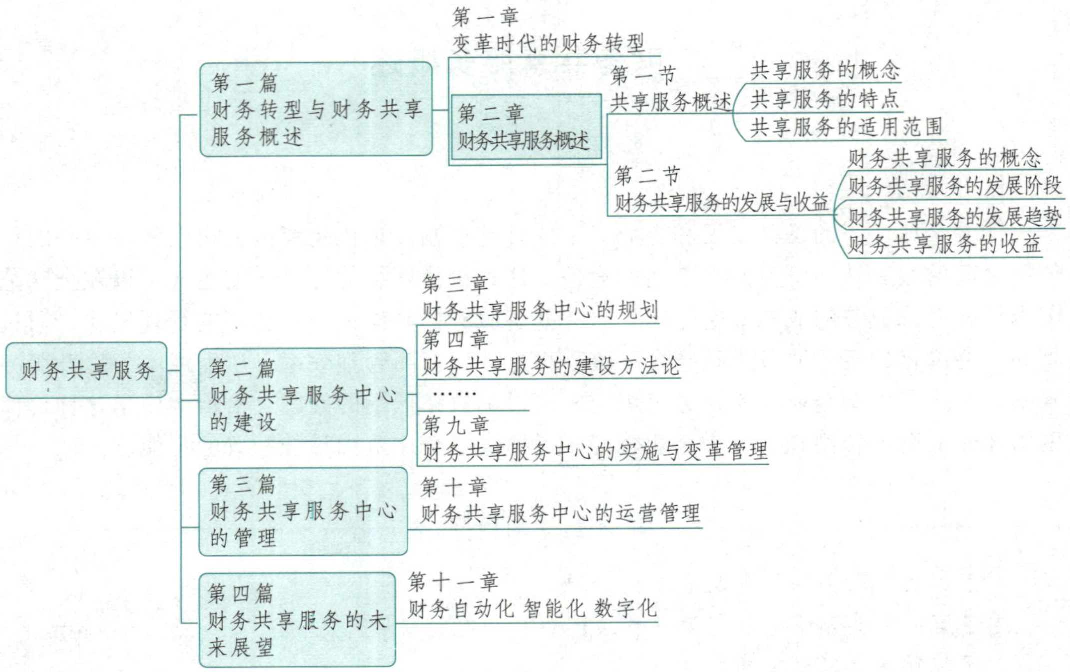

图 2-1 第二章知识地图

本章关键名词

共享服务、财务共享服务、财务集中模式、业务流程外包

第一节 共享服务概述

一、共享服务的概念

20世纪80年代，美国的福特公司（Ford）率先实施共享服务；1993年，Gunn Partners公司的创始人Robert W. Gunn，Johnson & Johnson公司的David P. Carberry，GE的Robert Frigo以及DEC的Stephen Behrens首次明确了共享服务的思想，随后，共享服务在理论和实务界都得到了广泛探讨和深入实践。

Robert W. Gunn（1993）等人指出共享服务是为了说明公司试图从分散管理和少的层级结构中取得优势的一个新的管理理念，它的思想在于在提供服务时共享组织成员和技术等资源。Moller（1997）具体定义了共享服务的特点：共享服务中心（shared service center，SSC）是一个独立组织实体，为企业内的一个或多个业务单位（分子公司或业务部门）提供明确的活动支持。SSC负责管理针对于内部顾客进行的服务活动的成本、质量以及时效。它拥有确定的资源，服务对象通常存在着正式或非正式的契约，通常被称为服务水平协议。Barbara E. Quinn（1998）在*Shared Service：Mining for Corporate Gold*一书中指出，共享服务是一项商业经营：以顾客为中心+服务收费=商业。以顾客需求为中心意味着只有拥有明确的顾客群，公司后台部门的工作才能得到保障。公司后台部门在设计服务产品时，需要根据作为客户的公司其他部门的实际需要和其愿意支付的价格来提供具有针对性的服务。Schulman等（1999）给共享服务作了以下定义：将公司内跨组织的资源集中在一起，以更低的运营成本和更优质的服务为多样的内部合作伙伴提供专业服务，以最终提升企业价值。Bergeron（2003）认为共享服务是将已经存在于不同单位、部门中的业务职能集中于一个新的、半自治的业务单位内，这一单位有着明确的管理结构，专门负责为母公司的内部顾客们提供可实现成本节约、高效率、创造价值的服务，这就如同一个公开市场上专业服务提供的竞争者。刘汉进（2004）在论文《共享服务的决策、实施与评价研究》中指出，共享服务是企业克服组织失灵的一种制度安排，是内部组织的半市场化，是有效利用组织和市场双重优势的一种组织创新。企业通过内部共享服务放弃了对运营单位的部分控制权，在组织内部赋予了部分市场属性。共享服务的作用，在于通过企业内部不同部门或业务单元间的组织和资源整合，实现服务共享，从而强化企业核心竞争力，优化资源配置，降低企业成本，提高管理效率。

在研究国内外学者的专著和论文的基础上，结合对共享服务案例的研究可以得出，共享服务是一种创新的管理模式，其本质是由信息网络技术推动的运营管理模式的变革与创新。它不同于传统的集中式或分散式的管理模式，而是以顾客需求为导向，按照市场价格和服务水平协议为企业内部各业务单位及外部企业提供跨地区的专业化共享服务。它通过将企业各业务单位"分散式"进行的某些重复性的业务整合到共享服务中心进行处理，以促进企业集中有限的资源和精力专注于自身的核心业务，创建和保持长期竞争优势，并达到整合资源、降低成本、提高效率、保证质量、提高客户满意度的目的（如图2-2所示）。

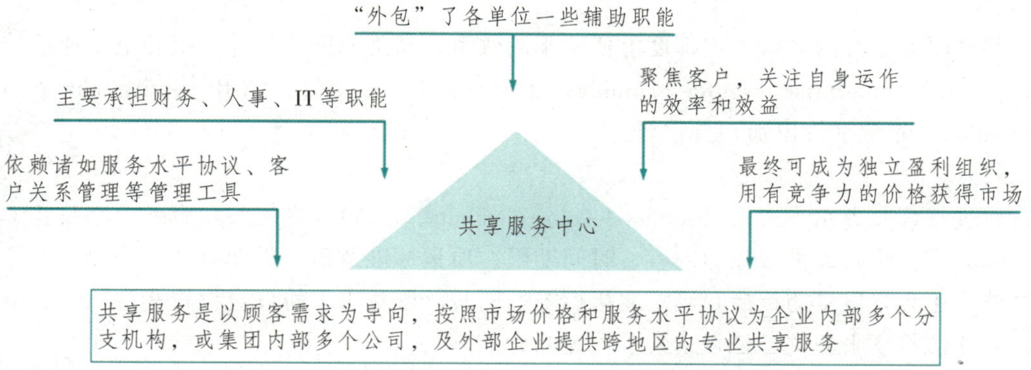

图2-2 共享服务的概念

二、共享服务的特点

共享服务作为一种创新的管理模式，颠覆了传统职能部门的工作方式，具有其鲜明的特点（如图2-3所示），显示出了与传统管理模式的显著区别，借助精细化的专业分工、标准化的流程和发达的信息技术，以"服务"为定位从事业务，服务的客户越多，显现出来的规模优势就越明显，共享服务也就越有生命力。尽管在共享服务发展的不同阶段，在服务对象、服务方式上会出现差异，但从宏观层面来看，共享服务的特点始终保持一致。

图 2-3　共享服务的特点

1.规模性

规模性是共享管理模式最具吸引力的部分，共享服务管理模式通过合并业务活动来形成规模经济，持续提高效率，从而能够降低企业的交易成本。

2.统一性

共享服务中心之所以能提高效率、降低成本，关键在于其对集中起来的不同业务单位的非标准化业务流程进行标准化，建立统一的操作模式，运作统一的流程，执行统一的标准，这样既可降低管理成本，又有利于企业的规模扩张。

3.服务性

以顾客需求为导向，以提高客户满意度为宗旨，为集团公司内部客户及外部客户提供服务，并按照事先签订的服务协议收取费用。从理念上将业务处理变成服务，把服务变成商品，以服务为中心。

4.技术性

共享服务中心的运行一定程度上依赖于高效率、高集成度的软件系统和电子通信技术，如ERP（enterprise resource planning，企业资源计划系统）、OCR（optical character recognition，光学字符识别）技术等。

5.协议性

通过签订服务水平协议（service level agreements，SLA），界定共享服务中心与客户的实际关系，明确提供服务的内容、时间期限、质量标准及每一类业务的工作要求，除此之外，还会有质量的指标和满意度指标等。同时，服务水平协议会设置相应的奖惩措施，以评估共享服务中心是否达到了约定的标准。

6.专业性

共享服务中心是一个相对独立的商业实体，强调专业化分工，不是按照服务对象来对内部进行组织结构的划分，而是按照业务的同质性来进行工作划分，拥有专业化的知识和人员为客户提供专业化的共享服务。

微课：共享服务的特点

三、共享服务的适用范围

虽然共享服务的管理模式能极大地提高企业的经营效率，降低成本，但它不是“放之四海而皆准”的模式。企业的任何一项变革都必须具备财务可行性，即变革的收益要大于成本。因此，在决定是否采用共享服务模式时也必须考虑变革成本与收益的关系。

共享服务是将分散在企业不同业务单位的资源、业务整合到一起，采用相同的运作模式、业务流程和规则，这些业务必须是可以或容易进行标准化的业务，这也是适用共享服务模式的一个条件。

一些跨国企业和大型企业的实践表明，共享服务适用于大量重复性的工作，企业中的服务职能如财务会计、人力资源、供应链、IT、客户关系和金融业后台处理的职能都可进行共享。价值链核心环节的大量可标准化、重复性高的工作也能予以抽离进行共享。根据这些业务的不同，目前全球企业建立起来的共享服务中心可分类为财务共享服务中心、信息技术共享服务中心、人力资源共享服务中心、客户共享服务中心、采购/供应链共享服务中心等。

第二节 财务共享服务的发展与收益

共享服务通过企业内部不同部门或业务单元间的组织和资源整合，实现服务共享，从而强化企业核心竞争力，优化资源配置，降低企业成本，提高管理效率，可以被运用在财务、人力资源、采购、供应链等模块。其中，财务共享服务的应用尤为广泛，也为企业财务管理创造了巨大的价值。

一、财务共享服务的概念

财务共享服务是一种将分散于各业务单位、重复性高、易于标准化的财务业务进行流程再造与标准化，并集中到财务共享服务中心统一进行处理，达到降低成本、提升客户满意度、改进服务质量、提升业务处理效率目的的作业管理模式。①

财务共享服务中心通常是一个独立的实体，设有专门的管理机构，甚至可以在公开市场上和其他企业展开公平竞争。

财务共享服务中心对所有成员单位采用相同的标准作业流程，废除冗余的步骤和流程，对“来料”进行加工，输出高质量的财务数据，并消除了由于分散的地域、独立的规则造成的信息孤岛。财务共享服务中心保证了数据逻辑的有序、财务信息的准确性和及时性，并且拥有成员单位的所有财务数据，数据的汇总、分析不再费时费力，更容易做到跨地域、跨部门整合数据。因此，财务共享服务中心可以说是企业集团的财务服务平台，是各成员单位的会计业务运作中心、财务数据中心和服务中心。共享服务中心建立在信息技术及系统之上，有效支撑集团制度的标准化、流程的科学化和精简化，实现降低成本、提高效率，强化集团内部风险控制的目标。

① 陈虎，孙彦丛. 财务共享服务［M］. 北京：中国财政经济出版社，2018.

从上述定义可以了解到，财务共享服务是将分散在企业不同业务单位的财务业务整合到一起，采用相同的运作模式、业务流程和规则，这就要求这些业务必须是可以进行标准化的基础业务。

在基础业务中，财务共享服务被分为基础业务处理和基础决策支持两个层次，这两个层次是阶梯形分布的。在图2-4所示的业务中，总账管理、应付管理、应收管理、资金管理是财务共享服务中实施最多的业务。

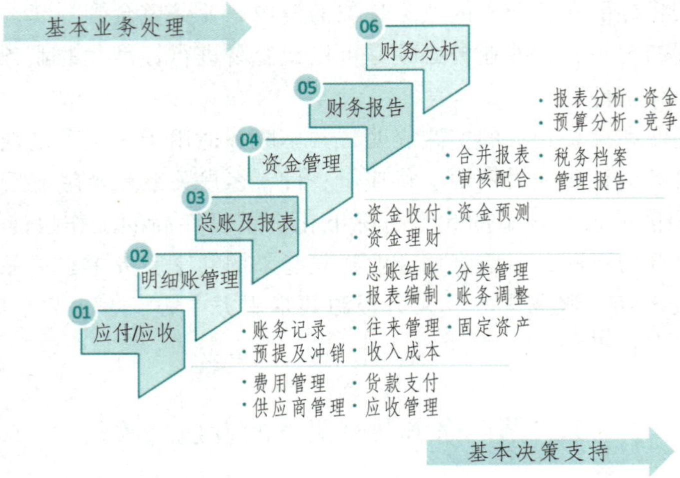

图2-4 财务共享服务处理业务类型

通常一个企业实施共享服务是从财务开始的，而财务共享服务又从阶梯的底层——应收/应付做起。巧合的是，从对实践的调研来看，很多企业在实施ERP的过程中也是从应收/应付做起的。这种巧合使得基于应收/应付的财务共享服务起点得到了有力的信息化支持。

《2020年中国共享服务领域调研报告》结果显示，财务共享服务中心覆盖最多的业务流程分别是费用报销（96.54%）、资金结算（84.08%）、固定资产核算（80.97%）、采购到付款（80.28%）、总账到报表（78.89%），如图2-5所示。这几类业务交易频繁且易标准化，是共享服务中心发展过程中形成的典型业务，最易实施[①]。

二、财务共享服务的发展阶段

财务共享服务最早起源于20世纪80年代，福特公司（Ford）在底特律创建了第一家财务共享服务中心。20世纪80年代中期到末期，共享服务及外包行业逐步发展并初具规模，众多企业跨国业务的增加以及科技的迅猛进步，促进了业务流程的融合，加速了共享服务及外包行业的发展。20世纪80年代末期到90年代初期，企业集团内部共享服务在东欧起步，不少企业在东欧、爱尔兰建立共享服务中心。20世纪90年代末期到21世纪初期，更多企业将目光投向亚洲，印度出现了第一批业务流程外包公司。美国经济学家托马斯·弗里德曼（Thomas Loren Friedman）在其著作《世界是平的》中这样写道："光缆把全世界都连接了起来。在没有刻意的计划下，班加罗尔变成了波士顿的近郊。"

① 中兴新云，ACCA，厦门国家会计学院．2020年中国共享服务领域调研报告［EB/OL］．［2020-12-28］．https://qr31.cn/EBais7.

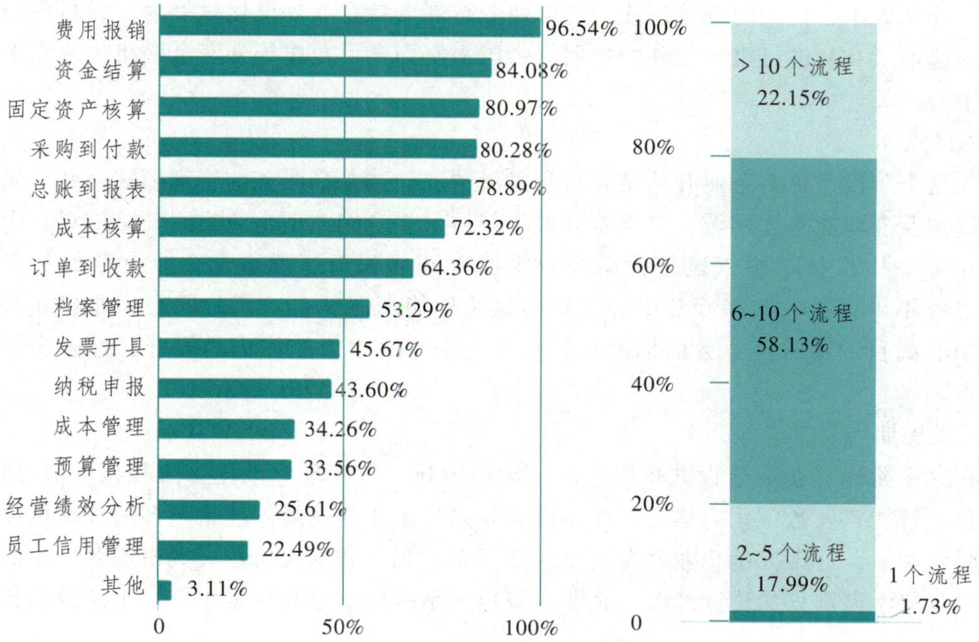

图2-5　财务共享服务中心业务流程覆盖情况

很多美国公司将财务或者其他后台业务全部放在了人力成本更低的印度，外包行业的发展使得产业链向外延展，复杂事物的传递变成了简单的数据流程，共享服务行业开始迅猛发展，行业以每年超过10%的比率发展壮大。

随着共享服务行业的持续发展，越来越多的大型企业，尤其是全球化企业，开始在全球范围内建立财务共享服务中心。财务共享服务中心在中国的发展主要分为三个阶段，如图2-6所示。

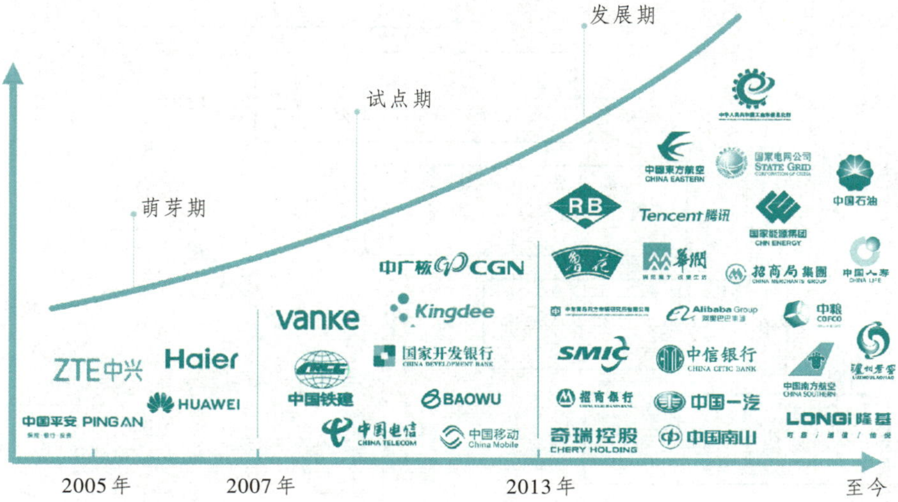

图2-6　财务共享服务中心在中国的发展

1.萌芽期

2005年，中兴通讯成为第一家建立财务共享服务中心的中国企业。在这个阶段，建设共享服务中心的企业以中国全球化企业为主，通过学习外资企业的先进经验，整合资源、降低成本，提升财务管理能力，以业务扩展支持企业规模化发展为建设目标。例如华为邀请了IBM进行财务变革的规划，中国平安则学习花旗等外资金融机构建立了大后援中心。

2.试点期

在这个阶段，更多企业开始结合自身发展情况尝试共享服务的管理模式，共享服务的建设涉及多职能管理领域，追求管理效率与质量提升的大型企业集团开始试点。中国本土企业如中广核、中铁建等大型企业集团也开始积极探索适合企业自身的共享模式，也有不少企业的共享服务中心开始尝试跨职能资源整合。该阶段，企业建立共享服务中心的目的通常是业务的标准化、管理效率与集中管控能力的提升，许多企业开始试点。

3.发展期

在这个阶段，企业建设共享服务的主动性增强，以实现标准化、流程化、信息化、自动化、智能化、数字化为建设目标。随着新兴技术快速发展，越来越多的技术可以运用到财务领域，许多大型企业，尤其是一些国企、央企开始加快建设共享服务中心的脚步，不仅仅学习国外的建设经验，企业自身也在不断的学习与探索中有了更多的创新与尝试。

三、财务共享服务的发展趋势

财务共享服务从诞生到发展，伴随着财务管理模式的变革，未来，也将在四阶段的基础上，不断向更为广阔的方向发展（如图2-7所示）。

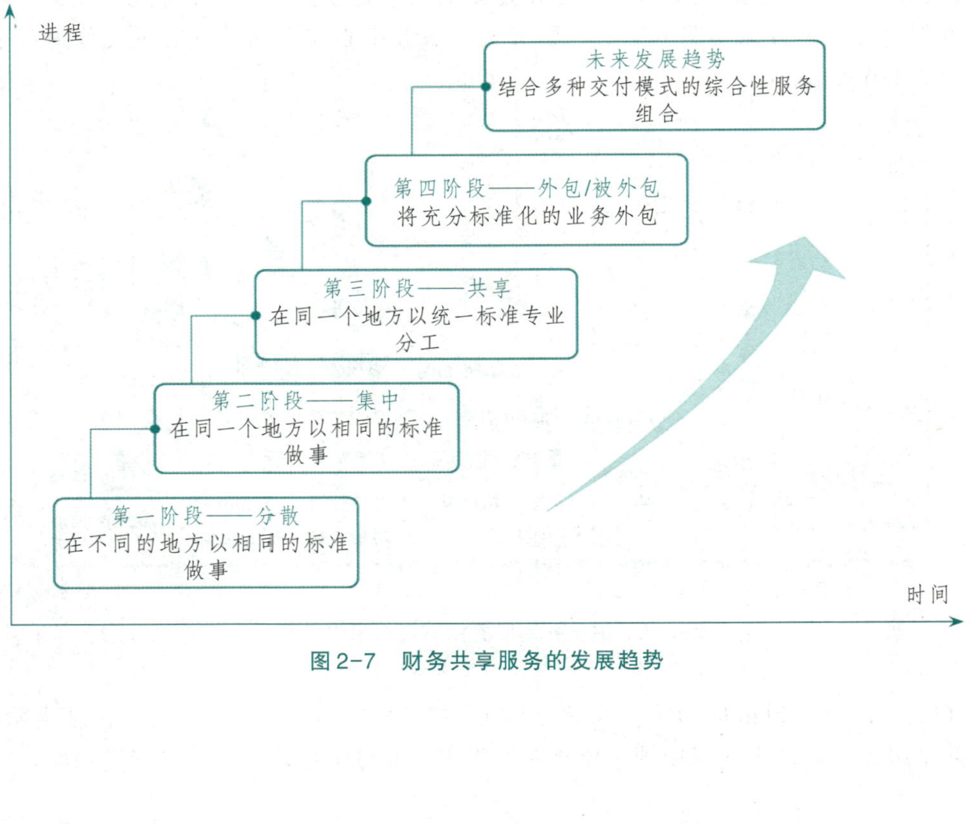

图2-7 财务共享服务的发展趋势

1.第一阶段——分散

财务共享服务的发展与企业自身的经营和发展密不可分。在初期，会计核算通常采用按会计主体进行分级核算的模式，即下属公司仍保留原来固有的一套财务组织。财务机构随着企业经营的扩张而扩张，一般来讲，在达到一定人员或业务规模后，每建设一个分子公司或分支机构，就会设置一个财务机构支撑当地的财务需求，这就是分散型财务核算模式。这种模式在大型企业中非常常见，各个分子公司设置财务部门，独立核算，定期将报表层层上报并汇总合并。

分散的财务管理部门，自身业务处理完整，但存在着不少弊端。第一，管理层次多，会计主体多，存在大量内部交易，核算复杂，合并报表的工作量大，财务报告层次多、流程长、效率低。第二，各下属公司通常开设各自的银行账户，资金被分散沉淀和闲置，资金周转速度慢、使用效率低。第三，会计信息准确性和及时性差，决策支持功能弱。集团无法对下属公司的运行状况实施有效、及时的监管，形成了一个个信息孤岛，使得集团整体的信息收集和政策制定都存在信息死角，埋下风险隐患。

2.第二阶段——集中

集中式财务管理，即集团总部将财务人员、银行账户、资金乃至资源配置权、管理控制权都集中于总部，以此来加强整个集团的财务管控。通过集中处理业务简化了核算层次，避免了内部交易抵销不充分的现象，缩短了财务报告流程，并规范了会计核算，加强了财务监控能力。同时集中核算促进了资金集中管理，降低资金沉淀和资金成本。集中的财务管理模式规避了分散模式下所存在的诸多问题，加强了企业对分支机构的集中控制，通过将人员和业务集中“在同一个地方以相同的标准做事”，打破原来的壁垒，使信息得以充分共享，财务政策得到有力执行。

然而，简单集中并没有改变企业的业务流程，并未从根本上解决资源浪费、组织惰性的问题，各后台支持部门依然保持低附加值。随着企业不断发展，越来越多的企业意识到仅简单合并重复性的日常工作是不够的，只有建立起具有竞争力的业务流程，更为专业、高效、透明地提供服务才能满足战略、组织的需要，于是企业开始寻求新的运营模式。

3.第三阶段——共享

随着经济全球化和信息化的发展，在资源有限的条件下，基于价值链的管理，寻找新的经济增长点和企业增值模式，资源的整合成为企业目标的关键，财务共享服务应运而生。

共享服务对流程进行优化再造，对操作进行标准化，对人员进行专业化分工，以一个独立运营的“服务部门”的方式再造了财务核算，相对于集中而言，其工作方式、理念都发生了质的变化。由财务共享服务中心对财务业务进行集成封装，一个服务端（共享服务中心）向多个客户端（成员单位）提供服务，客户端共享服务端的资源。服务端可以根据不同单位业务量的多少在其内部的账务处理单元实现负载均衡。因此，财务共享服务中心对多个企业相同的流程进行专业化分工处理，在对某一个企业进行账务处理时，财务人员不必掌握全部的财务流程就可胜任。由于基础的财务工作由专业的财务人员来完成，保证了会计记录和报告的规范、标准。财务管理人员则从繁杂的财务工作中解放出来，将精力集中于经营分析和战略规划，增强了对公司经营决策的支持，财务管理人员的职能得以转型，成为企业管理者的参谋、业务伙伴和企业策略合伙人。

4.第四阶段——外包/被外包

共享服务充分发展后，又将向社会化方式进一步延伸。各企业的财务工作可能会外包给社会上更专业和更具有成本优势等的财务外包公司，企业内部的财务部门则专注于对信息的监管、使用和需求规划。外包具有流程效率高、灵活性大、可扩展性强，以及在合约的约束下不断改进等优点。

在全球外包服务市场中，印度先行一步，凭借其廉价的劳动力和语言优势迅速占领了欧美很多份额的财务外包业务。在班加罗尔，随处可见跨国公司设立的共享服务中心。东欧也在外包领域迅速发展，IBM、Dell、Morgan Stanley已经将部分服务外包给东欧国家。在中国，成都、西安、上海、深圳和大连作为首批“中国服务外包基地”正在不断发展成熟，制定了相关土地、税收、人力等方面的优惠政策，做好了承接产业转移的各项准备工作。

5.未来发展趋势

随着国家经济实力的提升，加上“一带一路”倡议的推动，中国涌现出越来越多的全球化企业。全球化经营给企业带来难以预估的风险，对财务部门来说，面临着总部监管困难、资金管理失控、会计政策不统一、税收环境各异，以及语言、文化、时差等种种风险，而在分散的财务管理模式下，财务部门的工作是低水平的重复，难以建立起世界级的管理能力，而复杂的内外部环境要求企业构建完备的财务职能体系，分散的财务管理模式必然向矩阵化的财务职能体系转变。因此，全球化的企业更有动力建立共享服务中心，建立统一的政策规则和流程标准，来防范全球化经营过程中的风险，并促使财务转型的实现。

新兴技术的出现，以及业务复杂程度的提高，对企业通过财务共享服务中心整合流程、人员、技术，跨地域积累并利用不同领域最佳能力、知识来获取最佳绩效，实现价值创造提出了更高的要求。自动化、智能化、数字化的发展对财务产生深远的影响，作为企业的服务平台，各类业务数据涌入财务共享服务中心，随着数据的汇集，数据的管理和分析工作变得格外重要，数据的价值正在成为企业成长的重要动力。同时，技术、经济和市场环境的变化也使得财务共享服务在业务服务和交付方式上不断探索和创新，服务业务的广度、深度、灵活度得到拓展，客户获取、交付的方式更为云化，共享中心的目标从传统的成本降低、效率提升，延伸至为客户提供更加便捷的、灵活的、多样的定制化服务从而获取价值。

【知识链接1】集中VS共享VS外包

虽然集中和共享服务都是将分散的资源和业务集中到一起处理，都存在启动成本和人员转移等问题，但是，两者将资源和业务集中的方式、过程和目的是截然不同的。

传统的分散模式在企业发展初期发挥了重要的作用，但随着企业规模扩大、业务类型和管理层级增加，分散的管理模式开始面临组织效率低下、成本高昂、标准多样、控制环境多样，无法在不同业务单元实现负载平衡、集团缺乏对基层业务单位及子公司的监控能力等问题。

为了解决这些问题，集中成为一些企业的选择，通过将企业资源进行简单的集中管理和控制以提高企业资源利用效率。此时，财务部门属于公司内部的职能部门，以企业命令管理为导向。集中模式比起分散模式来说在一定程度上提高了效率、降低了成本，却没有改变企业的业务流程，并未从根本上解决资源浪费、组织惰性的问题，同时远离经营单位，无法及时响应客户，忽视了服务水平与责任的划分评定，各后台支持部门依然保持低附加值，缺少可量化的标准和考核指标，管理层对其也没有盈利性的要求。简单集中是实现共享的过渡雏形，是实现业务前后台分离的前提条件。

共享服务模式与以往的集中处理模式相比，最大的不同就是它并不是将现有的财务流程简单归集和组合，而是在现有基础上实现对流程的再造设计。同时，它以顾客需求为导向，通过多维运营管理体系进行运营管理，遵守服务水平协议约定，不仅可以为企业内部单位提供服务，还可以按照服务水平协议或者市场价格进行收费，转型成为利润中心。共享服务模式兼顾了效率与服务，更好地完成了资源整合、效率提升、成本降低、提高满意度的目标，促使企业将精力更多地放在更有价值的事务上。

业务流程外包是指企业将非核心的业务外包给外部供应商，从本质上讲，外包与集中的实质是相似的，都是简单的业务集中或转移，不同点在于处理业务的组织不同，一个是企业外部的，一个是企业内部的。与业务流程外包相同的是，共享服务也存在外包，它们都是将一系列工作交给一群专家，由他们运用创新的方法、专业化的知识集中精力提供解决方案。一方面，传统的业务流程外包只是单纯地将业务外包给服务提供商来达到提高效率、降低成本和减少员工流动给工作带来的波动，不存在资源的整合、流程的再造；而共享服务外包是对原有业务、流程进行整合以达到降低成本、提高效率和统一标准的目的。另一方面，传统的外包认为，可以外包的只能是企业的非核心业务，而对于财务、人力资源等核心业务流程是不能外包的；共享服务中心的适用范围有财务、人力资源管理、信息系统支持等，按照传统观点这些都是企业的核心业务，很多企业都将其相关业务外包给共享服务提供商。

【知识链接2】本土FSSC五大发展趋势①

尽管全球第一个财务共享服务中心（FSSC）于20世纪80年代初就已出现在福特公司，但真正在中国本土企业中实现落地，却只有短短的十年。在财务共享服务的应用深度和广度方面，中国企业已呈现出代际的差异。先进和后进的差距不仅体现在业务流程、核心技术、信息系统、组织架构等设计方面，更重要的是还体现为发展战略、管理理念、经营模式等方面的不同。

经过对FSSC发展历史与现状的分析和思考，以及对FSSC相关技术发展趋势的研判，本土财务共享服务模式至少会呈现以下五个方面的发展趋势：

趋势一：流程的柔性化和自动化

即财务共享服务中心的服务流程将从当前仅支持标准化、规范化的工作，主要服务客户共性需求的“刚性”流程，逐步向支持灵活性、可扩展性工作，可以服务客户个性需求的“柔性”流程方向发展。此外，随着机器人流程自动化（robotic process automa-

① 刘勤．本土FSSC五大发展趋势［J］．首席财务官，2017（18）：10-11.

tion，RPA）技术的逐渐成熟，共享流程的处理会加速向自动化方向发展，在可预期的未来，财务共享服务中心的常规工作岗位将由财务机器人程序所替代，财务共享服务中心最终会演变成财务自动化工厂。当然，柔性化和自动化的方向并非一致，柔性化的需求将会增加自动化的难度。

趋势二：岗位的虚拟化和碎片化

鉴于财务工作的复杂性，完全取消人类操作岗位的设计既不可取（考虑社会问题），短期内似乎也不可能实现（考虑技术问题），因此FSSC的人类岗位还会在较长时间内存在。尽管如此，由于互联网技术的飞速发展，FSSC的集中办公模式将会被虚拟办公模式取代，员工可以在不同的城市办公，甚至在飞机、火车、汽车等交通工具上移动办公，这将会使财务共享服务中心的岗位呈现虚拟化和碎片化的趋势，这从某种程度上会改变FSSC的内部管理方式。

趋势三：运营的外包化和众包化

由于共享中心的岗位任务定义越来越清晰，以及岗位呈现虚拟化的发展趋势，共享中心的部分工作完全可以整体外包给其他组织和个人，或采用众包的方式，将共享中心的任务分解后，以自由自愿的形式外包给某大众网络的成员完成，即未来财务共享服务中心的任务并不一定完全由本中心的自有员工完成，这就意味着财务共享服务中心的组织边界将会呈现模糊化、动态化的特点。这种外包或分包模式将会给共享中心的内部管理，特别是质量管理、风险控制等带来挑战。

趋势四：平台的集成化和云端化

在日常的交流中，我们曾收到过一些关于财务共享服务模式发展的不同观点，一个典型的观点是："财务共享与业财融合的发展趋势实际上是背道而驰的。因为财务共享强调将企业的财务管理职能剥离给专业的FSSC，但事实上一些基层企业的财务信息系统与业务信息系统已有较深的融合，剥离的结果就会降低、甚至失去已有的融合性。"为了解决专业性和融合性的矛盾，财务共享服务中心的平台必须将自己的信息系统演变成企业整体信息系统的有机组成部分，必须和企业外部的环境系统进行有机的集成。有效的解决方式是，将FSSC信息系统和各分子公司的ERP系统整体迁移到"云"上，借助于云平台来交换业务和财务信息，以及内部和外部的信息。

趋势五：服务的一体化和融合化

一体化和融合化是指多种共享中心（财务共享服务中心、人力资源共享中心、法律服务共享中心、信息技术共享中心、客户共享服务中心等）的集成和融合。随着共享中心发展的深入，一方面，财务共享服务中心与其他共享中心从多共享中心演变成单个综合中心的趋势越来越明显；另一方面，财务共享服务中心的服务内容除传统的交易性流程工作（如应收、应付、资产、费用报销、现金、总账管理等）之外，正在延伸到更多的高价值流程工作（如计划分析、全面预算、税收筹划、资金运作、风险管理、公司治理、投融资管理等），而这些高价值流程工作更需要管理会计和业务的融合。

四、财务共享服务的收益

在2018年中国共享服务领域调研中，77.4%的受调研企业表示，共享服务中心在加强企业总部的管控能力方面取得了显著成效；69.3%的受调研企业认为共享服务提高了工作效率、促进了业务处理流程标准化。同时，42.0%的受调研企业和39.6%的受调研企业通过实施共享服务，在为经营决策分析提供数据基础，以及将财务资源释放到更有价值的活动等方面取得了一定成效。

财务共享服务中心的收益可以被归纳为两大类：显性收益与隐性收益（如图2-8所示）。

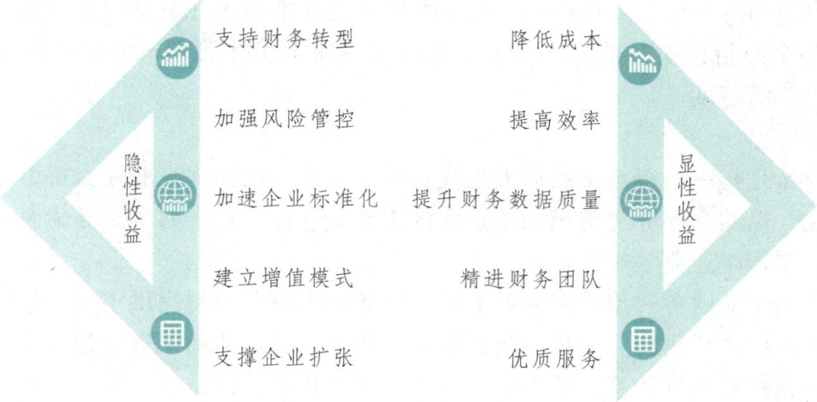

图2-8　财务共享服务中心的收益

1.显性收益

（1）降低成本，提高效率。在实施财务共享服务之前，企业存在员工工作量不饱和或工作分配不均的现象，各单位之间工作也存在一定差异，但是仍为每个单位或地区设置相同的岗位、人员，长期来看这样会降低企业工作效率以及员工工作积极性。在实施财务共享服务之后，企业不需要再单独为每个单位设置相同的岗位与人员，财务共享服务中心可以统一处理多个单位或地区相同岗位的业务，同时，通过对业务流程、规则进行标准化管理与优化，消除了多余的协调工作以及重复的、非增值的作业，业务操作得到细化、标准化，甚至有的操作被简化，大大降低了企业的财务成本与管理成本，又有助于企业财务效率的提升。此外，共享服务中心大多建立在成本较低的地区，某些岗位对人员的学历、技能等要求会有所降低，这些都在很大程度上降低了运营成本和人力成本。

（2）提升财务数据质量，支持经营决策。在实施财务共享服务过程中，需要对员工、客商、合同、科目等相关主数据进行梳理与统一，并明确未来各类主数据的管理职责及数据来源。数据的统一管理、各系统间横向标准统一，避免了因管理流程复杂及各关键信息缺失、重复所导致的最终财务报告的数据管理环节数据不一致的问题，大大提升了财务数据的质量。财务共享服务中心汇聚了大量的财务基础数据、税务数据以及资金数据等，这些数据信息集中进行沉淀，为企业提供高质量和低成本的数据信息，进而为财务管理和决策提供更专业的数据支持。

（3）优化人员结构，精进财务团队。企业在建立财务共享服务中心后，用于重复性工作的时间大大缩短，财务组织职能以及人员结构得到优化配置，释放出的员工有更多精力投入决策支持和业务支持等经营管理活动中，把总部的财务团队重塑成为战略财务团队，让业务单元的财务人员进化成为业务财务团队、业务单元的CFO，为企业战略提供更高水平的决策分析、评价和支持，最大化财务管理价值。

（4）优化服务质量，提升服务满意度。财务共享服务中心的一个重要职责就是提供高质量的财务服务，在实施财务共享服务之前，各分子公司财务处理的口径和尺度不一致，财务服务水平参差不齐，严重影响业务推进，造成业务部门对财务部门有所抱怨，满意度低下。实施财务共享服务之后，财务共享服务中心提供标准化服务，建立聚焦客户、高效有序的内部服务支撑体系，能够及时响应前端需求并调整服务内容，通过对财务共享服务中心指标实时监控、分析，形成长效服务优化管理机制，不断提升服务质量，提高服务满意度。

2.隐性收益

隐性收益是指一些很难用数据表达或量化的收益，比如共享服务支持财务转型、加强风险管控、以共享服务为契机加速企业的管理流程标准化、共享服务为企业建立新的增值模式、支撑企业业务规模扩张。

（1）推动企业财务转型。实施财务共享服务，为财务转型提供了先决条件，财务人员从基础业务中抽离出精力，投入经营决策、业务支持等活动中去，建立以管理会计为核心的财务分析和控制体系，使得财务在企业中发挥更大的价值，为财务能力的提升与财务转型奠定基础。

（2）实现企业标准化，强化企业内部管控。建立财务共享服务中心之前，各业务单位的资源是分散的，业务操作方式、操作流程都是不同的。财务共享服务中心为企业的业务流程统一、管理制度统一、数据口径统一等提供了平台，统一的过程也加速了企业管理制度与信息数据的标准化，保证了财务流程的合规性、信息的及时性与准确性，从而营造标准化的企业环境。同时，财务共享服务中心根据统一的制度与标准进行审核入账，并借助于信息系统固化制度标准，可以有效把控财务风险；财务核算人员的管理归属共享服务中心，其工作不受当地业务/财务人员的影响，可以独立地基于标准制度进行审核，规避人为因素导致的风险；通过财务共享平台相关系统的建设，实现财务报账、审批、核算工作的全程线上处理，所有的审批人、审批意见、修改痕迹系统均有迹可循，构建全面质量管理体系，全流程更加透明，规避各环节风险，加强了企业的内部管控，为查错防弊提供了有力的支持，内部舞弊风险大大降低。

（3）建立新增值模式，支撑企业扩张。建立财务共享服务中心之后，若企业的规模继续扩大，不必考虑为新业务建立财务部门，而直接将新业务的核算工作纳入共享服务中心即可，因此，企业变得更加灵活，更具备规模扩张的能力。在企业进入新市场的时候，企业可以将新市场的后台财务业务交给所在地区的财务共享服务中心处理，将对新市场的投入降到最低，从而为企业的进退取舍留有更大的空间。

【案例】GE全球运营：机器人时代下的共享服务[①]

1.GE全球运营中心实践分享

作为支撑GE加速回归工业的架构核心，由GE数字集团、全球运营中心、全球研发中心以及全球增长组织四根支柱支撑的“GE商店”，带动着整个GE分布于175个国

① 中兴新云，ACCA，通用电气（GE）全球运营. 2017中国共享服务领域调研报告［EB/OL］.［2017-06-23］. https://qr31.cn/AdAEx2.

家的30万名员工开始形成以客户为中心的组织行为特征。全球运营中心是处于GE商店核心之一的跨职能共享服务团队。全球运营中心利用规模效应，和GE各业务集团紧密合作，为GE高效运营寻求创新解决方案。

GE全球运营中心纵观GE各集团业务、客户、供应商，以发现降低运营成本的同时优化服务成效的机会，从而建立起独特的竞争优势。助力业务集团得以专注于服务客户、投资研发及开发新市场。同时，全球运营中心为公司长期发展目标搭建平台，开发基于Predix平台的应用，从GE商店为整个公司创造新的解决方案。

目前，GE在全球范围内设立了四大运营中心，其中，亚太中心设在中国上海浦东，其他三个中心分别设在匈牙利布达佩斯、美国辛辛那提和墨西哥蒙特雷。运营中心由分布于世界各地的全球交付团队提供支持。

2.GE全球运营中心愿景与使命

愿景：成为世界一流的共享服务运营体，为客户、业务集团、投资者及员工提供专业支持以助力GE战略发展。

使命：

• 通过区域运营中心和地方分中心网络开展全球运营，传递知识。携手每个GE业务集团，使公司整体运营更加简化、更专注于我们的客户。

• 居于GE商店核心，GE全球运营中心善于利用自身各个方面的能力和优势，如流程规模和基础设施、领域专长、高标准高效率、快速工作法、精益管理等创新方法，打造服务于所有GE业务的解决方案。

• 扩展传统共享服务边界，改变未来。GE全球运营中心坚持创新，推动实现工作方式数字化革命，不断改善GE各项核心流程。利用Predix平台为GE商店设计和打造解决方案，实现事务性工作的机器人流程自动化，释放资源来从事更多高附加值工作。

• 弘扬和促进有助于推广最佳实践和知识共享的当代领导力与合作文化。

• 推动简化战略，以更低的成本为GE和其他客户提供更好的服务。

• 为GE培养优秀人才。GE全球运营中心帮助团队成员拓宽视野、强化技能、发掘最大潜力，在GE展开卓有回报的职业历程。善于主动出击去解决问题，热衷于探索创新的有效的工作方式，并努力使业务覆盖多个行业。

3.数字化共享服务

GE是引领前沿的数字化工业公司，将物理世界与数字世界融合在一起，用软件将机器设备连接，使我们能有更高的响应度，更有预测性地为客户交付更好的产品与服务。共享服务对于GE转型成为数字化公司至关重要。

GE全球运营中心拥有一项强大的“资产”——数据，集中了财务、供应商、客户、员工等多种信息。

数据是数字主线，跨流程横向利用有用数据的优势将有助于取得更好和更有影响力的工作绩效。

4.GE全球运营亚太区

GE全球运营亚太区负责在GE内部建立并运营世界一流的企业运营流程，不仅有财务运营，还有供应链管理、人力资源运营、税务、企业数据管理、商务运营、法务、司库管理等。多职能运营流程的建立保证了公司在中国、亚太区甚至全球的业务得以更为顺利地开展。

通过三大指标来考核运营中心的业绩：效率、质量、成本。

- 效率。GE正利用各项数字化技术，向全球领先的数字工业企业加速转型，而全球运营亚太区也不例外。同时，正在努力利用数字化创新引领变革，提升智能化和响应速度。在流程标准化、精简化和自动化的基础上，能够更为有效地服务于业务集团、客户及合作伙伴。

- 质量。全球运营亚太区在追求成本和速度的同时，始终将质量作为第一要务。积极将快速工作法、全球运营精益管理和简化等理念纳入公司文化，鼓励员工主动识别无增值意义的工作、快速试错，深度挖掘问题根源以便彻底解决问题，从而提升整体质量。为了持续优化运营管理，全球运营亚太区还推出了Operations Insights。该工具基于大数据，可帮助管理层深入分析组织现有资源结构、员工工作分配、工作效率等一系列指标，由此发现差距，探索改进空间。同时，作为跨职能共享服务中心，全球运营亚太区聚焦跨流程协作，强化部门间沟通与合作，以交付最佳的工作成果。

- 成本。即便在极佳的经济环境中，明智的公司也会不断寻求机会削减成本。全球运营亚太区在这一点上身体力行，在流程逐步迁移集中至全球运营亚太区的过程中，充分见证了共享服务所带来的规模效益和协同效应。而在日常运营中，全球运营亚太区也在专业领域内积极创新、努力缩减成本。

全球运营中心在寻求数字创新，引领变革，同时也积极运用数字创新来打破传统工作模式，比如RPA（机器人流程自动化）、Predix、机器学习等。全球运营中心也开发了一些应用软件来优化运营，改进用户体验。例如，自动化付款方案可以自动进行三单匹配和付款流程，确保100%准确率；RPA可以帮助消除规律性重复步骤；能源消耗管理系统也可以在大数据的基础上进行管理并优化能源消耗。

思考：GE全球运营中心实践案例为共享服务未来发展带来了哪些启示？

本章小结

共享服务是一种新型的管理模式，在传统的分散-集中管理模式的基础上，通过信息技术、流程再造、组织管理等多维度学科知识，对管理模式进行探索和创新，创造出以顾客需求为导向，以服务水平协议和市场竞争为基础，提供标准化、规模化、流程化专业服务的共享利润中心。不仅促使企业集中资源优势专注于核心竞争力的提升，更是促使共享的专业服务实现成本降低、效率提升、质量保证、满意度上升的组织效益。

作为共享服务的优秀实践，财务共享服务通过一个或多个地点对人员、技术和流程的有效整合，实现公司内各流程标准化和精简化，给现代企业带来了前所未有的改变。财务组织在企业的整体框架中不再仅仅是会计核算的处理中心，更是企业经营信息的数据中心、管理决策支撑的服务中心，真正实现了财务管理职能的价值发挥，也为财务人员的职业发展打开了一个更为广阔、更具价值的新局面。

学思践悟

党的二十大报告强调“坚持创新在我国现代化建设全局中的核心地位”。财务共享服务是财务领域创新发展的重要成果，从产生到发展经历了多个阶段演进，并且一直伴随着管理模式的变革。面对财务变革与转型的趋势，青年一代应该团结起来争当改革先锋，勤奋学习，积累财务共享服务理论知识；勇于实践，积极投入财务创新工作；贡献才智，不断探索财务管理创新模式；把创新精神与奋斗精神融于学习、生活及未来职场。

思考与练习

（一）选择题

1.共享服务的特点包含（　　）。

A.专业性　　B.协议性

C.统一性　　D.技术性

2.共享服务降低管理成本的基本原理在于（　　）。

A.边际效益递减　　B.边际效益递增

C.规模经济　　D.产业链整合

3.财务共享服务中心可以处理的业务类型有（　　）。

A.总账管理　　B.应付管理

C.报表编制　　D.战略制定

4.财务共享服务中心基于大量交易业务的集中处理，通过（　　）等路径，促进财务流程的标准、规范和高效。

A.统一业务流程　　B.统一部门

C.统一数据口径　　D.统一优先级

（二）判断题

1.共享服务中心适用于财务、人事、IT等领域。（　　）

2.财务共享服务是指“在同一个地方以不同标准做事”。（　　）

3.共享服务的特点之一——协议性是指通过签订服务水平协议（SLA），界定共享服务中心与客户的实际关系，明确提供服务的内容、时间期限和质量标准等。（　　）

4.财务共享服务中心将分散在不同业务单位的活动、资源整合在一起，使财务工作流程高效、便捷，但对业务流程并无助益。（　　）

5.共享服务中心未来可以以市场价格为参照，向服务对象收费。（　　）

（三）简答题

1.请简要分析共享服务能为企业带来的收益。

2.请简要描述财务共享服务中心的未来发展趋势。

（四）思考题

B集团总部计划进行财务转型，提升财务管理水平，建立财务共享服务中心是第一步。在项目讨论会上，有领导提出："建立财务共享服务中心很简单，把我们甲、乙、丙等20余家公司的财务部门整合在一起，把财务人员办公地点统一到一个地方，各公司财务人员依然按照各公司的财务要求服务于各公司。"也有领导说道："财务共享服务模式，在一定意义上，从业务流程和人员转型的角度来看是一种'分散'。"

你同意哪位领导对建立财务共享服务中心的看法？为什么？

第二章客观题
即测即评

第二篇
财务共享服务中心的建设

第三章
财务共享服务中心的规划

数字经济时代，越来越多的企业希望通过财务共享服务中心的建设开启自身财务转型之路。企业需要基于国家政策对财务转型的大力支持以及企业自上而下对共享服务的观念认知提升，依托统一的管理基础，借助信息技术及数据等技术基础，以优化组织结构、规范流程、提升效率、降低成本或创造价值为目的，打造一流的财务共享服务中心，助力企业实现数字化转型。

本章学习目标

1.理解适合建立财务共享服务的企业特征；

2.理解财务共享服务中心建设的政策基础、观念基础、管理基础、信息技术及数据基础、建设经验基础；

3.坚持一切从实际出发，践行求真务实、开拓进取的宝贵精神。

引导案例

目前，A集团总部财务职能覆盖全面，但分子公司仍以财务基础职能为主；整体财务职能分工专业化程度不高，人员兼岗情况严重，流程控制节点多为人工处理，依赖人员素质，存在风险隐患，部分单位流程有待制定明确的制度规范，内部管理控制以及防舞弊管理亟待加强。

值得肯定的是，基于前期改革工作，A集团积累了一些成功的企业管理经验。集团已统一制定财务制度与会计科目体系，制度标准化程度相对较高。同时，近些年来，国家政策持续为A集团的财务共享服务中心建设提供了有力支撑，从可操作性和可落地性方面为企业财务管理转型提供了宏观政策指导。云计算数据中心、大容量分布式对象存储、影像扫描与自动识别、银企直联等信息技术飞速发展，使突破单位、地域限制进行财务集中处理成为可能，外部技术条件已经成熟；A集团信息化建设全面推进，财务数据在集团层面实现了集中存储，内部条件也已基本具备。

A集团是否已经真正具备建设财务共享服务中心的基础条件？根据集团财务现状，A集团的共享服务中心建设方向去向何处？变革小组开始分析集团整体现状，梳理财务共享服务建设方向等关键问题。

本章知识地图

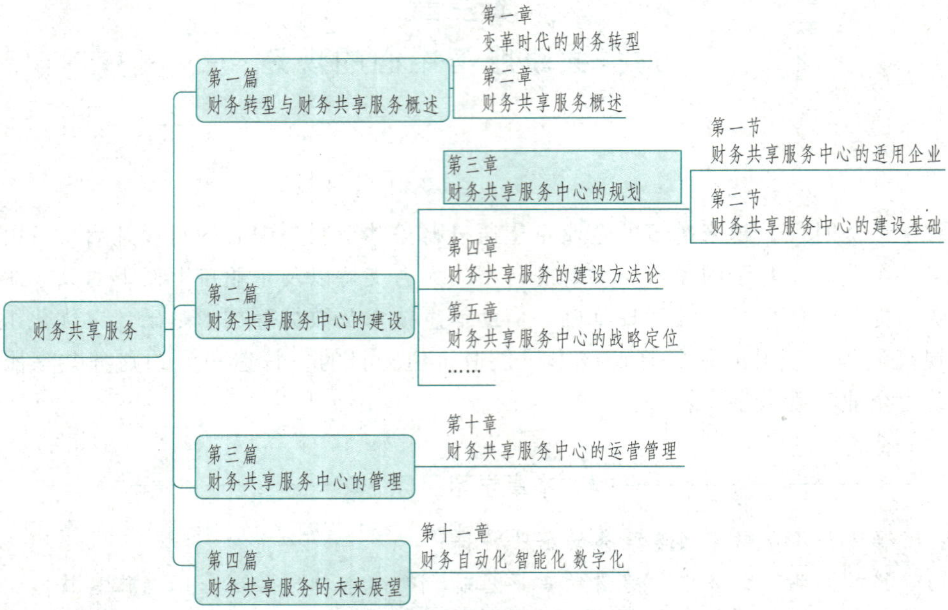

图 3-1　第三章知识地图

本章关键名词

政策基础、观念基础、管理基础、信息技术基础、建设经验基础

第一节　财务共享服务中心的适用企业

适合建立财务共享服务中心的企业通常具备分支机构数量多、业务规模大、处在快速发展期、存在业务诉求以及全球化企业等五个方面的特点（如图3-2所示）。

图 3-2　适合建立财务共享服务中心的企业

1.分支机构数量：企业分支机构众多

对于分支机构众多的企业，每个分支机构都需要设置一个财务组织进行支撑。分散的形式使得集团总部的监管与控制更难，财务报告层层合并上报使得财务处理与分析效率低下，这样的企业有强烈的风险控制与管理标准化的需要。

2.业务规模水平：规模由几十亿元发展到上百亿元以上

建立财务共享服务中心的企业，通常业务规模很大。调研数据显示[①]，58.12%的受调研企业收入规模在100亿元以上，年收入在50亿元以下的企业占比为33.91%，年收入在50亿元至100亿元的企业占比为7.96%，因此，规模达到百亿元以上的企业，更有动力建立财务共享服务中心。

3.企业发展的态势：处于上升期、业务快速扩张

处于上升期、快速扩张发展的企业比较适合建立财务共享服务中心。因为财务共享服务会带来人员转岗等变化，而在快速发展中的企业，随着企业业务的扩张，这些人员会得到很好的安排，不论是管理者还是普通员工，都会更容易接受变革，变革的阻力会减小。

4.企业经营业绩管理诉求需要财务转型

企业的规模化发展会对财务的能力提出更高的要求，企业对经营业绩提高以及对管理水平提升的诉求，都需要通过财务转型来实现，财务共享服务是财务转型的基础，因此这是建立财务共享服务中心的良好时机。

5.国际化公司，走出去的中国企业

当企业在海外的分支机构扩展到数十家或者上百家的时候，财务管理会非常困难。全球化的财务运营、会计准则的差异、税率与税制的差异、文化与语言的差异等都会带来巨大的挑战与风险，分支机构的经营现状通常都是通过一份份事后的报表层层上报汇总，这中间会存在巨大的信息损耗，财务共享服务中心很好地解决了这样的问题。因此，国际化的中国公司更有动力也更需要建立财务共享服务中心。

微课：什么样的企业适合建立共享服务中心

第二节 财务共享服务中心的建设基础

财务共享服务中心的建设基础主要包含政策基础、观念基础、管理基础、信息技术及数据基础、建设经验基础等五个方面。

1.政策基础

近些年来，国家政策的相继颁布持续为财务共享服务中心的建立提供了有力的政策支撑以及方向指引。

2011年，国资委颁发的《关于加强中央企业财务信息化工作的通知》明确提出，“具备条件的企业应当在集团层面探索开展会计集中核算和共享会计服务”。

2013年12月，财政部发布的《企业会计信息化工作规范》明确提出：“分公司、子公司数量多、分布广的大型企业、企业集团应当探索利用信息技术促进会计工作的集中，逐步建立财务共享服务中心。”

① 中兴新云，ACCA，厦门国家会计学院．2020年中国共享服务领域调研报告［EB/OL］.［2020-12-28］. https：//qr31.cn/EBais7.

2014年10月，财政部发布的《关于全面推进管理会计体系建设的指导意见》指出：“鼓励大型企业和企业集团充分利用专业化分工和信息技术优势，建立财务共享服务中心，加快会计职能从重核算到重管理决策的拓展，促进管理会计工作的有效开展。”

2016年10月，财政部印发的《会计改革与发展“十三五”规划纲要》指明：“密切关注大数据、‘互联网+’发展对会计工作的影响，及时完善相关规范，研究探索会计信息资源共享机制、会计资料无纸化管理制度。”

随后，多省市国资委出台相关政策，鼓励企业加快建设财务共享服务中心。例如，2019年，深圳市国资委在《加强市属国有企业财务管理工作的指导意见》中提出“充分运用信息化手段，探索建设财务共享服务中心，实现数据互联互通、企业信息资源共享”；2020年6月，山东省国资委颁布《关于在省属企业开展财务共享中心试点工作的指导意见》，指明“省属企业应顺应大势，增强自觉，充分借鉴先进企业成功经验，积极稳妥开展财务共享中心建设试点工作”。

2020年8月，国资委发布《关于开展对标世界一流管理提升行动的通知》，要求加强信息化管理，提升系统集成能力，“结合‘十四五’网络安全和信息化规划制定和落实，以企业数字化、智能化升级转型为主线，进一步强化顶层设计和统筹规划，充分发挥信息化驱动引领作用；促进业务与信息化的深度融合，推进信息系统的平台化、专业化和规模化，实现业务流程再造，为企业生产经营管理和产业转型升级注入新动力；打通信息‘孤岛’，统一基础数据标准，实现企业内部业务数据互联互通，促进以数字化为支撑的管理变革。”相关国家政策均对企业财务管理体系、财务共享服务与财务信息化建设、财务数字化转型提出了更高的要求，为财务共享服务中心建设奠定了基调，为企业财务转型提供了宏观政策指导。

2. 观念基础

观念的转变，对企业建立财务共享服务有着至关重要的作用。在国家政策大背景下，企业的整体战略目标与经营方针策略对财务共享服务建设有着非常重要的积极作用，有利于全面把握财务共享服务建设基础、明确财务共享服务建设方向。

同时，建立财务共享服务是一场变革，是融合先进管理思想和新技术的产物。一方面，观念的转变并不是件简单的事情，需要首先获得管理层的支持，才能够更加顺利地推进建设工作；另一方面，企业需要自上而下地向每位员工传达新的观念与愿景规划，通过有效的沟通和培训，了解员工的需求，提高员工对变革的适应能力，缓解员工负面情绪，减轻变革心理压力，帮助员工积极拥抱新技术、新思想。

3. 管理基础

建设财务共享服务中心，标准化建设非常重要，企业需要具备五个“统一”。

统一的会计科目：建立层级清晰、结构合理、释义明确、辅助信息完整的统一会计科目体系，使得财务数据口径一致，可以进行有效汇总与分析，能够满足财务报告及内部管理报告的信息需求以及共享模式下批量、自动化处理业务的系统要求，同时具有延展性，以随时应对内外部因素变化导致的需求更新。

统一的会计政策：通过统一的会计政策和核算处理规则，指导财务人员对跨区域、跨行业的经济事项能够进行规范处理，减少财务人员的主观判断，保证业务的合法合规，提高处理效率。

统一的流程标准：形成统一的、可承接专业化分工且持续优化的流程体系。流程标准应明确输入、过程与输出，明确端到端的交易流程中前端输入与共享服务中心的操作步骤，嵌入完整的控制活动，规范输出标准与要求，并通过信息系统固化流程，促进业务流程标准化。

统一的信息系统：对财务信息系统进行统一的规划和设计，财务信息系统可以实现信息与流程的集成，并提供决策相关的信息。系统设计需要关注财务信息系统与企业内部业务系统、外部信息系统的集成性，实现数据一点录入、信息全程共享，并具有良好的可扩展性，能以快速灵活的配置方式，支持业务功能的扩展与重构。

统一的数据标准：通过编码规范、数据管理等方法确保数据的来源、处理、报送路径统一，形成统一规范的数据标准体系，包括数据定义、数据梳理、数据编码规范、数据管理办法等内容。

五个"统一"是财务共享服务的基础。基于这套标准化体系，财务共享服务中心才能将看似复杂的业务不断简化，拆分成更加标准的任务单元，不断进行流程优化，从而进一步实现信息化和智能化，财务共享服务中心也才会持续提升服务能力，并具备创新的活力。

4.信息技术及数据基础

财务共享信息系统建设需在现有业务流程特性和信息系统的基础上，结合各业务流程利益相关者数量及工作量进行规划设计，因此，企业财务信息化实践可以为财务共享服务建设提供良好的基础。

近年来，云计算数据中心、大容量分布式对象存储、影像扫描与自动识别等信息技术飞速发展，使突破单位、地域限制进行财务集中处理成为可能，外部技术条件已经成熟。企业信息化建设的全面推进、系统间的集成、系统功能的完善以及高价值的主数据管理，可以将业务系统和财务系统贯通，帮助企业整合业务流、信息流、价值流等信息，形成数据仓库，进行全量数据管理，为财务共享服务中心建设奠定基础。

5.建设经验基础

从2005年中兴通讯建立中国企业第一家财务共享服务中心开始，经过十几年的发展，共享服务在中国企业中得到了积极的推动，已经进入蓬勃发展阶段。很多世界500强的大型企业集团都建立了财务共享服务中心，在2021年8月公布的《财富》世界500强排行榜中，上榜的143家中国企业中，50%以上已完成或正在建设财务共享服务中心；在国资委央企名录中，96家中央企业中的50%以上已完成或正在建设财务共享服务中心①，这些企业均拥有非常丰富的成功经验。标杆企业的建设经验可以帮助规划或者正在建设财务共享服务中心的企业在建设过程中少走弯路，更快、更好地建成财务共享服务中心。

【案例】中国石化共享服务建设背景②

中国石化是一家集上中下游于一体的国有特大型能源化工公司，业务主要分布在国内及全球60多个国家和地区。2013年，为深化内部改革、优化资源整合、推动管理转

① 数据来源：2021年《财富》世界500强及国资委官网。

② 中国石化，ACCA．国有企业共享服务行业发展现状暨共享服务中心2019年调研报告［EB/OL］．［2019-11-28］．https：//qr31.cn/FsO7V4.

型，中国石化通过财务共享先行先试，全力推进、全面部署共享服务建设工作。

中国石化共享服务实施以来，积极推动业务标准的统一，业务流程的优化再造，系统平台的高效集成，创新技术的深化应用，管理模式的逐步升级，形成了集团统一的基于业务场景的业务标准体系，建设高效集成的基于自动化、智能化的信息应用平台，搭建了创新驱动、实时优化的运营管理体系，为企业提供标准、合规、高效的服务支持，为集团公司规范财务运营、提高经营管理效率、增强风险防控能力、促进管理转型、提升核心竞争力、实现高质量发展提供了有力支撑。

共享服务是一场以技术驱动的管理变革和创新，是共享经济资源最优配置作用在企业管理领域的最佳实践，中国石化能在中央企业中率先启动一体化共享服务建设有其独特的背景和基础。

（1）提升集团内部管理的内在要求

中国石化产业链长，产品类型多，行业和地域分布广，内部管理一定程度上存在管理标准不统一、制度执行不到位、数据信息质量不高、决策支持力度不足等问题，必须通过创新的管理模式即一体化共享服务去推动解决。

（2）共享服务在国内外企业已得到了广泛应用

共享服务是国际通行的管理模式，有丰富的成熟经验可以借鉴，许多国家大型石油公司都实施了一体化共享服务，并在降低成本、提高效率、协助管控、创造价值等方面发挥了重要作用。

（3）国家政策环境提供了积极支持

近年来，财政部、国资委先后出台文件鼓励并要求国有大型企业集团利用信息技术探索实施财务共享服务。

（4）中国石化具备共享服务实施的基础

中国石化在实施共享服务前实现了信息系统的统一、制度的统一，包括统一的ERP、资金集中管理、合同管理系统、统一的会计手册等。

思考：中国石化共享服务的成功建立是基于什么样的背景与条件？

本章小结

财务共享服务中心的建设不是一蹴而就的，每个企业均需具备一定的建设背景与条件。国家政策环境为财务共享服务中心的建设提供了强有力的支持；五个“统一”的标准化建设是财务共享服务建设的管理基础；企业自上而下的支持与认同、管理理念的统一是财务共享服务建设的助推剂；信息技术和数据处理技术为建设财务共享服务提供了有力的支撑；同时，对成功的财务共享服务中心建设经验的学习与借鉴，可以帮助处在转型阶段的企业少走弯路、更好更快地完成财务共享服务中心的建设。

学思践悟

财务共享服务建设需要基于一定的条件与建设基础，企业要客观、综合考量自身情况是否适合建立财务共享服务中心。作为青年一代，无论是在学习、生活、未来财务共享服务建设或是职场工作中，都始终要坚持一切从实际出发、理论联系实际，践行求真务实的优良作风，学好专业本领，理性分析基础条件与主客观环境，充分认识和利用可以助推财务共享服务建设、促进财务转型提升的有利资源，以新的实践创造更大的成就。

思考与练习

（一）选择题

1.财务共享服务的管理基础包括（　　）。

A.统一的会计科目　　B.统一的会计政策

C.统一的数据标准　　D.统一的财务流程

2.下列关于财务共享服务的说法中正确的是（　　）。

A.建立财务共享服务中心就是搭建一套财务共享信息系统

B.建立财务共享服务中心只需要得到集团领导的支持即可，无须对员工进行理念宣贯与培训

C.财务共享服务中心主要适用于规模百亿元以上且业务扩张较慢的企业

D.实施财务共享服务有利于支持企业快速扩张

（二）判断题

1.共享服务中心主要适用于大型跨国企业、跨地区企业，还适用于重组、并购、变革比较频繁的企业。（　　）

2.财务共享服务中心建设所需的标准化体系包括统一的会计科目、统一的会计组织、统一的核算流程、统一的信息系统、统一的数据标准。（　　）

3.财务共享服务中心的建设基础包括政策基础、观念基础、建设经验基础、信息技术及数据基础、管理基础等。（　　）

（三）简答题

1.请简要描述财务共享服务建设基础五个“统一”的内容。

2.请简要介绍适合建设财务共享服务的企业所具备的特点。

（四）思考题

B集团成立于2000年，是一家拥有近百家分子公司的大型企业集团，总资产过万亿元，拥有员工1.5万名，经营范围涉及十多个业务领域，地域分布广。随着B集团不断蓬勃发展，提升财务管理水平、规范业务流程、提高工作效率的诉求越来越强烈。2015年，B集团将建设财务共享项目列入了年度重点项目清单，集团董事长作为项目主要推动者亲自指导财务共享项目的建设工作。

B集团的财务共享项目酝酿已久，响应国家政策，结合集团自身情况，早在2014年集团层面就高度重视财务管理提升工作，已组织多次关于财务变革与财务转型的大型培训，集团广泛收集员工意见，积极与员工进行沟通，鼓励员工接受新挑战，提升自我价值。集团的高层管理者，特别是财务分管领导也多次赴业内已建立财务共享服务中心的企业进行学习与交流，借鉴成功经验，希望在项目建设过程中少走弯路。同时，由于集团自身发展特点，各分子公司对财务管理、财务流程等标准的理解与执行并不一致，B

集团开始逐步对财务制度、财务流程、财务标准等重新进行梳理，建立统一的管理规范与标准，在部分子公司的核算集中处理、费用报销领域进行了试点。在信息系统方面，近年来，随着外部技术条件的不断成熟，B集团内部信息化建设也在全面推进，基本实现了系统之间的统一，以及数据的集中存储。

请分析B集团是否已具备财务共享服务中心的建设基础条件，你认为B集团在建立财务共享服务中心前还需要做哪些准备？

第三章客观题
即测即评

第四章
财务共享服务的建设方法论

随着世界范围内全球化竞争加剧，企业如何实现真正的国际化，在多个市场地域保持统一、高效的管理机制，以最低的成本获得最好的技术和运作流程，成为各方的重大议题。财务共享服务作为财务领域的重大变革，是一次观念再造、流程再造、组织再造、人员再造、系统再造。通过实施财务共享，跨国集团企业真正实现了优化组织结构、规范流程、提升效率、降低成本、创造价值的目的。

建设财务共享服务需要一个规范、完备的逻辑框架来支撑整个项目的构造与搭建，这个框架需要关注财务共享服务实施各个阶段的关键要素，通过严谨的框架制定，指引共享服务的具体实施，有效地提升实施效率和质量，避免过程中的偏差和失误。

本章学习目标

1.理解财务共享服务建设框架；

2.掌握财务共享服务建设框架六大要素及其关系；

3.培养统筹规划能力，践行实事求是原则，具体问题具体分析。

引导案例

确定了变革方向，A集团变革小组全员充满期待，憧憬着财务共享服务中心建成时井然有序的工作环境和积极乐观的员工面貌。随着工作不断推进，如何更好更快地建设财务共享服务中心呢？

在CFO的牵头下，变革小组组长召集所有组员进行头脑风暴，希望大家可以群策群力，“我们要建立财务共享服务中心，这就像修建一栋大楼一样，要先做好图纸的规划与设计，确定了蓝图才能更好地推进后续的建设工作。”

“我们都没有经验，谁来带领我们建立财务共享服务中心？”

“既然我们已经开始了，就没有回头的道理，我们一定全力支持集团，共同努力完成这项艰巨的任务。”

“集团建立财务共享服务中心是要一步到位吗？还是采取分步走战略？”

“可以先确定目标，目标定了方向就不会错。”

“确定了目标，确定了方案，需要用哪些平台来做支撑？”

“之前去学习交流，已经建成的企业的运营管理经验我们可以学习借鉴，写在方案里。”

夜已深，摆在变革小组面前的困难与问题还有很多，组员们仍在梳理建设框架的内容（见表4-1），头脑风暴会议还在继续……

表 4-1　　A 集团财务共享服务建设框架梳理清单

财务共享服务建设框架	
1	集团建设的战略目标、结构、职能是什么？
2	集团需要建立几个财务共享服务中心？职责界面如何切分？
3	现在使用的老系统会被替换掉吗？应该上线哪些信息系统？
4	建立财务共享服务中心后，财务人员的日常工作会有怎样的改变？
5	财务共享服务中心内部如何进行管理？
6	建立财务共享服务中心后，流程如何优化？
7	……

本章知识地图

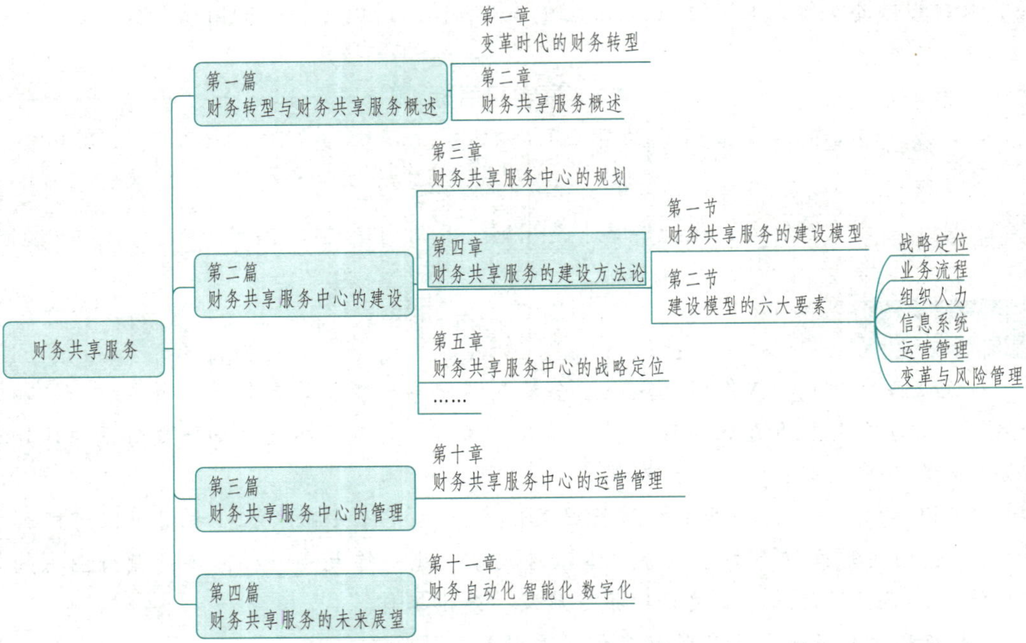

图 4-1　第四章知识地图

本章关键名词

财务共享服务建设框架、战略定位、业务流程、组织人力、信息系统、运营管理、变革与风险管理

第一节　财务共享服务的建设模型

财务共享服务建设框架是指在财务共享服务发展各阶段所包含的关键影响因素及各

关键因素间的相互关系所构成的组合。财务共享服务建设的“1+4+1”框架[①]主要包含以下六个方面：战略定位、业务流程、组织人力、信息系统、运营管理、变革与风险管理（如图4-2所示）。财务共享服务的建设框架构建了后续工作的蓝图，项目人员可以利用财务共享服务的框架树立项目的整体观，保证共享服务的整体建设在既定的范围内有序进行。

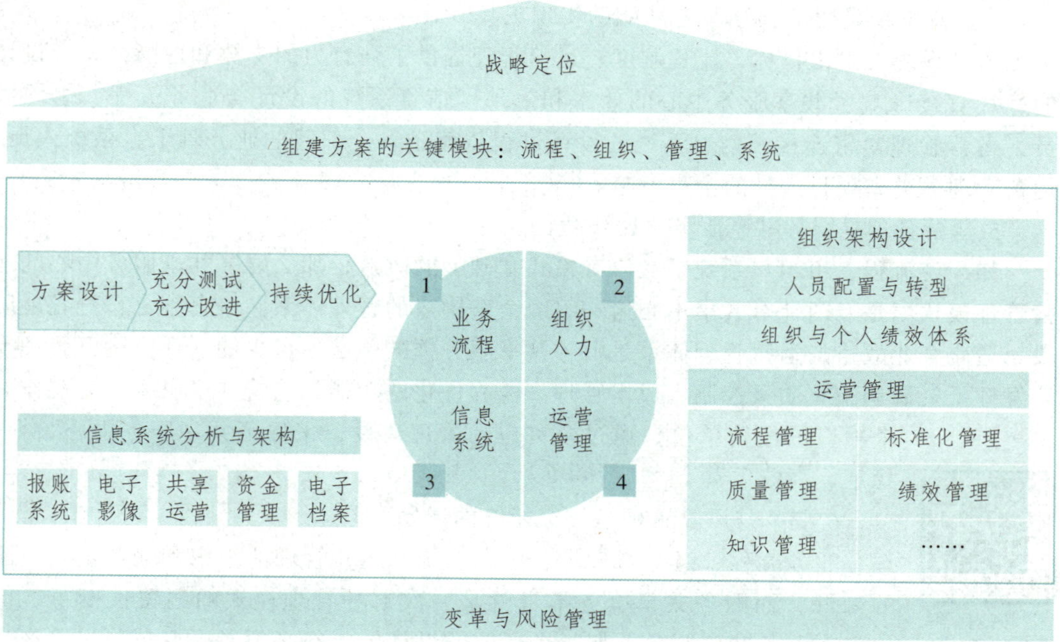

图4-2　财务共享服务建设的“1+4+1”框架

战略定位从战略层面决定了整个共享服务的导向，指导框架中其他模块的实施不偏离既定的轨道，始终与组织战略保持一致。业务流程、组织人力、信息系统和运营管理模块如同财务共享服务框架的四根支柱，支撑起了整个框架的实体，为财务共享服务的实施奠定了基础。而变革与风险管理贯穿共享服务的整个阶段，是在实施财务共享服务过程中降低变革冲击、规避项目风险、优化管理模式的重要工具。

1.战略定位是整体框架的统领与导向

战略定位是财务共享服务框架的主干和灵魂，在进行财务共享服务框架设计时，战略定位是首先需要考虑的内容，它在很大程度上决定了业务流程、组织人力、信息系统和运营管理四个模块的方向。

2.业务流程是为客户创造价值的相关活动

财务共享服务中心的所有业务都需要流程来驱动，组织、人员都是靠流程来实现协同运作的，服务流程的标准化和统一是共享服务的核心。业务流程通过对组织人员的工作步骤进行描述，以流程视角规范工作步骤，并使工作接口标准化。流程的标准化和科学化是财务共享服务得以高效运作的基础，也是实现信息化的前提。同时，业务流程也是制度管理、标准化管理等运营管理制度的根基，它一方面影响着运营管理的实施，另一方面又被运营管理手段所支撑，使得流程可以在管理监控下，保证流程的时效、质量

①　由中兴新云梳理的财务共享服务建设框架。

和成本目标的实现。

3.组织人力是各功能正常运转的保证

战略定位决定了组织人力的设计依据；业务流程明确了组织人力如何设计和配备；信息系统又为组织目标提供了强有力的支撑和保障；运营管理则肩负了对组织人力绩效、发展、培训的管理责任，使得组织人力始终处于优化提升的过程之中。

4.信息系统是财务共享服务功能的实现工具

信息系统为组织目标、流程制度、运营管理提供了强有力的支撑和保障，系统设计的好坏直接影响了共享服务中心的效率和效果。信息系统的设计与业务流程、组织人员、运营管理紧密连接，信息系统的设计过程依赖于各个部门的业务骨干、系统人员、运营管理人员和项目人员的全程参与。

5.运营管理是财务共享服务不断优化的保障

如果说流程、组织、系统是在原有模式基础上的改造，那么财务共享服务中心的运营管理模块则是专门针对共享中心这一组织全新构建的管理体系。一套符合自身发展阶段、适应企业战略的运营管理体系是财务共享服务框架中必不可少的一环。运营管理模块发挥了资源调配、质量控制、成本管理、流程优化的功能，它将共享服务中心视作一个独立的经营单位，通过全方位的管理建设，来保证共享服务中心长期、稳定、高效运营。

微课：财务共享服务中心的建设模型

6.变革与风险管理是贯穿始终的活动

业务流程、组织与人员、信息系统、运营管理的组织和变革都是风险的来源，而财务共享服务本身就是一次财务管理模式的颠覆性变革，因此，在财务共享服务框架每个环节的设计中，都必须考虑变革与风险产生的影响，以及防范和控制风险的方案和举措。

第二节　建设模型的六大要素

一、战略定位

战略定位是指为配合公司整体经营战略而确定的财务共享服务中心未来工作的主要目标，以及为达成目标而采取的行动。

战略定位是整个财务共享服务中心的指引和方向，对于共享服务中心的定位和发展方向具有至关重要的意义。战略定位模块的主要工作包括财务共享服务中心的战略目标选择、战略结构选择和战略职能规划三个方面（如图4-3所示）。

1.财务共享服务中心的战略目标

战略目标是对企业战略经营活动预期取得的主要成果的期望值。战略目标并不唯一，也非一成不变。不同企业建立财务共享服务中心有其各自侧重的战略目标，在共享服务建设的不同时期，战略目标也会有所调整。通常来讲，企业建立财务共享服务中心的战略目标可划分为三类：成本降低、风险可控和促进财务转型。

成本的降低与可控是构建财务共享服务的首要目标，企业通过高效的财务流程、更低的营运资本、税收优惠等，来实现成本优势。

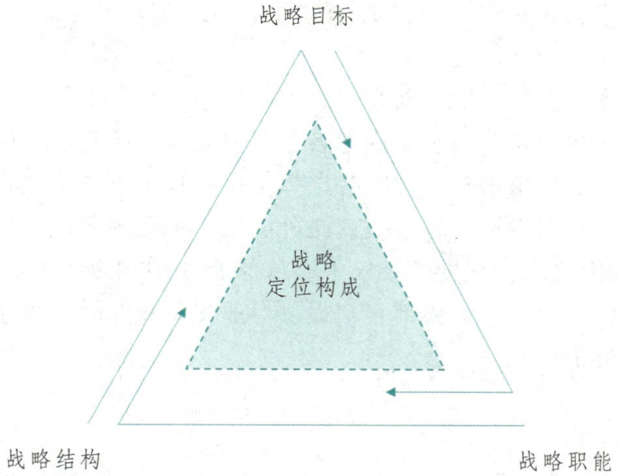

图 4-3 战略定位模块的构成

风险可控强调内部控制与风险管理，提升数据透明度、监管透明度，满足合规及监管要求。

促进财务转型，包括促进财务人员发展、财务流程改革来全面提升财务部门能力，促进财务模式升级，提升财务服务质量等。

如果说战略定位是整个财务共享服务中心的主干和灵魂，那么战略目标就是战略定位的主干和灵魂，它决定了战略结构选择和战略职能规划。

2.财务共享服务中心的战略结构

战略结构是根据战略目标，对财务共享服务中心面向客户提供服务所涵盖的领域进行的划分，主要包含四种结构模式，即“全球中心”、“国家中心”、“区域中心”和“专长中心”。

“全球中心”是指将企业全球范围内的某些业务流程集中到一个全球共享服务中心来处理，服务于全集团的各业务单位，通过业务流程重组和标准化，为企业提供低成本的增值服务。

“国家中心”是指按照国家或者行政区域设立，主要考虑国家和地方管理的特色。

“区域中心”是企业的一个或多个业务单元共同建立的共享服务中心，是基于业务交易的支持服务，以企业整体成本降低为目标的组织形式。区域中心通常将企业的全球业务划分为某个大区的共享服务中心进行处理。

“专长中心”是指就每种适用于共享服务模式的业务流程在全球范围内建立相应的共享服务中心，并在此进行专业性处理。专长中心主要以单个/类业务流程为标准。

3.财务共享服务中心的战略职能规划

战略职能规划是指企业对财务共享服务中心的服务模式进行定位。随着财务工作从分散走向集中，从集中进入共享，再到市场化为财务外包公司，共享中心的战略职能定位也在不断地变化，总体可以概括为三个主要的发展阶段：

（1）企业内部职能部门。主要为企业内部业务单元提供跨组织、跨地区的财务专业支持服务。如隶属于总部财务的财务共享服务中心，为集团内部各分子公司提供高质、高效的财务服务，不具备外部性。

（2）独立运营责任主体。财务共享服务中心作为一个内部的独立运营主体，依据市场机制独立运营、服务收费，向企业内部各业务单元提供跨组织、跨地区的服务，业务成熟后可与外部供应商竞争来让内部顾客选择。市场机制下的模式也有发展的层次，从初步市场化向高级市场化发展，其本质就是外向型特征更加明显。

（3）成为营利组织。财务共享服务中心从原企业中剥离出去，成为一个独立的法人，以服务提供商的定位向企业内部客户提供专业支持，同时，承接外部企业的财务业务，独立经营，创造价值。

二、业务流程

流程——“process”，在英文中又有“过程”的含义。一个过程可以分为输入、处理和输出，但一个过程不能成为流程，只有连续的过程组合在一起，才形成一个流程。有了流程才可以谈及流程管理。流程是一组将输入转化为输出的相互关联或相互作用的活动。一个完整的流程，通常包括输入、活动、活动的相互关系、输出、客户和价值这六大要素。流程的要素是从流程的定义本身出发，将流程进行分解，总结出其中必不可少的关键因素。但流程不仅仅是流程各要素的单一串联组合，也不是简单的程序集合，它服务于企业战略，以客户价值为导向，以最优路径为基础，广泛地调配企业组织及各种资源，满足业务的需求和最佳目标。

以规范化地构造端到端的卓越业务流程为中心，以持续地提高组织业务绩效为目的的系统化方法，就是流程管理。流程自然是流程管理的核心，流程管理中的流程应是面向客户目标的能带来增值的流程。企业的使命是为顾客创造价值，而为顾客创造价值的便是流程。成功的流程需要流程管理，以实现持续的改善和优化。因此流程管理保证了一个组织的流程是为了客户需求而精心设计的，且会随着内外部环境的变化而不断优化，使流程本身可以始终保持其先进性。

财务共享服务中心是一个希望从流程优化中获取价值，并希望实施专业化分工从流程管理中获得收益的组织。共享服务颠覆了传统会计的工作模式，将传统的会计部门转型为服务工厂，建立了流水线的工作模式，对内部组织和个人赋予了新的职能。由于工作模式及职能的变化，传统会计核算业务的主要流程均将发生新的变化。

财务共享服务流程框架具备层级化结构，可以参照流程分类框架（PCF）将主流程进行分解和设计，清晰界定不同层次的流程的包含关系，使工作事项和流程步骤体系化、逻辑化。

三、组织人力

1.组织

财务共享服务中心承担了传统的财务会计的所有基础性工作，例如核查原始单据、制作会计凭证、编制财务报表等，但由于其在职能定位上的不同，及工作模式的重大变化，其组织模式必然与传统的财务部门有所区别。在建立财务共享服务中心的时候，需要明确财务共享服务中心在集团整体架构中的具体位置，即需要定位财务共享服务中心与集团总部财务、成员公司财务之间的隶属或平行关系。

职能定位的不同，又决定了财务共享服务中心在内部的组织形式、分工和人员管理上的差异。财务共享服务中心内部组织是基于共享服务中心的战略定位的，财务共享服务中心在不同的发展阶段，其战略定位也有所不同，战略定位决定了财务共享服务中心的内部组织构成。通常来讲，财务共享服务中心内部组织的划分方法包括按职能划分、按区域划分、混合模式、按产品划分、按客户划分。

按职能划分：将人员按照不同岗位的具体职能进行划分，各职能组分别负责标准化程度高、专业程度深的工作。

按区域划分：按照客户的业务地理区域进行划分，各区域组分别负责不同区域的业务，提供适应不同区域业务需求、满意度更高的服务。

混合模式：同时考虑岗位职能与业务的地理区域来进行专业化分工，最大限度地提高效率。

按产品划分：按照服务对象的业务来划分共享中心内部的组织构成，各业务组负责不同业务单元的财务服务工作。

按客户划分：将与某一特定顾客有关的各种活动结合起来，并委派相应的管理者以形成部门。

2.人员管理

人员管理是指在财务共享服务中心的发展目标指导下，根据业务发展的需要，对人员的数量、素质要求进行规划，制定人才选、育、用、留的策略，保证业务正常、有序运作。

人员管理的一个重要目标，是让共享服务中心的人员建立对岗位的热爱和对职业发展的希望。共享服务中心是一个多学科融合的组织，这不仅意味着人员需要树立综合型、学习型人才的发展目标，也意味着共享服务中心将为员工设计完备的职业发展通道，为员工提供一个大有可为的发展平台。

作为一个多学科融合的组织，财务共享服务中心需要把人员培训与知识共享作为人员管理的重点。人员培训应与共享服务中心的知识体系相匹配，并保持在日常工作中持续进行、稳定推进。在共享服务中心建立的不同阶段，人员培训工作所占用的资源、培训的对象和方式也将有所差异；同时，对组织中不同背景的员工，也应建立有针对性的培训体系，打造科学的人才梯队。培训的内容应侧重专业技能、管理能力，同时也应重视对人际关系氛围的营造和对组织文化理念的宣贯，让员工充分理解财务共享服务模式给企业和员工自身所带来的巨大利益，明白在整合过程中协同合作所带来的便利，鼓励员工参与到企业财务共享服务模式的建设和实施中，体验财务共享的优势所在。

人员的岗位设置，需要满足岗位与技能相匹配、岗位与素质相匹配、岗位与空间相匹配三个要素。财务共享服务中心包括两类群体，一类是从事具体业务的运营业务人员，另一类是从事运营管理以及共享服务支撑的运营管理人员。这两类人员的岗位设置存在较大的差异，因此对人员的要求也有明显的区分：运营业务人员一般从事的是已标准化且重复度较高的业务，对人员要求较低；运营管理及运营管理支撑岗位是财务共享服务中心的核心，关系着财务共享服务中心的战略目标实现，对人员要求较高。在对财务共享服务中心进行人员管理时，应有针对性地区分人群进行差异化管理，才能够全面调动财务共享服务中心人员的工作积极性。

人员的数量测算，也是财务共享服务中心组织人员部分的重要工作，实践中经常采用业务性质分析、目标企业对标等方法，对相关岗位进行人员需求分析，最终完成共享服务中心各岗位人员的合理配置。

四、信息系统

信息技术正在改变一切，共享服务的实现更离不开信息技术的支持。一方面，随着IT技术的迅猛发展和广泛应用，信息交互和服务交付实现了跨地域的远程服务和支持；另一方面，应企业信息化管理的需求，企业内部有各种定制化的管理信息系统，由于共享服务的推动，企业利用内部IT人员或借助外部IT技术团队，实现了这些系统之间的信息交互，更好地实现了共享服务效率提升、成本节约的目的。

在共享实施前，尽管很多企业和集团已经建设和应用了很多系统技术，并各自发挥了巨大的作用，但各项技术缺乏统筹实施和整合，系统间的协同效用难以发挥。财务共享服务的实施，直接将目标定位于系统平台的建设，不仅统筹规划了企业经营所需的各项系统架设，同时将这些相对独立的系统进行全面整合，创建了业务、财务、管理和战略的有机结合模式，真正实现了财务共享服务模式下的信息系统平台互通互联，充分发挥共享服务架构下的各系统协同效用。

在这个整合的信息化平台中，企业资源计划系统（ERP）、影像管理系统、网络报销系统和银企直联等系统及技术是对财务共享服务中心贡献最为突出的。不同业务模式的企业，财务共享服务中心的信息化建设重点不同。对于供应商众多、供应商管理复杂的企业，还需要考虑供应商协同平台、进项发票管理系统等；对于下游客户、代理商众多的企业，销项发票管理系统、收款管理系统也非常重要。建设一个良好的财务共享信息化平台是财务共享服务体系构架得以实现的基础技术支撑和先决条件，系统平台的统一搭建和整合是实现共享服务的关键环节。只有在信息系统的支持下，财务共享服务模式才可以跨越地理距离的障碍，向其服务对象提供内容广泛的、持续的、反应迅速的服务。共享服务的模式是在信息技术支持下的管理变革，只有利用现代的技术，才能使企业集团的财务共享服务真正落到实处。

五、运营管理

一个组织成功的因素包括很多，如战略、营销、资本运作、人力资源、组织架构等，运营管理体系的构建，实现了这些成功因素的有机结合。一旦离开运营管理的支持，这些要素就变得孤立，难以持续提供组织继续前进的动力。财务共享服务中心的运营管理是针对共享服务中心这一全新的组织形式搭建的运营管理体系。通过对财务共享服务中心各个维度的管理建设，共享中心具备了独立、稳定、不断优化发展的能力。一个较为完备的运营管理体系架构，包括共享服务中心的目标管理、绩效管理、质量管理、服务管理、人员管理、知识管理、学习管理、创新管理、流程制度管理、系统管理和标准化管理等。

与其他管理活动相比，目标管理是基础，对其他管理活动具有指导意义。绩效管理广泛涉及共享服务中心的管理和运营，涵盖了监督与管理组织绩效和个人绩效的方法、准则、过程和系统。知识管理则是保证知识从创造、确认、收集、存储、分享到使用完整传递的体系，直接作用于组织人员素质、价值增值。质量管理体系的建立，对于实现提升满意度的目标具有重要意义，共享服务中心需要采用科学的方法来因地制宜地建立质量管理体系。同时，服务管理是管理者对财务共享服务中心员工对外服务工作的服务效果、服务能力、服务时限、服务态度等服务质量工作的管理与提升过程。制度管理包含了对财务共享服务中心制度的规划、梳理、编写、持续优化等内容。共享服务中心通过这些活动对日常业务进行雷达式扫描，为及时发现问题、总结问题、提出解决方案提供了规范的体系保证。

从国内外成熟的财务共享服务中心的运作经验来看，完善的运营管理体系是共享中心不断改进和提高的必要管理支持，是将财务共享服务中心建成一个健康发展组织的有力保障。

六、变革与风险管理

世界著名管理大师彼得·德鲁克（Peter F. Drucker）提出："变革是无法避免的事情。"当经营环境变化时，企业做出应对策略以适应环境变化的行为就是变革。而这些应对策略，包括对工作流程优化再造、内部组织重新划分、运营管理设立和调整等。财务共享服务中心本身就是一个新兴技术和先进管理思想交汇的产物，日新月异的技术和思想使得财务共享服务本身成为了一个变革中心。通常，组织形式的演进、新技术的实施和新管理思想的实施，都将带来财务共享服务中心的变革，这种变革可能是维持性的，也可能是颠覆性的。从实践经验来看，财务共享服务中心的领导需要具备较强的预见力、决策力、交际沟通力和关怀之心，从而更好地应对变革。共享服务中心面对了来自战略、管理和技术各个方面的变革，也将难以避免地面临变革中可能出现的各类风险。

企业在实施变革应对措施时，例如建立财务共享服务中心或调整财务共享服务中心相关工作流程、组织结构、运营管理等势必引发许多不确定因素，这就是实施中面临的风险。纵观中国企业的共享服务实施之路，中国企业在实施财务共享服务过程中需要面对或关注的风险主要分为以下三类：

战略风险：指影响财务共享服务中心整体实施效果的战略性决策风险，包括业务范围确定风险、选址策略风险和实施方法风险。

管理风险：指在实施财务共享服务中心建设或变革过程中运营管理所带来的风险，包括组织架构风险、人员转型风险、变革心理风险。

技术风险：指来自信息技术或业务流程的风险，包括IT系统优化风险、系统集成风险、流程风险、业务变更风险。

财务共享服务中心是一个不断演化前进的组织，演进的过程意味着财务共享服务将不断面临一次次变革、一次次重塑。在财务共享服务中心的发展过程中，变革与稳定将不断交替出现，而无论是变革还是稳定，财务共享服务中心运营过程中的风险将始终存在，对变革与风险的管理将始终贯穿于财务共享服务中心的管理过程。

【知识链接1】财务共享服务建设的SPORTS模型[1]

SPORTS模型主要围绕场所（site）、流程（process）、组织和人员（organization）、法律（regulatory）、技术（technology）、服务（service）等六个关键因素进行财务共享服务中心的规划与建设，并贯穿于财务共享服务中心从规划到实施推广的全过程（如图4-4所示）。

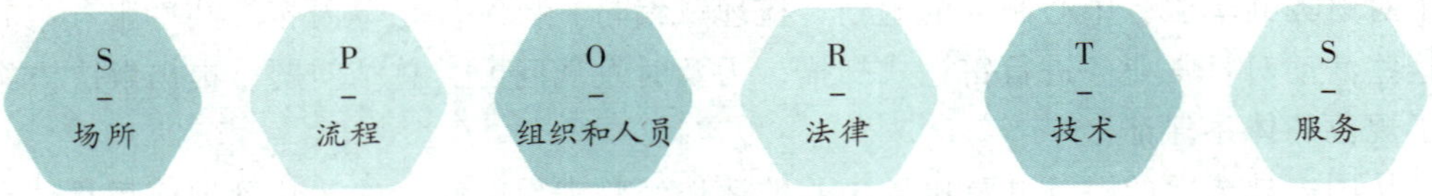

图4-4 SPORTS模型

1.场所。财务共享服务中心的场所即财务共享服务中心的选址。选址是建设财务共享服务中心的关键问题之一，对人员流动、流程效率及财务共享服务中心的组织结构都有着重要影响。共享服务中心的选址可以分为四阶段展开，分别是确定备选城市、确定选址分析维度、分析与评价各维度、选出评分最高的城市。

2.流程。流程的设计对财务共享服务中心与各业务单位之间的作业与分工进行了划分与定义，并对财务共享服务中心建设的其他关键因素有着重要影响。在流程的详细设计阶段，高层管理者需要平衡效率与控制两者之间的关系。

3.组织和人员。组织与人员设计决定了财务共享服务中心的组织架构、岗位设置以及人岗匹配程度，它要求了适当的人在适当的时候和适当的地点做适当的事，对财务共享服务中心的成功实施至关重要。

4.法律。法律是确保财务共享服务中心合法、合规运营的基础，约束着财务共享服务中心的运作模式。例如在进行财务共享服务中心方案设计时，需要考虑其是否与当地的法律法规相适应。尤其是涉及全球业务的跨国企业财务共享服务中心，更要投入充足的时间、人力应对相应国家、地区的法律法规，以更好地防范风险，稳定运行。

5.技术。技术因素包括新技术的可能性、技术和基础设施变更的细节。财务共享服务中心成功的关键因素之一就是构建一个统一互联的系统平台，实现共享服务中心运行与监控分析、系统间的集成、流程的优化等，除此之外，技术可以助力财务共享服务中心不断实现自动化、智能化。

6.服务。服务管理定义了财务共享服务中心与业务单位之间的关系，它关注与服务对象之间建立的法律地位关系、服务关系以及收费机制与结构。财务共享服务中心对外提供服务时，需要通过《服务水平协议》对各方权利及义务进行约束，使所有职责落实到责任主体与责任人。

【知识链接2】财务共享服务建设的四大误区[2]

企业在财务共享服务中心建设的实践中，往往存在着以下四种误区：

① 陈剑，梅震．构建财务共享服务中心：管理咨询→系统落地→运营提升［M］．北京：清华大学出版社，2017.

② 郭奕．实施共享服务＝上一套系统？［EB/OL］．［2017-04-21］．https：//mp.weixin.qq.com/s/8RgUsFbEw0PUOj2_YspCEQ.

误区一：为了建共享而建共享

在国家的政策鼓励下，在越来越多的企业已经建立共享服务中心的示范效应下，一些企业开始盲目启动财务共享服务中心的建设。但在项目启动前，企业对于什么是财务共享服务、财务共享服务中心建设的最终目标是什么等问题并不明确，这样会导致财务共享服务中心建设失败，或者财务共享服务中心成立后无法为企业带来更大的收益。共享服务会使财务管理产生颠覆性变化。但财务共享服务绝不是目的，而是工具和手段，共享服务除了自身显著收益之外，更重要的是支撑财务转型以及所带来的财务管理模式的变化。

误区二：财务集中即财务共享服务

一些企业认为财务集中就是财务共享服务，缺乏对财务共享服务的本质认识。财务集中只是财务人员物理位置的变化，制度、流程、服务提供均参照原来的标准执行。而财务共享服务则会打破原有财务分散管理模式下的流程和组织架构，对财务的流程、制度、组织、人员等进行专业化的分工、标准化的梳理、流程化的再造，以及对信息系统进行重新规划与设计。因此，财务共享服务不等同于财务人员和财务业务的简单集中。

误区三：分支机构财务人员仍保留初审职责

部分企业在成立财务共享服务中心后，各分支机构的业务财务仍保留财务初审职责，认为共享服务中心无法对业务的处理做出正确的判断。财务共享服务中心是基于标准化流程提供服务的，只要是规则明确的业务，共享服务中心均可准确处理。因此，业务财务保留初审的根本原因，在于企业在流程的再造中无法明确业务规则，这点与企业建设共享服务中心需要财务规范化进行交易处理的目的是相违背的，更为企业的风险控制留下了隐患。并且，从职责切分来看，这会导致分支机构财务人员与共享服务中心财务人员职责界面不清晰，同时初审会占用业务财务大量时间，无法真正释放精力去完成财务管理、业务支持等高附加值的工作。

误区四：建立共享服务中心就是搭建一套财务共享信息系统

许多企业认为建立财务共享服务中心就是搭建一套财务共享信息系统。实际上，实施财务共享服务并不是上线一套系统就能解决的问题，从本质上讲，财务共享服务是财务流程、组织、人员、信息系统的重新再造的过程，是财务领域的一次变革。信息系统只是用技术的手段落地、实施和固化流程，处理数据，并提升财务的运作效率。财务共享服务首先需要完成对业务流程的梳理和再造，不断将业务简化、标准化和流程化之后，才能通过信息化的工具来实现业务处理的自动化和智能化。

因此，企业在建设财务共享服务中心时，应当深入理解财务共享服务的理念，明确其可能给企业带来的显性及隐性收益，充分借鉴标杆企业财务共享服务中心的建设和运行经验，做好建立财务共享服务中心的规划和设计。

本章小结

财务共享服务中心的建立需要长远的目标规划，在严谨的调研评价基础上科学地规划项目的整体实施方案。战略定位首先明确了实施财务共享服务中心的战略目标，在目标导向下，定义财务共享服务中心的战略结构与其在企业集团中的战略职能定位。业务流程是实施方案构建的首要因素，财务共享服务模式之所以优于传统模式，很大程度上来源于对财务管理流程的梳理、再造与优化；组织人员是财务共享服务中心的运营主体，良好的组织人员设计保证了财务共享服务中心上线后的人力资源配置效率；信息系统是实现财务共享、信息共享的工具与技术支撑；运营管理要素的设计，则是作业质量、价值增值、组织效率、满意度等方面的管理保障。在整个实施过程中，变革与风险管理贯穿始终。财务共享服务框架的六个主体要素彼此具有严谨的实施逻辑，“战略定位、四大要素、变革与风险管理”形成的“1+4+1”框架是在实践中逐步积累形成的有效的实施方案。

学思践悟

财务共享服务中心的成功建设是一个复杂的系统工程，从组织的变革、人员的沟通，到业务流程的再造与系统的设计开发，每一个模块都要进行全面的规划与部署，每一步也都可能会面临很多阻力与困难。青年一代要善于发现、勤于思考、勇于实践，无论是在现在的学习生活中或是未来的财务工作中，要深入调研，实事求是地进行财务共享服务的规划工作，用理论武装头脑、指导实践、推动工作，用动态发展及严谨的态度看问题，具体问题具体分析，学会利用所学知识有理有据地思考并解决实际问题。

思考与练习

（一）选择题

1.一个较为完备的运营管理体系架构，包括（　　）。

A.绩效管理、目标管理　　B.知识管理、制度管理

C.质量管理、服务管理　　D.人员管理、标准化管理

2.战略定位模块的主要工作不包括（　　）。

A.战略目标选择　　B.战略结构选择

C.战略实施选择　　D.战略职能规划

3.通常来讲，财务共享服务中心内部组织的划分包括（　　）。

A.按产品划分　　B.按区域划分

C.按客户划分　　D.按职能划分

4.财务共享服务中心包含（　　）和（　　）两类人员岗位。

A.战略财务人员　　B.业务财务人员

C.运营业务人员　　D.运营管理人员

（二）判断题

1.一个完整的流程，通常由输入、活动、客户、价值这四大要素组成。（　　）

2.信息系统是实现财务共享、信息共享的工具与技术支撑。（　　）

3.变革管理只存在于共享服务中心的建设初期。（　　）

4.运营管理肩负了对于业务流程、组织人员、信息系统等进行不断优化的职责。（　　）

5.组织人力的规划设计多依赖于其他模块：战略定位决定了组织人员的设计依据，业务流程明确了组织人员如何设计和配备。（　　）

（三）简答题

请简要描述财务共享服务建设的“1+4+1”框架。

（四）思考题

B集团财务共享服务项目已正式启动，为了更好地推进财务共享服务项目的规划与实施，B集团企业变革小组正在进行深入调研与讨论。

此时，集团内部有人认为：“建立财务共享服务中心没有必要这么麻烦，就是上线一套信息系统，系统上线前应该先暂缓业务变革，不需要进行建设方案设计与规划。”

也有人反驳道：“财务共享服务建设就像建造一栋大楼一样，蓝图的设计与规划至关重要，要确定怎么做、谁来做、用什么平台做，还要让团队执行并遵守要求，这是一个复杂的系统工程。”

还有人提到：“我们要把会计核算、资金管理、管理报表、财务分析、对外关系维护……所有的财务流程都纳入财务共享服务中心去，真正实现财务的转型。”

你怎么看待这三种观点？你认为B集团财务共享服务建设应该如何开展？请简要阐述你的理由。

第四章客观题
即测即评

第五章
财务共享服务中心的战略定位

战略定位是指为配合公司整体经营战略而确定的财务共享服务中心未来工作的主要目标，以及为达成目标而采取的行动。作为整个模型的主干和灵魂，它主要包括财务共享服务中心的战略目标选择、战略结构选择和战略职能规划三个方面。战略定位在整个共享服务管理框架中处于主导地位，决定了业务流程、组织人员、运营管理和信息系统的方向和措施，对共享服务中心的定位和发展方向具有至关重要的意义。战略定位是建立财务共享服务中心首先需要考虑的内容，对其他各要素起决定性作用。

本章学习目标

1.理解并掌握“国家中心”“全球中心”“区域中心”“专长中心”四种战略结构及其特点；

2.理解财务共享服务中心的战略职能规划发展；

3.坚持统筹规划与分布实施，科学合理制定战略，以长远发展的眼光看问题。

引导案例

A集团企业变革小组首先确定了建设财务共享服务中心的战略目标，主要包括四点：提效率、降成本、强管理、促发展。关于财务共享服务中心的战略布局以及选址问题，企业变革小组展开了激烈的讨论。

“以我们现在的实力，我觉得可以一步到位，直接建立一个覆盖全球的全球财务共享服务中心。”

“这样会不会存在一定风险啊？海外业务非常特殊，回收难度也大，分阶段进行建设是不是更好？我觉得现在国内设立一个单一中心，有利于提升管控力度、标准化程度，同时避免重复建设。”

“我也赞同分阶段进行，我们可以先集中精力在国内建立一个财务共享服务中心，负责国内的财务工作，形成规模效应；运营成熟稳定后，也积累了一定经验，待海外业务及软硬件条件成熟后，可以再逐步回收海外的财务工作，建立全球财务共享服务中心。”

将财务共享服务中心建在哪里呢？企业变革小组也提出了几个候选城市：深圳、北京、成都、西安、沈阳。

“选深圳，把财务共享服务中心设在总部所在地，便于沟通与管理，支付等各方面都方便。”

“选西安更好，虽然不在总部，但高校多、人力成本相对深圳较低，我们在西安也有研究中心，后勤保障充足，有利于人员稳定。”

“我倒是觉得成都更好，作为西南地区的重要中心城市，近些年来，经济等各方面发展迅速，人力资源丰富，基础设施水平到位，西南地区也是我们业务发展非常迅速的一个板块。”

……

变革小组成员就财务共享服务中心的战略结构和选址问题纷纷发表了自己的意见，组长李总总结道：“你们说的都有一定道理，但战略布局及选址问题我们还是要结合集团公司的业务现状、发展规划、对标业界领先实践，考虑人力成本、人员流动性、基础设施等资源及条件，结合我们的战略目标，再进一步分析论证。”

本章知识地图

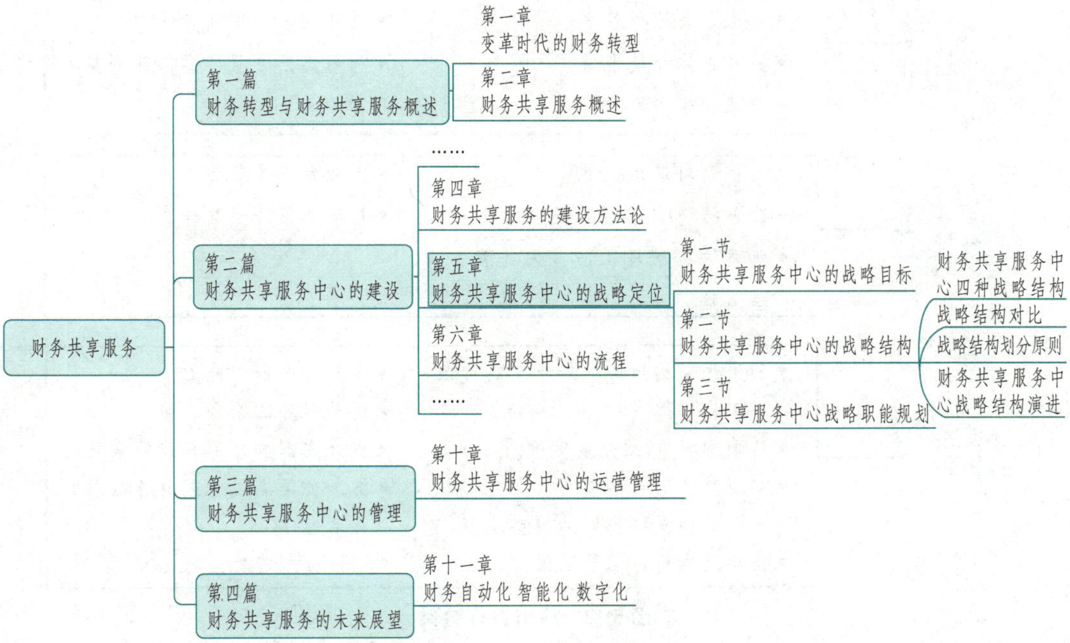

图 5-1　第五章知识地图

本章关键名词

战略目标、战略结构、国家中心、全球中心、区域中心、专长中心、战略职能

第一节　财务共享服务中心的战略目标

战略目标是对企业战略经营活动预期取得的主要成果的期望值。战略目标不是唯一的，不同企业建立财务共享服务中心有其各自侧重的战略目标，并且在共享服务建设的不同时期，在不同的企业里，其成立这一中心的首要目标也各有不同。

根据《2018年中国共享服务领域调研报告》[①]，不同企业对共享服务中心的定位与

① 中兴新云，ACCA，上海财经大学．2018年中国共享服务领域调研报告［EB/OL］．［2018-12-04］．https：//qr31.cn/Ae50wA.

目标有所不同：作为公司的后台职能平台，提高资源的配置效率以降低成本（69.0%）；作为财务转型基础，提升财务对企业经营管理的支持（67.1%）；作为总部财务管控的方式，加强对分支机构运营情况的管控（61.9%）。因此，企业建立财务共享服务中心的战略目标可以划分为三类：成本降低、风险可控和促进财务转型（如图5-2所示）。在成本降低的战略目标下，财务共享服务中心通过整合资源，实现成本的降低和效率的提高，从而稳固、加强企业的财务职能；风险可控目标看重通过建立财务共享服务中心，加强内部控制和风险管理，从而实现对财务强有力的管控；促进财务转型目标希望通过实现财务共享服务的模式推动更广泛的变化，促进财务人员发展、财务流程改革来提升财务部门的能力，为企业战略发展提供决策支持。

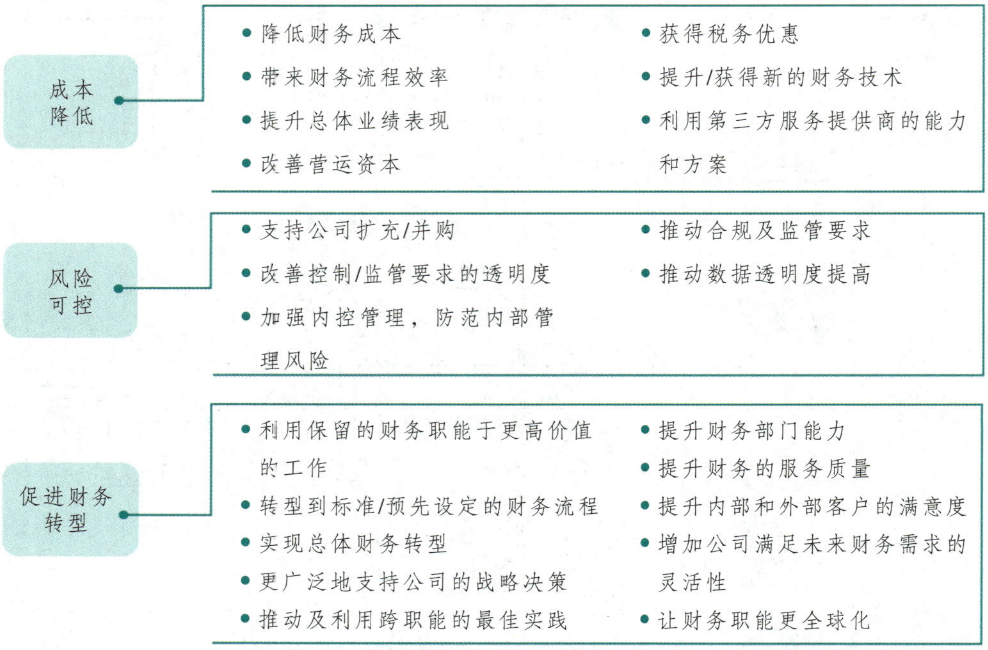

图5-2 战略目标分类

企业采用什么样的模式，其中的驱动因素永远都是“在某个特定时点，公司到底需要什么，能满足这些需求的最佳模式应该是怎样的”。不同企业面临不同的内外部环境，处于不同的发展阶段，所选择的财务共享服务战略目标也会有不同的侧重点。

成本降低、风险可控以及促进财务转型这三类目标并非孤立，只是选择的侧重点各有不同而已，企业在决定财务共享服务模式的侧重点时，需要根据企业的战略规划和当前的生产经营状况来做出判断。不同的企业整体战略目标决定了不同的财务共享服务战略目标。同时，不同的财务共享服务战略目标决定了不同的财务共享服务具体业务目标（如图5-3所示）。

除了以上三类目标外，建立财务共享服务中心的战略目标可能还包括：提升财务能力、提高财务工作质量、提升内外部客户满意度、加强财务对决策的支持力度、强化企业内部管理等。

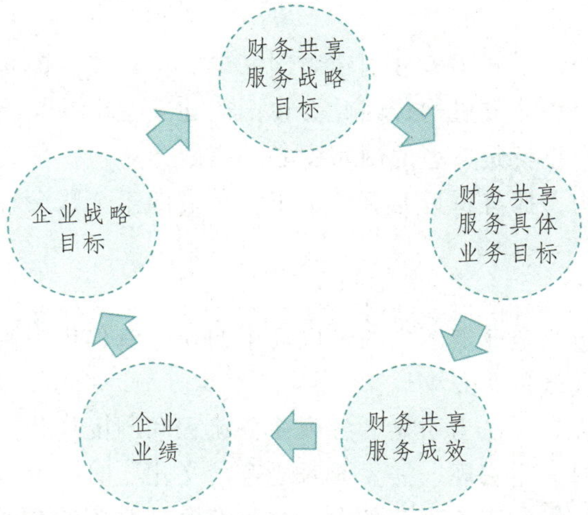

图5-3　战略目标与具体业务目标

第二节　财务共享服务中心的战略结构

战略结构规划是指财务共享服务中心的结构性定位规划。不同的战略结构会对财务共享服务中心的战略定位、业务复杂程度、管理复杂程度产生根本影响。无论采取何种战略目标，共享服务中心的战略结构总是无法绕开或回避的实际问题，也是建立共享服务中心的第一步该怎么走的具体问题。

一、财务共享服务中心四种战略结构

根据面向客户提供服务所涵盖的领域划分，财务共享服务中心主要包含四种战略结构模式，即“国家中心”、“区域中心”、“全球中心”和“专长中心”（如图5-4所示）。

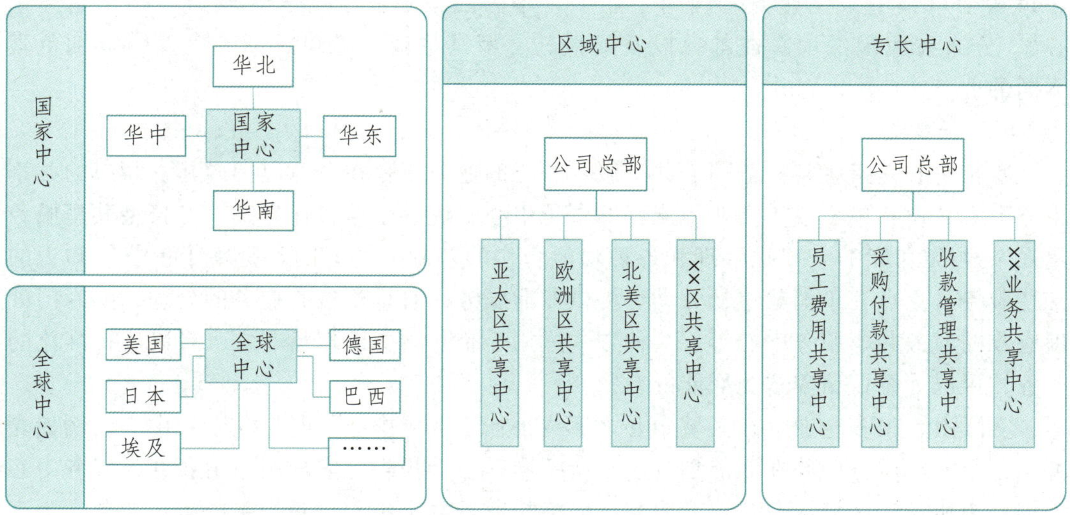

图5-4　财务共享服务中心的四种战略结构

1.国家中心

国家中心是指按照国家或者行政区域设立的财务共享服务中心，主要考虑国家和地

方管理的特色。

一些全球化企业会在不同国家分别建立国家中心。有些中国企业，其主要经营范围是国内，在海外没有设立分支机构，因此会在国内建立一个共享服务中心。万科在武汉建立的财务共享服务中心就是典型的国家中心，它服务于包括住宅、物业、教育和物流等多个领域的分支机构，拥有将近四百位员工，负责四千个账套，经过多年发展，已经比较成熟。

2. 全球中心

全球中心是指将企业全球范围内的可以集中的业务流程集中到一个全球共享服务中心进行处理，服务于全球各业务单位。

全球中心规模经济效应最为明显，各项业务流程和制度规范标准化程度高，但需要应对不同国家和地区的法律法规，需要面对语言、文化、时差等差异，同时需要考虑各个分支机构的业务差异化，实施难度最大。对于有海外业务的企业来说，建立共享服务中心对全球信息系统的统一、人员技能（语言等）都有较高的要求，应对全球会计准则、税务法规的差异都会面临较大压力，管理难度也最大。惠而浦（Whirlpool）、中兴通讯等建立了全球共享服务中心。以中兴通讯为例，中兴通讯在西安的全球财务共享服务中心为海外一百多个国家和地区的分支机构和子公司提供财务服务。

3. 区域中心

区域中心是指企业将全球或全国某一区域范围内分支机构的财务工作集中整合到一个中心处理，整合区域资源，较为充分地实现规模经济的一种模式。

通用电气（GE）、壳牌（Shell）、西门子（Siemens）、施耐德（Schneider）、ABB、花旗银行（Citibank）、华为等在全球范围内建立了多个区域财务共享服务中心。以壳牌为例，壳牌在全球范围内建立了六大区域中心，每个区域中心对外提供不同业务类型的服务，例如菲律宾马尼拉共享中心负责全球付款审批业务，英国格拉斯哥共享中心负责全球集中报销业务。国内企业中，华为陆续建立了七大区域财务共享服务中心①，分布在我国深圳、成都，以及阿根廷、罗马尼亚、毛里求斯和巴西，分别负责不同的业务。

4. 专长中心

专长中心是指就某种适用于共享服务中心的业务流程在全球范围内建立相应的共享服务中心，设置单个或单类业务流程的卓越中心，提供全球最佳方案。专长型共享服务是在某种/类功能的全球化管理和各种功能合作的基础上建立的，是基于价值、知识的支持服务，重点在于消除重复劳动、提供专业服务，着重于核心业务的处理，如专门处理应收的财务共享服务中心等。这种方式适用于企业某类工作量非常大且高度标准化的业务，可以为企业培养这类职能的专家。

实际上，很多企业会在区域中心之下或平行于区域中心同时设立专长中心，例如壳牌的各个共享服务中心在职能划分上有所不同，会计报告、客户服务由各共享服务中心承担，为所管辖区域内业务单元服务，而格拉斯哥共享中心仅承担集中报销业务，为壳牌全球各单位服务。集中报销业务是建立在壳牌对其员工的“信用机制”以及健全的

---

① 财资一家．华为建立七大区域财务共享中心，构建万物互联的智能世界［EB/OL］．［2018-12-12］．https：//www.treasurychina.com/post/3570.html.

“防欺诈”内控体系下的，利用公司信用卡及集中报销平台为壳牌全球员工提供差旅及实际费用报销。

二、战略结构对比

国家中心会考虑不同国家（地区）的国家（地区）特色及不同的政策要求，规模经济效益也较其他几种形式更为明显，但是对当地共享服务中心人员的要求较高，需要了解当地政策，对语言也有较高要求。

微课：财务共享服务中心战略结构

全球中心规模经济优势明显，但对信息系统的支持、人员的技能（例如语言、工作时间等）都有较高要求，并且在应对全球税务法规方面也面临较大压力，对企业而言，可能收益最大，但管理难度也最大。

区域中心淡化了全球集中的人员和适应性要求，通过划分区域的方式使各方面的要求在相对适中的范围内统一，虽然标准化程度低一些，但对系统和人员的要求相对较低，管理难度较小。

专长中心主要就单个/类流程在全球范围内统一标准，为企业培养这类职能的专家，虽然涉及地域广泛，但业务单一，管理难度最小，同时，专长中心是针对某类具体业务的全球中心，不可避免地面临全球税务和法规的挑战。

四种战略结构的对比见表5-1。

表5-1 四种战略结构的对比

类别	国家中心	全球中心	区域中心	专长中心
标准化和适应当地程度	可以设计与国家政策要求相符合的方案与流程	在最大范围内对流程实现标准化、规范化和简单化，但是很难适应全球不同的要求	可以设计与当地要求相符合的流程	单个/类流程在全球范围内实现标准化，但难以适应全球不同的要求
规模经济性的实现程度	充分地实现规模经济性	最充分、最完全地实现规模经济性	较为充分地实现规模经济性	较为充分地实现规模经济性
对系统的要求	需要整合的系统	需要一个完全整合的系统	不一定需要完全整合的系统	不一定需要完全整合的系统
对人员的要求	对当地中心人员的要求较高，需要了解当地政策，对语言也有较高要求	很难对共享服务中心的人员定义技能要求	地区性的文化和语言差异较易适应和调整	鼓励发展各类职能的专家
受全球税务和法规影响	将面临该国税务和法规的影响	将面临全球税务和法规的影响	地区性税务和法规问题可在各地域共享服务中心得到解决	将面临全球税务和法规的影响
管理难度	相对较难	相对最难	相对容易	相对容易

三、战略结构划分原则

战略结构的选择，在现实操作中没有纯粹的最佳模式，各公司实际采用的战略结构与这四种模式可能会有些区别，需要视各企业的具体情况而定。无论采用哪种模式，关键是要寻求各种利弊因素之间的平衡点。以上只是一般分类，对于企业来说，最重要的是选择与自身情况相符的战略结构。共享服务中心通常根据以下规则进行战略结构选择与划分：

1.形式灵活

除了上述四种模式之外，战略结构的形式还可以进行灵活调整，比如不同地域之间存在着差别和共性，如果企业认为地域越是相近，其相同点就越多，以地域相近作为划分标准就可以成为一种简单的战略结构划分方式。

2.起到实质作用

事实上，战略结构的选择更应该根据不同共享服务中心的业务能力进行划分，这时地域上的划分就弱化了。如果某个国家共享服务中心有能力，完全可以将企业集团在相近国家的相应业务都纳入该中心的业务范围，那么它实质上就起到了区域共享服务中心的作用。

3.权力划分重构

企业财务转型势必带来权力结构的打破重组。现有的战略结构经常反映的并不是经济实质上的最优，而是当前企业内部决定权的重新划分，是在企业财务流程再造过程中新一轮权力角逐的结果。战略结构的选择还对共享服务中心的办公地点起到很大的影响作用，特别是在将共享服务中心设定为“区域中心”的战略结构定位下，共享服务中心的选址更是要与之相匹配。

四、财务共享服务中心战略结构演进

在惯常的思维模式下，很多人认为财务共享服务中心的战略结构建立应当是自上而下的演进过程，企业集团应当先根据总体战略目标绘制蓝图，再将任务一步步往下分解实施，然而在实际操作中，先进行区域试点的方式是建设财务共享服务中心的常见做法，许多企业先在部分地区的部分业务中进行试点，由试点带动整体，稳步实现整个财务转型过程。

如此看来，财务共享服务中心的战略结构演进与其说是一场自上而下的设计，倒不如说是自下而上逐步推广和集中的结果。很多时候企业集团并不是在整体范围下划分各个中心的范围，而是先确定各个中心的范围再形成整体的范围。因此财务共享服务战略结构的演进往往体现出自下而上的路线图式特点。

1.全球范围财务共享服务中心的战略结构演进

在全球范围财务共享服务中心的战略结构演进中，大多数企业通常不会选择直接建立大型的全球共享服务中心，取而代之的是，根据业务重心、客户分布和资源最优调配的原则，先选择国内某个地理区域作为试点，建立区域性共享中心。试点运行稳定后，逐渐将区域财务共享服务中心的经验复制至全国，成立全国财务共享服务中心。

随着财务共享服务中心的稳定运营和持续发展，共享服务中心逐渐吸收和纳入海外适用业务，在全球范围内进行共享服务中心布局，例如建立亚太区、北美区共享中心等，以支持相关地区的共享服务业务，并最终实现整个集团全球财务共享服务中心的建

立，为公司业务在全球拓展提供战略支持。

2. 中国企业财务共享服务中心的战略结构

相比较而言，中国与先建立起共享服务的欧洲国家之间的地域特征存在很大区别：欧洲小国众多，国与国之间文化相近、经济相通，这就决定了许多跨国企业在欧洲各国之上设立区域共享服务中心，集中处理欧洲各国相关财务业务；而我国幅员辽阔，开始就设立全国性的共享服务中心可能会带来运行管理上的困难，因此在财务共享服务中心建设上，许多中国企业会优先选择建立地区中心，在地区中心运行成熟后，再整合建立全国中心。

【案例】中石油：打造世界一流全球财务共享服务体系[①]

中国石油天然气集团有限公司（简称中石油），是我国主要的油气生产商和供应商之一。中石油以建设世界水平的综合性国际能源公司为目标，通过实施战略发展，坚持创新驱动，注重质量效益，加快转变发展方式，实现主要指标达到世界先进水平，全面提升竞争力和盈利能力。

为“顺时代之势、破改革之题、蓄转型之能”，中石油于2017年2月启动财务共享服务的建设工作，率先在长庆油田、长庆石化、陕西销售三家单位进行试点。2018年中石油正式启动海外财务共享服务的建设工作，建成后将成为全球最大的单一财务共享服务系统。截至2020年，国内财务共享业务已全面上线，实现国内企业全覆盖，标志着中石油全球共享服务体系初步建成[②]。未来中石油计划逐步建立财务、人力资源、技术、信息、物资采购、审计等综合型全球共享服务中心。

为努力打造世界一流的智能型全球共享服务体系，以共享服务建设促发展、强管理、提效益、增效能，中石油提出“一个中心+利润中心+分散＆集中”的战略布局。

“一个中心”：中石油共享服务中心坚持“一个中心”的原则，按照精干高效、满足需求的原则设置内部机构。

“利润中心”：中石油共享服务中心按照总部核定的收费标准向服务对象收取费用，收费标准的设置以不增加服务对象运营成本为导向，短期力求盈亏平衡，中期实现微利保本，后期逐步实现市场化运作。

“分散&集中”：综合考虑产业分布、人员储备、社会依托、人才吸引力等方面因素，中石油共享服务中心采用“1+3+N”的区域布局模式（如图5-5所示）。其中“1”为共享服务中心本部，设在北京，承担总部、专业公司、海外等单位的共享管理职能；“3”为西安、大庆、成都区域中心，承担共享运营交付职能，初期按照属地就近原则承接业务，具备条件时可在区域中心原有职能基础上赋予专项职能，目前成都中心为海外财务共享服务试点；“N”为若干服务部，在有大型地区公司为依托、人员场地充裕、共享业务所需人数超过50人的城市设置服务部，支持区域中心完成支付。

2019年中国共享服务领域调研报告——基于中央企业财务共享服务建设情况

① 中兴新云，中国会计报，西安交通大学．2019年中国共享服务领域调研报告——基于中央企业财务共享服务建设情况［EB/OL］．［2019-11-08］．https：//qr31.cn/D9qZB7.

② 中国石油新闻中心．中国石油集团国内财务共享业务全面上线［EB/OL］．［2020-10-22］．http：//news.cnpc.com.cn/system/2020/10/22/030013753.shtml.

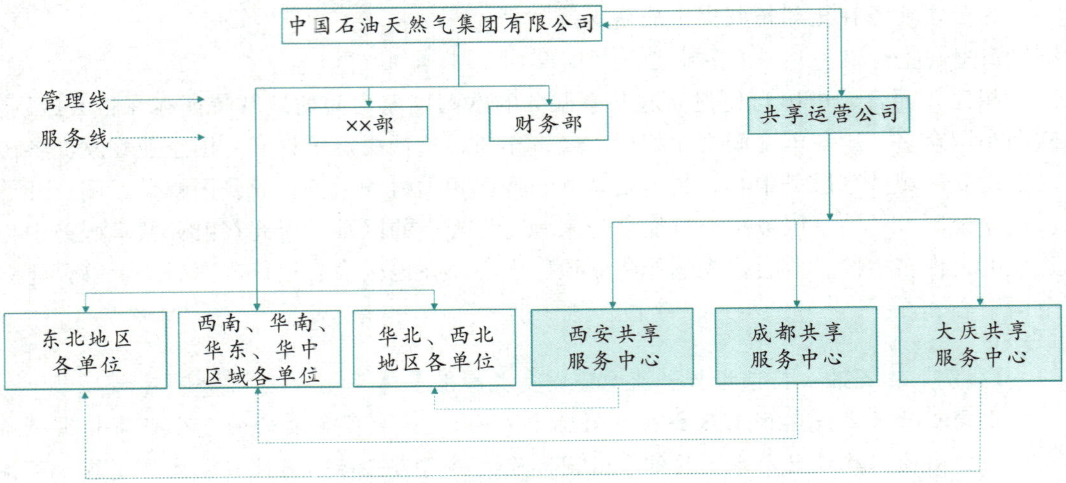

图5-5 中石油财务共享服务中心战略布局

思考：中石油财务共享服务中心战略布局的特点是什么？此战略布局具有什么优势？

第三节 财务共享服务中心的战略职能规划

战略职能规划是指企业对财务共享服务中心的服务模式定位。随着财务工作从分散走向集中，从集中到共享，再到市场化为财务外包公司，财务共享中心的战略职能定位也在不断地变化，大概经历了三个阶段、四种模式（如图5-6所示）。

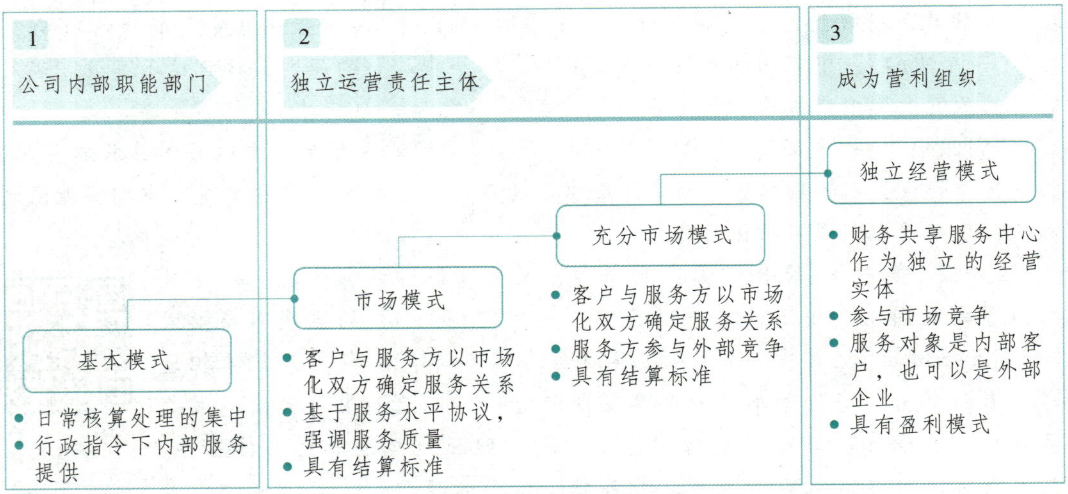

图5-6 财务共享服务中心的战略职能模式

1.作为公司内部职能部门

在建立初期，财务共享服务中心的战略职能处于基本模式，通常被定位为一个企业内部职能部门，主要为企业内部业务单元提供跨组织、跨地区的专业支持服务，包括基础会计核算、财务报表出具、财务数据信息加工等。此时，财务共享服务中心的人员数量并不多，处理业务较为简单，业务规模相对较小。这种模式在中国企业中也是最常见的，很多企业在建立共享中心时，其职能都是从原来的财务部门中分割出来的。因此，财务共享服务中心在早期就会按照一般财务部门的组织管理模式来进行管理，企业会将财务共享服务中心定义为提供内部管理与内部服务的部门，是成本中心。

在这个阶段，财务共享服务中心通常不会与业务单位签订服务水平协议，或者仅有一个服务水平之间的承诺，但是这样的承诺约束力不大。由于共享中心没有自主人事招聘的权力，也没有明确的考核指标，所以在这个阶段，对于共享服务中心内部来说，缺乏运营管理的动力，也没有提升服务水平的激励。

2.作为独立运营责任主体

初级阶段之后，财务共享服务中心逐渐成为独立运营的责任主体，通常作为虚拟经营单位服务于内部，依据市场机制独立运营、服务收费，向企业内部各业务单元提供跨组织、跨地区的服务，业务成熟后可与外部供应商竞争来让内部顾客选择。市场机制下的模式也有发展的层次，从初步市场化向高级市场化发展，其本质就是外向型特征更加明显，可分为市场模式与充分市场模式。

（1）市场模式

企业将财务共享服务中心作为独立的事业部进行管理，此时，财务共享服务中心人员数量较多，业务规模会大大增加。由于财务共享服务中心已经是独立运营责任主体，它和服务对象会签署相应的服务水平协议，十分重视服务质量，同时，与企业内部的业务单位也会具有一定的结算标准。

在这种模式下，财务共享服务中心具有了一定的人事权、财务权。财务共享服务中心通常有较大的动力去提升运营能力，运用一些运营管理工具监控自身的运营水平，并且会有明确的奖惩机制。

（2）充分市场模式

在充分市场模式下，财务共享服务中心的运营成本会大幅提升，财务服务已经成为它的主要业务和产品，为了支持其业务运营，财务共享服务中心需要设立职能类部门，例如专门的人事行政部门、IT部门；在内部管理上，财务共享服务中心拥有绝对的自主权，员工的薪酬架构可能会脱离集团公司的薪酬体系，包括人员招聘、技术使用、系统选择、企业文化等，财务共享服务中心可以设立适合自己的管理方案。财务共享服务中心的服务定价更加市场化，需要对标市场上提供财务外包服务的公司，集团其他的分支机构会根据财务服务质量与成本高低选择是否将财务工作交给财务共享服务中心，此时的财务共享服务中心在运营水平、服务能力上都会有更大的改进动力。

在充分市场模式下，对于财务共享服务中心负责人管理能力的要求也会更高，负责人已经从财务管理者转变为经营管理者，需要有全局观、经营头脑以及长远的眼光。财务共享服务中心除了要思考内部的业务运营和服务水平以外，还要考虑自身未来的发展，例如是否要拓展外部客户的业务，是否要拓展除了财务共享服务以外的其他职能或外包服务。

3.作为营利组织

财务共享服务战略职能的第三阶段是作为营利组织，这个阶段采用独立经营模式，以服务提供商的定位向企业内部客户提供专业支持，同时，承接外部企业的服务业务，独立经营创造价值。

财务共享服务中心在作为内部事业部或对内服务的子公司时，其客户来源较为固定，主要是由于集团总部的管理要求而产生的客户。对外服务后，财务共享服务中心的商业模式、产品和服务的优势、销售以及客户管理都会成为非常核心的经营问题。同样，在市场上，财务共享服务中心也会面对很多其他的竞争对手，财务共享服务中心需要考虑如何与简柏特、Infosys、塔塔这些全球顶尖的外包服务公司竞争。除此之外，财务共享服务中心业务领域也会拓展，比如对外开始提供外包服务。财务共享服务中心独立经营、提供技术服务后，还需考虑与市场上的软件厂商相比，其产品体系架构是否有持续的研发能力和持续的研发成本投入，盈利水平是否可以满足集团的要求，是否可以支持财务共享服务中心长期发展等。

这三个战略职能的阶段，在财务共享服务中心的发展过程中呈现逐步推进的趋势，从公司内部的职能部门做起，逐渐形成一个独立运营的责任主体，再外向发展为一个独立的营利组织。

对于决定实施财务共享服务的企业，完全可以在这三类职能中选择其一，既可以选择从内部职能部门做起，也可以选择从一个虚拟经营单位做起，还可以选择成为独立经营实体创造价值。对职能定位模式的选择，主要取决于对共享服务中心的定位。举例来说，大部分企业的共享服务中心首先是作为对内提供服务的职能机构建立的，比如沃尔玛、微软、福特、ABB等。现有的大多数独立经营的财务外包公司，一般也都是从一个企业内部的服务单位发展而来的。

本章小结

确定财务共享服务的战略定位是整个项目实施的主导性工作，它与企业集团的发展战略密不可分。例如，企业集团实施成本领先战略，希望通过财务共享服务项目的实施使业务的整体运作成本得到改善，从而通过成本节约为组织创造价值；企业集团实施差异化战略，则希望通过实施财务共享服务项目形成与同行业竞争者的差异，进而形成自身的竞争优势。财务共享服务的战略定位通常由战略目标、战略结构和战略职能三个方面组成。战略目标的确定直接决定了共享服务中心的性质和实施重点，也决定了共享服务中心的战略结构。不同战略结构下的共享服务中心，其业务与管理的复杂程度有较大差异，企业在确定战略结构时，应综合衡量企业财务体系的现状、共享服务中心的目标与不同结构类型之间的差异并具备战略结构演进的思想。财务共享服务中心的战略职能规划决定了财务共享服务中心的职能地位，必须在集团财务体系的整体规划与指导下进行清晰的界定，从而发挥共享中心对集团战略的重要支持作用。

学思践悟

财务共享服务中心的战略定位决定着未来财务共享服务建设的整体方向，财务共享服务中心的职能在不同的发展阶段会不断演进，青年一代要坚持统筹规划和分步实施相结合，学会科学合理制定规划，以发展的眼光看待事物的变化，结合企业发展战略规划，深入思考并提升财务共享服务中心的服务能力和服务水平，拓展业务范围，充分凸显并发挥财务共享服务的价值。

思考与练习

（一）选择题

1.企业建立财务共享服务中心的目标通常有（　　）。

A.降低成本　　B.提高效率　　C.提高服务质量　　D.控制风险

2.财务共享服务中心战略结构可以分为（　　）。

A.区域中心　　B.国家中心　　C.专长中心　　D.全球中心

3.某跨国集团公司在全球设立了五个共享服务中心，分别是亚太分中心、非洲及中东分中心、北美分中心、拉美分中心、欧洲分中心，这种类型的战略组织结构被称为（　　）。

A.专长中心　　B.区域中心　　C.全球中心　　D.国家中心

4.某企业财务共享服务中心的定位是公司内部职能部门，为企业内部业务单元提供专业支持服务，该财务共享服务中心处于哪种战略职能模式？（　　）

A.基本模式　　B.市场模式　　C.充分市场模式　　D.独立经营模式

（二）判断题

1.“区域中心”的战略结构模式在实际操作中难度最大，因为中心要应对不同国家和地区法律法规的要求。（　　）

2.共享中心的战略职能定位不断地变化，大概经历了作为公司内部职能部门、独立运营责任主体、成为营利组织三个主要的发展规划阶段。（　　）

3.财务共享服务中心的战略目标可以分为成本降低、风险可控和促进财务转型。（　　）

（三）简答题

1.请简要介绍并对比财务共享服务中心的几种战略结构模式。

2.请简要分析共享服务中心作为成本中心或利润中心的特点和优势。

（四）思考题

B集团在建设财务共享服务中心的过程中，关于财务共享服务中心的战略职能规划，有领导认为：“财务共享服务中心应该隶属于集团财务部，作为成本中心为集团内部提供财务基础业务服务就可以，不需要拓展对外的增值服务向利润中心转变。”有人也提出了反对意见：“财务共享服务中心的战略职能会随着集团发展及战略规划的变化而改变，不能把财务共享服务中心简单固化为集团成本中心，这不利于财务共享服务中心未来的发展，未来财务共享服务中心也可以成长为独立的公司，拓展自己的职能，为外部提供服务并拥有结算标准，在市场上形成自己的竞争优势。”

你怎么看待以上关于财务共享服务中心战略职能规划的两种观点，为什么？

第五章客观题
即测即评

第六章 财务共享服务中心的流程

财务共享服务中心是典型的流程化组织，流程是财务共享服务中心实施效率和效果的重要保证。财务共享服务模式与传统财务模式最显著的区别就是基于流程的再造与优化。流程管理是共享服务建设的主要思想，保证了财务共享服务中心对业务流程不断进行分析、鉴别、改进、优化，使流程的效率和质量得以实现最优的持续管理。流程标准化和科学化是财务共享服务得以高效运作的基础，也是实现信息化的前提。基于流程管理的重组和优化，财务共享服务中心使得共享模式的优势不断凸显。

本章学习目标

1.理解SIPOC模型及流程分类框架；

2.理解流程管理闭环模式及流程设计、优化的原则与工作方法；

3.理解并掌握费用报销、采购到付款、订单到收款、总账到报表的业财一体信息化流程及职能分工；

4.构建爱岗敬业、诚实守信、廉洁奉公、追求卓越的职业品格，树立风险防范与控制意识，培养科学精神。

引导案例

在建立财务共享服务中心前，A集团像下面这样的讨论进行过多次，不断论证着如何提高效率的问题，并进而讨论着如何改善财务管理流程，优化财务管理模式。

财务管理团队不止一次收到了来自各方关于财务流程的问询。

“虽然现在我们已经实行了网络报账，重复录入性工作太多，都需要手工录入，工作效率太低了。”

“审批节点那么多，有的节点设置就很没有必要，从提单到收到款项需要一个多月，也太慢了。”

“我们的采购付款时间太长了，根本无法满足经营的及时性要求。”

“业务开票申请量大且需求各种各样，缺乏系统化管理，我们也无法追踪发票信息。”

“是否能明确一下各销售业绩的分配标准？每次业绩核算都糊里糊涂。”

“收款认领纯手工，工作量大还容易出错，沟通成本太高了。”

讨论越来越热烈，如何降低成本、提高效率？怎样提高业务对财务部门的满意度？如何识别流程节点、明确各个流程节点的责任人及职责？如何利用信息化手段实现流程再造？

在集团的战略部署下，企业变革小组号召各级财务人员积极行动起来调整工作思路，开始了集团流程现状梳理与分析……

本章知识地图

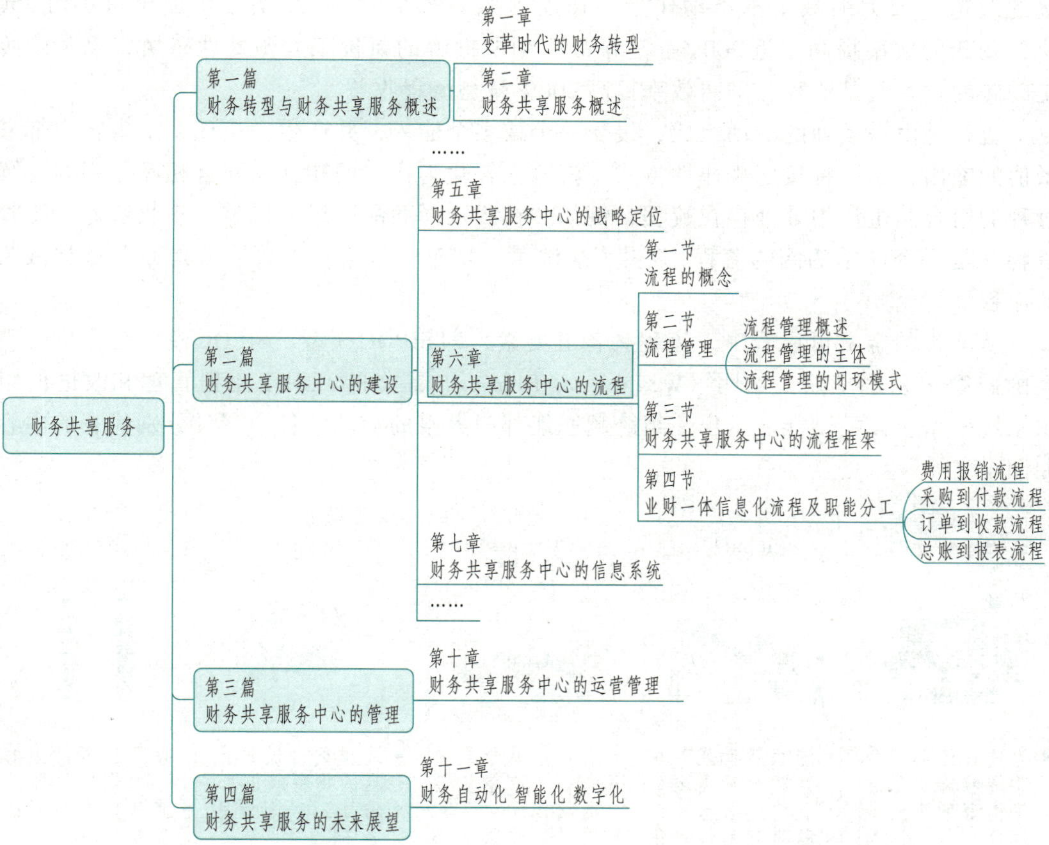

图 6-1　第六章知识地图

本章关键名词

流程管理、SIPOC模型、流程优化、流程框架、费用报销流程、采购到付款流程、订单到收款流程、总账到报表流程

第一节　流程的概念

1885年，“动作研究之父”弗兰克·吉尔布雷斯（Frank Bunker Gilbreth）发现工人砌砖时速度不一，且容易产生疲劳感，于是对工人砌砖的动作进行分析：工人每砌一块，先以左手俯身拾取，同时翻动砖块选择最佳一面朝外；然后右手开始铲泥灰，敷于堆砌处，左手放置砖块，右手再用泥灰铲击打数下用以固定，以此为周期，进行重复性操作。经过分解，吉尔布雷斯将其拆分为17个基本动作：伸手、握取、移物、装配、应用、拆卸、放手、检验、寻找、选择、计划、对准、预对、持住、休息、迟延和故

延。其中前8种为“必须动作”，中间5种为“辅助动作”，后4种为“无效动作”。为提高工作效率，吉尔布雷斯提出一种新的方法：先由廉价工人将砖块挑选出来放在一个木框内，每框90块，并将最好的一面朝向特定方向，木框悬挂于工人左侧；当砌砖时，工人左手取砖的同时右手取泥灰，并改善泥灰浓度，使砖放置其上时无须敲击。这一方法的改进，大大缩减了基本动作量，速度由原来每小时砌120块砖增加至每小时350块，砌砖的效率提高了近200%。这个故事中所拆解的廉价工人预处理砖块，以及砌砖工砌砖的过程就是流程，砌砖效率提高200%就是流程收益。

流程是由一系列的活动组成，接受一个或多个输入，并产生一个或多个为客户带来增值的输出，是一种按照规律性方式，将输入转化为输出的相互关联且相互作用的连续过程的组合。生活中处处存在流程，例如“在线选择商品—线上付款—签收快递—验收货物”是一个简单的网购流程；“买菜—洗菜—切菜—炒菜—上菜”就是一个日常做菜的流程。

从流程的定义可以看出，流程具备五要素，即SIPOC模型。SIPOC模型是质量管理大师威廉·爱德华兹·戴明（W. Edwards Deming）提出的，用于流程管理和改进的组织系统模型。该模型能展示出一组跨越职能部门界限的活动，各个字母分别代表的内容如图6-2所示。

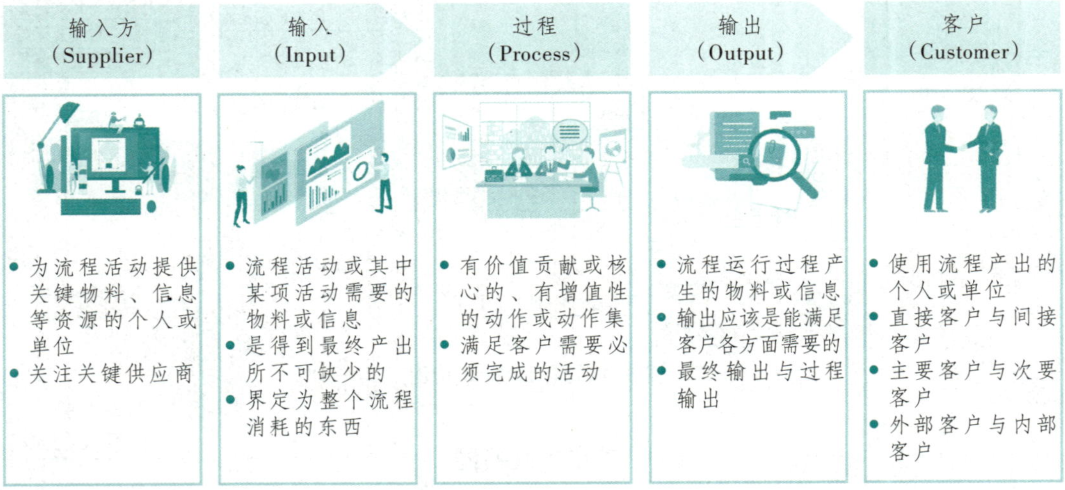

图6-2 SIPOC模型

Supplier：供应者，即流程的输入方。

Input：输入，流程的输入包含物料、数据或者信息等多种形式。

Process：是流程中一系列的活动，即流程处理的过程。流程处理过程中，每项活动都必须是增值的，非增值的活动需要被消除。

Output：输出，流程经过一系列的活动会产生输出。与输入一样，输出有可能是物料，也有可能是数据和信息。

Customer：客户，包含内部客户和外部客户。外部客户是指接受输出结果的其他部门和员工。

第二节 流程管理

一、流程管理概述

企业的卓越绩效来自优秀的流程，优秀的流程来自优秀的流程管理。流程管理（process management）是一种以规范化地构造端到端的卓越业务流程为中心，以持续地提高组织业务绩效为目的的系统化方法。流程管理通过优化企业的组织结构、灵活易变的流程设计、面向客户的流程管理体制等一系列措施，来提高企业的运行效率，优化资源利用率，优化人员之间的协调关系，从而降低企业的运营成本，提高企业对客户需求的响应速度，以争取企业利润的最大化。流程管理对企业效益的提升主要体现在以下方面：

成本优势：减少人力成本，提高流程效率，消除流程中的非正常支出。

质量改进：识别流程节点，制定严格规范，进行管理监控，固化标准流程，减少错误概率，提升输出质量。

应变能力提升：将流程分解为标准化单元，快速响应需求，按需进行调配和组合，提高灵活性和应变能力。

决策支持：通过一系列技术手段对企业的业务流程及数据进行梳理、分析、改善和监控，为企业经营决策提供支持。

风险防范：流程管理是企业进行内部控制与风险防范的有效手段，它从经济业务活动出发，聚焦关键业务流程，明确各业务环节的控制点与控制规则，形成“流程+规则”的内控矩阵，搭建一套企业内部自行检查、制约、调整业务流程的自律体系，最大化地防范与控制风险，实现内控体系与流程互联互通、有机融合。

二、流程管理的主体

流程管理是一个持续改进的过程，期望通过一次流程变革从根本上解决管理问题是不现实的。这种持续改进需要一线业务人员的发起。一线业务人员处于生产一线，是流程的直接应用者，对流程的优劣有着最深刻的体会，能够及时发现流程优化的契机，因此业务流程的优化应该由业务人员发起。

尽管业务人员是推动流程优化的主要群体，但他们常常缺乏优化流程的能力和动力，无法落实需求。因此，当流程优化的需求被提出后，需要专业的流程管理人员介入，他们将负责推动流程优化需求的具体落实。

三、流程管理的闭环模式

流程管理通过流程梳理实现流程的价值定义，通过流程的绩效结果验证流程价值的实现程度，这就建立了流程管理的闭环模式。流程管理的闭环模式可以概括为四个阶段：流程战略、流程设计、流程实施和流程优化（如图6-3所示）。

流程战略确定明确的流程目标，建立关键绩效指标体系。流程设计搭建流程架构，在流程现状分析的基础上，进行优化设计。流程实施对流程设计结果进行验证、测试和推进流程的具体实践。流程优化建立流程绩效监控体系，对流程实施结果进行控制和持续改进。

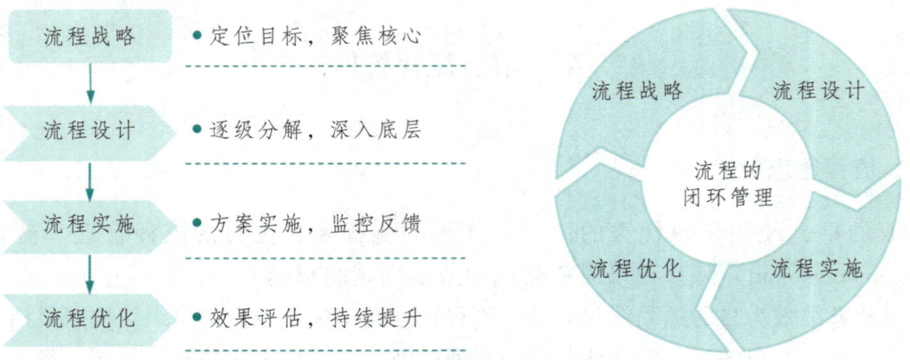

图6-3 流程管理的闭环模式

企业外部环境的变化和内部规范管理的要求促使企业不断进行业务流程的优化，以提高企业自身竞争实力，实现快速、稳定、可持续发展。本节重点介绍流程优化。

1.流程设计原则

流程管理是财务共享服务中心专业化分工和高效运作的重要基础，促使财务共享服务中心通过清晰的流程架构来厘清现状，通过明确的流程来规范业务，通过固定的步骤环节来降低风险。流程设计是流程管理的核心内容，对企业来说至关重要。

流程设计的思路主要包括梳理业务场景、完善流程框架、设计业务流程、设计系统流程。流程管理者在设计流程时，首先应梳理业务场景，确保最后设计流程的适用范围能够涵盖所有的业务场景；其次需结合目前流程设计现状，查缺补漏，补充遗漏的业务场景，完善流程框架；再次根据流程框架形成各模块的流程清单，进行业务流程设计；最后根据业务流程与财务信息系统的结合情况，设计基于系统的业财一体信息化流程。在进行流程设计时，一般需要遵循的原则和具体内容见表6-1。

2.流程优化工作方法

流程的梳理和优化通常围绕目的、内容、时间、地点、人员、方法等六个方面，即5W1H。

目的——Why：流程环节存在的目的，包含流程环节存在的必要性以及原因。如果不是必要环节，就需要消除。比如费用报销流程，如果设计过多审批环节，增加了审批时间，降低了效率，就需要将不必要的审批环节消除。

内容——What：流程活动的内容，包含流程环节主要做什么，是否有关键流程环节遗漏。比如检查流程活动的设计是否满足企业内控的要求。

时间——When：执行流程的时间，包含何时执行流程，是否必须在设定的时间段执行，流程环节的先后顺序是否有更好的调整方式。比如设计费用报销流程时，纸质单据的扫描上传与业务领导审批环节是采用并行模式还是串行模式，需要根据企业自身管控要求选择。

地点——Where：流程实施的地点，包含具体实施的岗位和部门，是否必须在此处做。比如设计流程时，档案管理部门是选择业务单位还是财务共享服务中心，企业需要结合自身情况进行选择。

表6-1　流程设计应遵循的原则和具体内容

原则	具体内容
流程设计角度一体化	保证在宏观和微观层面流程都合理
流程执行的监控	提前规定好流程规则和标准。日常的业务和常规事项由流程自动触发及控制，非常规事项由领导负责审批和决策。通过岗位职责和考核标准定期检查和考核工作效果和流程执行质量
流程控制的平衡	在流程效率和流程管控之间寻求平衡
从工作目标（而非工作过程）出发定义岗位职责	工作目标是可衡量的，只有达到了预期工作目标，工作过程才是有意义的。如果只关注工作过程中的活动，最多只能简化现有流程
工作过程中设置质量检查机制	质量控制是工作过程的一部分，只有工作成果符合质量标准，工作才真正完成。任何工作，在工作过程中发现质量问题的纠正成本比在工作完成后的返工成本要低得多
部门间的沟通决策与问题解决应位于作业层面	凡事汇报给部门领导，由部门领导进行沟通和解决问题会导致时间的浪费和企业成本的增加，部门领导对具体问题的了解比基层人员少，应利用其经验给出适当建议而不是替基层人员做决定
保证职责完整性	尽可能使同一个人完成一项完整的工作，减少交接和重复工作，增加员工的工作积极性和成就感，使绩效考评有可衡量的依据
工作中尽量减少工作交接	工作过程中的交接不会对工作结果产生增值，应减少因工作交接造成的工作扯皮、时间延迟等问题
工作过程中设置绩效考评机制	对工作效果的评价和反馈以及必要的纠正是工作的一部分
将组织目标分解至基层	将工作结果量化，以增强员工的时间和成本观念；对基层员工进行授权，增强员工责任感
识别不增值的工作过程	不增值的工作并非不重要，应设计有效的手段，将企业的资源从不增值的工作中释放出来
明确定义职责、相互工作及协作关系	明确职责与关系，提高工作效率与质量

人员——Who：流程环节的责任人，包含流程环节的负责人员有哪些，其他人是否会做得更好。流程管理者在确定流程责任人之前，需要明确流程责任，然后根据流程责任和人员的匹配性，确定最优人员。

方法——How：流程实施的方法，包含流程怎么做，目前的流程设计是否存在其他可替代方案，或者是否存在信息化手段代替此方案。比如很多企业都会采用自动化、智能化技术代替财务人工审核环节，从而提升审核效率，降低人工成本。

第三节　财务共享服务中心的流程框架

财务共享服务中心，是典型的基于多流程进行运营管理的流程化组织。在财务共享服务中心的建设过程中，流程梳理与优化是重要的工作任务。企业对业务流程进行重新思考和设计时，需要考虑诸多问题，比如：应该建立哪些流程？财务共享服务中心应该承接哪些流程？为了解决这些问题，企业需要首先定义自身的流程框架和财务共享服务中心的流程框架。

流程分类框架（process classification framework，PCF）是在1991年由美国生产与质量中心（American Productivity and Quality Center，APQC）提出的业务流程分类方法。APQC参照了当时全球很多标杆企业的经验，不分行业、规模和地理区域，通过整理各个行业的业务，梳理适用于各行业的流程清单模板，即PCF，并从中进一步归类、整合，形成了一份可用于各种类别企业业务流程清单的通用参考版本，为企业的流程梳理提供了一套完整的框架模型。流程分类框架作为高级别的、一般的企业模型或者分类法，给众多企业进行流程管理提供了指导，为企业流程提供了一套完整的框架模型（如图6-4所示）。

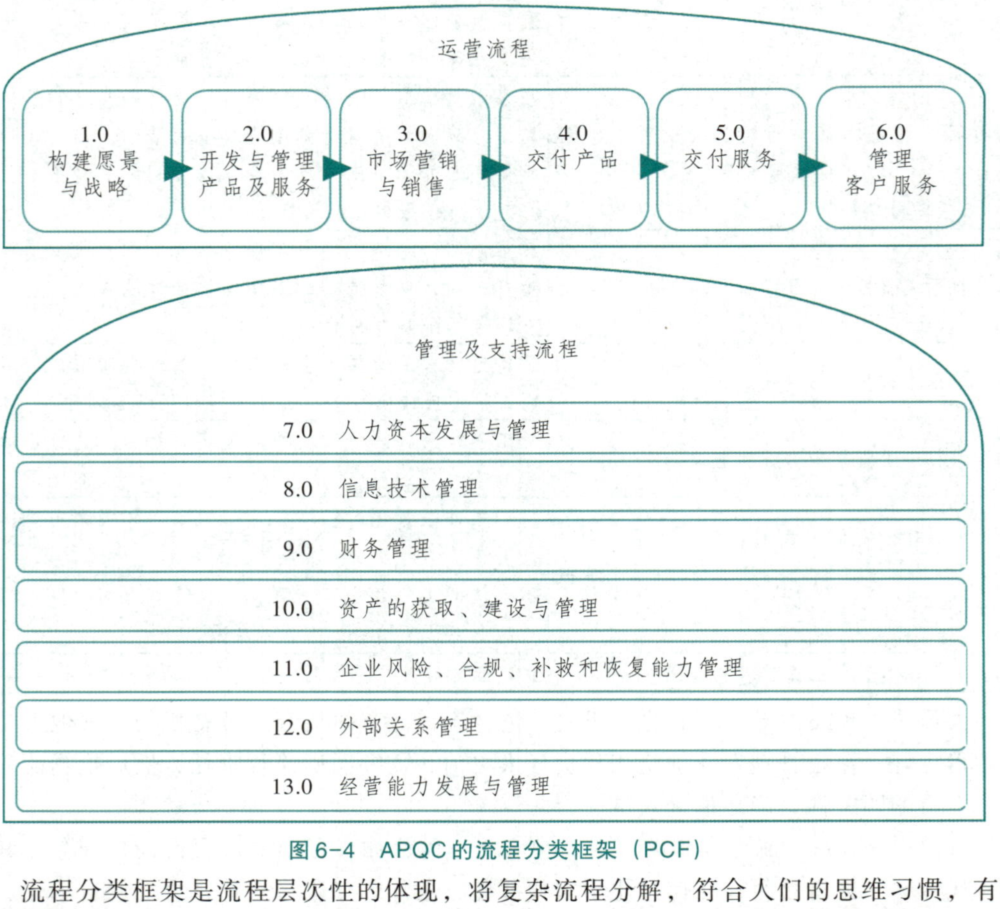

图6-4 APQC的流程分类框架（PCF）

流程分类框架是流程层次性的体现，将复杂流程分解，符合人们的思维习惯，有利于业务模型的建立。APQC在通用行业PCF中将流程划分为运营流程和管理及支持流程两类，共13个一级流程，称之为“类别”，是企业中最高层次的流程，并将最高层次的流程依次划分为更低级别的流程组，即流程-活动-任务。

运营流程指的是跨越职能边界，并创造最终产品和服务的一系列活动，目标是为外部客户提供产品和服务。管理及支持流程相对运营流程来说是内部流程，目标是支持核心运营流程的实现，共包含7个流程类别，每个流程类别都包含了许多流程群组，总计超过1 500个作业流程以及相关的作业活动。

在不同的流程类别下，企业会按照业务活动的颗粒度进行流程分级，通常从粗到细分为四到五个级别。流程分级的关键是既能体现流程体系的完整性和逻辑关联性，又清晰地界定流程间的边界。如果把流程比作地球仪上的道路，粗看地球分为七大洲，国家地图就是一级流程；细分一层到每一个省份的地图，省份地图就是二级流程；再往下细分，每一个省份又有不同的城市，城市地图就是三级流程；再往下就是街道地图，即四级流程。

如果映射到企业的业务活动来看，最高层级通常是企业的价值链，而末级流程就是操作步骤。参照PCF，考虑到财务共享服务中心的业务具有结构化和交易属性的特点，可将财务共享服务中心的二级流程框架划分为9大流程，分别是员工费用报销、采购到付款、固定资产、订单到收款、存货到成本、总账到报表、会计档案管理、资金和税务（如图6-5所示）。

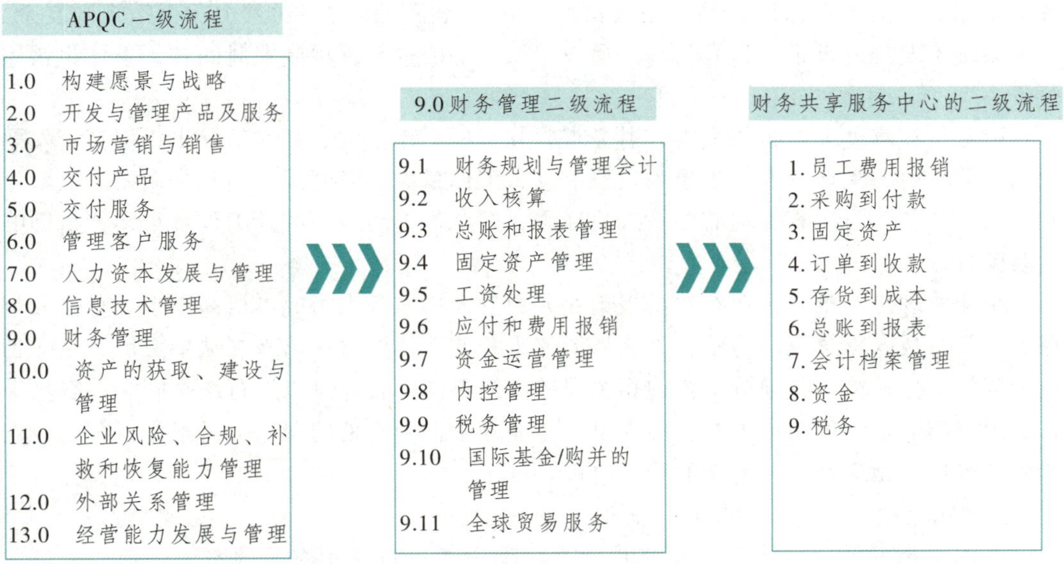

图6-5　财务共享服务中心的二级流程框架

以某财务共享服务中心为例，9大二级流程又可划分为37个三级流程（如图6-6所示）。

员工费用报销	采购到付款	订单到收款	固定资产	存货到成本	总账到报表	资金	税务	会计档案管理
事前申请	预付款申请	订单及合同管理	在建工程付款	成本分配与归集	关联往来	资金支付	发票认证	单据提交及扫描
员工借款及还款	材料入账	开票及收入确认	在建工程转固	成本结转	薪酬核算	资金收款	发票开具	单据退回及补单
费用报销	供应商对账	收款确认	资产采购		月结关账	资金调拨	纳税申报	会计档案归档
	发票处理	客户对账	资产折旧		报表编制	银行对账		会计档案借阅
	采购付款		资产维护			账户管理		
			资产处置					
			资产盘点					

图6-6　某财务共享服务中心的三级流程

第四节　业财一体信息化流程及职能分工

一、费用报销流程

费用报销流程是指员工因处理公司事务或受公司指派出差执行公司某项公务而发生的费用，由经办人或申请人按公司规定，凭业务发生的原始单据（发票）向公司报销费用，领取报销款项的流程。

费用报销行为贯穿于企业各个部门和业务环节，具有报销单据处理量大、覆盖人员广泛、发生频次高、流程分散烦琐等特点，是企业最为普遍的流程。传统费用报销流程存在诸多痛点，主要体现在以下几个方面：

员工报销体验差。费用报销前，除员工借款外，因公发生的费用需要由个人垫付资金；费用发生过程中通常会产生大量纸质单据，如发票、机票行程单、住宿费用清单等各类票据，需要花费时间和精力去收集、保管；费用报销时，通常由于报销规则复杂、报销系统不友好、审批流程冗长、沟通效率低下等因素，款项到账时间长，整体报销体验差。

财务审核难度大。整体来讲，财务查验和审核工作量大、耗时长、出错率高。发票识别环节，财务人员需要人工录入发票信息，工作量大、时间成本高且易出错。发票查验与认证环节，每次查验均需要输入验证码，发票勾选和进项统计工作繁重，严重影响发票验真效率。

企业管理控制难。企业在费用报销业务中投入的财务人力成本居高不下，财务人员将大量精力投入审核及沟通中，无法从低效重复的工作中解放出来去从事更能为企业创造价值的工作；由于各地分支机构相关报销政策不同，企业难以进行统一管控，容易导致费用支出失控；面对庞大的费用支出，企业无法得到有效的费用分析报告，难以根据费用支出情况做出及时、科学的管理决策。

1.费用报销的业财一体信息化流程

费用报销的业财一体信息化流程旨在帮助企业进行科学有效的费用管理，为员工提供便捷的报销服务，提高财务处理效率，减少财务人员工作量，提高用户体验和财务服务水平。以员工差旅费用报销为例，费用报销的业财一体信息化流程如图6-7所示。

（1）员工出差申请

员工在费用报销系统提交出差申请，业务领导登录费用报销系统进行业务审批。

（2）员工差旅预订及消费

出差申请审批通过后，员工登录商旅系统预订航班和酒店。商旅系统会自动识别员工提交的出差申请，关联行程信息，并按照价格、时间等维度综合排列展示航班、酒店信息，员工根据差旅行程和管控标准选择最合适的航班和酒店进行预订，全程无须垫资。

（3）员工发票信息采集

员工因公消费过程中会产生大量需报销的发票，报销时需要采集票据信息。员工可

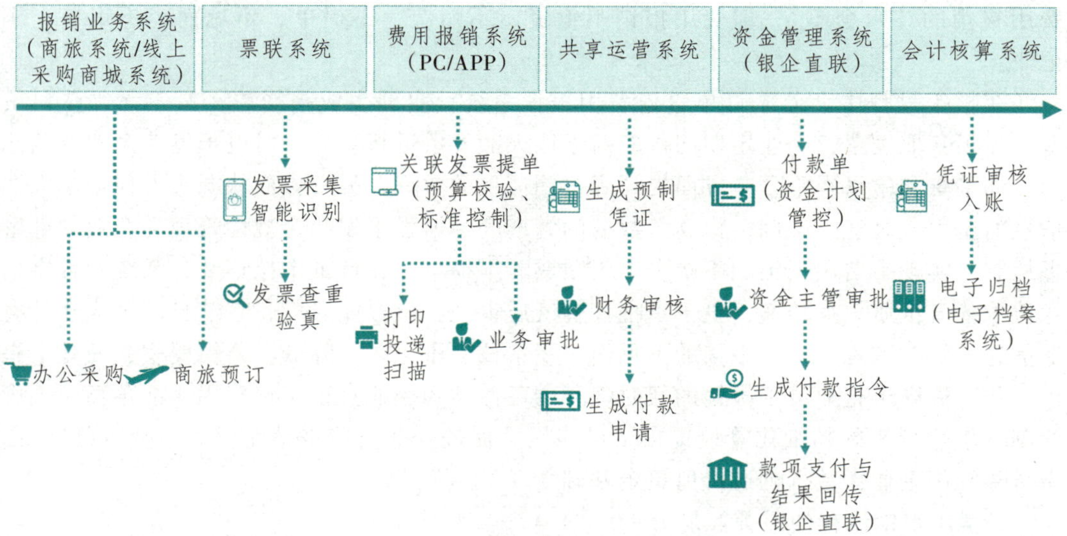

图6-7 费用报销的业财一体信息化流程

通过票联系统采集发票信息，系统汇集发票信息并传递至发票池。发票池会进行发票信息与已报销发票信息的查重校验，同时，对接税局系统完成发票验真。

（4）员工提单报销

员工进行费用报销时，差旅订单直连费用报销系统，自动生成报账单。对于其他费用，员工采集发票信息后，发票池会将发票信息同步至费用报销系统，员工可在费用报销系统勾选发票同步发起报账，系统可自动进行预算校验和标准控制，如员工存在借款，需要关联员工借款单进行核销，后续员工可以登录费用报销系统线上查看报销进度。

（5）扫描员影像扫描与上传

员工提交报账单后，系统自动生成单据条形码。员工可通过智能票据箱扫描单据条码，打印单据封面，装订并投递纸质资料。后期扫描员统一收取纸质资料，通过电子影像系统扫描影像并上传。

（6）业务审批

根据企业审批流程设置及审批权限要求，员工提交的报账单流转至业务领导处，业务领导登录费用报销系统对事项的真实性进行审批。

（7）财务审核与支付

业务领导审批通过后，单据流转至共享运营系统进行任务分配，财务人员登录共享运营系统进行审核。系统自动生成预制凭证，财务人员通过查看单据影像与预制凭证信息，完成单据审核。单据审核通过后，共享运营系统生成付款申请并发送至资金管理系统，资金主管审批通过后，资金管理系统生成付款支付指令进行款项支付。

（8）财务入账及归档

资金支付成功后，系统生成付款凭证传递至会计核算系统，财务人员审核凭证，进行入账及归档。

企业推进费用报销的变革，可以加强事前、事中和事后的全流程控制，同时可实现费用报销的“六个不”，即费用报销不垫资、不贴票、不提单、不见面、不审核、不记账。

在报销过程中，差旅订单直连费用报销系统，自动生成报账单，员工无须垫付资金、无须获取发票，企业定期向供应商索取大额发票进行结算。对电子发票全票面信息的自动采集和验真查重，一方面提高了报销流程的效率，另一方面从源头上保证了发票信息的全面、真实、准确，提高了数据的精准度，增强了发票合规性管理和企业内部管理控制，实现了费用报销的不垫资、不贴票、不提单。在审批审核环节，系统用数字信息传输代替纸质单据传递，电子审批代替纸质审批；审核完成后，系统自动生成会计凭证信息入账，实现了费用报销的不见面、不审核、不记账，降低了出错概率，简化了报销流程，提高了企业员工报销的及时性和准确性，为企业真正实现费用事前预算、事中控制、事后分析的精细化管控提供了可能性，促进企业费用报销流程实现数字化转变，为财务利用企业大数据创造价值奠定基础。

2. 费用报销流程的财务职能分工

随着财务共享服务中心的建立以及费用报销不断向高效化、便捷化、智能化方向发展，财务人员也面临着职责的转变。因此，基于费用报销流程和财务共享服务中心职能范围切分原则，共享中心与业务单位可以按照事项申请、合同签订、个人借支、费用报销和分析监控五个环节进行职能切分（如图6-8所示）。

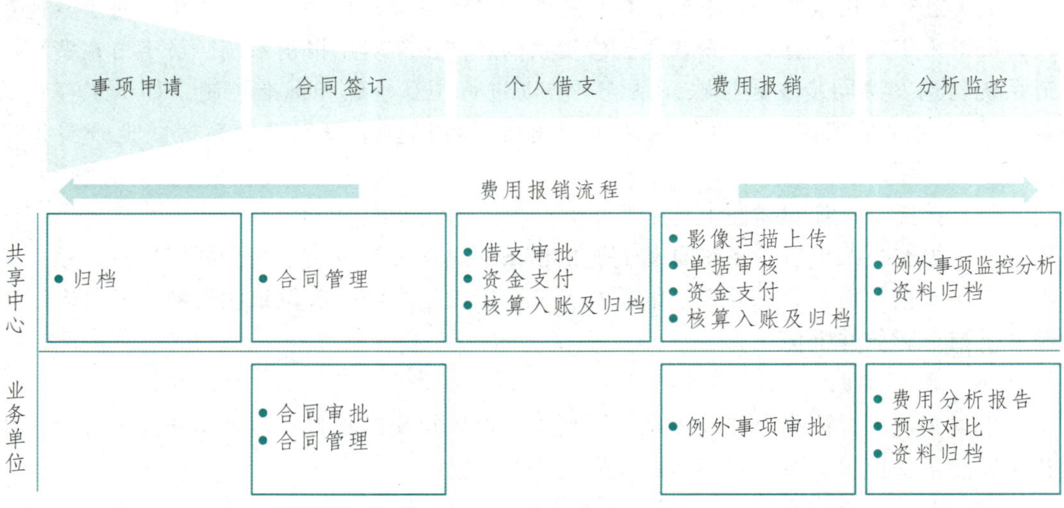

图6-8 费用报销流程及职能分工

事项申请：员工在开展业务活动前提交事项申请，经相关领导审批通过后开展活动，共享中心对相关申请单据进行归档。

合同签订：费用开支相关合同签订完成后，业务单位进行审批及线下管理，共享中心进行线上电子化合同的管理。

个人借支：适用于员工发生因公支出、向公司借支及核销款项的情形。此时共享中心主要负责借支审批、资金支付、核算入账及归档。

费用报销：员工提单报销时，共享中心负责扫描单据并上传影像、进行财务审核、资金支付、核算入账及归档；业务单位主要负责例外事项的审批。

分析监控：共享中心主要针对例外事项进行监控分析及处理，比如处理长期挂账个人借款、清理预付款、分析退单原因等。业务单位会出具详细的费用分析报告，进行预实对比，同时进行线下资料的归档。

【案例】中兴通讯员工费用报销的四个阶段

中兴通讯是中国第一批实行“走出去”战略的通信设备制造企业，从1995年开始推行全球化战略，从最初的产品出口，到建立海外销售子公司，再到海外直接投资，建立海外生产制造基地，中兴通讯已经成为在广大国内外市场上寻求全球最佳资源配置的全球化公司。中兴通讯在全球有8万名员工，员工费用报销的单据每年有上百万份。为了解决员工审批难、贴票烦、报销久等问题，财务部门一直尝试运用财务信息化技术针对员工报销流程进行优化。

中兴通讯的员工费用报销历经四个阶段。

第一阶段：手工报销

手工报销是许多信息化水平较低的企业采用的传统报销模式。在手工报销模式下，企业通常尚未应用费用报销系统，从员工发起费用报销申请到财务进行报销业务处理，均以手工的方式完成。

传统手工报销的典型流程（如图6-9所示）：员工因公发生费用支出后，收集并整理发票与其他相关附件，按照财务的要求粘贴纸质发票、计算金额、填写费用报销申请单；并将费用报销单交由审批环节的业务领导进行纸面签批；然后，将业务领导审批后的申请单交给财务人员，财务人员需要将审批完成的报销申请单、发票及其他支持性资料一一审核校对，在进行账务处理后，由出纳付款。

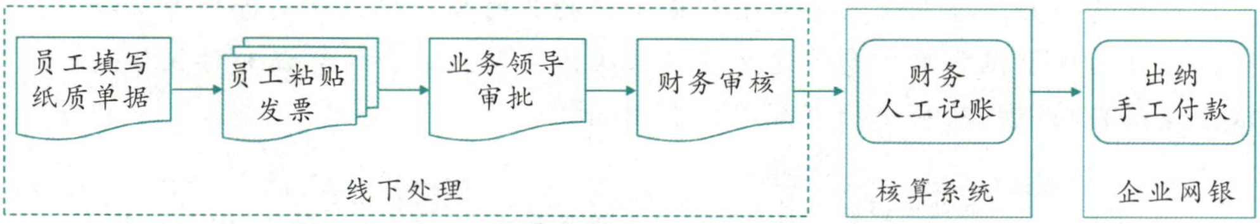

图6-9　手工报销流程示意图

第二阶段：网上报销

相较于传统手工报销，网上报销系统增加了电子报账系统、电子影像系统和电子档案系统等信息系统的应用，将传统的基于纸面传递、桌面处理的报销流程电子化，基本实现了费用报销的全流程在线流转。中兴通讯在1999年自主研发并上线的网络报销系统，也是中国的第一代网络报销系统。

网上报销的典型流程（如图6-10所示）：员工在电子报账系统提交报账申请，同时，将在线提单产生的封面打印后与原始纸质单据一同装订提交至财务人员，经由电子影像系统扫描并上传影像，业务领导和财务人员在电子报账系统中调阅单据影像，并依次在线进行审批与审核；财务审核通过后，凭证信息传递至会计核算系统，自动生成会计凭证和付款信息，支付指令传至资金系统进行支付；最后，电子档案系统将匹配的凭证封面、票据附件等影像、入账凭证以及付款信息等进行匹配，形成一份完整的电子档案，进行档案归档。

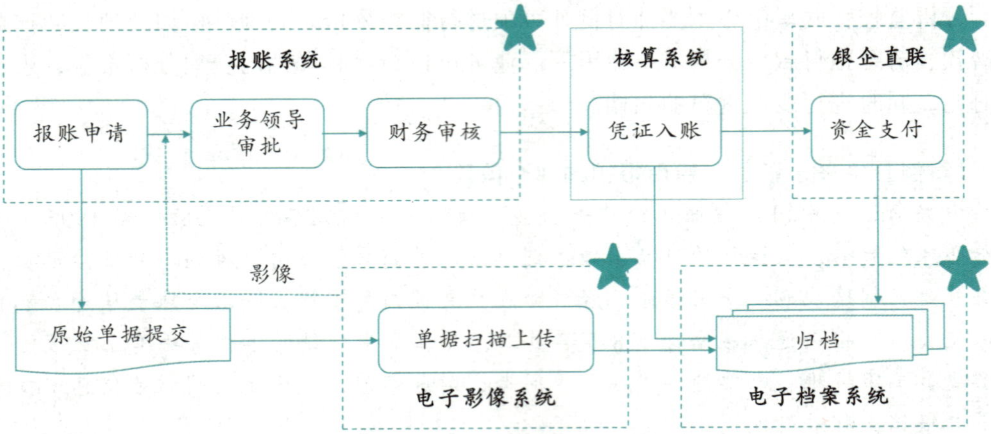

图 6-10　网上报销流程示意图

第三阶段：在线报销

网上报销模式不断演进，逐渐向费用发生的前端拓展，集成商旅系统和办公采购系统，实现了公司范围内员工差旅行为的集中管控和行政办公用品的集中采购。企业的财务部门或财务共享服务中心与供应商定期统一进行对账与结算。

在线报销系统前端与商旅系统、办公采购系统对接，将企业差旅政策及办公用品采购规则预设在系统中，并通过商旅系统与航空公司、酒店以及差旅代理平台等进行对接，通过办公采购系统与电商等供应商平台进行对接，员工能够直接从商旅系统和办公采购系统进行预订和采购，无须垫付资金；员工在线提交报销单时，商旅系统和办公采购系统的订单信息可同步至电子报账系统，业务领导和财务人员能够在电子报账系统中查看订单信息，并结合电子影像系统扫描上传的其他原始单据信息进行审批和审核；财务审核通过的电子报账单信息传递至核算系统，自动生成会计凭证和付款信息，出纳通过银企直联自动进行款项支付（如图 6-11 所示）。

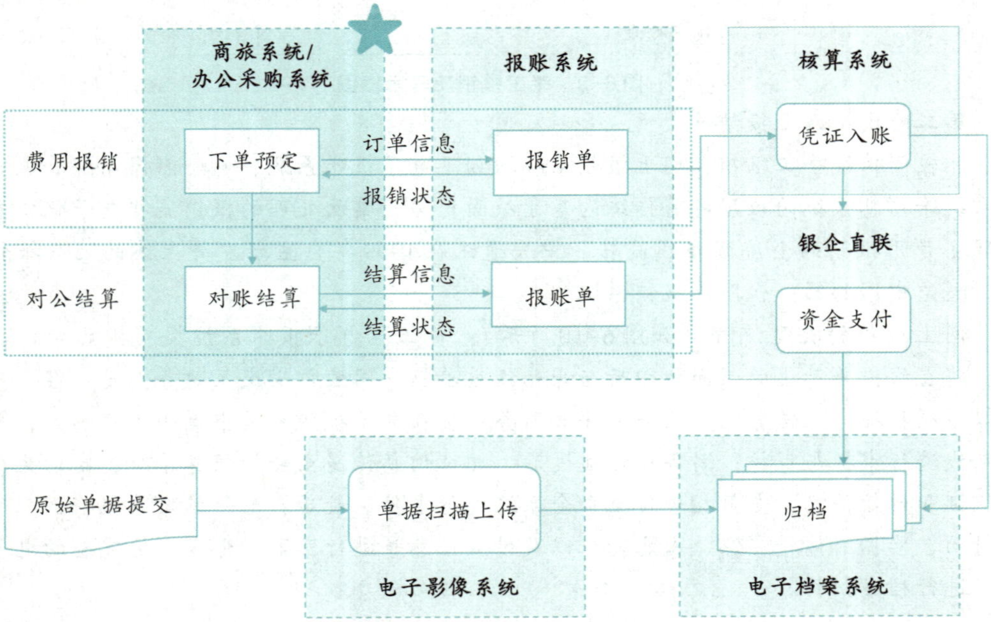

图 6-11　在线报销流程示意图

第四阶段：移动智能报销

随着电子发票的出现，费用报销朝着更加移动化、智能化的方向发展，进入移动智能报销阶段。相较于在线报销，移动智能报销模式增加了票联系统、费用App、共享运营系统、智能审核系统、电子影像系统以及智能票据箱的应用（如图6-12所示）。

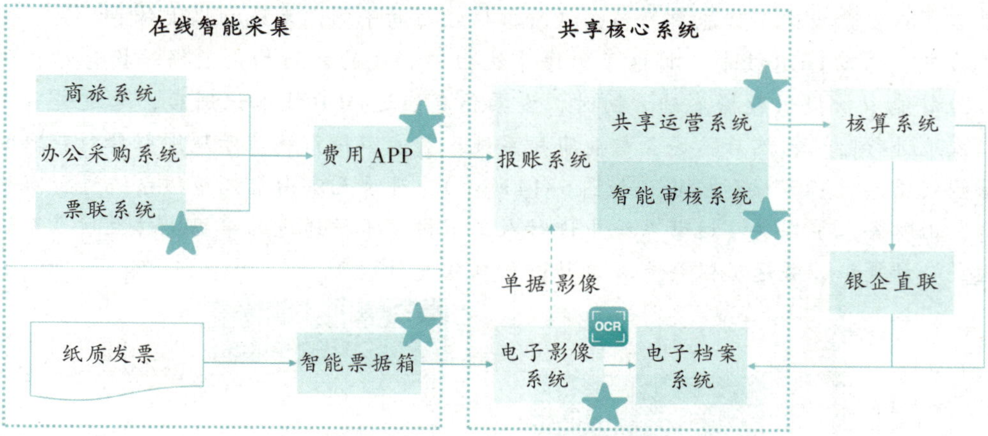

图 6-12　移动智能报销流程示意图

在移动智能报销阶段，通过简单的“三部曲”完成所有的报销行为：

第一，员工将在消费时获取的电子发票存入微信或支付宝卡包，报销时一键导入票联系统；票联系统与税局系统对接，完成发票的查验并获取电子发票的全票面信息，形成发票池。图6-13为票联系统发票查验页面。

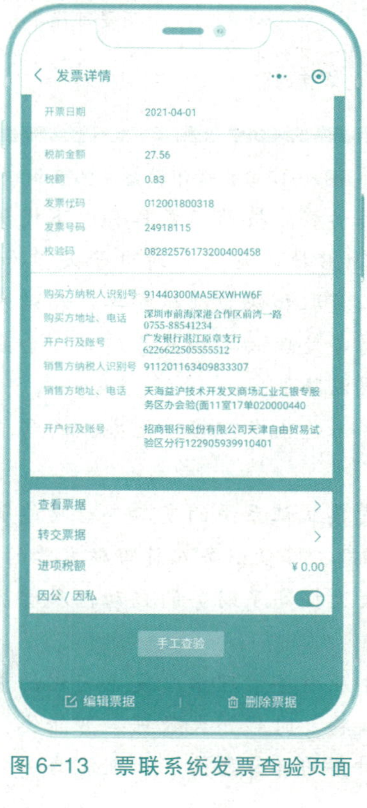

图 6-13　票联系统发票查验页面

第二，电子发票信息导入费用App，以电子数据的形式存储于费用App。员工在移动终端使用费用App进行费用报销时，勾选票联系统中经过校验的电子发票以及商旅系统和办公采购系统中产生的订单信息，完善费用报销相关项目等其他需要补充说明的信息后，提交报销申请。员工在费用App提交的报销单同步至电子报账系统，电子报账系统形成各类业务完整的电子报账信息。对于纸质发票和其他纸面单据，员工在费用App提单后，将发票投递至智能票据箱，纸质单据经由电子影像系统扫描上传。

第三，借助OCR技术，将电子影像系统扫描形成的非结构化数据转换为结构化数据，为智能审核提供数据基础。同时，发票信息经过OCR技术识别后，通过进项发票认证系统进行验证，然后传递至智能审核系统。智能审核系统基于规则引擎对获取的各类结构化信息进行审核和校验（如图6-14所示）。对于无法由智能审核系统进行审核的信息，由财务人员在共享运营系统中进行人工审核，审核通过的单据流转至核算系统自动生成会计凭证，并通过银企直联自动进行款项支付。

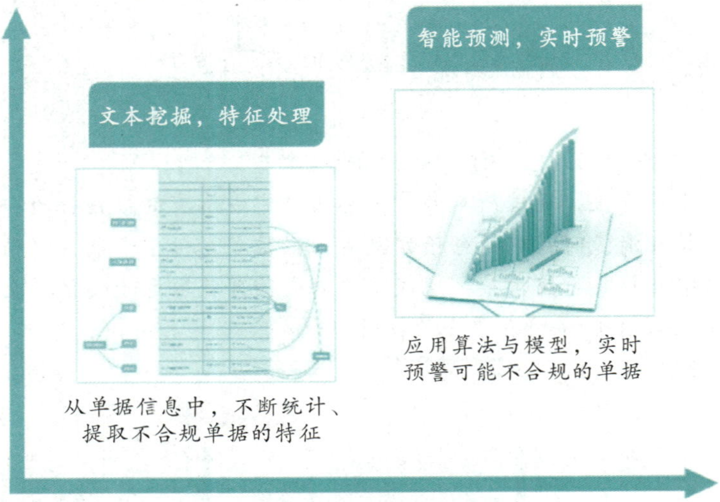

图6-14 智能审核系统的应用

与在线报销模式相比，移动智能报销模式具有以下优势：

第一，通过票联系统及OCR技术应用，对电子发票和纸质发票的结构化信息进行自动识别和验证，降低了员工获取和保管纸质发票、粘贴发票的工作量；财务人员无须面对大量纸质发票，提高了财务处理效率和账务质量；企业档案管理工作简化，人力成本、邮寄成本、存储成本均得以降低。

第二，票联系统和费用App适应当前移动化办公的需求，帮助员工实现随时随地报销，大大提升员工体验。

第三，票联系统和进项发票认证系统的发票查验功能解决了发票流转过程中一票多报、虚报虚抵、真假难验等难题，降低财务人员审核发票的工作压力和员工舞弊的风险。

第四，智能审核等系统大大提高了财务的自动化和智能化水平，有助于财务的数字化转型。

报销方式的演进，既是企业财务管理水平发生变化的重要标志，也是财务信息化变革的重要部分。在“大智移云物”时代，大数据、智能化、移动互联网、云计算改变了费用报销的方式，也提升了财务的计算能力、处理能力和分析能力，为财务利用企业大数据创造价值奠定了数据基础和技术基础。

未来的报销：

在费用报销的过程中，从发票的开具到员工接收发票后的报销行为，都是以员工为核心的，而非发票或系统。发票，无论纸质形式还是电子形式，都只是企业与客户、供应商、员工连接的载体，而员工是发起所有发票连接行为的主体。系统，无论是商旅系统、办公采购系统、报销系统还是其他财务系统，都只是为了让连接更高效、更智能的工具，而员工是操作工具的主体。未来的报销是以员工为主体发起所有连接的行为，会进一步对员工、财务和企业产生巨大的影响和冲击。

第一，员工的报销更加便捷。对企业来说，员工的每一分钟都是企业最宝贵的资产、巨大的财富，绝不能耗费在漫长冗繁的财务流程中。未来的报销，会更加注重员工的报销体验，借助信息系统工具，员工报销会更加便捷，报销速率甚至会压缩到秒级。

智慧费用报销的探索与实践.财务与会计

第二，给财务带来巨大的冲击。财务人员很多时候在做两件事，第一件事是跟所有的利益相关者交换信息并验证信息的真假，第二件事是完成数据的汇总和加工。当全部数据实现电子化，这两项工作都可以通过计算机自动完成，基础财务人员的数量会大大减少，财务人员能够真正解放自己，去做更重要的事情。

第三，支撑企业业务发展。未来，如果系统工具能够实现费用报销中所有电子发票的统一存储、完整识别，帮助企业完成员工和企业之间的连接，这其中将蕴含着巨大的企业业务发展空间。

微课：移动智能报销–移动化智能化的报销模式

思考：中兴通讯员工费用报销是如何从手工报销阶段逐渐发展到移动智能报销阶段的？你认为未来费用报销的理想状态是怎样的？

二、采购到付款流程

采购到付款流程是指企业从供应商处采购产品与服务，并进行采购预算管理、采购合同管理、采购订单下达、到货验收、对账及付款等一系列业务活动的处理过程。

采购是企业日常经营活动的重要组成部分，根据财政部2010年颁布的《企业内部控制应用指引第7号——采购业务》，企业应当结合实际情况，全面梳理采购业务流程，完善采购业务相关管理制度，统筹安排采购计划，明确请购、审批、购买、验收、付款、采购后评估等环节的职责和审批权限，按照规定的审批权限和程序办理采购业务，建立价格监督机制，定期检查和评价采购过程中的薄弱环节，采取有效控制措施，确保物资采购满足企业生产经营需要。

传统采购到付款流程存在采购流程复杂、系统不完善、采购周期漫长、采购成本高、付款手续烦琐等业务痛点，通常需要人工进行对账、开票、三单匹配等工作。线下对账流程长、工作量繁重、易出错；财务开具发票量大且易开错税点等信息；三单匹配需要手工录入数据、人工核对数据，工作效率低并且无法保证正确率。同时，传统采购流程中供应商管理不完善，沟通环节冗长，信息不对称，供应商绩效管理与付款排程无法关联，付款周期长，交易效率低，且无法保障供应商服务质量。

1.采购到付款的业财一体信息化流程

对于采购业务频繁、供应商众多的企业，在信息化流程下，通过与供应商搭建统一的供应商智能结算等系统，实现采购信息全程共享、透明、高效、协同，帮助企业与供应商建立长效合作关系。采购到付款的业财一体信息化流程分别如图6-15（采购到应付）、图6-16（应付到付款）所示。

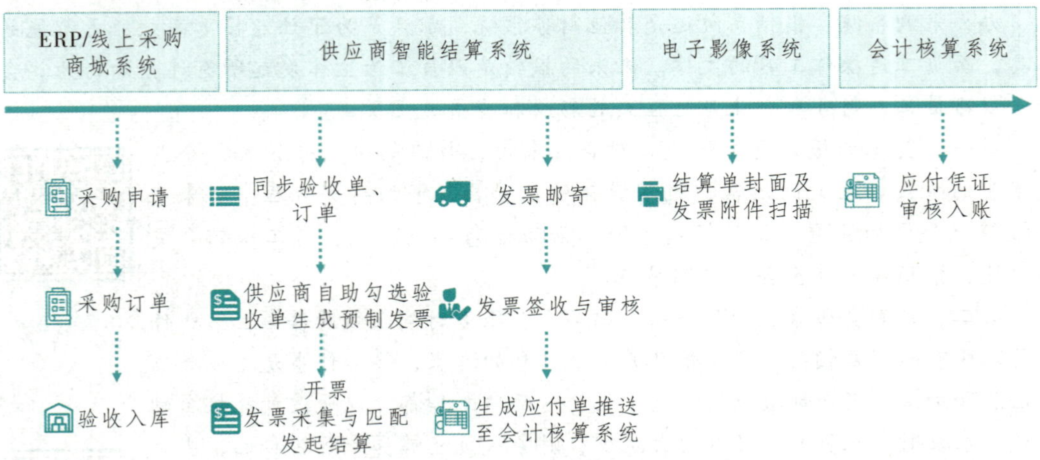

图6-15 采购到付款的业财一体信息化流程——采购到应付

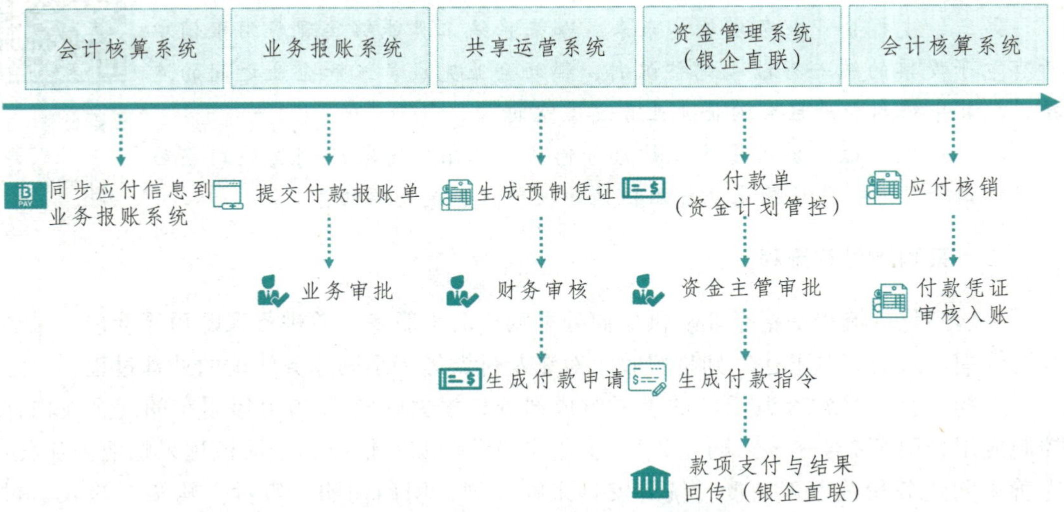

图6-16 采购到付款的业财一体信息化流程——应付到付款

（1）采购申请

采购人员登录ERP系统或线上采购商城系统提交采购申请，注明所需物资的名称、规格、数量、技术质量标准与要求等信息。业务领导审批通过后，提交采购计划。采购计划审批通过后，采购人员进一步编制采购预算表，相关领导结合采购预算进行审批。

（2）采购合同签订

一般大型物料采购，企业会通过招标形式来选择供应商。供应商投标后，企业对供应商的基础信用进行审查，追溯历史交易及关联关系，甄别关联交易，排除黑名单企业，最后确定供应商。企业与供应商签订采购合同，随后合同管理人员需要登录合同管理系统录入合同信息，合同发生变更或者终止时，也需要及时在系统中维护合同信息。

（3）采购订单下达与供应商发货

采购人员根据合同信息登录会计核算系统或线上采购商城系统提交采购订单，经业务领导审批通过后，采购订单信息同步至供应商智能结算系统。供应商登录供应商智能结算系统，查看并确认订单信息，然后根据订单组织生产并发货。货物的物流信息在供应商智能结算系统全程可追踪。

（4）收货确认与供应商开票

货物到达企业并线下验收入库后，采购人员登录会计核算系统进行收货确认。系统自动生成采购验收单，并同步至供应商智能结算系统。供应商智能结算系统自动进行验收单与采购订单的匹配。供应商登录供应商智能结算系统，查看客户验收信息后，勾选需要结算的验收单，生成预制发票，预制发票信息经确认无误后，供应商开出正式发票并寄出。

（5）三单匹配

企业收到纸质发票后，采购人员通过票联系统采集发票信息，发票信息会传输到发票池，票联系统对接税局系统，自动完成发票查验与认证。供应商智能结算系统自动与发票进行匹配，并回填发票信息完成三单匹配。

（6）业务报账

供应商智能结算系统会生成应付单推送至会计核算系统。员工打印结算单封面，提交纸质附件后，扫描员会进行影像扫描与上传。财务人员审核应付凭证，进行入账。等到企业与供应商约定的结算时点，应付信息会从ERP系统推送至业务报账系统，自动生成付款报账单。后续步骤包含扫描员影像扫描与上传、业务审批、财务审核及支付、入账等，具体内容已在“一、费用报销流程”中详细描述，在此不做赘述。

采购到付款流程的业财一体信息化流程支持企业与供应商建立高效连接，革新了采购验收、对账、开票、结算、付款等合作协同模式，完成对账自动协同、三单智能匹配，打通与税务局增值税发票综合服务平台的接口，及时、准确地完成发票查验认证工作，合理管控企业资金计划支出，优化企业现金流。业财一体信息化帮助企业实现了采购到付款流程的在线共享、全程可视，助力企业提高采购水平，合理控制采购成本，保障了企业供应链网络的高效性，大大提升了企业的采购管理内控水平。

微课：采购到付款业财一体化流程

2.采购到付款流程的财务职能分工

基于采购到付款流程和财务共享服务中心职能范围切分原则，共享中心与业务单位可以按照采购预算管理、采购合同管理、采购订单下达、收货及发票管理、付款管理、例外事项监控和管理进行职能的切分（如图6-17所示）。

采购预算管理：业务部门按照采购需求进行市场调研、编制采购计划、提交采购预算申请，业务单位对采购预算进行复核及审批。

采购合同管理：采购申请审批通过后，采购部门与供应商签订采购合同，业务单位对采购合同进行复核及线下合同管理，共享中心负责线上电子化合同的管理，严格防范合同风险。

采购订单下达：合同复核通过后，采购人员下达采购订单，供应商确认采购订单并进行发货。一般而言，采购涉及预付款事项，此时采购人员发起预付款申请，业务单位审批通过后，由共享中心对预付款申请审核并核算入账，审核通过后进行资金支付。

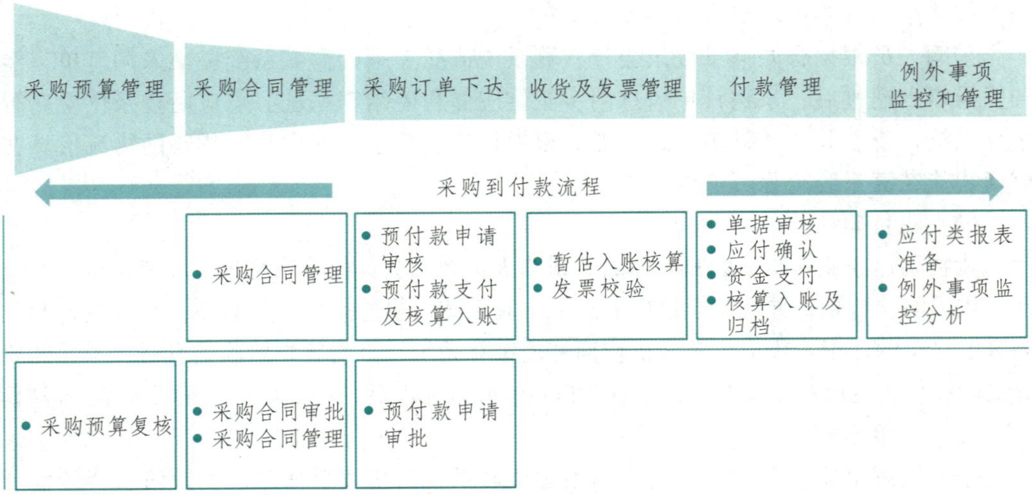

图6-17　采购到付款流程及职能分工

供应商智慧结算管理体系建设实践.财务与会计

收货及发票管理：企业货物验收入库但暂未收到供应商开出的正式发票，此时采购人员需要进行成本暂估入账提单，共享中心对成本暂估入账进行核算。企业收到供应商开具的增值税发票，共享中心完成发票校验，采购员提交采购报账单据和纸质资料，共享中心扫描单据影像进行上传。

付款管理：共享中心对采购人员提交的采购报账单进行审核，根据三单匹配及预付情况确认应付金额，进行资金支付，同时核算入账及归档。

例外事项监控和管理：共享中心针对采购例外事项进行监控和管理。

三、订单到收款流程

订单到收款流程是指企业向客户提供或销售产品和服务并根据订单开具发票、收回款项等一系列业务活动及信息处理过程。财政部2010年颁布的《企业内部控制应用指引第9号——销售业务》指出，企业应当结合实际情况，全面梳理销售业务流程，完善销售业务相关管理制度，确定适当的销售政策和策略，明确销售、发货、收款等环节的职责和审批权限，按照规定的权限和程序办理销售业务，定期检查分析销售过程中的薄弱环节，采取有效控制措施，确保实现销售目标。

传统的订单到收款流程主要依靠人工进行操作，财务处理信息化程度低，财务人员需要人工完成发票的开具、打印、邮寄等一系列操作，手工填写业务及发票信息量大、低效、易出错；业务的开票需求多样，财务人员需要重复填写收票人信息，企业无法对发票信息进行有效跟踪和管理，缺乏对客户开票量和红废数据的统计分析。

同时，收款流程是企业销售业务中的重要一环，在没有信息系统的支持下，收款业务中很多环节需线下手工完成，面临集团各公司业绩核算不清晰，业绩分配不明确；收款流水数据多源，分散管理低效无序；收款认领纯手工，工作量大且易出错；客户经理、业财、出纳职责界限不清晰，沟通成本高；应收账款管理缺乏数据自动化支持，企业的效率难以得到有效提升，成本居高不下等问题。

1.订单到收款的业财一体信息化流程

随着企业业财一体信息化进程的不断推进，订单到收款流程的痛点逐步得到解决，各信息系统间的高效紧密协作，加速了流转效率，提升了企业的收款管理质量。订单到收款的业财一体信息化流程分别如图6-18（订单到应收）、图6-19（应收到收款）所示。

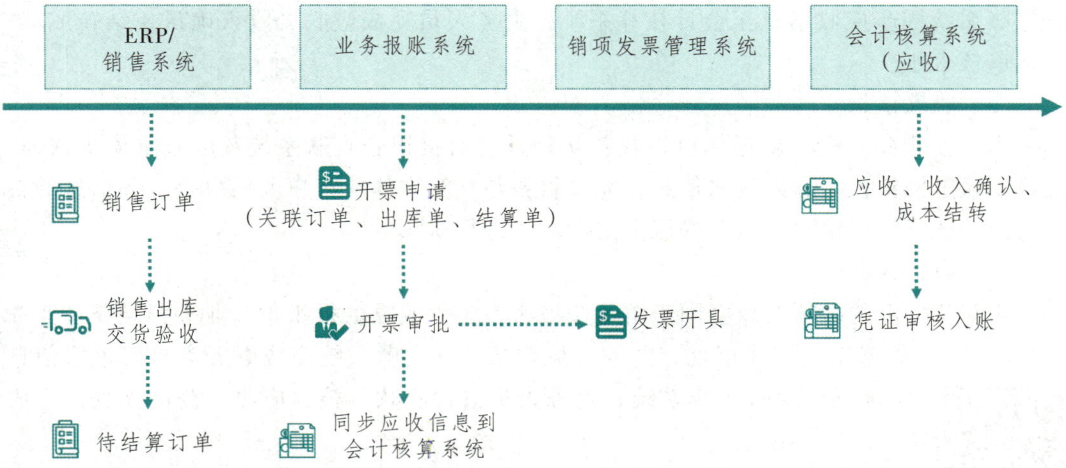

图6-18 订单到收款的业财一体信息化流程——订单到应收

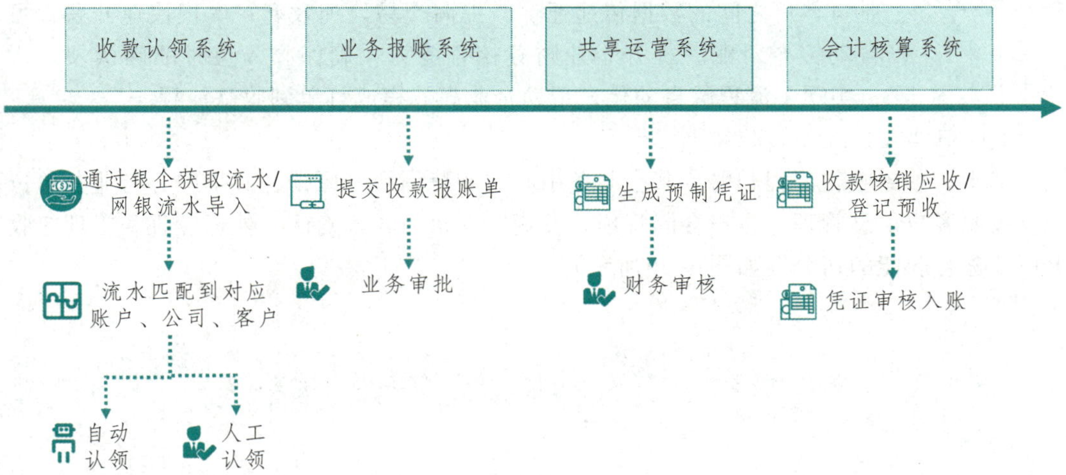

图6-19 订单到收款的业财一体信息化流程——应收到收款

（1）客户订单接收

销售部门对客户需求进行分析，受理客户订单。订单由相关领导核准后，需对客户信用状况进行初步核查。销售部门依据客户信用状况及订单和生产计划、库存等情况，编制具体的销售计划与赊账方案，并经部门领导审核。

（2）销售合同签订

受理客户订单后，企业与客户签订销售合同。业务人员需要在合同管理系统中进行合同线上管理，合同结算系统实时更新，记录合同收支进度、发票进度、未核销情况等。

（3）组织生产与安排发货

生产人员根据生产管理系统中的订单信息组织生产。生产完成后，商品会流转至仓储部门，由仓储人员安排发货，系统生成待结算订单。

（4）发票开具与收入确认

业务人员在业务报账系统中提交开票申请，经领导审批和财务审核后，开票信息会流转至销项发票管理系统。销项发票管理系统与税控系统对接完成发票开具。随后，业务报账系统同步应收信息至会计核算系统，财务人员完成应收、收入确认，结转成本，凭证审核入账。

（5）收款认领

当企业收到银行来款通知后，收款认领系统对接银企直联系统获取收款流水数据，也可以通过网银人工导入流水信息，完成收款与核算主体、客户及项目等业务信息的自动匹配与认领，无法自动匹配的流水则由人工进行认领。

（6）收款入账

匹配认领后的款项信息会同步至业务报账系统生成收款报账单。业务领导登录业务报账系统完成审批，财务人员登录共享运营系统完成财务审核。报账信息会流转至会计核算系统，财务人员进行收款，核销应收、登记预收，完成收款入账环节。

微课：订单到收款业财一体化流程

在信息系统的支持下，订单到收款流程将企业与客户紧密关联，打通企业与客户之间的数据传递通道，提高交易处理效率；实现快速开票，可以自动银企对账，提升企业财务核查能力，确保收入及时准确认领、入账；实现了流程的自动化，帮助企业高效完成订单到收款流程。

2.订单到收款流程的财务职能分工

基于订单到收款流程和财务共享服务中心职能范围切分原则，共享中心与业务单位可以按照客户信息管理、客户合同管理、发货、开票与收入确认、处理应收和管理应收等环节进行职能的切分（如图6-20所示）。

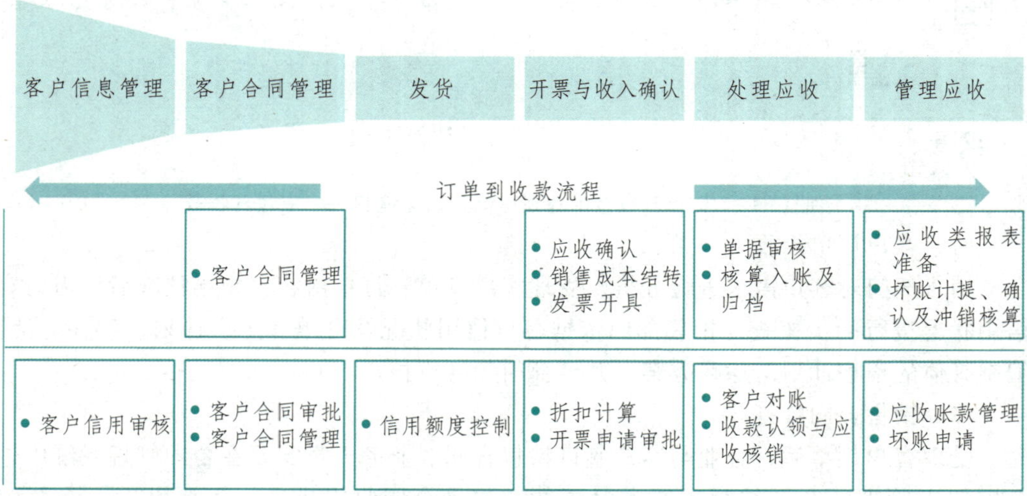

图6-20　订单到收款流程及职能分工

客户信息管理：销售部门应根据已掌握或客户提供的信用资料，提出准予客户赊销的期限和额度，经部门领导审核后连同有关信用资料一并传送给业务单位。业务单位对客户信用情况进行审核或调查，评定信用等级，提出审核意见。

客户合同管理：针对销售数量较大或批量销售业务，双方签订销售合同。业务单位进行合同审批以及线下管理。共享中心负责合同的线上管理。

发货：在发货过程中，业务单位及时对客户进行信用额度的监控及控制，防范企业的坏账风险。

开票与收入确认：客户验收入库后，业务人员提出开票申请。业务单位依据销售合同、核准的发货单和出库单等原始单据进行折扣计算并完成开票申请审批。审批通过后由共享中心开具发票并邮寄给客户。当满足一定的收入确认条件后，业务人员提交收入报账单，由共享中心确认应收并进行销售成本的结转。

处理应收：当企业收到一笔来款时，业务单位与客户进行对账、收款认领及应收核销并提交收款报账单。共享中心对收款报账单进行财务审核，以确定收款报账单金额是否准确，同时对系统生成的销售凭证进行检查。

管理应收：业务单位负责应收账款的管理和坏账申请。共享中心负责编制应收类报表，以及坏账的计提、确认、冲销核算。

光伏制造企业F公司在收入收款领域的智慧财务应用.财务与会计

四、总账到报表流程

总账到报表流程是一个基于会计期间的循环，从会计期间的开始，到日记账的录入、日记账复核、期末过账、外币重估、期末结账、报表出具等业务环节形成完整的会计循环。

费用报销、采购到付款、订单到收款等业务处理流程更多地侧重于业务过程的共享服务支持，而总账到报表则更多地侧重于会计处理业务流程中。费用报销流程、采购到付款流程、订单到收款流程等业务处理的最终结果会反映到总账到报表流程中。总账到报表流程和传统会计业务结合最为紧密，对此流程的理解，有助于从相对宏观的角度了解整个共享服务流程。

企业作为社会关系中的重要一员，对政府、税务机关、证券交易所、投资者和个体都负有重要责任，但是传统的账务处理模式难以满足不同主体对信息的要求，企业需要耗费大量时间编制不同的对外信息披露报表。对于集团内部组织关系复杂的企业，数据源分散，生成合并报表时，一方面，员工逐项手工抵销、编制上报，报表的时效性难以保证；另一方面，集团公司需要核对数据的准确性，由于缺乏统一的数据检查程序，单纯依靠财务人员处理任务量大、出错率高且效率低下。

1.总账到报表的业财一体信息化流程

总账到报表的信息化建设能够将繁多、杂乱的业务事项转换为一致、标准的信息，提高数据的实效性与准确性，满足企业内部管理和外部监管的要求，适应企业未来发展需求。总账到报表的业财一体信息化流程如图6-21所示。

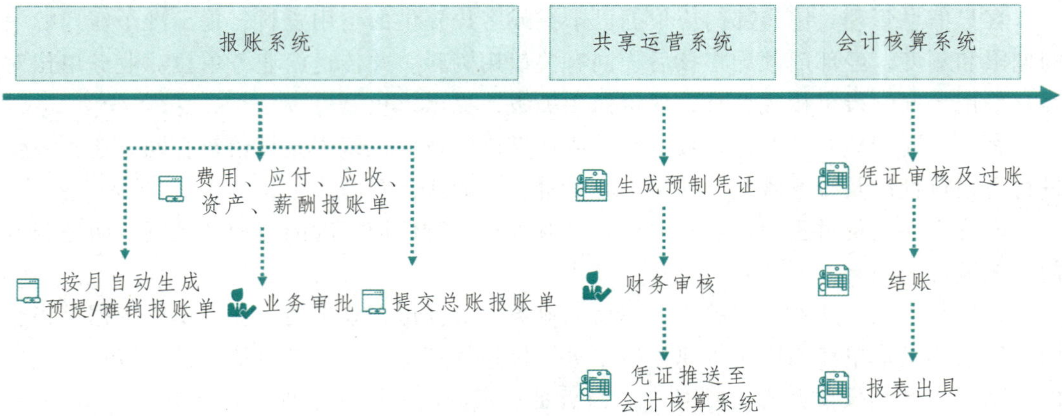

图6-21　总账到报表的业财一体信息化流程

（1）记账

单据信息的获取是系统实现自动记账的基础。针对流转至共享运营系统的所有单据，系统内嵌会计引擎，根据凭证生成规则，自动生成预制凭证。财务人员审核通过后，会计引擎推送凭证至会计核算系统，实现自动记账。

（2）过账

凭证传送至会计核算系统后，财务人员再次审核凭证，审核无误后系统会将记账凭证自动同步至分类账，完成过账处理。

（3）结账

会计核算系统的结账处理与传统的处理流程一致，只是处理方式由人工线下操作转变为系统自动的线上处理。期末，财务人员根据实际发生的业务活动，针对系统当月账期发生但未入账的业务提交总账报账单，保证经济业务全部入账。入账完毕，系统可根据规则进行自动结账。

（4）报表出具

会计核算系统可根据汇总更新后的凭证信息，自动完成报表出具。按照合并规则进行数据校验、转换合并，实现单体报表全集团内合并统一，实现输入、输出表单的统一，最终展示企业需要的合并报表信息，提高集团合并报表的准确性、规范性和及时性。

总账到报表流程的业财一体信息化借助财务信息系统，实现了会计信息实时、自动化处理，系统围绕凭证、账簿、报表替代了部分手工财务处理工作，减少了人工处理量，降低了差错率。同时，总账到报表实现全流程电子化，与企业的业务系统相关联，自动进行会计处理，在源头上保证了会计信息的真实性与合理性，提高了流程效率和质量，使财务人员摆脱了繁杂工作的负担，将更多的精力投入更有价值的工作中去。

2.总账到报表流程的财务职能分工

基于总账到报表流程和财务共享服务中心职能范围切分原则，共享中心与业务单位可以按照明确核算标准、总账记账、对账、期末调整与结账、报表编制及合并、分析监控等环节进行职能的切分（如图6-22所示）。

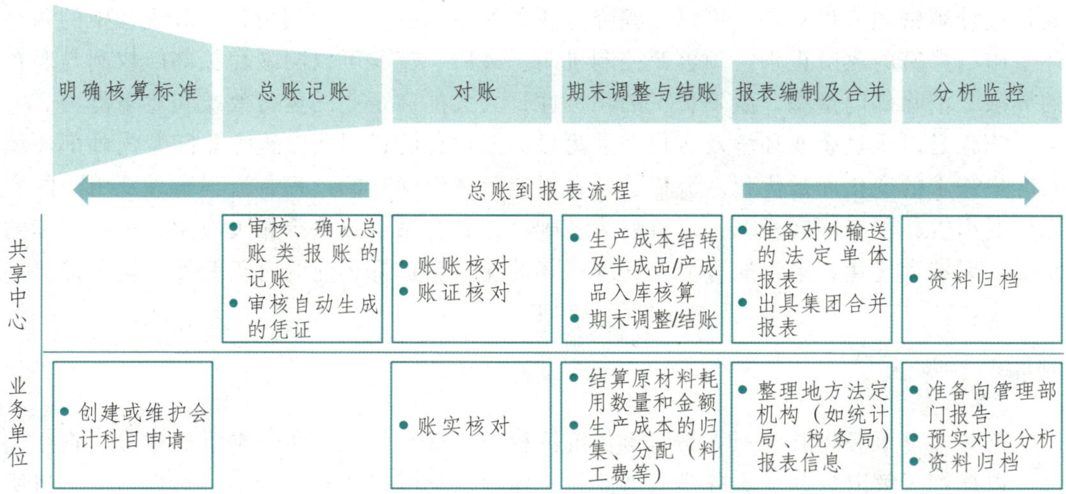

图 6-22　总账到报表流程及职能分工

明确核算标准：核算标准是企业财务处理的依据，业务单位需要创建或维护会计科目，如果会计科目需要变更，则提交申请，由业务单位审批通过后进行变更，变更后需要维护并通知用户。

总账记账：核算标准发布后，共享中心根据业务活动发生的真实情况进行记账，并每隔一段时间进行过账，同时负责审核、确认总账类报账的记账以及自动生成的凭证。

对账：会计期末，在所有会计事项都已记入日记账并过入总分类账后，财务人员进行对账。由共享中心进行账账核对和账证核对；由于实物资产地点的限制，业务单位进行账实核对。

期末调整与结账：期末，业务单位结算原材料的耗用数量和金额，进行生产成本的归集、分配。共享中心进行生产成本的结转，半成品或者产成品的入库核算；对期末调整事项进行分录调整并过账；在本期发生经济业务全部入账的基础上，结算出各账户（含总账、日记账、分类账）的本期发生额合计数及期末余额，对该期的经济活动进行总结，为报表编制做准备。

中兴新云行业洞察报告·增值税专票电子化：打通财税数字化最后一公里

报表编制及合并：结账后，业务单位整理法定机构的报表信息传递给财务共享服务中心。共享中心根据信息编制对外输送的法定单体报表，同时根据各个分支机构的单体报表合并抵销分录，编制集团合并报表，提供给外部决策者。

分析监控：会计报表出具以后，业务单位进行报表分析、预实分析并出具分析报告，同时进行资料归档；共享中心也需同步进行资料归档。

本章小结

流程是财务共享服务中心实施效率和效果的重要保证。首先，流程可以提高企业的业务处理效率，减少流程端到端的时间，通过固化的操作步骤，指导和理顺各个动作的交互关系。其次，流程可以降低企业成本，通过流程设计，消除业务处理过程中不增值或低效的动作，提高流程的经济效益。再次，流程可以提高业务质量，降低企业风险，通过设计缜密的流程节点，可以大幅降低业务差错，减少人为判断，并对流程中的各个环节施以严密的风险识别、预警及控制机制。最后，流程可以明晰相关部门权利与职责的界限，消除部门壁垒，激发员工的积极性，大大提高企业的运行效益和竞争能力。

流程是以满足企业环境及客户需求为目标而设计的，因而流程需要随着内外部环境及客户需求的变化而被优化。流程管理是对流程持续优化的过程，流程管理从组织的实际情况出发，围绕顾客需求，以流程为基础，并结合系统技术等相关应用，进行持续的跟踪、反馈和优化，最终通过流程管理循环的建立，提升企业的流程绩效及竞争优势。

学思践悟

财务共享服务中心的流程是基于传统流程的再造与优化。通过本章的学习，青年一代可以详细了解财务共享服务模式下业财一体信息化流程及职能分工，对标一流，将所学流程管理与信息系统知识运用于学习与工作实践中；树立风险防范与控制意识，将风险控制思维嵌入流程管理中，追求卓越；同时，青年一代更要培养科学精神，脚踏实地，提高自身创造性劳动能力，构建爱岗敬业、诚实守信、廉洁奉公的职业品格。

思考与练习

（一）选择题

1.下列不属于流程的五要素的是（　　）。

A.输入　　B.输出　　C.过程　　D.组织

2.流程管理闭环模式包括（　　）。

A.流程战略　　B.流程设计　　C.流程实施　　D.流程优化

3.在智能化费用报销流程中，企业可以实现事前、事中和事后的全流程控制，以下属于事中控制的有（　　）。

A.编制费用预算　　B.财务记账　　C.费用分析　　D.业务领导审批

4.三单匹配是指（　　）、（　　）、（　　）的匹配。

A.订单　　B.入库单　　C.报账单　　D.发票

5.流程管理为企业带来的收益包含（　　）。

A.减少错误率　　B.减少人力成本　　C.快速响应需求　　D.提升输出质量

6.下列关于流程的说法中错误的是（　　）。

A.流程是由一系列活动组成，接受一个或多个输入，并产生一个或多个为客户带来增值的输出，将输入转化为输出的相互关联且相互作用的连续过程的组合

B.美国生产力与质量中心通过整理各个行业的业务，梳理出来流程分类框架（PCF），分为运营流程和管理及支持流程两大类，其中财务管理属于运营流程

C.流程设计需要在效率和控制间寻求平衡，既要保证流程处理的高效，又要兼顾流程管控的质量

D.判断一个流程设计的好坏，可以从流程成本、流程效率、流程责任、流程客户满意度四个方面进行评价

（二）判断题

1.流程处理过程中，每项活动必须是增值的，非增值的活动需要被消除。（　　）

2.以流程为维度的管理可以消除部门壁垒，从流程的角度考虑整体的最优性，提高企业效益。（　　）

3.业务流程的优化应当由财务人员而不是业务人员发起。（　　）

（三）简答题

1.请简要描述流程梳理与优化的方法。

2.请简要分析流程管理对于企业防范内控风险的意义。

3.请简要介绍采购到付款的业财一体信息化流程。

（四）思考题

2012年12月4日，中共中央政治局召开会议，审议通过了关于改进工作作风、密切联系群众的八项规定。B集团积极响应中央八项规定，将规定落实到实际管理工作中。

B集团在近日专项整顿工作中发现，集团销售经理忽视公司费用管理相关规定与制度，对该销售经理进行了通报批评。具体情况如下：销售经理李某于1月20日前往上海与某客户进行为期2天的通信产品销售业务的洽谈，李某预订了往返上海的高铁商务座（销售经理交通标准为高铁二等座），800元/间的酒店大床房三晚（销售经理住宿标准为300元/间）；在五星级酒店宴请客户2人发生费用3 000元（业务招待费标准为200元/人），并赠送客户白酒2瓶，由于审批与管理漏洞的存在，该笔单据顺利完成了报销。

为了提高集团费用管控效率与质量，加快落实中央八项规定，杜绝此类事件再次发生，B集团计划对财务流程与信息系统等方面进行优化与提升。

请结合材料分析，B集团可以从哪些环节对费用管理流程进行全面的优化以加强集团费用管控并落实中央八项规定？

第六章客观题
即测即评

第七章
财务共享服务中心的信息系统

随着信息技术的飞速发展，企业面临的竞争环境发生了根本性变化，顾客需求瞬息万变，产品更新换代加速，竞争日趋激烈。信息技术的快速发展以及企业经营管理对财务要求的不断提高，带来财务与会计领域的巨大变革。从财务会计到财务管理，每个财务领域的发展都离不开信息系统的支持。在这种背景下成长起来的财务共享服务，更是和财务信息化紧密相连，相互推动，共同成长。

本章学习目标

1. 了解财务信息化的发展历程；
2. 理解财务信息系统的框架及定位；
3. 理解财务共享服务中心各信息系统的功能；
4. 强化风险防范与管控意识，树立规则意识，遵守职业道德。

引导案例

A集团企业变革小组在进行信息系统现状分析时发现，目前集团的财务信息系统较多、缺乏统筹规划，存在同一业务多套系统并存的现象，重复建设成本高，后期整合难度大，日常运营维护负担重，同时，许多业务并没有信息系统作为支撑，信息系统功能不完善等问题也亟待解决。

为了更好地推进信息系统方案规划设计，企业变革小组向集团各个部门征集对信息系统优化升级的意见建议，几天时间他们收到了近百条反馈意见。

“现在客户、合同、供应商、人事、资产、科目等主数据分散在不同的系统，这些数据的标准也没有完全统一，系统间没有打通，没有统一的归口部门，数据治理水平较低。”

“目前集团公司统一规划建设的通用系统在各业务板块推广上线的进度以及功能覆盖度不一致，这会影响财务共享服务的建设。”

“公司业务增长，我们销售部门的压力来源于大量的开票业务、收入确认和收款确认。为及时回流资金，加强收入收款管理工作，希望公司可以上线收入相关的信息系统。”

“现在集团规划了多个通用系统，各个业务板块也在规划建设各自的业务系统，多个系统并行，相同功能重复建设，极其浪费资源。”

“系统没有内嵌部门预算管控，每次费用审批还需要线下核对部门预算，工作繁杂。”

"线下网银转账的结算方式效率低且付款审核需要纸质单据的支撑，纸质资金支付申请单传递延缓了资金支付业务的流程，导致员工怨声载道。"

"……"

同时，随着集团事业版图不断扩大，集团内部时有发生财务舞弊现象，为加强内部控制，高层领导也提出要加快信息系统建设与优化升级，避免更多类似事件发生。

本章知识地图

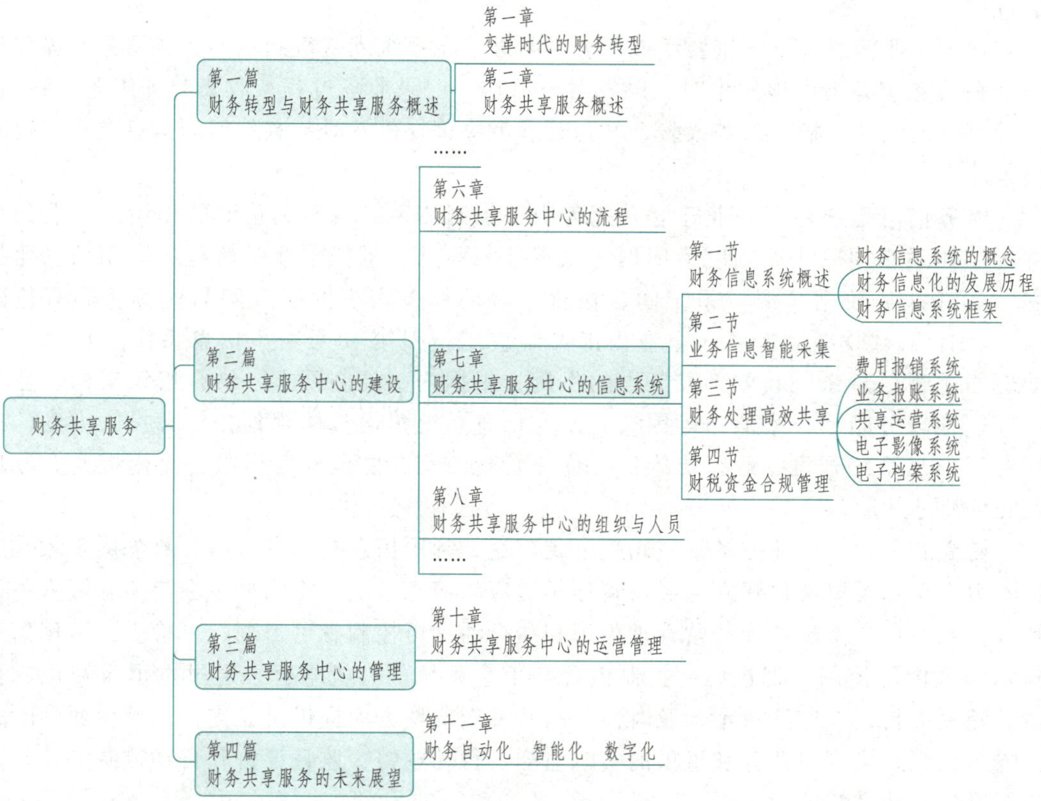

图 7-1　第七章知识地图

本章关键名词

财务信息化、财务信息系统、票联系统、线上采购商城系统、供应商智能结算系统、开票协同系统、收款认领系统、费用报销系统、业务报账系统、共享运营系统、电子影像系统、电子档案系统、会计核算系统、合并报表系统、资金管理系统、进项发票认证系统、销项发票管理系统、发票池、税务管理系统

第一节　财务信息系统概述

在企业三大循环中，信息循环是连接业务循环和管理循环的重要纽带，为管理循环提供决策支持。财务属于信息循环的重要构成部分，企业经营中的每一笔交易和经济事

项产生的数据最终都会汇集到财务部门。财务的工作就是识别、收集、记录、加工、存储财务数据，生成所需要的财务信息，为经营决策者提供决策支持，以及向利益相关者报送、披露财务信息的过程，因此财务就是一个信息系统。

一、财务信息系统的概念

财务信息的获取需要信息系统的支持，财务信息系统是收集、加工、处理和提供信息的工具，不仅包括财务数据识别、收集和存储的过程，也包括信息开发、测试和沟通的过程。

作为企业信息系统的重要组成部分，财务信息系统支持端到端的业务财务一体化运作，在业务交易与事项发生时，触发财务活动、记录业务过程、收集与加工业务数据、管理资金的流动、输出财务报告，并为管理者决策提供及时、有价值的信息支持，提升决策能力。

财务信息系统对于企业建立并完善内部控制体系有着至关重要的作用。企业的内部控制体系必须以法律制度为依据，以责任为驱动，依托于业务流程，运用信息化技术，解决业务数据多源、系统间数据壁垒等问题，实现内控规则与业务实施有机融合。2010年财政部颁发的《企业内部控制应用指引第18号——信息系统》指出，企业应当重视信息系统在内部控制中的作用，根据内部控制要求，结合组织架构、业务范围、地域分布、技术能力等因素，制定信息系统建设整体规划，加大投入力度，有序组织信息系统开发、运行与维护，优化管理流程，防范经营风险，全面提升企业现代化管理水平。

随着企业信息化业务场景应用越来越广泛，利用信息技术进行财务舞弊的现象也层出不穷。企业可以通过建立与经营管理相适应的信息系统，将内控标准与措施嵌入各类财务信息系统，实现各项经营管理决策和执行活动可控制、可追溯、可检查，运用信息技术加强内部控制，促进内部控制流程与信息系统的有机结合；通过数据可视化、预测、建模分析，在监测数量、及时性、高效及准确性方面提供可靠支持，减少或消除人为操纵因素，实现对业务和事项的实时监测、自动预警、监督评价和自动控制等，进一步提升信息化和智能化水平。

二、财务信息化的发展历程

随着信息技术的快速发展和管理技术的进步，财务信息化已经成为企业竞争的重要武器。追溯财务信息化的发展历程，可分为以下五个阶段（如图7-2所示）。

1.财务单体信息化

这一阶段是会计电算化时代，企业内部越来越多的功能环节开始使用计算机软件取代部分人工会计核算工作以加速业务处理，实现了会计核算工作线上处理，提高了业务效率。但是，这个阶段企业还没有会计信息系统，只有多种互相独立的会计核算程序，一种会计核算程序仅能对应某项会计业务独立运行，不同程序之间无关联。

2.财务部门信息化

企业在会计电算化软件的基础上，逐步应用了资金管理系统和预算管理系统等来完

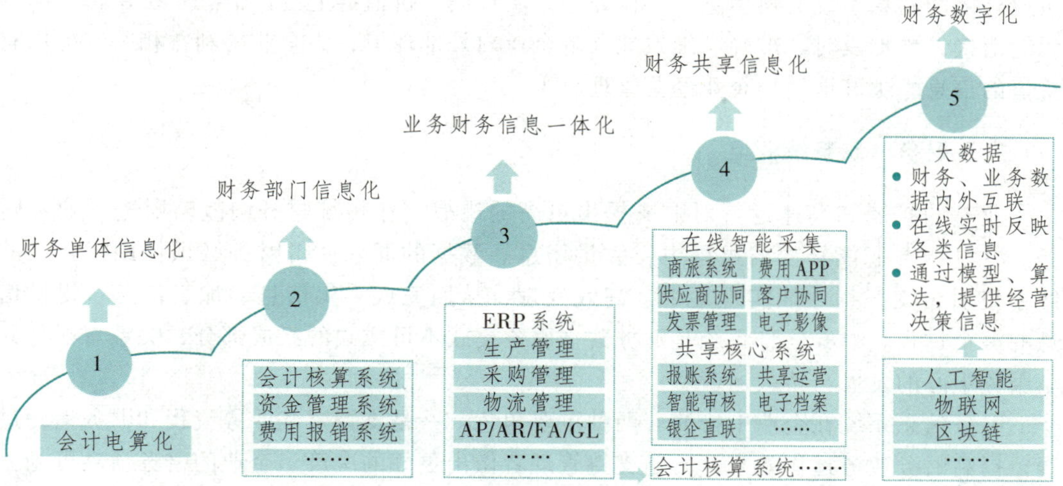

图7-2 财务信息化的发展阶段

成财务部门内部的重要工作。同时，也研发出很多适合本企业的电算化软件，当部门内部信息化达到一定程度时，企业开始考虑将部门内的各个计算机应用进行集成，实现数据共享。这个阶段，会计信息系统可称为企业管理信息系统，实现了部门内的信息集成。

3.业务财务信息一体化

20世纪80年代中期，随着业财一体化需求的产生，财务进入了ERP时代。ERP的诞生和计算机网络的普及，使财务管理进入了信息化阶段，企业实现了对业务信息的快速处理和实时共享。这个阶段，财务信息系统作为ERP系统的重要组成部分，是事件驱动型的信息系统。会计信息的采集、存储、处理和传输全部嵌入业务处理系统中，业务发生时，财务信息系统实时采集详细的业务、财务信息，执行处理和控制规则，不仅能执行事后的统计分析评价，而且能够进行事中控制。此时，财务信息系统作为整个企业管理信息系统的有机子系统，实现了业务处理与会计信息处理的集成、财务信息与非财务信息的集成以及核算与管理的集成等，使财务信息系统从部门级系统升级为企业级系统。

4.财务共享信息化

在财务共享服务的推动下，企业开始广泛应用业务报账系统、共享运营系统、电子影像系统、电子档案系统。同时，共享服务促进了财务信息系统向前端数据采集延伸，比如票联系统、商旅系统、线上采购商城系统等。这是目前大多数企业所处的阶段。

5.财务数字化

企业与企业之间的竞争逐渐演变为价值链与价值链之间的竞争，企业的业绩也越来越受到外部世界的影响，企业不仅需要了解并改进、协调每项内部职能，还需要在客户、供应商、第三方相关者之间建立高效的协作关系。这个阶段，财务从“最小数据集”向“大数据”转变，财务信息系统成为企业的“数字神经网络”，为适应外部环境发展的要求，财务信息系统不仅要与企业内部的业务执行系统紧密融合，而且要能够与企业外部的信息系统交换信息、协作处理，实现同一价值链上会计信息系统逻辑方面的无缝衔接，更加及时、准确、细致地了解企业内外部环境，为企业的利益相关者提供有价值的信息，更好地辅助企业经营管理决策。

三、财务信息系统框架

业务的扩展和高速运行对财务提出更高的挑战，在传统财务向战略财务、业务财务、共享服务职能转变的过程中，大量信息、数据的涌入使得财务必须借助于强大的IT系统后台支撑，才能实现集中、高效处理，从而完成采集信息、加工信息、提供信息的整个过程。财务信息系统是财务共享服务模式不可或缺的组成部分，关系着财务共享服务中心的发展与持久运营。

财务信息系统在企业中扮演着两种重要角色：一是支持财务业务流程和财务运营过程，提高财务业务运作效率；二是支持管理者做出更好的决策。企业的财务活动可划分为三个层次：财务核算、管理控制和决策支持，覆盖从业务系统数据采集到财务作业处理、管理控制以及经营决策信息的整个过程，全面支持财务循环及财务职能的实现。根据企业活动的划分，可将信息系统划分为业务层、核算层、管理层和决策层（如图7-3所示）。

1.业务层信息系统

业务层信息系统覆盖企业价值链的业务过程和管理过程，支持企业主要的业务过程。业务层信息系统主要为业务人员使用，但在设计业务系统时，企业不仅要考虑业务需求，也要充分考虑财务需求，将财务所需数据和信息的采集节点放到业务前端，业务人员在进行业务处理的过程中所产生的数据和信息可以自动流转至核算层信息系统。一般地，企业涉及的业务系统主要包括办公自动化系统（office automation，OA）、供应商关系管理系统（supplier relationship management，SRM）、客户关系管理系统（customer relationship management，CRM）、企业资源计划系统（enterprise resource planning，ERP）、人力资源管理系统（human resource management，HRM）、供应链管理系统（supply chain management，SCM）、产品生命周期管理系统（produce life cycle management，PLM）、销售管理系统等。

2.核算层信息系统

核算层信息系统支持财务会计交易处理、财务报告、资金管理、税务管理职能，主要处理源于企业业务系统与用于财务交易处理的数据，可以提供多种供企业内、外部使用的财务报告和财务信息。

核算层信息系统可分为业财连接、财务控制、共享核心、会计核算、资金管理、税务管理六个模块，包括票联系统、供应商智能结算系统、开票协同系统、收款认领系统、业务报账系统、电子档案系统、电子影像系统、共享运营系统、预算控制系统、合同结算系统、银企直联系统、进项发票认证系统、销项发票管理系统、会计核算系统、资金管理系统和税务管理系统等。

3.管理层信息系统

管理层信息系统包括企业从战略到经营计划、预算管理、过程成本管理、绩效管理以及风险控制管理的相关信息系统功能和模块，其与业务的经营过程及管理要求紧密相

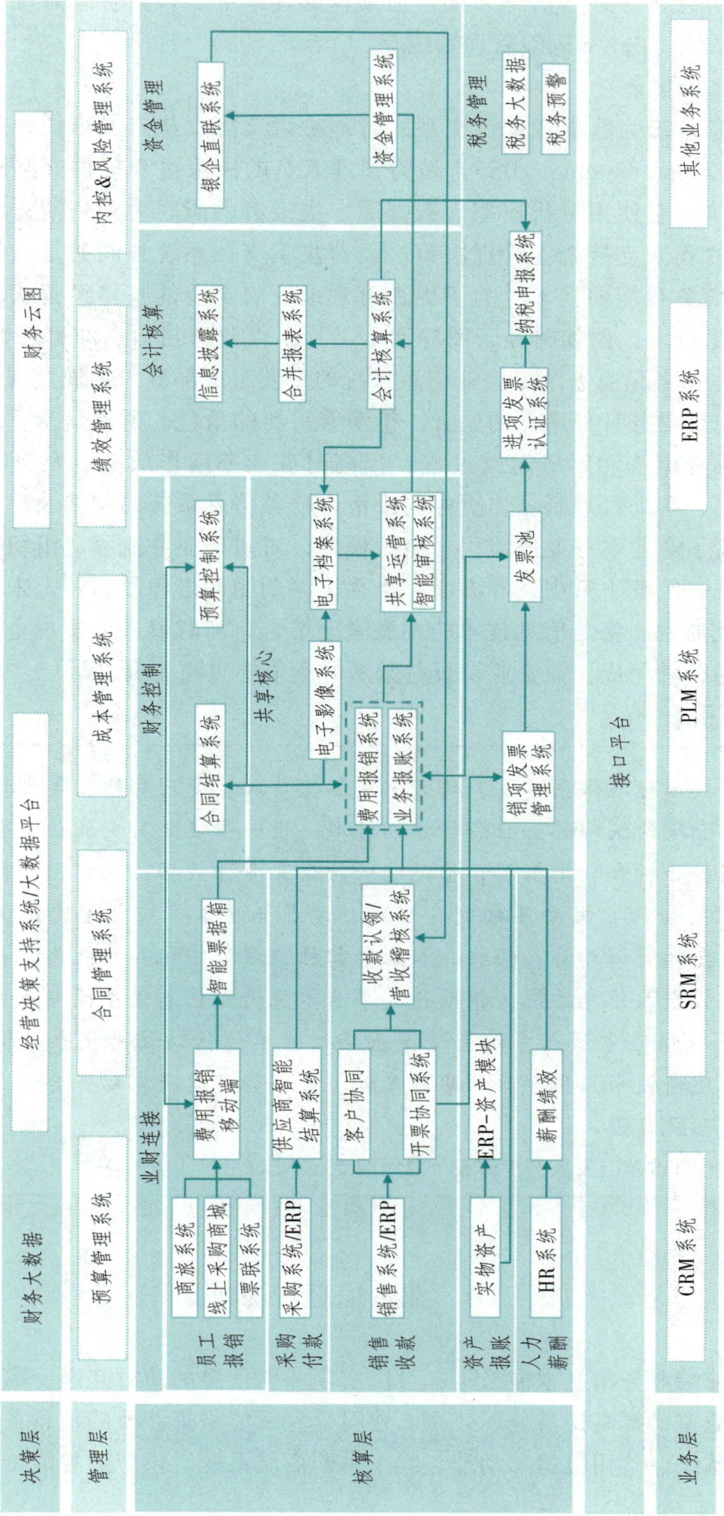

图7-3　财务信息系统整体框架图

关。管理层的数据来源于核算层信息系统，经过进一步加工和处理，为管理会计乃至管理层提供财务信息。管理层信息系统包括预算管理系统、合同管理系统、成本管理系统、绩效管理系统、内控&风险管理系统等。

4.决策层信息系统

决策层信息系统为管理者提供交互式管理决策支持。从定义来说，经营决策支持系统（decision support system，DSS）是为管理人员的决策过程提供交互式信息支持的计算机信息系统，它使用分析模型、数据库、决策者的洞察力和判断力，基于计算机的交互式建模过程来支持企业管理决策。经营决策支持系统强调的是对管理决策的支持，需要利用商务智能的技术。为了更加直观地反映企业的整体经营状况，许多企业采用信息可视化技术，例如财经云图等展示工具，以此增强信息的可视性、可读性。

综上所述，财务信息系统是企业信息系统的重要组成部分，它通过现代信息技术与先进财务管理理念的融合，扮演着重要的角色。财务信息系统可支持财务业务流程和财务运营过程、提高财务业务运作效率以及将数据转化为信息，帮助管理者做出更好的决策。财务信息系统的发展及广泛应用，也改变了企业财务业务流程、组织模式，对财务业务流程、组织变革、财务人员、经营决策支持等方面，产生了深刻的冲击和影响。未来，财务信息系统的发展将与信息技术的发展紧密结合，与时俱进，实现企业财务与业务的相辅相成，使企业在日益激烈的竞争中脱颖而出。

信息系统推动财务数字化转型.中国会计报

【政策指引】

加强会计数据标准体系建设，研究制定涵盖输入、处理和输出等会计核算和管理全流程、各阶段的统一的企业会计数据标准。进一步健全对企业业务全流程数据的收集、治理、分析和利用机制，推动统一的企业会计数据标准应用。探索建立跨平台、结构化的会计数据共享机制。制定、试点并逐步推广电子凭证会计数据标准，推动电子会计凭证开具、接收、入账和归档全程数字化和无纸化。推动企业将内控制度和流程嵌入信息系统，推动行政事业单位借助信息化手段确保内部控制制度有效实施，推动地方试点乡镇街道等基层行政单位借助信息化手段提升内部控制。研究信息化新技术应用于会计基础工作、管理会计实践、财务会计工作和单位财务会计信息系统建设。

资料来源：会计改革与发展“十四五”规划纲要（节选）[①]。

第二节 业务信息智能采集

企业通过前端业务信息智能采集，可以实现业财信息的及时互通、高效传递，打通业财数据线上通道，提高交易处理效率。业财信息智能采集涉及的信息系统主要包含票联系统、商旅系统、费用报销移动端、线上采购商城系统、供应商智能结算系统、开票

① 财政部. 会计改革与发展“十四五”规划纲要［EB/OL］.［2021-11-24］. http://www.gov.cn/zhengce/zhengceku/2021-11/30/content_5654912.htm.

协同系统、收款认领系统等。

一、票联系统

当前在我国，电子发票已较为普及，但仍有“最后一公里”的问题需要解决。如何实现纸质发票快速识别录入，如何实现电子发票无须打印即可报销，如何减少发票验真、查重、认证工作量等均是财务人员与企业共同关注的问题。由于电子发票具有易于修改、打印次数不受限制、未加盖专用章等缺点，财务人员还需关注发票验真和查重两方面。

票联系统很好地解决了上述问题，作为发票归集和查重验真的平台，票联系统支持电子发票通过微信卡包、支付宝卡包及电子邮箱等途径导入，通过OCR技术可以快速采集纸质发票的信息，将所有发票信息汇集至发票池；系统自动与发票池内票据比对查重，保证发票的唯一性，防止重复报销；同时，票联系统可对接税局查验平台自动验真认证，保证发票的真实性；系统支持对火车票等未价税分离票据自动算税并显示税额；发票信息无缝对接企业内部报账系统，作为财务审核的依据，帮助企业降低人力成本，提升工作效率（如图7-4所示）。

图7-4 票联系统页面展示

微课：票联系统

【政策指引】

在输入环节，加快制定、试点和推广电子凭证会计数据标准，统筹解决电子票据接收、入账和归档全流程的自动化、无纸化问题。到“十四五”时期末，实现电子凭证会计数据标准对主要电子票据类型的有效覆盖。

资料来源：会计信息化发展规划（2021—2025年）（节选）①。

二、商旅系统

对于员工出差频繁的企业，员工出差前会进行酒店、机票、火车票等差旅预订，常需垫付资金并且出差完成才可获取报销款项，报销效率低，资金压力大，影响员工的出差体验，员工满意度低。

商旅系统是为企业员工提供商旅服务和订单管理的平台，作为中间环节连接者，纵向连接商旅供应商与员工，横向打通预算控制、差旅审批、订单数据对接等流程，企业可实现对外统一结算，控制非授权差旅行为，方便员工出差预订机票、酒店、火车票，控制差旅成本，简化员工差旅报销流程，提高行程效率。同时商旅预订信息会同步至企业信息系统，便于企业进行差旅数据分析和费用管控。

三、费用报销移动端

通信、网络的飞速发展冲击着企业的生产作业方式，给企业运作带来革命性改变，也推动着企业财务的事务处理和管理模式不断改变。传统费用报销模式已越来越不能适应企业的高速发展，难以满足高效工作方式的需求。

微课：费用报销移动端

费用报销移动端是一款集事前申请、发票归集、费用报销、借款还款、业务审批、费用分析等功能于一体的移动应用，为员工提供个人费用移动报销的服务。费用报销移动端极大地方便了员工随时随地进行报销，领导和财务审批流程易于追踪，增强了财务处理效率，减少了财务人员工作量，提高了用户体验和财务服务水平。

四、线上采购商城系统

线上采购商城系统是聚合采购资源，实现办公用品、低值易耗品、固定资产、企业服务等商品电商化采购的平台。系统支持对接第三方主流电商平台，引入海量商家资源，通过公平、公正、公开的线上竞争，使企业享受更优惠的价格、更高效的服务和更可靠的商品品质。

线上采购商城系统通过线上方式实现采购全流程电子化处理，便捷高效，信息可追溯；系统汇集商品数据、交易数据、售后评价数据等信息形成统一展示平台，实现采购数据全程可视化，帮助企业增强采购精细化管理，科学降本增效，提高企业使用满意度；同时系统可嵌入企业内控制度，支持事前申请、预算控制、审批流程、集采限制等多种场景，满足企业内控合规管理各类诉求。

① 财政部．会计信息化发展规划（2021—2025年）[EB/OL]．[2021-12-30]．http://www.gov.cn/zhengce/zhengceku/2022-01/06/content_5666675.htm.

五、供应商智能结算系统

供应商智能结算系统是连接所有供应商的智能平台，重新定义了企业与供应商之间的协作方式，革新了采购验收、对账、开票、结算、付款等合作协同模式，重点解决企业与供应商采购过程中结算周期长、开票难、付款难等一系列问题。

供应商智能结算系统包含发票引擎、直连开票、OCR技术、发票查验、发票/三单匹配、智能审核、采购结算、认证抵扣、付款排程等功能，可以建立从订单、验收单、结算单到发票全程关联和可回溯管理，缩短结算周期，打造合作共赢的优质营商环境；系统可实现数据自动化协同，采购支付全流程可视、可追溯；根据排程规则，对应付账款进行自动排程并付款，合理管控企业资金计划支出；系统支持通过移动端，随时随地处理采购结算业务，节省人工成本，缩短供应商货款到账时间，降低结算支付过程的出错率，提高企业从采购至付款流程的效率。

六、开票协同系统

发票开具是企业销售业务中的重要环节，传统手工线下的处理方式工作重复、烦琐、低效，待开票数据来源分散，缺乏对开票业务全流程系统化的管理控制；手工填写业务及发票信息量大、易出错；开票需求多样，缺乏系统性管理；发票信息不能有效跟踪和管理，缺乏数据分析，难以支持经营决策。

开票协同系统作为协同平台，将前端业务系统与销项系统紧密联系起来，聚焦于业务人员开票申请审批这一中间环节，将传统的线下业务线上系统化处理，有效管控新开/红废发票数据的获取、申请以及审批，实现发票全生命周期的有效管理和监控；系统将开票数据推送至各流程节点，形成待开票数据、发票数据及状态信息的统一展示平台；同时支持移动端申请、审批，并在费用报销移动端设有入口，随时随地灵活查询；可实时统计发票状态及金额数据，图形化展示直观清晰，助力企业收款及销售业务经营分析。

七、收款认领系统

收款流程是企业销售业务中的重要一环，在没有对应信息系统的支持下，收款业务很多环节需线下手工完成，面临集团各公司业绩核算不清晰，公司内部业绩分配不明确；收款流水数据多源，分散管理低效无序；收款认领纯手工，工作量大且易出错等痛点。

收款认领系统聚焦企业收款环节，对银行收款流水及票据进行清分认领，根据对账规则自动进行银企对账，并对采集的营收数据进行匹配复核及稽核，从而进行差异处理，提高企业财务核查能力，确保收入及时准确认领、入账。收款认领系统可实现流水一键清分、收款流水自动认领，大大提高了收款入账效率；系统可匹配应收与实收数据，实时显示自动稽核结果，并进行差异分析追踪，提高核算数据的准确性；同时，系统可出具稽核报告，提供未稽核预警、在途资金预警、账户余额监控预警等多种告警服务，有效预警运营风险，提升企业财务管理水平。

第三节　财务处理高效共享

财务共享服务中心规范了业务流程和操作，大大提高了流程效率，提升了运营质量，沉淀经营数据和信息，助力经营决策分析，财务处理高效共享涉及的信息系统主要包括费用报销系统、业务报账系统、共享运营系统、电子影像系统、电子档案系统。

一、费用报销系统

费用报销系统是集费用类单据事前申请、费用报销、借款还款、预算管控、费用标准管控、领导审批、单据查询、流程监控、费用分析等功能于一体的平台（如图7-5所示），为企业员工提供便捷、高效的一站式报销、审批体验。

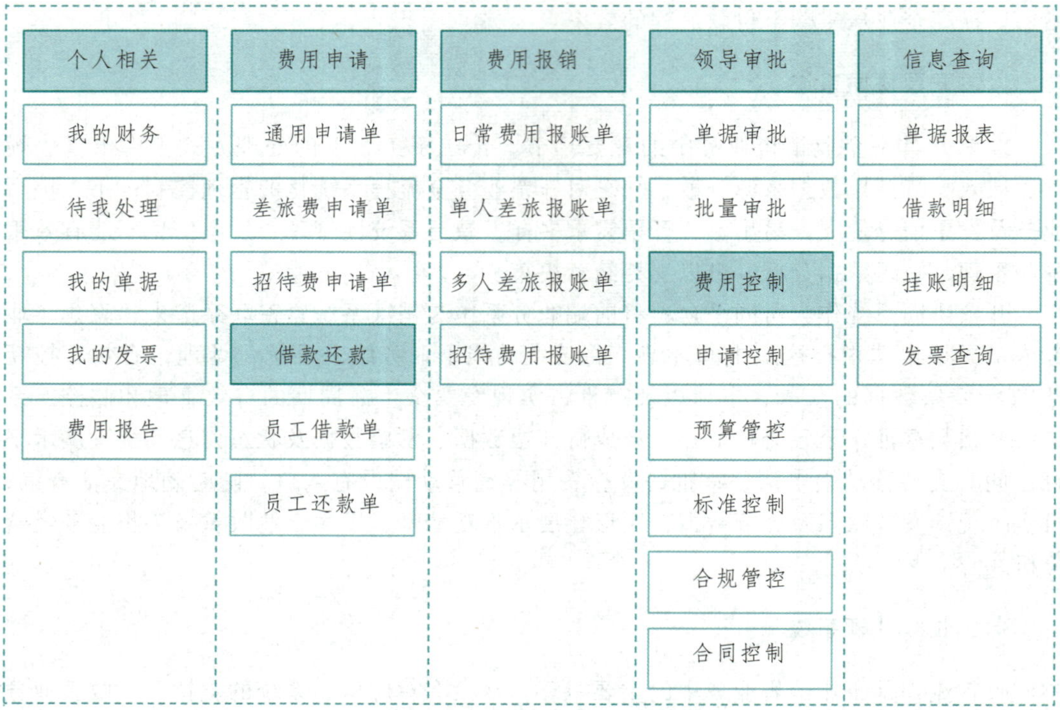

图7-5　费用报销系统功能模块

1.个人相关

员工在个人相关可查看自己的借款余额、审批中金额、待收款金额，也可查看对应单据明细；查看单据审批状态、发票查验状态和费用报告；可在“待我处理”中进行单据处理。

2.费用申请

员工可在费用申请模块实现对某一类业务的申请，例如出差申请等。企业可以规定某些报销必须经过事前申请，费用报销时，报销单可与对应的事项申请单进行关联。

3.借款还款

员工可在此模块进行借款还款操作。员工借款是指单位内部员工基于业务需要从单位暂时借出的款项，员工借款在所办业务完成后应尽快核销或者归还。费用报销一般通过提供专用于员工借款和员工还款两个业务的单据进行借还款的管理。

4. 费用报销

费用报销模块实现了全员移动化报账，员工可以不受办公地点限制，跨地域在线提交报账单据，并且支持员工报销不同类型的费用。报销系统将财务人员从低效重复的工作中解放出来，转向更能为企业创造价值的工作。

5. 领导审批

业务领导可以在费用报销系统在线审批单据，支持多种审批方式，可逐笔或批量审批。系统将以前模糊不清的报账流程进行规范，流程修改记录可追溯，全流程直观透明展示。

6. 费用控制

系统内置多种费用控制方式：申请控制、预算管控、标准控制、合规管控与合同控制，企业可根据需要设置多维度管控规则，避免费用报销过程中的违规事项发生，有效降低企业财务风险。

7. 信息查询

费用报销系统通过与前后端系统对接，实现了企业各系统内数据的互联互通，减少了信息孤岛，真正实现了数据一点录入，全程共享。员工可以自行查询报账进度，管理者能够实时监控和查询各分支机构的财务活动信息，助力企业更好地实现精细化管理。

二、业务报账系统

业务报账系统是财务报账业务的一体化处理平台，主要包含采购付款、收入收款、资产报账、薪酬报账、财务记账和资金票据六大功能模块（如图7-6所示）。系统通过人工填报或业务系统接口的方式，采集各类业务信息，支持业务人员分场景提单报账，实现各类结算业务线上运转，高效完成财务业务处理；通过结合基础数据平台、预算控制系统、共享运营系统、数据中台等系统，加强财务对各类收支的合理合规性管控，提高报账流程效率。

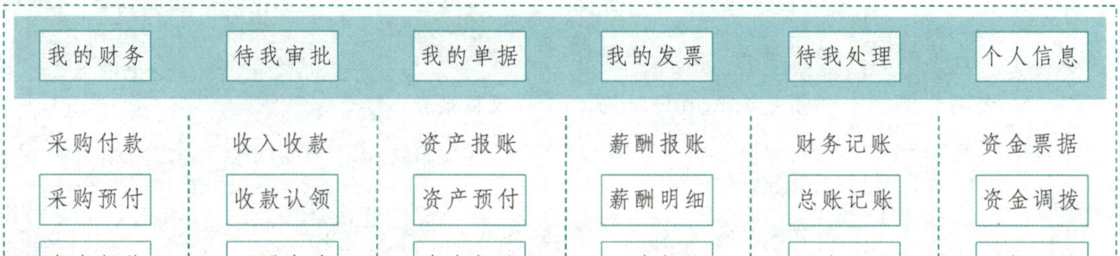

图7-6　业务报账系统功能模块

1. 采购付款

采购付款模块用于处理从下达采购订单到付款给销货方全流程的相关业务，包括采购预付、成本暂估、采购报账和采购付款等业务。

2.收入收款

收入收款模块用于处理从接收客户订单到货物交付、开具发票、收款的相关业务，此模块涉及收款认领、开票申请、收入报账和收款/收票报账。

3.资产报账

资产报账模块用于处理采购资产后进行验收、取得发票后发起报销的相关业务，此模块涉及资产预付、资产报账、资产付款和在建工程结转。

4.薪酬报账

薪酬报账模块用于处理企业工资计提与发放、五险一金缴纳等薪酬业务，包含薪酬明细、工资报账和五险一金报账。

5.财务记账

财务记账模块用于企业账务处理业务，包含总账业务、业务记账、预提申请、摊销申请等。其中按月预提和摊销的业务需结合台账运行使用。

6.资金票据

资金票据模块用于资金和票据类业务的处理，包含资金调拨、票据调拨、投资付款、贴现托收。

三、共享运营系统

共享运营系统是共享服务中心作业平台、财务业务统一处理及运营管理平台（如图7-7所示）。系统内置三级任务调度机制、绩效管理机制、信用管理机制、运营监控机制及统一会计引擎等，通过任务集中处理，帮助企业实现财务审核流程的标准化、规范化、专业化，并提供实时变化信息，降本增效，保障共享中心服务质量，加强过程风险管控，使共享服务中心运营更为高效。

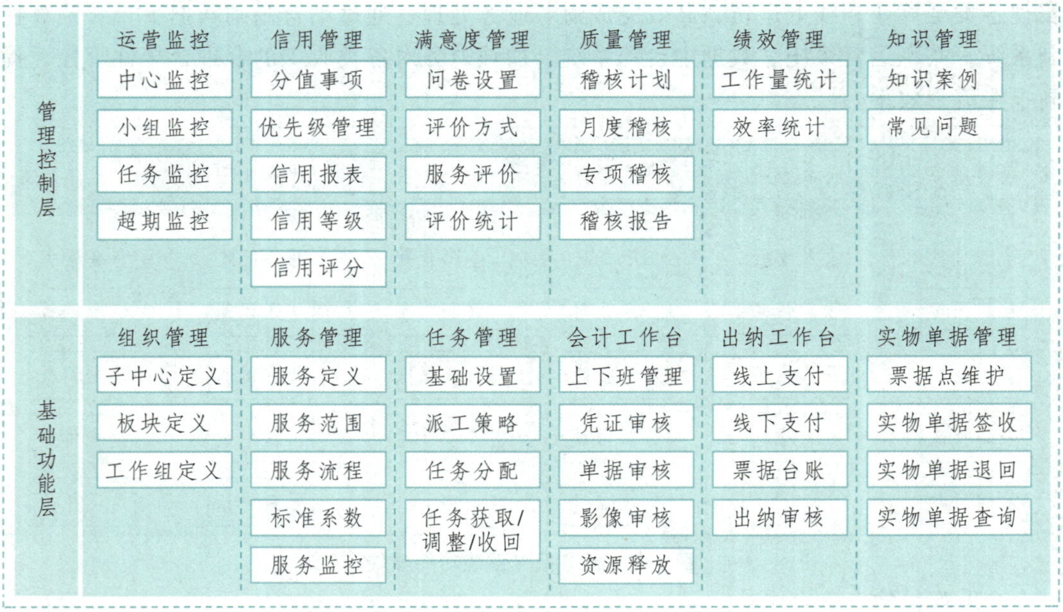

图7-7 共享运营系统功能模块

共享运营系统通过与业务报账系统、费用报销系统等互联互通，采集相关报账信息，并运用任务调度机制将报账单派发给财务人员审核，审核后的信息自动流转至会计核算系统、资金管理系统等完成相应的财务处理。

1.任务处理

系统内嵌三级任务调度机制，支持多集团、多共享中心业务场景，支持建立财务共享任务池，企业可按业务类型、单据类型、组织等多维度设立任务组和任务池。共享中心可按组织、岗位、人员灵活配置其处理的任务分类，具体功能包含任务分配、任务调整、任务审核和信用评价。

2.运营监控

系统提供财务共享服务中心运营监控看板用以支撑中心主任和各小组组长实时监控自己权限范围内的共享人员审单情况，包括中心监控、小组监控、任务监控、超期监控。

3.信用管理

系统可根据企业实际情况，定义常见违规事项及对应扣除分数，可设置信用等级及对应的分数区间，并依据信用等级设置对应的优先原则。

4.出纳工作台

系统提供出纳人员操作的支付中心模块，主要功能包括票据台账、线上支付、线下支付、出纳审核。

5.绩效管理

绩效管理可设置业务处理效率、质量以及服务满意度等指标，帮助企业对财务人员建立有效的绩效考核与激励约束机制。

除以上功能外，共享运营系统同时支持知识管理、满意度管理、服务管理、质量管理等功能。

微课：共享运营系统

四、电子影像系统

电子影像系统是共享核心模块的重要系统之一，它将合同、报账、核算等环节涉及的各类实物单据转换为电子影像，实现电子信息采集、影像传输、集中存储和调阅管理的平台。通过与电子档案系统和业务报账系统对接，实现了凭证单据实物流、影像流、数据流的有机整合。

电子影像系统由扫描系统和影像系统共同组成，包括影像采集、任务处理、影像上传、影像识别、查询/巡检、系统管理和与我有关七大功能模块（如图7-8所示）。系统利用OCR技术识别发票结构化信息，通过调用智能分类引擎实现智能分类；支持批量扫描单据条码，影像自动分组；同时支持断点续传，避开网络高峰，实现均衡传输，为信息自动化流转、财务无纸化办公、档案电子化管理创造了条件，同时方便用户快速、准确调阅影像信息，降低纸质单据传输成本，并大大减少了纸质单据流转过程中的丢失与毁损现象。

1.影像采集

影像采集是电子影像系统的核心基础功能，主要包括四个子功能，分别是影像扫描、导入图像、条码识别和条码分组。

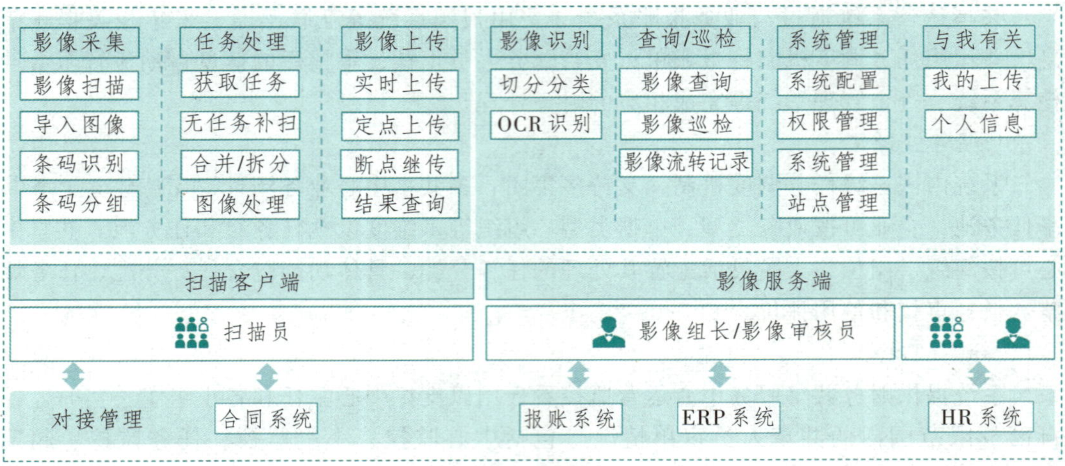

图 7-8　电子影像系统功能模块

2.任务处理

业务人员在任务处理模块对影像任务进行灵活处理，主要包括获取任务、无任务补扫、合并/拆分和图像处理等子功能。

3.影像上传

影像任务处理完成后，系统支持影像任务实时上传、定时上传或断点续传模式，避开网络忙时，逐单或批量上传，并可实时检测影像上传进度与状态，支持还原、删除操作。

4.影像识别

影像识别采用切分分类和OCR识别发票结构化信息。切分分类指的是通过调用智能分类引擎实现智能分类，便于各个环节审核人员审核影像。OCR识别指的是系统利用发票OCR技术识别发票结构化信息，支持手工修改及录入。

5.查询/巡检

影像查询是指报账人和扫描员可以查询已经上传的影像详情并下载所有影像图片。通过影像审核功能，档案管理员可对当前的影像进行巡检并备注。

6.系统管理

系统管理是系统后台模块，主要包含系统配置、权限管理、系统管理、站点管理。

微课：电子档案系统

7.与我有关

可以查看个人上传的影像以及个人信息。

五、电子档案系统

近年来，财政部、国家档案局和有关主管部门大力推进电子会计档案管理，出台了一系列相关管理办法、规范与通知。与此同时，一系列行业标准的配套实施也为数字化时代电子会计档案管理提供了良好的应用环境。

【政策指引】

单位可以利用计算机、网络通信等信息技术手段管理会计档案。

同时满足下列条件的，单位内部形成的属于归档范围的电子会计资料可仅以电子形式保存，形成电子会计档案：

（一）形成的电子会计资料来源真实有效，由计算机等电子设备形成和传输；

（二）使用的会计核算系统能够准确、完整、有效接收和读取电子会计资料，能够输出符合国家标准归档格式的会计凭证、会计账簿、财务会计报表等会计资料，设定了经办、审核、审批等必要的审签程序；

（三）使用的电子档案管理系统能够有效接收、管理、利用电子会计档案，符合电子档案的长期保管要求，并建立了电子会计档案与相关联的其他纸质会计档案的检索关系；

（四）采取有效措施，防止电子会计档案被篡改；

（五）建立电子会计档案备份制度，能够有效防范自然灾害、意外事故和人为破坏的影响；

（六）形成的电子会计资料不属于具有永久保存价值或者其他重要保存价值的会计档案。

资料来源：财政部 国家档案局令第79号，会计档案管理办法（节选）①。

【政策指引】

来源合法、真实的电子会计凭证与纸质会计凭证具有同等法律效力。

除法律和行政法规另有规定外，同时满足下列条件的，单位可以仅使用电子会计凭证进行报销入账归档：

（一）接收的电子会计凭证经查验合法、真实；

（二）电子会计凭证的传输、存储安全、可靠，对电子会计凭证的任何篡改能够及时被发现；

（三）使用的会计核算系统能够准确、完整、有效接收和读取电子会计凭证及其元数据，能够按照国家统一的会计制度完成会计核算业务，能够按照国家档案行政管理部门规定格式输出电子会计凭证及其元数据，设定了经办、审核、审批等必要的审签程序，且能有效防止电子会计凭证重复入账；

（四）电子会计凭证的归档及管理符合《会计档案管理办法》（财政部 国家档案局令第79号）等要求。

单位以电子会计凭证的纸质打印件作为报销入账归档依据的，必须同时保存打印该纸质件的电子会计凭证。

符合档案管理要求的电子会计档案与纸质档案具有同等法律效力。除法律、行政法规另有规定外，电子会计档案可不再另以纸质形式保存。

资料来源：关于规范电子会计凭证报销入账归档的通知（节选）②。

---

① 财政部，国家档案局．中华人民共和国财政部 国家档案局令第79号——会计档案管理办法［EB/OL］．［2015-12-11］．http：//kjs.mof.gov.cn/zhengcefabu/201512/t20151222_1625030.htm.

② 财政部，国家档案局．关于规范电子会计凭证报销入账归档的通知［EB/OL］．［2020-03-23］．http：//kjs.mof.gov.cn/zhengcefabu/202003/t20200331_3490938.htm.

传统纸质会计档案管理表现出成本较高、效率较低、存在安全隐患及利用受限等诸多问题。发票、外部附件、凭证、账簿、报表等电子形式的会计资料均需手动打印、整理、装订、编录、上架归档；财务账表归档装订复杂，不断重复进行档案录入的操作，耗时长，易出错。企业会计材料众多，使用纸质文件输出会导致耗材成本高、实物存档占用空间，长期保存还会产生高额的存储成本和人工管理成本。实物会计档案分散在不同的业务单位，难以智能搜索、准确查找，档案调阅烦琐、困难且存在安全风险。纸质会计资料容易被篡改、伪造，且缺乏有效的监督手段，难以满足安全性要求，无法保证其真实、完整、可用、安全。受限于纸质载体，纸质会计档案存在很大的管理难点和风险点，没有真正实现档案信息的统一和共享。

电子档案系统主要包含全域档案采集、电子附件、档案管理、3D档案、查询统计、档案借阅、库房管理和系统管理八大功能模块（如图7-9所示）。系统基于安全性、实用性、开放性原则，对接财务系统与各类业务系统，采集并存储电子档案，与电子影像、附件等材料自动匹配，复审后进行分册归档，减少实物档案的邮寄成本和保管成本。系统涵盖档案管理、档案借阅、库房管理三大业务场景，对电子档案的采集、归档、管理、借阅、销毁进行全流程规范管理，提供虚拟档案库及档案管理分析报表，实现可视化实物管理，使档案管理过程便捷清晰，提高档案管理效率，保证档案管理安全。

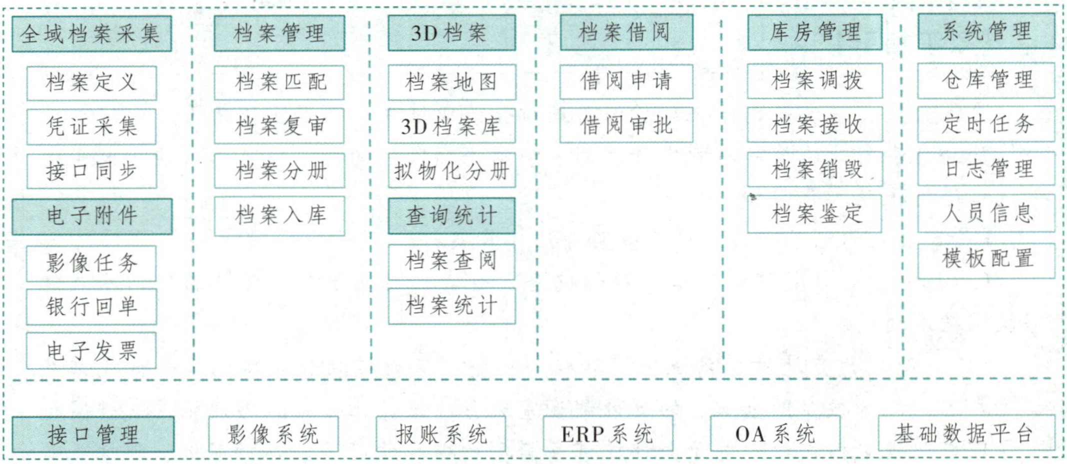

图7-9 电子档案系统功能模块

1.全域档案采集

通过多系统集成实现企业全类型电子档案采集自动化，灵活满足企业全域档案归档需求。

2.电子附件

电子附件功能主要是将各个系统内的影像文件进行管理，包括影像任务、银行回单和电子发票。电子附件是企业档案采集的主要资料。

3.档案管理

档案管理模块是档案管理员实现具体操作的平台，系统提供档案匹配、档案复审、档案分册和档案入库功能，实现档案管理流程的线上化，提高档案管理效率。

4.3D档案

电子档案系统搭建档案地图，通过虚拟仓库形式展示档案柜分布详情，方便查看各仓库及档案柜档案存放情况，支持翻页查看电子分册内容，还原翻动实物凭证体验。

5.查询统计

电子档案系统具备多维档案管理报表功能，全方位可视化动态展示各类别会计档案数量和库存状态，按照核算主体、借阅详情、档案管理等不同维度定制个性化统计报表，为企业电子会计档案精细化管理提供支持。

6.档案借阅

档案借阅主要涵盖了档案借阅的系统流程，包含借阅申请的发起以及系统内的电子审批流程，档案借阅主要以调阅电子档案为主，纸质档案为辅。系统可一键发起借阅申请，轻松进行借阅审批，记录借阅状态。

7.库房管理

库房管理功能包含企业电子及纸质档案的调拨、接收、销毁、鉴定等，定位到每一本纸质档案的库存状态和具体库位，方便档案调阅和查找，通过条码技术的应用对纸质档案进行监控管理。

8.系统管理

系统管理主要包含仓库管理、定时任务、日志管理、人员信息和模板配置等。

第四节　财税资金合规管理

财税资金合规管理涉及的系统主要包含会计核算系统、合并报表系统、资金管理系统、进项发票认证系统、销项发票管理系统、发票池、税务管理系统。

一、会计核算系统

会计核算系统处于财务信息系统的核算层，与企业内外部各业务系统、共享运营系统、资金管理系统等存在数据交互关系。

会计核算系统以会计理论和会计方法为核心，以会计制度为依据，以计算机技术为基础，以会计数据为处理对象，支持组织完成“原始凭证—会计凭证—日记账—分类账—试算平衡表—财务报表”这一财务会计循环，是会计凭证、财务信息自动生成、月末自动记账过账、编制报表的系统平台，通过对会计核算进行电子化处理，保证会计工作质量，提高会计工作效率，正确、及时地编制会计报表，满足企业需求，为数据共享、信息共享、统一核算奠定基础。

二、合并报表系统

传统的合并报表编制模式下，手工程度高、耗时长且质量难以保障，已无法满足现代企业管理需求，企业集团开始借助合并报表系统提高工作质量和工作效率，并通过与前后端系统的连接，充分发挥合并报表系统的作用。

【政策指引】

在处理环节，探索制定财务会计软件底层会计数据标准，规范会计核算系统的业务规则和技术标准，并在一定范围进行试点，满足各单位对会计信息标准化的需求，提升相关监管部门获取会计数据生产系统底层数据的能力。

资料来源：会计信息化发展规划（2021—2025年）（节选）[①]。

合并报表系统是构建企业核算一体化的重要组成部分。系统前端是业务系统和会计核算系统，通过数据抽取功能从前端系统抽取数据，按照合并规则进行数据校验、转换合并，展示企业需要的合并报表信息，最终通过信息披露系统和经营决策系统对外披露企业的经营情况，提高集团合并报表的准确性、规范性和及时性。

【政策指引】

在输出环节，推广实施企业财务报表会计数据标准，推动企业向不同监管部门报送的各种报表中的会计数据口径尽可能实现统一，降低编制及报送成本、提高报表信息质量，增强会计数据共享水平，提升监管效能。

资料来源：会计信息化发展规划（2021—2025年）（节选）。

三、资金管理系统

传统分散的资金管理模式下，在支出控制和资金安全性上存在一定风险，而且结算费用较高、在途资金占用量大、结算效率低，并且子公司资金分散占用，总部缺乏统一管理和筹划，导致多头开户的现象比较普遍，资金闲置，内部资金配置不平衡。

资金管理系统是集资金结算、集团账户管理、资金计划、资金池、票据池、国际结算、投融资管理等功能于一体的平台，支持集团司库、集团财务部、集团财务公司、资金结算中心、共享服务中心等多种应用模式；系统可通过接口与会计核算系统、业务系统、银企直联系统实现对接，集业务流、审批流、资金流于一体，实现集团层面的资金适度集中、提高企业资金流使用效率、降低资金风险。

银企直联系统是资金管理系统的一个重要模块，作为实现资金管理的重要工具，系统建立了企业和银行安全通畅的信息交互通道，支持银行账户的集中管理、资金不落地支付以及银企自动对账，实现财务信息与银行账户信息的实时一致。银企直联系统以标准技术接口方式，整合银行核心业务，为大型企业提供个性化的网上银行服务，可以减少支付和对账的手工工作量，降低差错率，提高资金运营效率，同时也可以帮助企业形成实时的资金数据网络，有效支持分析决策、资金支付风险控制和大数据应用。

① 财政部．会计信息化发展规划（2021—2025年）[EB/OL]．[2021-12-30]．http：//www.gov.cn/zhengce/zhengceku/2022-01/06/content_5666675.htm.

四、进项发票认证系统

发票是企业生产经营产生的重要票据，其能否得到高效、统一、精准的管理将对企业税务核算、财务结算等产生重要影响。传统发票管理模式主要依靠线下手工记录，由于涉及部门众多，需要管理的信息要素也各不相同，发票认证业务往往存在“烦琐、手工、效率低、不闭环”四大痛点。

进项发票认证系统通过与税局系统和企业发票池对接，解决企业进项发票的采集、签收、验真、报账、认证、抵扣、监控等全流程电子化管理问题，可实现自动化和数字化的进项发票管理，大大提高企业采购发票管理流程中各工作节点的处理效率，降低企业成本，增强涉税信息共享力。

五、销项发票管理系统

传统模式下财务根据客户信息手工开票，由于客户信息复杂，销售修改、拆分等情况多，发票分组递送无信息系统支撑，财务人员工作量大，难以满足企业高速发展的需要，影响企业销售结算的进度。

销项发票管理系统是企业在销售货物、提供劳务等活动中开具增值税发票的全流程、电子化管理平台，通过管理平台或数据接口，获取ERP或财务系统中的开票数据，实现自动开票、生成报税数据、完成增值税调节表等操作，消除发票流程中的重复性工作，保证数据的一致性，提高了开票效率，将数据的效用最大化，极大地满足了企业销售过程的发票开具及管理需求。

六、发票池

发票池是对企业生产经营管理过程中涉及的全类型发票进行集中管理的平台，系统基于汇集的全票面信息、发票状态、报账信息、合同及关联信息等内容，深度挖掘发票价值，可实现发票管理便捷化、智能化，辅助企业经营决策（如图7-10所示）。

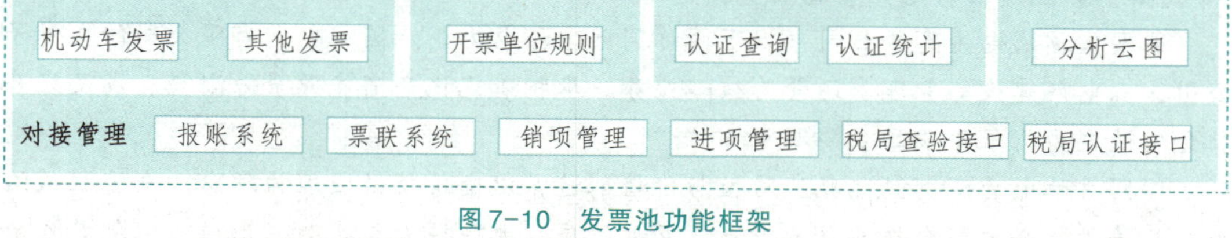

图7-10　发票池功能框架

发票池汇集企业进销项发票，多维展示票面信息、状态信息及发票关联信息，实现信息完整沉淀；同时可对接税局查验接口，自动查验、展示验真情况，并可批量进行发票认证、抵扣、税额转出等操作；支持自定义内控规则，规范发票预警机制，有效进行日常合规预警、逾期预警，加强企业内控管理，防范税务风险；发票池可基于进销项发票进行成本收入分析、利益相关者分析、关联交易分析、抵扣分析等；可视化展示某一集团公司的发票分析云图，包括发票报销情况展示、认证情况展示、查验情况展示、未抵扣情况展示、发票总量统计、发票认证统计、发票类型统计等，辅助企业管理决策。

七、税务管理系统

税务管理包括对于企业纳税基本信息的管理、业务相关政策和法规的收集分析、税务模型的计算以及基于纳税数据信息化基础之上的税务风险预警。

税务管理系统利用信息化的手段实现税务管理周期中各项税务活动的处理。税务管理系统通过与会计核算系统连接，支持会计核算系统完成涉税事项的核算并输出重要成果，如实际税负分析、纳税调整报告等；与企业外部的税务申报系统连接，完成网上纳税申报，并通过资金管理系统完成税金支付。通过税务管理系统中的信息与分析，管理层、决策层信息系统评估并报告企业的税务合规风险，为管理者提供税务分析报告。

作为企业税务信息化的基础，税务管理系统加强了企业对税收政策的理解和执行能力，协助企业进行税务筹划，同时承接企业税务共享的进销项系统、发票池、票联系统，深度分析企业税务大数据，自动识别税务风险，有效降低企业税务管理风险。

【政策指引】

强化税务管理，实现规范高效。推进集团化税务管理，建立税务政策、资源、信息、数据的统筹调度和使用机制。加强财税政策研究，不断完善税务政策库、信息库，及时指导各级子企业用足用好优惠政策，做到“应缴尽缴，应享尽享”。完善对重大经营决策的税务支持机制，强化业务源头涉税事项管控，积极主动参与投资并购、改制重组等重大事项及新业务模式、交易架构、重大合同等前期设计规划，深入研判相关税务政策，提出专业意见。完善税务管理信息系统，努力实现税务管理工作流程、政策解读、计税规则等事项的统一，提高自动化处理水平。开展税务数据分析，挖掘税务数据价值。加强税务风险防控，分业务、分税种、分国别梳理涉税风险点，制定针对性防控措施，定期开展税务风险监督检查。注重加强境外税收政策研究和涉税事项管理，统筹风险控制与成本优化。

资料来源：关于中央企业加快建设世界一流财务管理体系的指导意见（节选）①。

【案例】国网吉林电力智慧财务新篇章②

国网吉林省电力有限公司（以下简称国网吉林电力）是国家电网有限公司的全资子公司，以电网建设、管理、运营为核心业务，承担着优化全省能源资源配置、满足经济社会发展电力需求供应的重要职责。

国网吉林电力深刻聚焦风险防控与价值创造，以全价值链管理为理念、全流程风险控制为手段、全方位合规监督为重点，互动适应、大胆探索与实践，形成了以智慧资金

① 国资委．关于中央企业加快建设世界一流财务管理体系的指导意见［EB/OL］．［2022-02-18］．http://www.sasac.gov.cn/n2588030/n16436136/c23471965/content.html.

② 陈雪莹，宋洁，刘翠．国网吉林电力开启智慧共享新华章［J］．国资报告，2020（6）：34-40.

共享平台、智慧核算共享平台、智慧内控管理平台等为主要内容的集团智慧财务管理体系，有效重塑业财税流程路径，打通内外部数据连接，破解了企业管理难题，开启高质量转型发展新篇章。

集团智慧财务共享管理转型基于全业务价值链智慧管理理念，围绕“一平台+四体系”总体架构，以智慧内控共享管理为前提、以智慧资金共享为基础、以智慧核算共享为支撑、以智慧税务共享为驱动、以全流程智能化为引擎，着力解决集团企业内部信息融合、外部信息协同问题，实现全业务核算信息智能采集、全业务场景流程智能化处理、全流程、全岗责内控规则嵌入式管理，依靠集团税务智慧管控引导业务流程规范，以业务流程驱动经济业务智能核算，最终实现业务流、信息流、资金流三流合一管理，全面纳入集团会计档案数字化管理，达到集团智慧财务共享管理目标。

1.建立集团智慧资金共享管理平台

集团智慧资金共享管理以强化安全管控、深化业财融合、提高管理效益为核心目标，重构资金收支业务标准流程。

共享资金集约管控体系包含收款共享运营、付款共享运营和现金流“按日排程”三部分内容，其中收、付款共享运营就是要实现集团资金统收统支管理，现金流“按日排程”可实现集团资金的按日精准预测、排程及融资。

2.建立集团智慧税务共享管理平台

集团智慧税务共享以“集团税务管控、智慧税企互联，风险全面防控，辅助决策分析”为工作目标。以“一个平台+四大体系”为总体构架（如图7-11所示），围绕“基础管理标准化、风险管控常态化、业务处理智能化、税收筹划事前化”四大主题，全面统一政策、标准、流程、岗责，分级建立税企直联通道，重构涉税业务流程，对内贯通“业—财—税”全流程，对外联结“企—税—银”信息，实施涉税风险全流程、全岗责“内嵌式”管理，形成“集团税务管控、税企高效互联、风险全面防控、筹划智慧实施”的“互联网+税务”办税新模式，全面夯实财税管理基础。

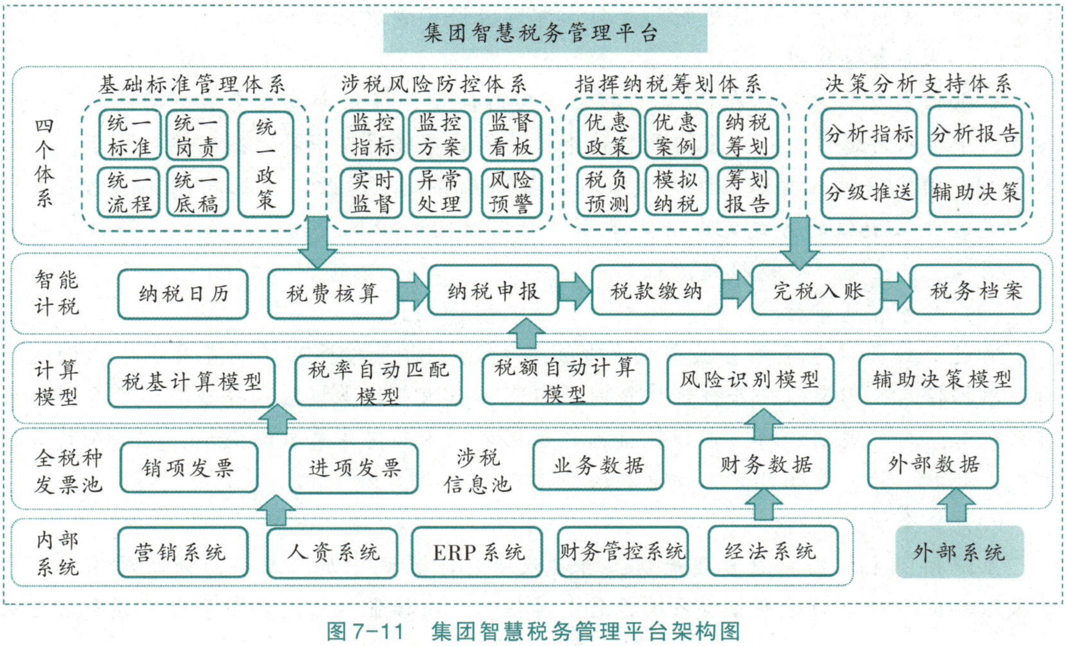

图7-11　集团智慧税务管理平台架构图

3. 建立集团智慧核算共享管理平台

集团智慧核算共享管理平台依托资金智慧共享、智慧税务共享及多维精益管理体系建设成果，以“大智移云物”（大数据、人工智能、移动互联网、云计算、物联网）等先进技术为支撑，围绕“微服务+共享应用平台+接口平台”总体架构，应用图像识别、语音识别、移动互联、内外网穿透等技术，实施内控规则、核算规则流程嵌入式管理，为公司员工打造智慧报销新模式，覆盖全部日常报销业务，包括24种报销业务大类，275种费用小类，推动公司财务管理向网络化、数字化、共享化、智慧化全面转型。

（1）内外网移动同源

利用移动互联网和内外网穿透技术，实现手机移动端、内网PC端和外网PC端三种系统操作环境“三端共享”。在移动端无须下载安装App，通过扫描二维码或在微信中直接搜索“国网报账电小二”即可进入智慧报账系统，通过工号、手机号、绑定微信号三种方式均可登录，打破内外网隔离障碍，跨越时空界限，摆脱硬件束缚，随时随地开启智慧报销新模式。

（2）发票智能采集

顺应票据电子化发展趋势，开发多渠道发票获取功能，既可在移动端通过手机拍照、相册上传等方式获取纸质发票影像资料和结构化信息，也可通过微信卡包、上传PDF文件等方式获取电子票据。系统支持多张、多种纸质票据一次拍照混扫识别功能，并针对一张票据多费用、多成本中心报销场景，创新开发发票拆分功能，满足多样化实际业务需求。

（3）单据智慧填制

通过OCR图像识别技术，秒级提取增值税发票、飞机票、车船票等发票关键字段，数据智能填写，并自动计算抵扣税额。运用语音识别功能可将输入语音转化成文字智能填写报账申请事由。系统按核算主体内置差异化差旅标准，根据往返车船票日期自动计算补助金额，并进行日历拟物化展示，可在限额标准内批量调整。报账人只需要对业务类型、预计支付日期等字段进行简单勾选即可轻松完成单据填制。

（4）业务智慧审批

单据信息及影像信息在PC端和移动端实时同步，报销申请提交后自动流转至下一环节，申请人可通过微信分享功能将待审批的报销单发送至审批人微信进行提示，审批人点击链接直接进入报账系统完成审批，提高业务处理时效；审批人也可根据业务性质，通过线上授权的方式完成特定事项、特定时间的审批授权，对授权过程痕迹化管理，明确责任主体，规范报销流程。

（5）财务智慧审核

通过原始凭证电子化、业务信息集成化功能，财务人员可在线查看影像、调阅合同，单据信息、影像信息和会计信息同屏审阅，全程在线少接触，疫情期间更安全。另有系统智慧内控规则加持，不合规票据自动拦截，不确定信息自动提示，财务人员审核方式更智能，效率更高效，工作更轻松。

（6）资金智慧支付

系统按照主数据同源管理规则，自动获取ERP系统中员工及供应商收款信息，并以报账单据为载体向财务管控系统推送支付信息，对接资金智慧共享平台完成资金省级直付，资金支付结果自动回传，支付审批轨迹清晰展示，完成报账流程闭环管理。

4.建立集团智慧内控共享管理平台

集团以全面风险管理为导向，以合规管理监督为重点，构建了一套以责任为驱动、"人防+技防"、"流程+规则"广泛互联、智慧感知、敏捷应对、规范高效的集团智慧内控体系。集团智慧内控体系依存于集团企业全业务流程，是集团资金智慧共享、核算智慧共享、税务智慧共享管理的基础与保障。

5.集团智慧档案数字化管理体系

集团智慧档案数字化管理是要实现会计信息系统、银企直联系统、电子影像系统、资金管理系统、发票池等系统的集成与信息共享。通过原始凭证电子化管理，解决内部原始凭证数字化问题；通过银企直联及税企直联通道，线上获取银行电子回单、完税凭证等外部原始凭证，全口径收集原始凭证信息，按照固化好的核算规则，以原始凭证信息辅助财务核心系统完成财务凭证自动核算、在线银企自动对账、记账凭证与原始凭证电子文件自动关联；最后通过建立电子档案系统，应用先进硬件设施，实现自动打印、一体装订并归档管理，将电子档案系统坐标与实物档案有效链接，完成会计档案智能定位及档案借阅全智能管控，打造会计档案数字化全过程管理体系（如图7-12所示）。

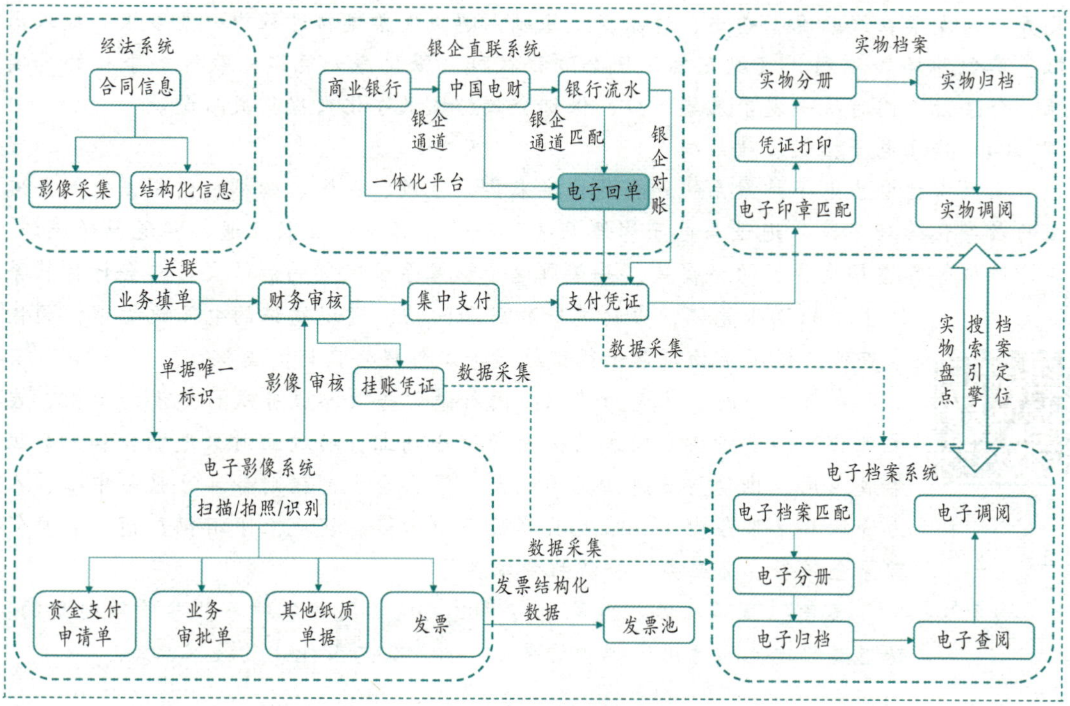

图7-12　智慧档案数字化管理体系

（1）搭建银企直联通道

依托中国电力财务公司建立新一代资金结算系统平台，国网吉林电力完成各项收支业务、委托贷款、票据承兑与贴现等资金类业务。在智慧资金共享体系建设基础上，与7家商业银行共同开发内部资金管理系统与银行网银系统之间的数据接口，实现系统数据集成，并应用信息化手段，优化改造会计信息系统，打破了公司核算与银行交易数据连接的内外网壁垒，实现银行数据与会计信息系统数据的畅通传输。自动获取每日银行账户交易流水信息及支付成功状态，收付款会计凭证自动生成。

目前，会计凭证自动生成率达到99%以上；通过银企直联通道，实现银行电子回单线上集成；通过财务管控系统的银企对账功能，系统根据银行交易流水按照固定模板组装银行电子回单，实现银行电子回单和会计凭证匹配关联；通过财务管控系统设置，在银行回单和会计凭证匹配的基础上实现智能签章功能。

（2）实现原始凭证电子化管理

国网吉林电力以智慧资金共享和智慧税务共享建设为基础，实现付款业务原始凭证可视化在线审核功能，建立全票种发票池，根据现阶段资金集约管控模式和可视化在线审核业务需求，国网吉林电力全力开发原始凭证电子化功能，对各信息系统进行优化改造，提升系统对原始凭证采集的支撑力度，通过原始凭证与信息系统的有机融合，将禁锢在传统纸质载体中的信息释放出来，实现经济业务的电子会计档案全过程流转。

（3）建立集团级全票种发票池

国网吉林电力建立全票种发票池，优化票据识别技术，将所属纳税主体的全部发票信息实行“入池”管理，应用票据识别系统，开展全票种发票识别，并结构化处理票面要素，为发票在线验真、查重、过账奠定基础，解决发票流转过程中一票多报、虚报虚抵、真假难验等难题，实现发票处理全过程在控。强化原始凭证记载经济事项的真实性、合法性，同时统一发票采集入口，保证会计档案数字化数据集成质量。

（4）建立电子档案管理系统

国网吉林电力电子档案系统是会计档案采集、生成、匹配、归档、借阅、销毁全流程的数字化管理系统，通过与电子影像系统、会计核算系统互联互通，实现原始凭证、会计凭证等各类档案资料的全覆盖，并获取电子影像系统采集的影像文件与会计核算系统生成的记账凭证，自动进行分册和归档，实现凭证的电子化管理，为检索查询、借阅实物与电子凭证档案等工作提供良好的支撑。

未来，国网吉林电力将以集团智慧财务共享服务平台建设为契机，在柔性共享和多种共享模式的探索尝试基础上，通过业财深度融合和大数据集成应用，推动企业建立集团级大共享平台，包括财务共享服务中心、人力资源共享服务中心、采购共享服务中心等，实现上下游供应商、客户管理等全链条、全业务、全流程资源共享。

国资报告–央企财务变革进行时：从财务共享服务到财务数字化

思考：国网吉林电力是如何逐步实现集团智慧财务共享管理转型的？转型过程中他们运用了哪些信息化、自动化与智能化的技术？

本章小结

财务共享服务是在IT信息网络技术的支持下，对财务管理模式的变革和创新，其三大特征表现为：标准化、流程化、信息化。信息系统平台的建设，为业务、核算、管理、决策提供了信息来源和有力支撑，实现了业务流程、财务标准、操作模式的统一和规范，将财务控制前移至业务前端，在加强控制，提高财务质量的同时，还可以实现业务全过程追踪，以及信息流的互联互通。

建设统一的、智能化的信息系统平台是一个耗时较长的项目化工作，也是整个共享项目成功实施的关键要素，需要各单位的积极参与，确保信息系统既满足业务单位的需要，也符合共享服务模式的需求，实现业务系统与财务系统的充分融合，发挥系统间的协同效用。除此之外，IT系统技术的发展日新月异，随着前沿技术的新兴发展，财务共享服务中心的系统平台需要紧密结合技术发展，做到与时俱进，才能最大限度地发挥信息技术对共享的支持效用，使企业集团的财务共享服务中心真正发挥最大效用。

学思践悟

党的二十大报告强调要加快建设网络强国、数字中国，这是顺应信息革命潮流的战略选择。财务共享服务的建立离不开信息化的支持，通过各个信息系统的互联互通，可以实现业务数据与财务处理的智能高效，有效加强过程风险管控，帮助企业发挥数据价值。在信息化、数字化浪潮席卷全球的今天，青年一代要积极把握信息技术发展的新机遇，不断培养自身的信息化能力、数字素养与技能，提升综合素质与能力，以便在未来职业生涯中从容应对挑战，为网络强国、数字中国建设持续贡献力量。

思考与练习

（一）选择题

1.以下说法中正确的有（　　）。

A.企业财务信息系统四个层次的有机结合，实现从业务信息采集、财务基础业务处理、管理控制到决策支持的全方位支持

B.发票池是对企业生产经营管理过程中涉及的全类型发票进行集中管理的平台

C.进项发票认证系统通过与税局系统和企业发票池对接，满足企业进项发票的采集、签收、验真、报账、认证、抵扣、监控等需求

D.资金管理系统可实现集团层面的资金适度集中、提高企业资金流使用效率、降低资金风险

2.企业财务信息系统架构可以分为（　　）。

A.核算层　　B.管理层　　C.决策层　　D.业务层

3.财务共享核心信息系统不包括（　　）。

A.业务报账系统　　B.电子档案系统　　C.电子影像系统　　D.成本管理系统

4.财务信息系统在企业中扮演的角色有（　　）。

A.支持财务业务流程和财务运营过程　　B.提高财务业务运作效率

C.支持管理者做出更好的决策　　D.支持管理控制

（二）判断题

1.核算层信息系统包括企业从战略到经营计划、预算管理、过程成本管理、绩效管理以及风险控制管理的相关信息系统功能和模块，其与业务的经营过程及管理要求紧密

相关。（ ）

2.票联系统仅支持OCR拍照识别的方式录入发票信息。（ ）

3.电子影像系统由扫描系统和影像系统共同组成，包括影像采集、任务处理、影像上传、影像识别、影像查询/巡检等七大功能模块。（ ）

4.共享运营系统定位为共享服务中心作业平台、财务业务统一处理平台、共享服务中心运营管理平台。（ ）

（三）简答题

1.请简要介绍财务信息系统框架。

2.请简要描述电子档案系统的定位和功能。

（四）思考题

在建立财务共享服务中心前，某日，B集团内部审计小组正在进行内部审计工作。

在翻阅历史会计档案时发现，部分员工的社保公积金数额计算出现错误，远高于员工正常社保公积金数额。由于工资表的制作和提交都是利用Excel表格完成，表格打印出来后由领导签字审批，相关账务处理直接由总账会计在会计核算系统录入，工资表仅作为纸质会计档案存档，未集中进行电子存档，因此无法追溯具体的工资制作公式，难以判断计算错误是人为原因导致还是系统计算程序错误。同时，B集团会计核算系统也没有每一笔工资账务处理的具体附件，此次事件难以追究相关人员具体责任。

同时，审计小组在审计集团费用与支出时，发现多笔费用报销存在舞弊行为，其中包括员工通过伪造假发票虚构费用进行虚假报销，员工利用同一票据进行重复报销，员工虚报费用或是篡改费用将个人费用进行报销等。

B集团管理层格外重视此次事件，要求加强集团内部管理与控制，加快健全规章制度，梳理并优化现有流程，明确责任，在建立财务共享服务中心的同时启动并上线全业务报账功能，业务部门也需要根据各自情况，提出业务需求，同期进行系统升级，防范此类事件再次发生。

结合案例，请简要分析B集团可以从哪些方面加强内控与风险管理，你认为可以通过哪些信息系统来帮助B集团防范并解决潜在的财务风险？

第七章客观题
即测即评

第八章
财务共享服务中心的组织与人员

财务共享服务中心在不同的发展阶段，其战略规划、管理模式以及业务流程特点都有所不同，这些共同决定了财务共享服务中心在公司整个组织结构中的位置及自身的内部组织构成。同时，组织结构又在很大程度上对业务规划等产生影响，并决定着各类资源的合理配置。组织结构和人员是实施经营活动的基本要素，也是实现战略目标的重要保障。

本章学习目标

1. 了解影响财务组织结构的因素；
2. 理解财务共享服务中心的组织定位与设计原则；
3. 理解财务共享服务中心内部组织划分方法；
4. 理解财务共享服务中心人员与岗位设计原则；
5. 明确岗位职责，强化责任担当，坚持不懈奋斗。

引导案例

A集团员工规模约30 000人，其中财务人员700人，财务人员整体占比2.3%，财务基础交易处理工作量占比较高，这部分工作相对分散且重复率高，出错率高且效率低下，无法很好地激发财务人员工作积极性。

在开始建立财务共享服务中心之前，A集团各个公司的财务分工存在差异，有的公司按照财务业务类型分工，有的按照工作量分工，有的按照区域分工，人员兼岗情况较为严重。每月财务处理工作量主要集中在员工报销类、薪酬核算类、采购付款类以及收入收款核算类工作。

A集团高层领导希望通过财务共享服务中心的建设，改变现有财务分工方式，以新的流程化、专业化的分工思路，用专业的人做专业的事，根据现有的业务类型及特点来设计财务共享服务中心的组织架构以及人员分工，将部分财务人员解放出来投入财务管理与决策支持的工作中去，不断推动集团财务转型。

本章知识地图

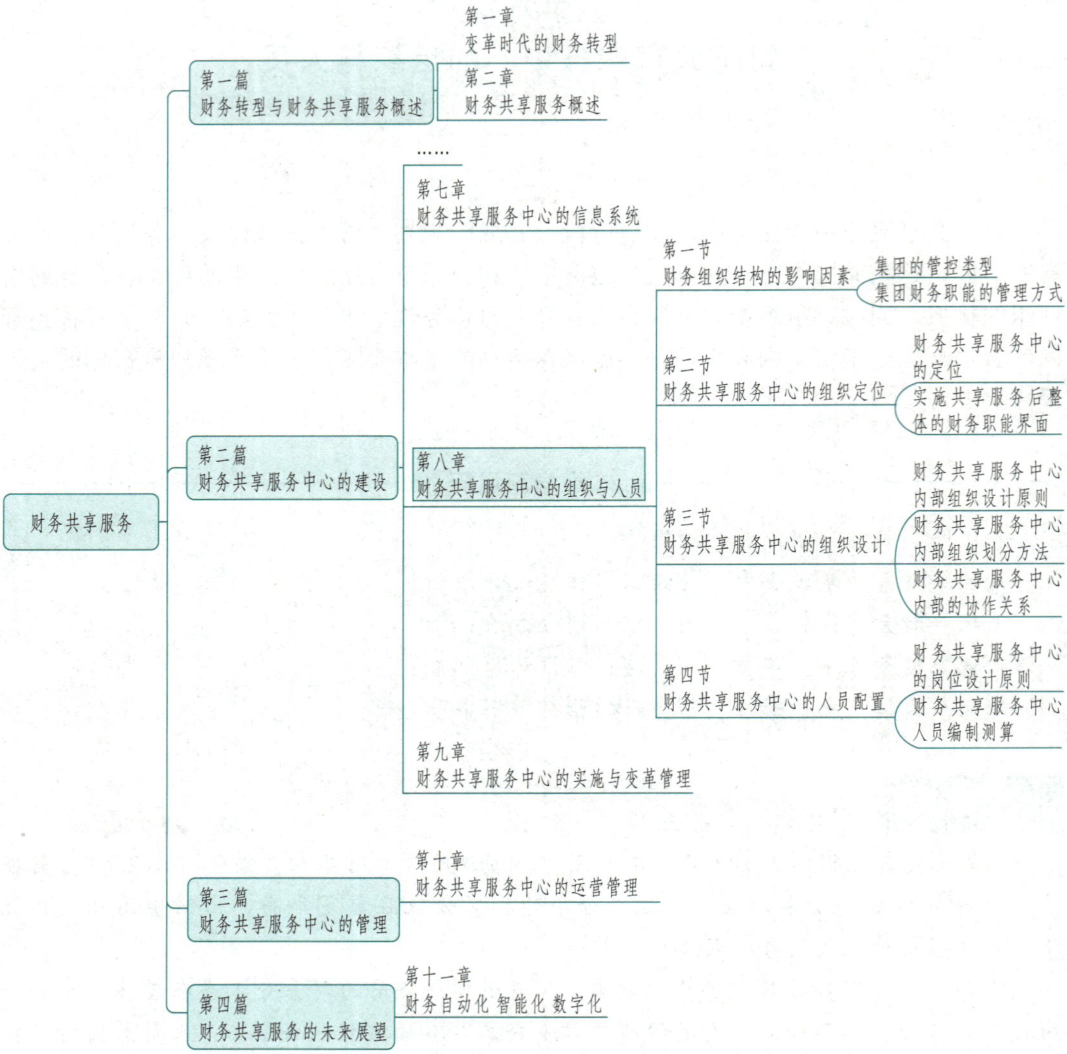

图8-1 第八章知识地图

本章关键名词

组织定位、组织结构、人员配置

第一节 财务组织结构的影响因素

组织设计不是一张简单的组织结构图表，而是围绕其核心业务建立强有力的组织管理体系，降低组织管理成本，增强组织应对环境变化的灵活性，从而达到提高组织运作效率的目的。

企业财务部门的组织结构设计通常受到两个因素的影响：集团的管控类型，集团财务职能的管理方式。

一、集团的管控类型

集团管控模式是一个互相影响、相互支持的有机体系，它的目标是“集权有道，分权有序，授权有章，用权有度”。明确集团管控类型是理顺各级财务组织职能定位的前提。

根据企业业务整合度和总部运营干预度，可把集团总部扮演的不同角色细分为四种类型：财务投资型、战略指导型、战略控制型和运营管理型。

这四种集团管控类型中，总部的管控力度由低到高逐步增强。

1.财务投资型

财务投资型以资本运营作为总部的核心功能，进行符合投资回报目标的兼并、收购、出卖和转让。集团对成员单位的具体经营运作管理基本不加干涉，也不会对成员单位的战略发展方向进行限定。

财务投资型适用于产业多元化的大型企业集团。集团公司作为集团投资决策中心，以追求资本增值为目标，且具备投资、产权管理、财务监控等基本功能。采用这种管控模式的代表性企业有淡马锡（Temasek）。

2.战略指导型

战略指导型由总部制定战略方向，对预算、资金、重大投资、关键人事任免等进行管控，以确保各单位的发展符合战略，但不干预产业内部的经营活动。

3.战略控制型

战略控制型由总部制定战略规划，不仅对预算、重大投资、关键人事任免等领域进行管控，同时对运营层面的重大事项进行管控和协调。

战略指导型和战略控制型适用于主业突出的大型企业集团，集团公司作为集团战略决策中心和投资决策中心，具有资本增值和产业发展双重目标，追求集团总体战略控制和协同效应的培育。战略指导型偏重于分权，战略控制型偏重于集权。采用这种管控模式的代表性企业有丰田（TOYOTA）、通用电气（GE）等。

4.运营管理型

总部对战略、预算、投资、组织、人力资源、销售、采购、研发等领域进行直接管控，通过管理直接影响公司发展方向。

运营管理型企业一般有明确的主导产业，集团公司既从事资本营运又从事生产经营，与成员单位关系密切，集团公司直接从事较多具体业务的操作指导，管理范围广，承担战略规划制定到主业经营的具体事务，管理非常深入。

此种模式适用于产业集中、规模相对较大的大型企业集团。集团公司作为经营决策中心和生产管理指挥中心，具有资本增值和提高主导产业市场占有率双重目标，追求对企业资源的集中控制和管理、企业经营活动的统一和优化。麦当劳（McDonald's）、IBM、AT&T和联合利华（Unilever）等公司都采用这种管控模式。

二、集团财务职能的管理方式

由于企业集团管控的客体特征和管控模式的特点不同，企业集团总部的具体相关职能也不尽相同，集团总部的职能定位会随着管控模式的变化而变化，目的是追求企业集团利益的最大化和实现集团总部价值。

在集权管控模式下，企业集团总部作为生产管理和投资、经营决策的最终决定者，拥有企业集团分支机构各种资源的绝对控制和管理的权力。例如在运营管理型这种集团总部高度集权的管理模式下，总部财务管理方式定位于“总部基本上拥有所有的财务管理权限，进行集中式财务管理，建立统一的财务管理体系，将日常支出权力下放至各分支机构”。

相对而言，在分散管控模式下，例如集团总部仅参与管理的财务投资型，集团主要通过委派董事、监事、股权代表或财务负责人等人员，对分支机构的重大财务活动、投资运营等工作施加一定影响，使其符合企业集团的战略目标。

1.四种不同职能的集中管理方式

在集团集权管控模式下，根据各类职能的特征不同，集团总部与下级组织的协作方式也有所不同，集团各类职能的集中管理方式分为以下四种模式：

（1）总部直管。此类职能由总部集中管理，直接向下级组织输出服务或管理要求。总部人员不会常驻在下级组织，但可能会存在临时团队或总部人员直接分散办公。此类职能不属于人力密集型，一般不是日常业务，比如集团品牌管理职能。

（2）总部派驻。此类职能由总部垂直管理，向下级组织派出常驻或临时工作团队，履行与业务结合程度高的职能。在这种情况下，总部会统一明确管理思路和标准，并履行集中管控的重要职能。此类职能一般独立性较强，对专业技能要求很高，比如风险管理职能。

（3）分级管理。此类职能由总部与下级组织的对口职能部门分工协同管理，总部向下提供业务指导。同总部派驻模式一样，总部会统一明确管理思路和标准，履行集中管控的重要职能。此类职能与业务单位关联紧密，对专业技能要求高，比如预算管理职能。

（4）共享服务。企业采取共享服务模式，通常在人力素质好且人力成本低的地区建立一个或几个共享中心，向各级组织输出服务，在下级组织可设隶属或独立于共享中心的辅助岗位配合运作。此类职能通常是操作型的，标准化程度较高，比如基础交易处理。

2.财务职能的定位原则

企业集团的财务职能，并不是单一的职能，因此管理方式因职能特征不同而有所区别。财务的主要职能按照具体内容可以分为交易处理及报告、管理分析及内控执行、财务政策及内部审计、投融资及税务筹划等，由于业务特点和管理要求不同，财务职能适用于不同的集中管理方式（见表8-1）。

表8-1 财务职能定位原则

类别	财务职能	特点	适用方式
交易处理及报告	核算 结算 定制报告	业务量大，标准化程度较高	共享服务

续表

类别	财务职能	特点	适用方式
管理分析及内控执行	预算管理 成本管理 绩效管理 经营分析 内控管理	与业务融合，可借鉴内部最佳实践；有个性化需求，但共性也很强	分级管理
财务政策及内部审计	内部审计 政策规范	规则性强，统一管理；独立于执行，具有威慑力	总部派驻
投融资及税务筹划	融资 投资 税务筹划 并购联盟	战略导向，优才管理；专业化，全局性	总部直管

第二节　财务共享服务中心的组织定位

一、财务共享服务中心的定位

很多企业在建立财务共享服务中心的时候，会有这样的疑问：财务共享服务中心在财务组织架构中应该处于什么样的位置？作为集团总部财务部门的隶属部室，向财务部长汇报，还是平行于集团总部财务部门的独立部门，直接向财务总监汇报？

数据显示①，60.5%的受调研企业的财务共享服务中心属于总部财务部门下属组织单位，25.2%的受调研企业的财务共享服务中心与总部财务部门平级，同时值得关注的是，8.6%的受调研企业将财务共享服务中心设立为独立法人。组织形式没有好坏之分，主要看企业的具体情况、财务共享服务中心的发展阶段以及企业基于管理因素的不同选择，最符合实际情况的就是最好的。目前大部分企业主要采用的三种方式分别如图8-2至图8-4所示。

方式一：财务共享服务中心隶属于总部财务部门。该方式下，财务共享服务中心通常是成本中心，在总部财务部门的管理下处理各业务单位的财务核算、资金等工作，同时，与业务单位的财务部门一样，向总部财务部门进行汇报。这种方式的优势在于总部财务部门能够进行统一管理与协调，在增强权威性以及协调共享服务中心与业务单位的协作等方面具有很大的优势，政策推行力度强。而它的劣势在于这类财务共享服务中心的管理层次比较低，职责比较简单，独立决策权较弱，对未来财务其他业务、非财务业务或其他职能领域共享服务的业务拓展都会有较大的限制。

---

① 中兴新云，ACCA，上海财经大学. 2018年中国共享服务领域调研报告［EB/OL］.［2018-12-04］. https://qr31.cn/Ae50wA.

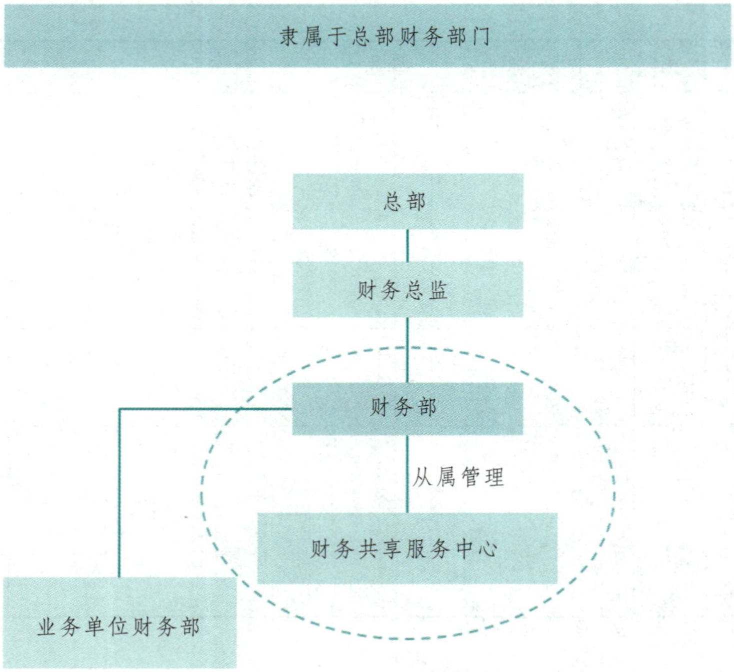

图 8-2　财务共享服务中心隶属于总部财务部门

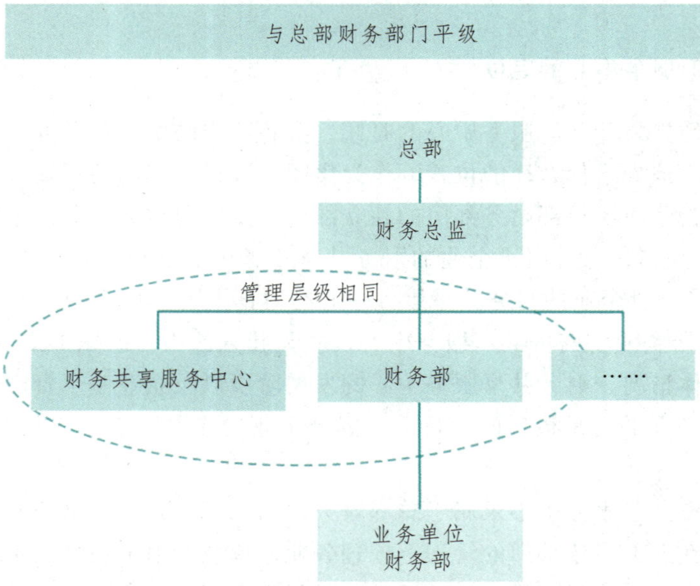

图 8-3　财务共享服务中心与总部财务部门平级

方式二：财务共享服务中心与总部财务部门平级。该方式下，财务共享服务中心独立于总部财务部门，定位较方式一有所提高，拥有独立的决策权和管理权。此时对财务共享服务中心管理团队的管理能力和业务运营能力要求会比较高，同时也有利于未来的业务拓展。它的劣势在于，由于和总部财务部门的管理层级相同，在跨部门的协作上包括财务政策制定和执行上沟通成本会比较高，政策向下推行的难度和复杂程度比方式一要大。

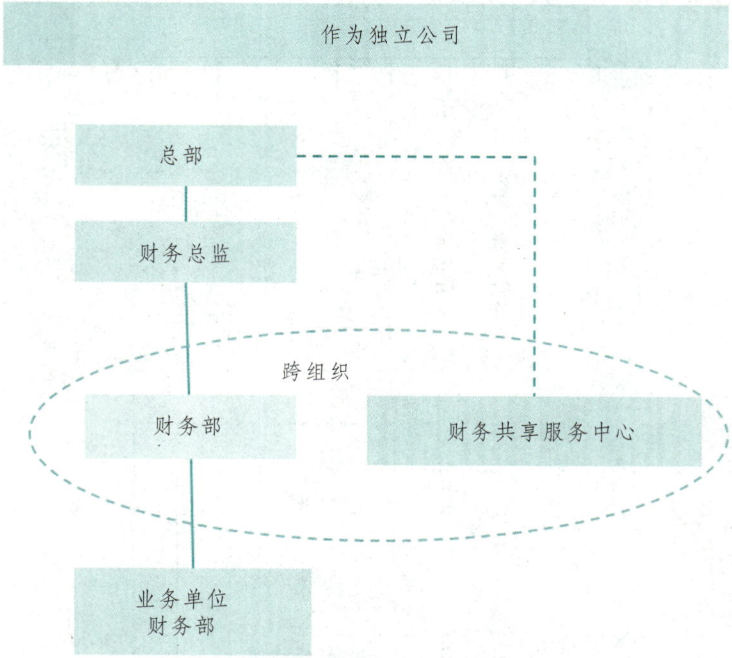

微课：财务共享服务中心在组织中的层级

图 8-4　财务共享服务中心作为独立公司

方式三：财务共享服务中心作为独立公司。该方式下，财务共享服务中心的自主发展空间大，为了达到经营目标或者为了财务共享服务中心未来持续发展，管理者有很强的动力拓展业务范围来提升财务共享服务中心的服务水平。同时，作为独立的法人，它会与服务对象正式签订服务水平协议，收费标准、服务关系、职责界面等会更为明确，协议对双方的约束力也更强。它的劣势在于，财务共享服务中心与总部财务部门是跨法人协作的关系，业务灵活性比较低，管理要求或者业务发生变更时执行的速度和反馈可能不如前两种方式；并且由于财务共享服务中心是独立公司，在建设初期或者在运营还不成熟的阶段，经营压力相对较大。

二、实施共享服务后整体的财务职能界面

实施财务共享服务，不仅会引起财务组织结构的变革，而且会导致财务职能在各级财务组织之间进行重新分配，战略财务、财务共享服务中心与业务财务的职能界面会变得更加清晰（如图 8-5 所示）。

战略财务、共享服务和业务财务并非孤立地履行各自的财务职能，而是在履行各类财务职能的过程中相互协作，但有不同的侧重点。战略财务在集团战略管理的层面上，明确管理目标，制定相关的财税政策，监督下属单位的执行情况；财务共享服务中心执行集团的会计政策，记录经济活动，真实地将会计信息反馈给集团总部及成员单位；业务财务配合集团财务的管理政策，推进管理目标的实现，协助业务部门进行业绩促进，并配合财务共享服务中心的核算业务。

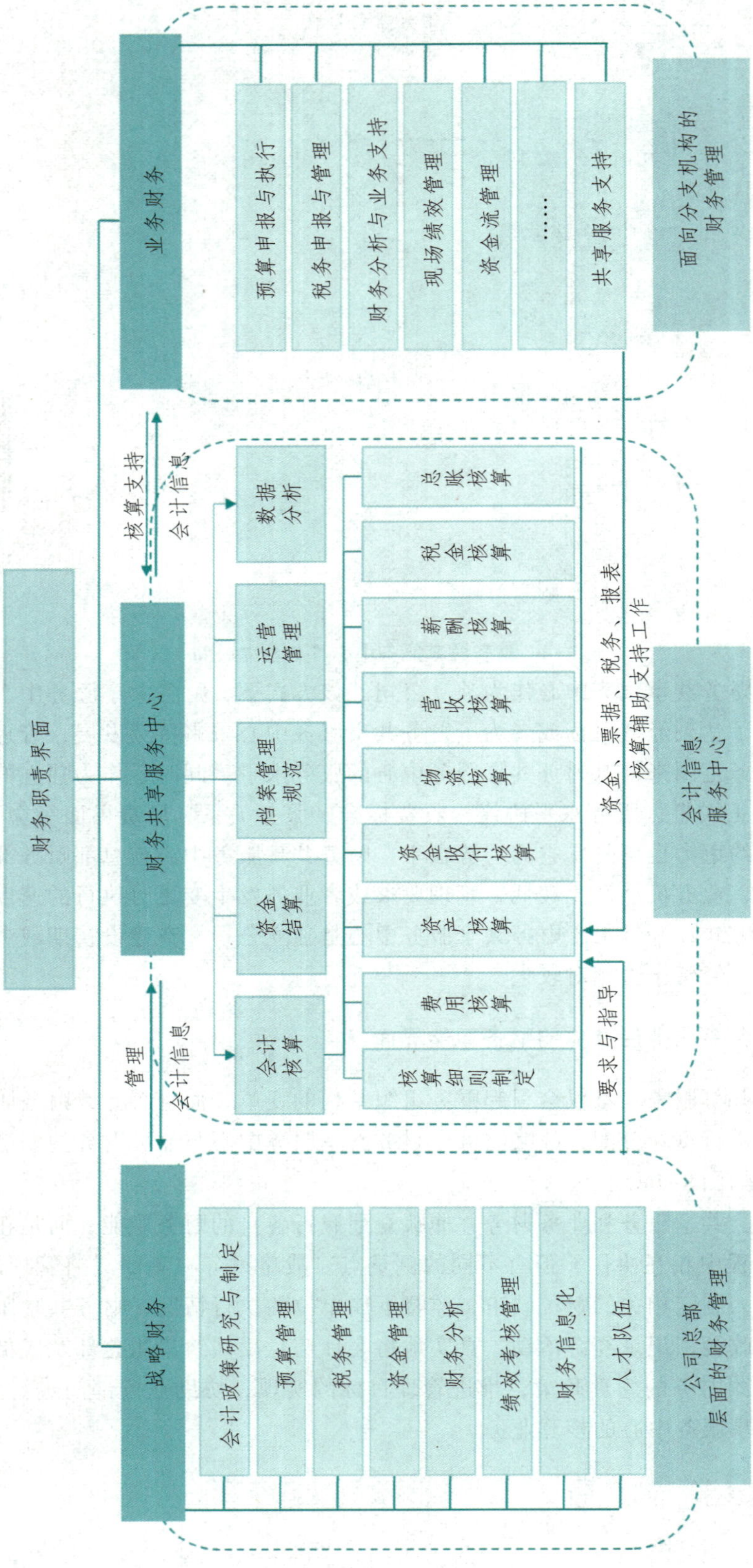

图8-5 实施共享服务后的财务职能界面示例

第三节　财务共享服务中心的组织设计

一、财务共享服务中心内部组织设计原则

迈克尔·哈默（Michael Hammer）曾在流程再造九原则中提出："围绕组织输出流程，而不是围绕任务"。这就是为什么"组织规模、岗位的精细程度与其发挥的作用并不完全成正比"，其根本原因就在于组织结构不同，要素结合在一起的方式不同，从而造成了要素间配合或协同关系的差异，在设置流程时必须考虑这些问题，才能将组织的作用发挥到最大。

企业应当按照科学、精简、高效、透明、制衡的原则，综合考虑企业性质、发展战略、文化理念和管理要求等因素，合理设置内部职能机构，明确各机构的职责权限，避免职能交叉、缺失或权责过于集中，形成各司其职、各负其责、相互制约、相互协调的工作机制。

财务共享服务中心有别于传统的业务部门组织，是一个专业的服务提供部门。比起传统组织，财务共享服务中心更强调标准化的流程、专业技能与服务的提供。因此，财务共享服务中心内部组织的设计应遵循以下五个原则：

（1）流程化运作：以流程化运作为主要管理模式，追求核算工作效率的提升和风险控制。

（2）同质业务归并：对同一性质的业务进行流程化归集，如成本费用、工程资产、资金结算等，以保障业务的统一。

（3）高效协作：内部组织间相互能够提供协作和支持，并且保持这种协作关系的顺畅、高效以及充分。

（4）人员均衡：保持各组人员数量相对均衡，确保组织的平衡。

（5）管理跨度合理：保持合理的管理跨度，使得每个小组之间、财务共享服务中心负责人与组内成员之间能够保持有效的管理沟通。

二、财务共享服务中心内部组织划分方法

财务共享服务中心内部组织划分常见的方法有五种：

1.按职能划分

这种方式是指按照不同岗位的具体工作职能进行划分。这种方式遵循了专业化原则，标准化程度高，有利于提高人员使用的效率，同时也简化了培训工作，但容易使人员过度局限于自己所在的职能部门而忽视组织整体目标，组织间的协调比较困难，只有最高主管才能对最终成果负责。图8-6所示的财务共享服务中心，是比较典型的按照职能进行划分的案例。

2.按区域划分

这种方式是指按照服务对象的业务区域进行划分。财务共享服务中心人员面对不同国家、不同地域的客户分别提供相应的服务。此种方式适用于不同地域的业务有特殊需求的情况，便于财务共享服务中心人员更好地了解服务对象的业务情况，迎合特定客户

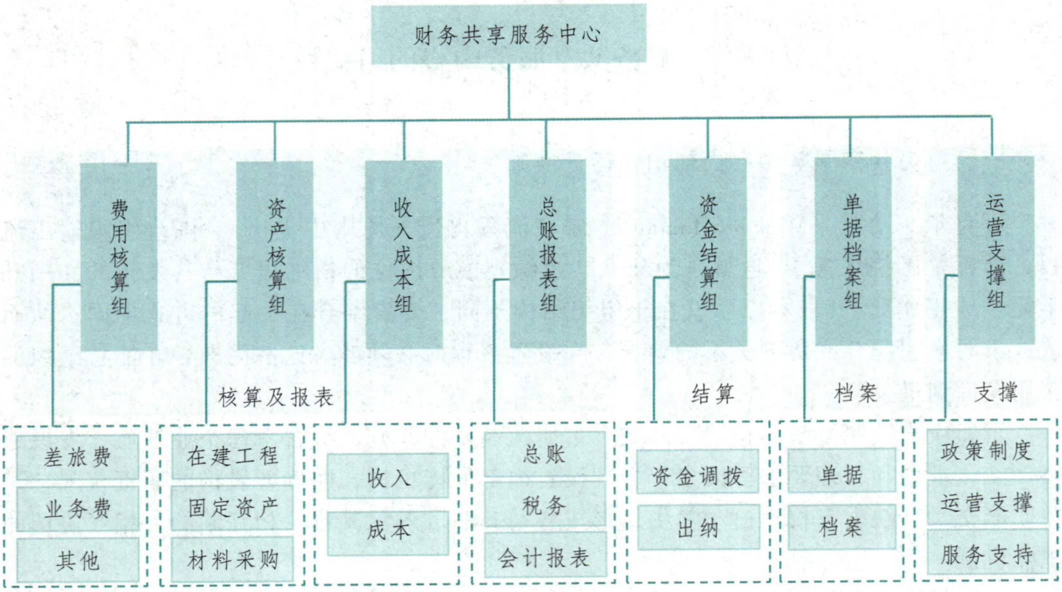

说明：虚线框代表每组覆盖的业务职能。

图 8-6　按职能划分的财务共享服务中心内部组织示例

的需求，有利于提升顾客的满意程度。这种方式的不足之处在于对人员要求较高，流程标准化程度低，工作效率低。

在按区域划分组织的方式下，有很多公司会将不同的分中心建立在靠近服务对象的地方，以获得语言优势。图 8-7 所示的财务共享服务中心，就是按照客户所处区域进行组织架构设计的。

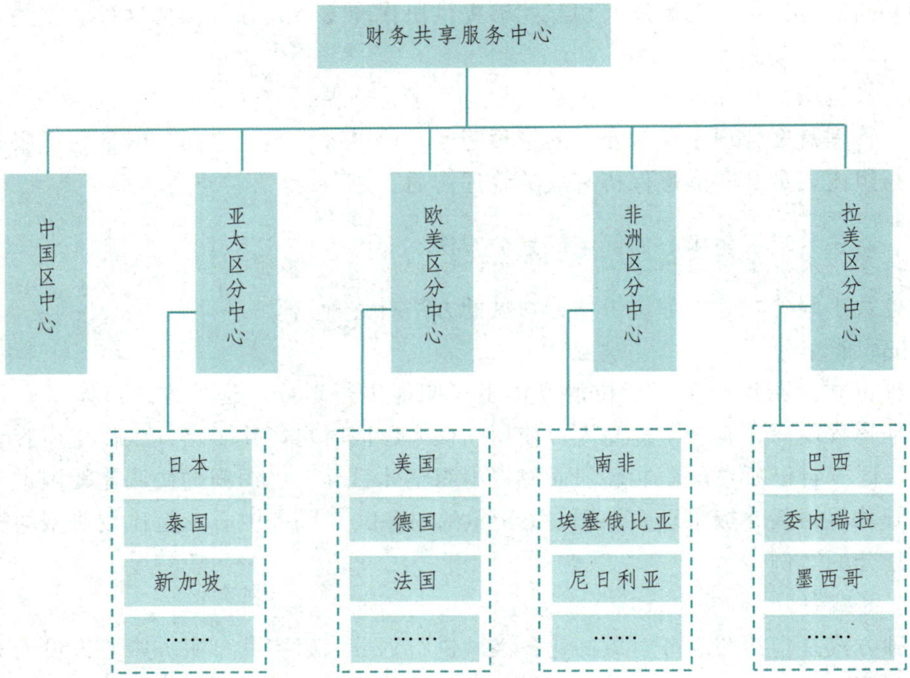

说明：虚线框代表每个分中心覆盖的服务区域。

图 8-7　按区域划分的财务共享服务中心内部组织示例

3.混合模式

混合模式既考虑不同区域客户的业务特殊性，也考虑岗位职能的专业程度。这种方式既有按区域划分组织的优点，又在业务单元内部进行专业分工，提高了处理效率。图8-8所示的财务共享服务中心内部组织架构，对同质业务进行归并，按核算及报表、资金结算、单据档案等划分不同的业务模块。在核算业务模块中，按照客户的业务区域进一步分组，在区域核算组中，又按照不同的业务类型，如成本费用、收入、资产、报表等，分别设置不同岗位。

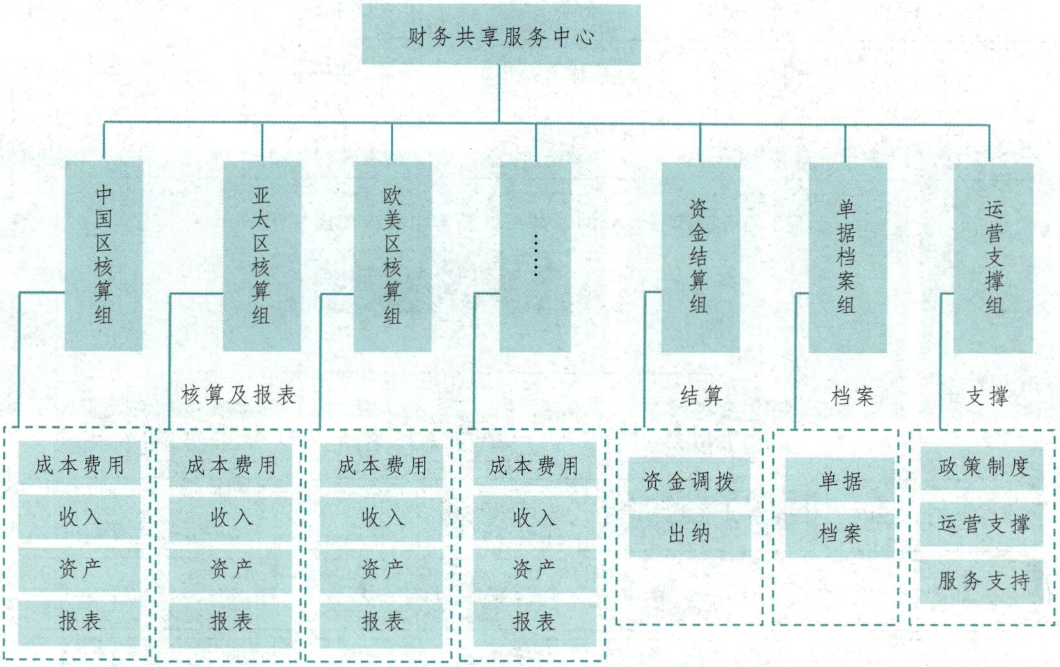

说明：虚线框代表每组覆盖的业务职能。

图8-8　混合模式的财务共享服务中心内部组织示例

4.按产品划分

按产品进行划分，有利于企业采用专门设备，促进协调，充分发挥人员的技能和专业知识，也有利于产品和服务的改进和发展（如图8-9所示）。

5.按客户划分

这种方式将与某一特定顾客有关的各种活动结合起来，并委派相应的管理者以形成部门，目的是更好地迎合特定顾客群体的要求，有利于提升顾客的满意程度。这种方式的不足之处是，管理者必须熟悉特定顾客的情况，否则在有些情况下很难对顾客进行区分（如图8-10所示）。

组织内部结构模式的选择，是由共享服务的战略结构定位和战略职能定位决定的，需要在成本与客户满意度之间寻求平衡。越是打破客户边界、以业务职能为主进行分组的模式，越能体现共享服务的规模、成本、效率优势，但有可能牺牲个别客户的个性化需求，影响客户满意度；越是以客户为主进行分组的模式，客户满意度越高，但在成本、效率方面的效果就会相对较低。所以，定位为区域性还是全球性共享中心，定位为内部职能部门还是财务外包服务公司，对组织内部结构的划分、选择是有差异的。

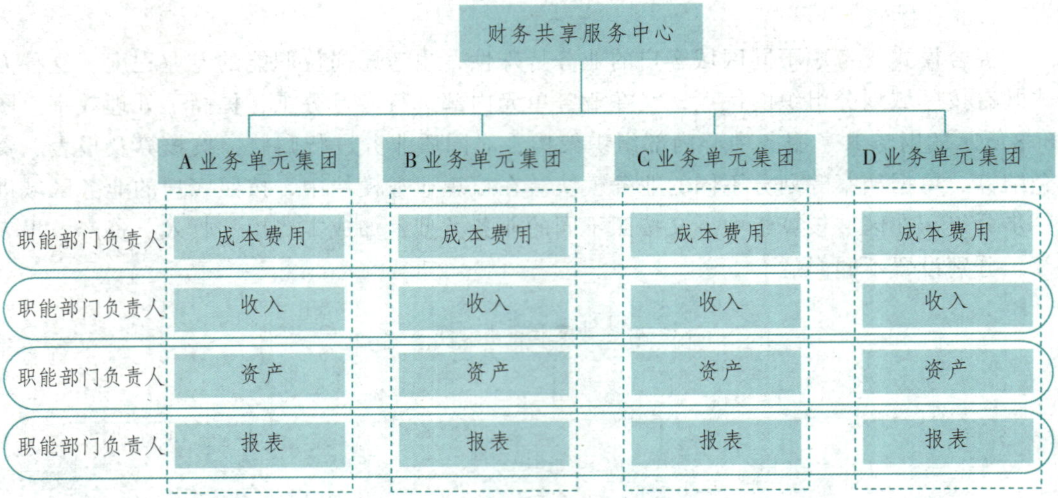

图8-9 按产品划分的财务共享服务中心内部组织示例

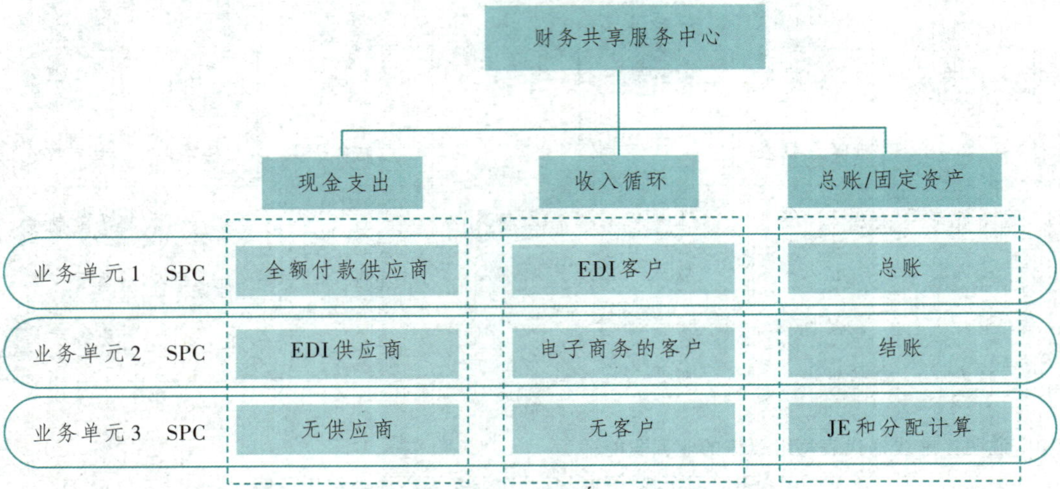

图8-10 按客户划分的财务共享服务中心内部组织示例

很难去评判哪种划分方法是最优的，考虑服务对象的业务特点，财务共享服务中心所处的阶段及提供的业务范围等因素，选择合适的组织划分方法，对财务共享服务中心本身的成本控制、服务质量及服务效率都具有重要的影响。

【案例】辉瑞制药财务共享服务中心的组织结构①

辉瑞制药成立于1849年，是一家拥有150多年历史的跨国制药公司。辉瑞是全球排名第一的医药企业，全球有超过十万名员工，公司业务遍布全球150个国家和地区。辉瑞于20世纪80年代进入中国市场，在大连、苏州、无锡建立了制药生产基地，在国内大中城市均设有办事处。

2007年7月，辉瑞在大连增加了新的业务组织——辉瑞亚太财务共享服务中心。辉瑞财务共享服务中心GFSS（Global Financial Shared Service）是一个旨在为辉瑞各分支机构提供标准化和最优化会计处理流程的全球运营体系，现有的组织机构包括：位于纽

① 刘霞. 辉瑞制药财务共享服务运营策略研究［D］. 大连：大连理工大学，2011.

约的运营总部（GFSS NY），位于美国孟菲斯的美洲分中心（GFSS America），位于爱尔兰都柏林的欧洲分中心（GFSS Europe），以及位于中国大连的亚太分中心（GFSS Asia）。此外，位于印度、罗马尼亚和中国的简柏特BPO（business process outsourcing）流程中心，作为辉瑞财务流程外包的第三方供应商，也辅助辉瑞全球财务共享中心分别向辉瑞美洲、欧洲和亚太地区的各个分支机构，提供包括呼叫中心、费用报销、文档扫描等财务业务中比较低端的流程服务。

辉瑞亚太财务共享服务中心的治理结构由上至下分为战略决策、管理控制和日常运营三个层次。

- 战略决策：企业战略由集团的管理层和董事会负责制定。GFSS的负责人以及GFSS总部的管理层，最终向辉瑞的首席财务官（CFO）汇报，董事会通过CFO对CFSS行使决策权，负责推行集团的战略政策并决定GFSS今后的发展规模和方向。
- 管理控制：在GFSS Asia内部主要有三大业务部门，即R2R（record to report）——负责GL总账、FA固定资产和InCo内部往来等相关业务；P2P（procurement to pay）——负责AP应付账款和T&E费用报销相关业务；O2C（order to cash）——负责AR应收账款和Treasury现金管理相关业务。各部门的运营经理向GFSS Asia的负责人汇报，负责本部门的人员管理以及保证业务的正常开展，会定期同内部客户沟通以便及时发现管理中存在的问题并加以纠正。
- 日常运营：各业务部门下面会根据流程划分为不同的业务小组，各小组成员向运营经理汇报，他们负责日常具体的财务业务操作，并保证数据的准确性和及时性。同时，简柏特作为与GFSS Asia签订服务合同的第三方供应商，也向GFSS Asia的客户提供仅限于AP应付账款和T&E费用报销的业务支持。简柏特需要遵循辉瑞的发展战略和运营策略，并且所有的服务都要满足SLA（Service Level Agreement）。GFSS Asia的运营经理每周会与简柏特的辉瑞项目负责人进行会议沟通，以及时评估其服务质量。

总体来讲，辉瑞财务共享服务的整个管理模式呈现金字塔形，即上窄下宽的结构。从操作层到管理层再到决策层、由下至上人员规模逐渐缩小，而权力却在逐渐扩大，凡是涉及管理决策的任何行为，都需要逐级上报审批，基层人员的自主空间不大。虽然这种组织结构存在一定的弊端，但是目前来看它能够保证企业高效运作，同时最大限度地减少员工在非事务性工作上被消耗掉的精力，以便全身心地投入以客户满意为导向的日常运营工作中。

思考：辉瑞制药财务共享服务中心的治理结构设计依据是什么？该结构有什么特点？

三、财务共享服务中心内部的协作关系

财务共享服务中心内部的各个业务单元，承担不同的业务职能，相互协作和支持。

无论何种组织架构，根据业务性质不同，财务共享服务中心的岗位通常可以分为两类：业务处理岗和运营管理岗。业务处理岗包括核算、结算、档案管理等业务操作人员。运营管理岗包括流程制度优化、系统运维、绩效、培训、服务等支撑人员，负责财务共享服务中心各个管理维度的支持。

例如，运营管理团队的制度主管主要负责对集团的财务政策进行分解并制定具体的

业务细则，而核算、结算等业务操作小组则需严格按照共享服务中心财税政策主管制定的业务细则落实执行，并将具体工作中出现的业务细则未包含或不合理的内容进行及时反馈，运营管理团队形成发现问题和改进问题的循环优化机制。

同时，运营管理团队的成员在组织运营中，需要将流程、系统、质量、绩效、培训、服务、标准化等各方面的运营管理规定落实到各个业务单元，确保各单元的规范运作，不断提升组织的管理成熟度，建立健康、协作的成长型、学习型组织。

第四节　财务共享服务中心的人员配置

在设计了适合财务共享服务中心的组织结构后，往往又会遇到新的问题：每个业务单元该配置多少人员？如何避免人员冗余或者不足的情况？如何做到人员与岗位的匹配？在对财务共享服务中心各业务单元进行人员配置时，需要考虑不同岗位的特点，有针对性地进行分析，才能做到适人适岗。

一、财务共享服务中心的岗位设计原则

企业在进行岗位设计时，应当对职能进行科学合理的分解，确定具体岗位的名称、职责和工作要求等，明确各个岗位的权限和相互关系。

企业在确定职权和岗位分工过程中，应当体现不相容职务相互分离的要求。不相容职务通常包括：决策审批与执行、执行与监督检查等。

1. 岗位与技能匹配

岗位不同，对员工的技能、经验要求也相同。财务共享服务中心采用的是标准化的流程与操作，在每一个流程环节都设有独立的岗位，每一个岗位的操作工序是不同的，都有其特殊的专业技术要求。

2. 岗位与能力匹配

员工能力包括员工的专业能力、创新能力、沟通能力、学习能力等。在财务共享服务中心，有两类岗位：业务处理岗位和运营管理岗位。这两类岗位对员工的素质要求不同，业务处理属于操作性岗位，要求员工有熟练的专业技能，而运营管理岗位则要求员工有主动性和创新性。

3. 岗位与空间匹配

在设置岗位时，应充分考虑员工的发展空间，包括岗位与岗位之间的空间距离，员工个人的发展要求。员工对发展空间的要求是多方面的，比如对职务晋升、薪资涨幅或者职称级别提高的要求，应根据不同情况设置岗位空间，考虑人才的保留。

【知识链接】财务共享服务中心常见岗位及职责说明

财务共享服务中心可按职能维度设置岗位，图 8-11 为某财务共享服务中心的组织架构图。

该财务共享服务中心下设费用组、结算组、税务组、总账及报表组、应收组、应付组、运营管理组七大职能组。

其中，费用组下设费用组负责人岗、费用会计岗；结算组下设结算组负责人岗、稽

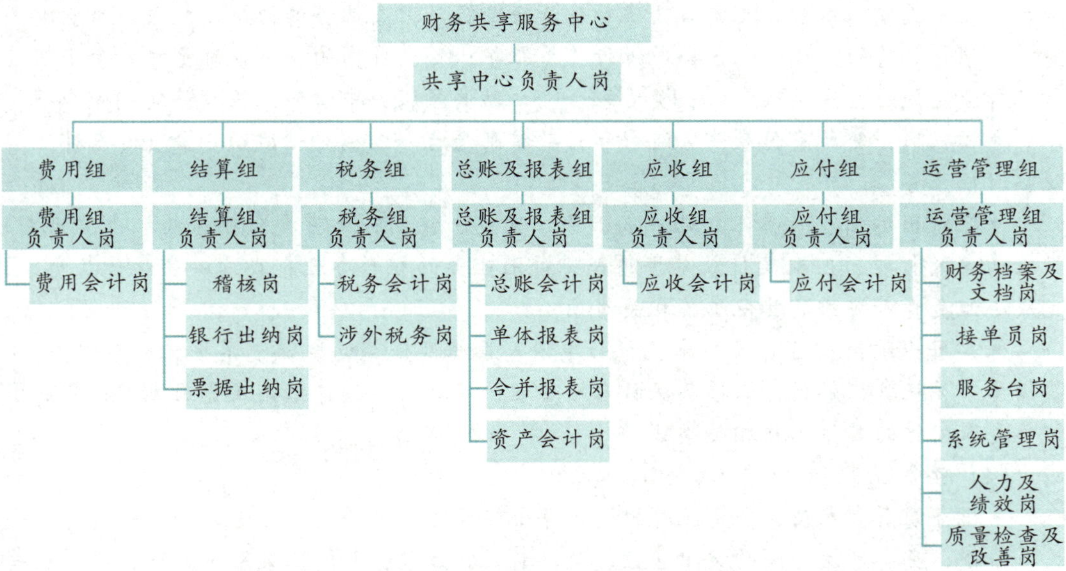

图 8-11　某财务共享服务中心组织及职能架构

核岗、银行出纳岗、票据出纳岗；税务组下设税务组负责人岗、税务会计岗、涉外税务岗；总账及报表组下设总账及报表组负责人岗、总账会计岗、单体报表岗、合并报表岗、资产会计岗；应收组下设应收组负责人岗、应收会计岗；应付组下设应付组负责人岗、应付会计岗；运营管理组下设运营管理组负责人岗、财务档案及文档岗、接单员岗、服务台岗、系统管理岗、人力及绩效岗、质量检查及改善岗。各岗位的岗位职责如下：

（1）财务共享服务中心

• 共享中心负责人岗：负责按权限完成有关流程文档的复核、审核、审批工作；负责对业务中涉及核算的重要问题提出建议及改进方案；负责定期组织会议，讨论并完善共享服务中心相关管理体系及工作流程，并监督其执行；负责共享服务中心运营风险的控制及防范；负责对共享服务中心财务人员的选聘提出要求及建议；负责对共享服务中心各小组的工作情况进行综合评价和考核；负责完成上级领导交代的其他工作任务与计划。

（2）费用组

• 费用组负责人岗：负责统筹规划费用小组整体工作；负责审核、指导费用会计岗的日常工作；负责对费用组进行工作质量自查和绩效考核；负责费用报销流程操作手册的编写并配合手册的更新、维护工作；负责配合、协助共享服务中心和财务部上级领导安排的相关事项。

• 费用会计岗：审核申请单及所附原始单据的真实性、合规性、合理性；配合查询和反馈财务业务处理的进度；负责员工往来对账；负责编制费用类报表，完成小组负责人安排的其他工作相关事项。

（3）结算组

• 结算组负责人岗：负责小组整体工作筹划，指导、检查小组日常工作；审核银行账户开销、变更申请；大额资金支付业务的二级审批；资金小组业务操作手册编写，配合后续手册更新与维护；负责各单位特殊资金业务及紧急业务的协调、处理；负责财务印章和网银U盾的管理；配合公司银行关系维护；资金计划的初审；负责对资金小组进行工作质量的自查和绩效考核；负责配合、协助共享服务中心和上级领导的相关事项。

• 稽核岗：对所有付款业务流程和付款信息进行一级核对；协助资金负责人处理其他临时性事务。

• 银行出纳岗：负责银行账户的开立、变更、注销；所有支付业务的经办、检查；银行回单的打印、匹配及付款单据整理；外汇业务的柜台办理；查询收款和付款明细；完成小组负责人安排的其他工作相关事项。

• 票据出纳岗：负责盖公章流程的申请；票据及保函的取回；票据付款单据整理；票据背书、托收、解付；银票及保函台账管理；保函的延期、撤销及费用办理；完成小组负责人安排的其他工作相关事项。

（4）税务组

• 税务组负责人岗：负责统筹规划税务小组整体工作并进行监督、指导；负责税企关系维护；负责涉税风险的集中管控；关注新税收政策，并对政策做出解读，指导相关业务；配合高新技术企业复审工作；负责对税务小组进行工作质量的自查和岗位绩效考核；负责税务小组工作操作手册的编写及更新；负责审批以股份公司名义开具的发票；负责配合、协助完成共享服务中心相关事项及财务部上级领导安排的相关事项。

• 税务会计岗：负责发票领购、核销及空白发票的保管；外管证办理和管理，增值税发票的认证；根据公司及税务局的要求进行税源分析及报送；期末增值税发票税务系统与账务系统差异反馈；企业各税种的计算、申报和账务处理，及个人所得税的预扣预缴；企业所得税汇算清缴工作及后续差异账务处理；配合应对税务检查，负责税收调查工作；办理各税种减免税备案；涉税档案资料的保管；完成小组负责人安排的其他工作相关事项。

• 涉外税务岗：管理电子口岸出口关单信息；整理资料、编制免抵退申报案卷；办理出口物资未退税证明、委托出口货物证明；完成小组负责人安排的其他工作相关事项。

（5）总账及报表组

• 总账及报表组负责人岗：复核职工薪酬的计算；复核其他总账手工类凭证的账务处理；负责关账流程；配合公司内、外部各项检查审计工作。

• 总账会计岗：负责预提及冲销类凭证的账务处理；复核职工薪酬的计算并进行账务处理；负责递延所得税的计算及账务处理；负责根据关账清单执行关账流程；配合公司内、外部各项检查审计工作；负责银行对账及余额调节表的编制；完成小组负责人安排的其他工作相关事项。

• 单体报表岗：负责月末对账务系统进行结账处理；负责出具单体报表并提交小组负责人审核；负责进行内部往来及交易的核对及账务处理；负责出具各经营单位二级合并报表；负责出具标准管理报表；配合公司内、外部各项检查审计工作；完成小组负责人安排的其他工作相关事项。

• 合并报表岗：负责编制集团法定合并报表并提交小组负责人审核；负责进行股份公司合并抵销分录的账务处理；负责编制法定报表对外披露信息中的财务信息；负责提供关联方交易的财务信息；配合公司内、外部各项检查审计工作；完成小组负责人安排的其他工作相关事项。

• 资产会计岗：负责固定资产新增、处置的相关账务处理；负责固定资产折旧、减值的相关账务处理；负责固定资产变更、报废的相关账务处理；负责固定资产卡片及台账的建立、管理和维护；负责在建工程核算及转固核算；负责无形资产新增、处置的相关账务处理；负责无形资产摊销、减值的相关账务处理；完成小组负责人安排的其他工作相关事项。

（6）应收组

• 应收组负责人岗：负责审核应收组的账务处理及各类销售台账日报；负责审核应收账款对账信息并统筹对账工作；负责审核应收账款账龄的财务分析，负责应收流程操作手册的编写及后续更新与维护；负责配合、协调业务部门、共享服务中心及公司内外部检查相关工作。

• 应收会计岗：负责销售回款的系统平台录入维护；负责销售收入、回款、应收等账务的处理；负责根据销售收入明细结转主营业务成本，提供应收账款的财务信息以协助业务部门对账；负责应收账款对账后差异问题的账务处理；负责更新和维护销售类台账日报；负责编制应收账款账龄的财务分析报告；负责坏账准备计提、核销和冲回的账务处理；配合共享服务中心及公司内外部审计、税务检查相关工作。

（7）应付组

• 应付组负责人岗：负责审核、检查和指导应付会计日常工作；负责对应付组工作质量的自查、优化和绩效考核；负责审核应付账款账龄的财务分析；负责编写应付小组工作手册并维护更新；负责配合、协助共享服务中心相关事项及财务部上级领导安排的相关工作。

• 应付会计岗：负责应付类挂账的账务处理；负责应付类清账账务处理；负责提供应付账款对账所需的财务信息；负责应付账款对账后差异问题的账务处理；负责编制应付账款账龄的财务分析；复核应付账款支付申请信息；完成小组负责人安排的其他工作相关事项。

（8）运营管理组

• 运营管理组负责人岗：负责整体管理、把控运营管理小组的工作；负责共享服务中心的服务质量体系建设；负责审核共享服务中心的服务质量体系控制方案；负责审核共享服务中心的质量检查报告；协助共享服务中心负责人推进共享服务中心建设整体进程；负责配合、协助完成共享服务中心和财务部上级领导安排的相关事项。

• 财务档案及文档岗：负责原始单据的整理；负责会计凭证的打印和装订；负责会计档案的归档、查询、借阅和库存管理；负责完成小组负责人安排的其他工作相关事宜。

• 接单员岗：负责与当地各经营单位财务窗口对接；负责原始单据的接收和派发；负责完成小组负责人安排的其他工作。

• 服务台岗：负责接听共享服务中心电话、查阅和解答邮件；配合和协助共享服务中心日常工作；负责系统故障协调与及时反馈；负责对共享服务中心投诉的跟踪和处理；负责完成小组负责人安排的其他工作。

• 系统管理岗：负责共享服务中心系统日常运维；进行共享服务中心系统培训；配

合财务部信息化组完成共享服务中心系统的搭建；配合服务岗完成系统相关操作的答疑。

- 人力及绩效岗：负责共享服务中心岗位技能要求和职责说明书的编制；负责共享服务中心人员招聘及职业发展通道建设；负责共享服务中心人员绩效考核体系、制度、考核指标的建立；负责执行共享服务中心负责人及小组负责人的绩效考核；负责共享服务中心培训体系的建立，组织共享服务中心培训工作；负责牵头和制定等级服务水平协议；负责完成小组负责人安排的其他工作。
- 质量检查及改善岗：负责检查共享服务中心日常工作的质量（包括抽查申请单和原始单据等）；负责共享服务中心的服务质量体系控制方案，并提交负责人审核；负责输出共享服务中心的质量检查报告，并提交负责人审核；负责统筹提出并落实共享服务中心服务质量的改善建议；负责统筹进行共享服务中心内部工作流程建设及后续优化工作；负责完成小组负责人安排的其他工作。

二、财务共享服务中心人员编制测算

财务共享服务中心人员编制测算可以实现对各个岗位所需要的人员数量进行分析。基于业务性质的不同，通常采用的测算方法主要分为三类：业务分析法、数据测算法以及对标评测法。

1.业务分析法

业务分析法是基于业务性质的特点，并结合现有管理人员及业务人员经验进行分析评估，最终确定人员编制数量的方法。此方法适用于难以进行精确数据测算，且难以取得同口径对标数据的项目。

2.数据测算法

通过实测的方法确定一类标杆业务的处理时间，其他业务与标杆业务之间的关系通过多人评估并取平均值的方式确定。在业务量和工作效率确定的基础上，确定人员编制。此方法适用于能取得可靠业务量数据，并能够对单笔业务量所用时间进行测量的项目。

3.对标评测法

对于无法进行数据测算的业务，优先考虑选取相同或相近口径的其他单位的业务进行对标，并在此基础上进行估测。此方法与数据测算法相比虽不够精确，但仍具有较高的参考价值。

本章小结

财务共享服务中心的组织结构设计并不仅仅是简单的人员归置，作为一个新兴的组织形式，设计者需要考虑财务共享服务中心和企业其他财务组织之间的职能分工、在企业组织架构中的位置和汇报关系。财务共享服务中心内部组织架构的设计不仅蕴含了业务流程化运作和专业化分工的思想，还在共享中心组织战略的高度和层面上进行统一和协调。

财务共享服务中心在发展的不同阶段，其组织战略有所不同，这对组织内部结构的划分会产生一定的影响。财务共享服务中心建立初期，大多是以成本节约为主要目标，组织内部设计会强调专业化及流程化特点，最大程度发挥共享服务中心的效率，降低业务处理成本。随着组织成熟度的提升，共享服务中心组织将倾向于区别客户、区域或产品的更为细致的专业划分，这种架构可以使组织内员工针对不同的客户或产品，进行更为深入、全面的服务，从而大大提升共享服务中心的服务水平和客户满意度。财务共享服务中心组织的最终目标，是成为独立的经营实体，成为企业的利润中心，内部组织职能将更为丰富，划分出更多的专业服务小组，成为一个综合性业务服务中心。

学思践悟

财务共享服务中心组织与人员方案需要全面回答财务共享服务中心组织定位、组织架构、人力需求测算以及人员管理等四个方面问题。企业要合理规划设计财务共享服务中心内部组织职能，科学合理制定人员岗位职责及发展通道，加强团队素质建设，切实提高财务服务与管理水平。当代中国青年生逢其时，施展才干的舞台无比广阔，实现梦想的前景无比光明，青年一代在未来的财务共享服务工作中或是职场中，应立足企业与个人发展，明确岗位职责，强化责任担当，树立长远的职业理想并为之不断努力拼搏，立志做有理想、敢担当、能吃苦、肯奋斗的新时代好青年。

思考与练习

（一）选择题

1.财务共享服务中心内部组织的设计应该遵循（　　）原则。

A.同质业务归并　　B.高效协作　　C.人员均衡　　D.流程化运作

2.财务共享服务中心的人员编制测算方法包括（　　）。

A.员工填报法　　B.业务分析法　　C.数据测算法　　D.对标评测法

3.关于财务共享服务中心内部组织的划分方法，以下描述中正确的有（　　）。

A.按区域划分的方式适用于企业所在的地域不同，业务有特殊需求的情况

B.按职能划分的共享中心标准化程度高，有利于提高人员使用的效率

C.按职能划分的共享中心容易使人员局限于自己所在的职能部门而忽视组织整体目标

D.与按照职能划分的方式相比，在按照区域划分的方式下，各职能的专业化程度更高

4.关于实施财务共享服务后的职能界面，以下说法中正确的有（　　）。

A.集团总部的财务在战略管理层面，明确管理目标，制定相关的财税政策

B.集团总部的财务还需监督下属单位的业绩执行情况

C.财务共享服务中心执行集团的会计政策，记录经济活动

D.成员单位的财务配合集团财务的管理政策，推进管理目标的实现，协助业务部门进行业绩促进

5. 财务共享服务中心人员岗位的设置需要满足的条件包括（　　）。

A. 岗位与技能相匹配　　B. 岗位与素质能力相匹配

C. 岗位与战略相匹配　　D. 岗位与发展空间相匹配

（二）判断题

1. 相较平行于集团财务总部的组织定位，财务共享服务中心作为集团财务总部的隶属部门，政策向下推行的力度更弱。（　　）

2. 企业财务部门的组织结构设计通常与集团的管控类型无关。（　　）

3. 关于财务共享服务中心的内部组织划分方法，相比以业务职能为主进行分组的模式，以服务对象为主进行内部组织划分更能体现共享服务的规模、成本和效率优势。（　　）

4. 财务共享服务中心的业务处理岗人员可进行如流程制度优化、系统运维、绩效、培训、服务等支撑工作。（　　）

5. 在财务共享服务中心，相比业务处理岗，运营管理岗对于员工的主动性和创造性要求更高。（　　）

6. 企业财务部门的组织结构设计通常受到集团职能的集中管理方式的影响。（　　）

（三）简答题

1. 请比较财务共享服务中心“隶属于集团总部财务部门”和“与集团总部财务部门平级”两种定位的区别。

2. 请列举并介绍财务共享服务中心常见的内部组织划分方法（至少三种）。

（四）思考题

B集团在进行财务共享服务中心组织设计时，管理层对财务共享服务中心内部组织与人员的设计产生了不同的观点。

甲领导认为：“财务共享服务中心应该遵循专业化分工原则，按照流程职能进行内部组织划分。”

乙领导则认为：“财务共享服务中心是个服务机构，为了更好地提供服务，应该按照客户所在的国家或区域进行划分，这样有利于满足客户需求，提高客户满意度。”

也有领导建议道：“设计财务共享服务中心内部组织人员方案时，要注意管理跨度合理以及人员数量均衡，要明确组织汇报关系，不同团队之间、成员与团队负责人之间、团队负责人与财务共享服务中心管理者之间要有有效的沟通渠道和决策机制，岗位要与人员能力等匹配，要为财务人员提供长远的发展通道。”

你怎么看待几位领导的观点？B集团应该如何进行组织架构与岗位设计以提高协作与流程效率？

第八章客观题
即测即评

第九章
财务共享服务中心的实施与变革管理

财务共享服务中心的发展之路是变革与稳定交互演变的道路。财务共享服务中心本身就是一次财务管理模式的变革，是新技术和先进管理思想交汇的产物，从创立之初就是企业一次深度、全面的变革。而由于技术的革新和管理思想的发展，财务共享服务中心又需要持续地吸收先进的技术与知识以适应自身不断发展的需求，以及满足组织、流程、技术的不断优化与改进，而每一次技术的引入和管理模式的变化都势必带来整个组织的变革。

实施共享服务是一个复杂的项目，完整的项目规划、科学的实施步骤，以及制定可能出现的风险或问题的应急预案，都是项目顺利实施和运营的保障。因此，在理论基础上，系统地建立共享服务中心的实施方法，积极地进行变革与风险管理，对共享服务的成功实施及长效改进至关重要。

本章学习目标

1. 理解财务共享服务实施的“PDE方法”及“361度方法”；
2. 了解财务共享服务中心的变革动因与类型，学习应对变革的方法；
3. 学习并了解财务共享服务中心风险类型及其应对方法；
4. 坚持以改革创新为核心的时代精神，树立持续的风险控制管理理念，顽强拼搏，行稳致远。

引导案例

A集团全球财务共享服务中心的建设之旅，从筹备到建成，历时五年，在建设过程中积累了宝贵的经验。A集团财务共享服务项目复杂性、创造性、多公司性和国际性的特点，使得财务共享服务项目的管理具有很高的挑战性和风险，也就不可避免地遇到一些问题，走了一些弯路。

问题一：对实施周期考虑不充分。建设初期，A集团设置建设周期为2年，未周全考虑不同阶段实施过程的要点，实施过程中出现周期过短导致建设工作仓促推进的问题。

问题二：项目期间人员不稳定。在财务共享服务建设初期，基层业务领导认为自己的管理权限被上收，出现人为阻碍财务共享服务在当地实施的现象，甚至造成人员流失。

问题三：试图通过共享解决太多问题。建设初期，由于建设经验不足，A集团高层领导及变革小组曾一度想通过一个财务共享服务中心的建设来解决实务中的所有问题，导致工作推进无主次，建设进度缓慢。

问题四：……

复盘财务共享服务中心的建设历程，A集团企业变革小组将自身实施与变革经验总结出来，供计划建设财务共享服务中心的企业参考。

本章知识地图

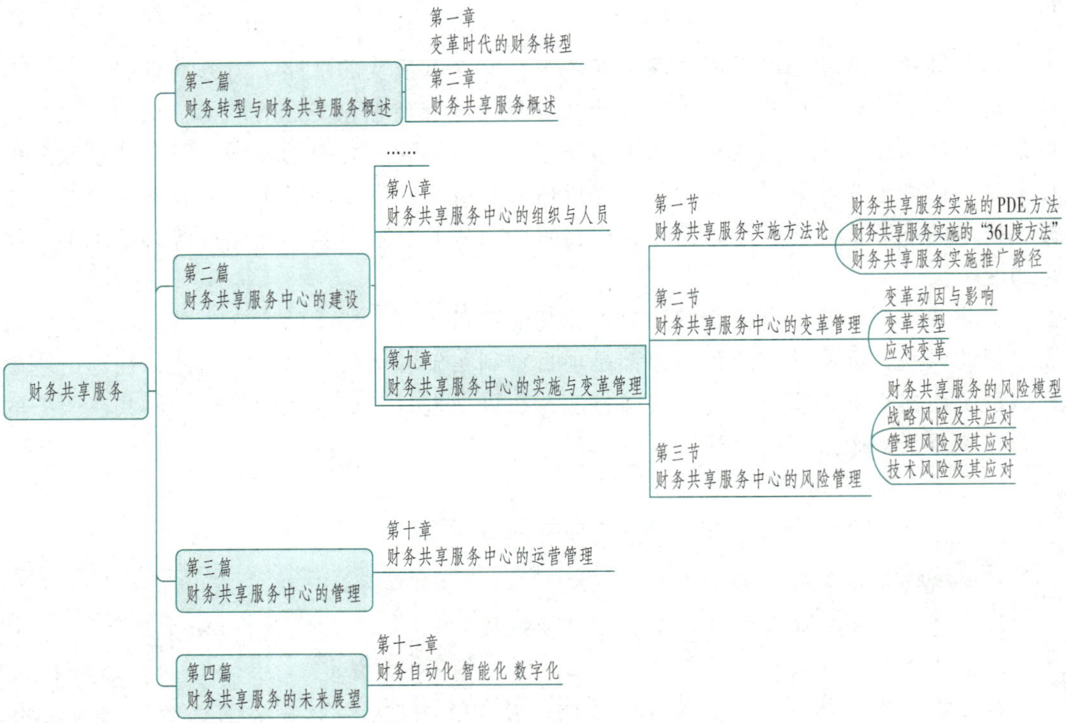

图9-1 第九章知识地图

本章关键名词

PDE方法、361度方法、维持性变革、颠覆性变革、战略风险、管理风险、技术风险

第一节 财务共享服务实施方法论

一、财务共享服务实施的PDE方法

财务共享服务的实施过程，即两个“如何”的问题——如何将原来分散的工作方式成功转换为共享服务的工作模式，以及如何保证此项目有序地实施、推进、完成，并具备可持续发展能力？这一过程具有系统性、整体性的特点，完备的实施方法论是组建工作顺利开展的保证。在实施方法的研究上，从整体性的角度，可通过PDE方法的思想来展开财务共享服务项目的管理思路。在PDE方法的指导下，分阶段、分步骤建立系统的实施方法。

PDE方法即通过"最佳实践（practice）—方法设计（design）—效果评估（evaluate）"的逻辑（如图9-2所示），设计财务共享服务中心的构建方案。

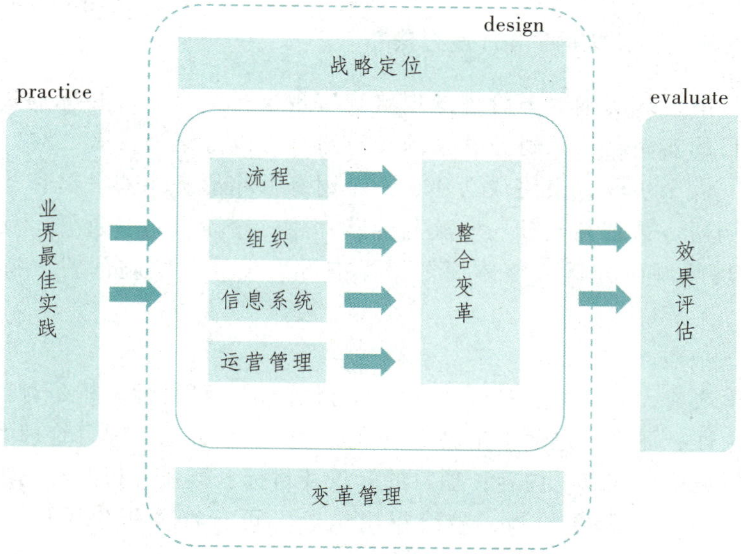

图9-2 财务共享服务中心构建的PDE方法

财务共享服务中心构建方案的设计思想来源于业界财务共享服务最佳实践的经验；对实施效果的评估是对实施方案的反馈，有助于实施方案的优化和提升。构建方案的设计是PDE方法的主体，方案的设计是战略导向性的。整体的设计理念与思路是一个变革管理的过程，对流程、组织、信息系统、运营管理四大要素进行整合（如图9-3所示），每个要素又代表了一个完整的实施模块，各自包含了更深一级的详细工作方案设计。在方案设计阶段建立一个如图9-3所示的共享服务中心方案构建模型，针对每部分展开详细设计、方案实施和优化建议，得到适用于目标企业的落地性最强、变革收益最大的最佳设计方案。

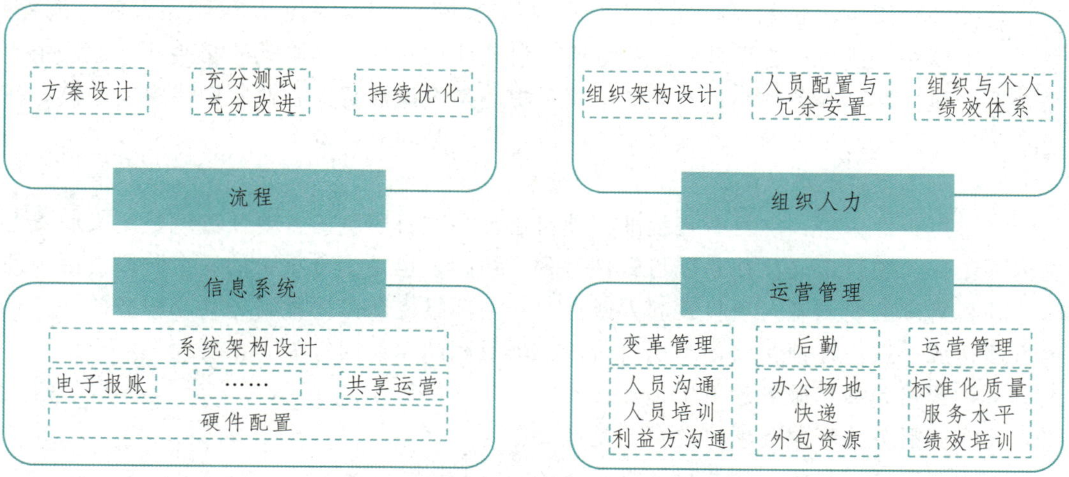

图9-3 财务共享服务中心组建模型

PDE方法来自业界财务共享服务中心的实践经验，展示了从传统模式到财务共享服务这一变革的基本路径。在PDE方法的指引下，可以将方案设计与效果评估的总体思路划分为三个阶段展开，即启动与调研阶段、规划与设计阶段和实施与运行阶段。在各个阶段，又具体细化实施步骤，构造一套完整的财务共享服务项目实施方法。

二、财务共享服务实施的“361度方法”

在具体项目中，从明确财务管理的现状到实现财务共享服务目标的过程，就是财务共享服务项目的实施路径，财务共享的实施路径可以总结为一套“361度方法”，即通过三个阶段、六个步骤，最终成功建成一个财务共享服务中心。具体来讲，三个阶段包括启动与调研、规划与设计、实施与运营；将三个阶段各自展开，又可详细分为定义与启动、现状调研分析、整体规划、详细方案设计、实施部署、持续改进六个步骤。

1.可行性分析

在立项决策之前，通常需要对项目进行可行性分析。可行性分析是对项目进行充分分析、研究、论证、评价的过程，是决定项目取舍的关键，也是项目管理的起点。

可行性分析大致包含以下内容：项目的背景及目标、行业分析及市场需求、初步设计、项目SWOT分析、财务预测，最终得出结论。可行性分析集中回答了以下几个问题：

- 为什么要做？（背景与需求）
- 做成什么样？（愿景）
- 应该如何做？（初步计划）
- 是否值得做？（成本效益分析）

可行性分析项目通常由项目的投资者（在企业中可以理解为立项的决策者）或项目的主管部门主持，企业既可以指定内部项目团队承担该项工作，也可委托给专业咨询机构对项目的合理性、可行性、必要性进行分析和论证，为投资者的最终决策提供准确的科学依据。

财务共享服务项目的可行性分析，需要结合业界领先实践，从组织、人员、流程、系统等维度对企业财务管理现状进行分析，讨论建设财务共享服务的必要性，评估企业是否适合建立共享服务中心；建立共享服务中心是否能够解决企业所期待解决的核心问题等，进而形成初步方案，并预测未来的成本投入与项目收益。

2.启动与调研阶段

经过可行性分析，项目获得批准，项目启动。项目团队的首要任务就是定义职责范围内的工作。项目定义往往是项目管理过程最初的、也是十分重要的一个阶段。因为此时，项目管理的要求者（项目发起人或客户）与项目团队需要就财务共享服务的一些重要方面达成一致。在项目启动与调研阶段，项目团队需要回答如下重要问题：

- 构建财务共享服务的契机是什么？
- 实施财务共享服务项目的目的是什么？
- 为实现这一目的，哪些目标是必要的？
- 如果财务共享服务已成功构建，将如何确认？
- 是否存在可能影响成功的假设、风险和障碍？
- 企业财务组织、人员配置、流程以及信息现状是怎样的？

在项目启动与调研阶段，企业高管将对实施财务共享服务表达各自的期许与愿景，财务、业务、信息等各部门人员代表与项目团队要进行信息的充分沟通；与此同时，项目团队需要将财务共享服务的理念在各层级之间进行宣贯和知识引导，双方沟通之后，最终由项目团队出具第一阶段的输出物。

项目启动与调研阶段是建立财务共享服务中心的起点，包括项目的启动与先期评估。启动是项目开端的标志性工作，启动工作主要包含对项目范围的界定、项目管理文档的输出和启动会议的召开，同时也要展开对企业现状的调研分析，通过调研数据及分析结果，评估企业财务管理现状、领导及基层人员对共享服务的理解和态度、共享实施的基础环境等相关信息。这一阶段包括以下两个步骤的工作：

（1）定义与启动

作为财务共享服务项目实施的第一阶段，项目定义与启动阶段是整个项目的基础。这一阶段的首要任务是项目启动，主要包括确定项目目标、项目范围、项目时间和项目团队，确定项目工作规范、制定项目管理文本模板和交付文档模板，召开项目启动会等各项工作。输出物包含上述几项工作的文档模板——项目工作规范、项目计划、项目管理文档及项目启动会资料等。

（2）现状调研分析

现状调研分析是规划和部署财务共享服务项目的基础，有助于定性与定量地明晰企业的财务管理现状。现状调研可采取的常见调研方法有问卷调查、现场调研、访谈调研等。通过现状调研结果，可以得出企业的信息化程度、信息系统的交互情况，从而据此设定项目周期；根据企业人员素质、管理层与员工对构建共享中心的态度，来评估项目推进的难易程度；根据企业目前的业务流程、管理现状来规划设计共享中心的实施框架等。现状调研分析阶段工作完成后，需要输出调查问卷、访谈备忘录和调研分析评估报告。

3.规划与设计阶段

项目规划是预测未来，确定任务，估计可能碰到的问题，提出完成任务和解决问题的有效方案、方针、措施和手段以及所必需的各种活动和工作成果的过程。这一阶段的工作将辅助项目人员解决以下几个问题：

- 从哪几个维度出发，设计共享服务中心实施方案？
- 各个维度的方案设计是如何展开的？
- 共享服务与集团其他组织及部门之间的协作关系是怎样的？
- 与传统模式相比，共享服务中心的业务流程有哪些变化？
- 如何组建积极协作的财务共享服务团队？
- 共享服务模式下的系统架构是怎样的？

规划与设计阶段是对整个共享项目建设过程中的骨干和细节的搭建，这个阶段通常包括整体规划和详细方案设计两个步骤。项目人员在规划设计的框架下，细化各模块的具体实施细节，添加需要完善的子模块和具体推进计划。

（1）整体规划

整体规划阶段是为整个财务共享服务项目搭建工作框架。规划阶段可具体划分为战略定位、业务流程规划、组织人力规划、信息系统规划、建设路径规划及选址规划。

战略定位：主要包括财务转型、战略结构、战略职能规划、中长期规划。企业应以整体战略为出发点，形成财务转型规划，重新构建财务管理模式，明确财务共享服务中心在财务管理模式中的定位。

业务流程规划：主要包括财务共享服务中心流程设计的业务前提、主流程和流程框架。整体流程的设计要基于企业财务流程管理的现状，在共享模式基础上综合考虑效率、质量、控制等因素，进行再造与优化。

组织人力规划：主要包括实施共享后，集团财务职能体系界面构建、财务共享服务中心的组织架构设计、人员测算等。财务共享服务是对传统财务管理模式的突破，这就意味着必须重新配置适用这一新模式的职能划分岗位设计与人力资源结构。这一模块需要讨论实施财务共享服务后的集团财务职能体系、财务共享服务中心岗位设计及财务共享服务中心人员需求计划。

信息系统规划：主要包括对财务共享服务中心信息系统的诊断、财务共享服务中心的信息系统架构设计。财务共享服务中心的高效流程依赖于信息系统来实现。信息系统现状诊断应明确企业现有信息系统与共享模式下系统架构和功能的差异。根据信息系统现状诊断的结果，项目人员设计系统改造及新建规划，包括总体架构、功能架构、应用架构、集成架构、技术架构等方面。

建设路径规划：主要包括根据企业的机构数量及区域分布、业务状况、财务组织规模等，制定共享服务中心建设规划，包括整体建设目标、分阶段业务范围及里程碑、实施计划、风险评估与应对策略等。

选址规划：主要包括基于财务共享服务中心战略结构的选择，企业应综合考虑服务对象、经营成本、信息技术、外部环境、税收与补贴政策、人力资源等因素，合理确定共享服务中心的选址方案。

（2）详细方案设计

在整体规划方案的指导下，项目人员可进一步针对业务流程、组织人力、信息系统、运营管理、场地及设备方案展开详细设计工作。

业务流程方案：财务共享服务中心业务流程的设计，各岗位操作手册的编写等。

组织人力方案：基于财务共享服务中心组织规划下的岗位设计、人员转型方案、人员发展通道设计、人员绩效方案设计、人员培训方案，确定需要外包的业务和岗位。

信息系统方案：基于系统架构的功能设计、集成关系以及业务需求的编写。

运营管理方案：为了保证财务共享服务的良好运行，进行流程制度管理、系统管理、人员管理、绩效管理、服务管理、标准化管理等各维度管理方案的设计。

场地及设备方案：财务共享服务中心办公区域设计和硬件设备需求方案等。

4.实施与运营阶段

项目的实施与运营阶段，是按照规划设计逐步展开，实现方案落地的阶段。在项目的实施过程中，项目团队需要明确以下几个问题：

- 共享服务的实施中，需要关注哪些要素？
- 实施中，哪些风险是需要考虑的？
- 如何防范和控制这些风险？
- 共享项目的实施达到了预期目标吗？

• 怎样保持共享服务中心的先进性？

项目的实施与运营阶段，包括执行和控制两个过程。执行工作包含信息发布、团队建设、质量保证、方案选择、沟通管理、资源管理等；控制工作包括范围控制、信息安全控制、人员控制、质量控制、风险应对控制、进度控制等。

项目的执行需要根据项目性质的不同，分多个步骤或模块逐步完成。项目的执行过程需要配合全程的项目控制工作。项目控制就是监视和测量项目的实际进展，若发现实施过程偏离了计划，应找出原因，采取行动，使项目回到计划的轨道上来。控制工作各子过程彼此之间并非独立，项目人员需要具备全程把控的意识。在共享服务实施的各个步骤中，需要根据规划完成各模块的执行活动，并在活动执行过程中，对范围、信息安全、人员等进行实时把控，保障实施工作的顺利完成。

如果将构建财务共享服务的过程看作建造一栋大楼，完善的规划设计方案就如同大楼的设计图纸，是建筑的基础和指导。而实施与运营阶段如同大楼的建设施工过程，是建设工作的主体和重点，也是占用资源最多的阶段。这个阶段的实施工作，需要执行前期制订的详细设计方案，并与实施单位进行信息沟通，实现方案的落地与推进。运营阶段的开始标志着项目已经成功实现，并转入日常监控。项目人员需要及时跟踪项目的实施进展情况，适时对项目实施情况进行反馈，并根据反馈信息持续改进。这一阶段包括以下具体工作：

（1）实施部署

实施部署是项目实施方案的落地阶段。这一阶段的主要工作包括财务共享服务规划方案的实施、人员培训与沟通、上线试运行。

• 财务共享服务方案的实施。实施工作包括业务流程的测试、改进及优化等；完成人员的内部调动和外部招聘，签订外包协议等；信息系统开发、系统功能测试、系统接口测试等；财务共享服务中心办公场地的建设和装修、验收进场、设备采购及安装到位等。

• 人员培训与沟通。在财务共享服务各模块实施完成后，项目人员需要开展人员培训工作，注重项目实施的培训和知识分享，同时，高层领导、项目人员要加强与企业内各层级人员的沟通和共享理念的宣贯等。

• 上线试运行。在方案实施、人员培训与沟通工作完成后，项目人员需要主导上线试运行工作，制定相应的管理机制，并针对试运行中出现的问题提供相应的解决方案。

（2）运营

在试运行的过程中，财务共享服务中心应当完善运营管理相关制度规范，将管理模式、权责界面、工作规范等内容进行固化；同时建立培训、服务的长期机制，实现财务共享服务中心的稳定运营。

（3）持续改进

为保证服务水平的持续改进，需要持续关注财务共享服务中心的运行情况，并进一步进行流程、系统、管理的优化及改进。共享服务的持续改进工作，可以从系统、流程、制度、质量等几个维度重点展开。财务共享服务中心应树立随需而变、持续改进的观念，使共享中心成为一个成长性强、创新思维丰富的活跃组织。

在持续运营过程中，共享中心不断对业务标准体系、运营管理规范及相关信息系统等进行优化改造，进一步提升共享的运营效率与效果，从而降低成本、加强风险控制、提高处理速度及提升服务品质。

三、财务共享服务实施推广路径

财务共享服务中心的整体建设策略需从业务范围和组织范围两个角度考虑，其中业务范围可以划分为部分业务和全业务，组织范围可以划分为试点单位和全组织范围。财务共享服务中心整体建设策略可分为直线策略、折线策略两种（如图9-4所示）。

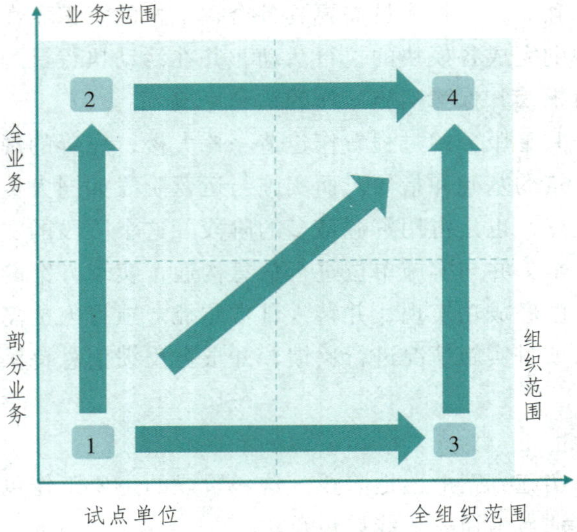

图9-4 财务共享服务实施推广路径

直线策略包含三种路径：

1—4：首先将试点单位的部分业务实施共享，再推广到全业务、全组织范围内的共享实施。

2—4：首先将试点单位的全业务实施共享，再推广到全业务、全组织范围内的共享实施。

3—4：首先将部分业务在全组织范围内实施共享，再推广到全业务、全组织范围内的共享实施。

这三种路径各具优劣势：例如，如果采用“1—4”路径，由于在第二阶段直接将所有业务开发完成后直接推广到全组织范围，非试点业务未经过充分试点，试错机会少，后期上线压力大；再如，如果采用“2—4”路径，前期系统开发压力集中，建设难度较大，但由于全部业务在试点单位经过充分试点，可以发现问题并集中反馈和解决，后期推广难度较小。

折线策略包含两种路径：

1—2—4：首先将部分业务在试点单位共享，然后将全业务在试点单位共享，最终实现全业务、全组织范围内的共享实施。

1—3—4：首先将部分业务在试点单位共享，然后推广至此部分业务在全组织范围内共享，最终实现全业务、全组织范围内的共享实施。

这两种路径各具优劣势：“1—2—4”可以保证全部业务在试点单位充分试点，便于发现问题并集中解决，最后推广至全组织范围的压力较小；“1—3—4”确保试点业务在全组织范围充分试点，但由于后期将剩余业务相关系统功能直接在全组织范围内上线，损失了前期的试错机会，后期上线压力大。

第二节　财务共享服务中心的变革管理

一、变革的动因与影响

财务共享服务中心的变革动因来自内部和外部两个方面，其中内部动因包括组织形式演进，外部动因包括新技术实施和新管理思路的引入。这些对共享服务中心而言都是重大的事件，它们将给财务共享服务中心带来变革，并最终影响组织的各个方面（如图9-5所示）。

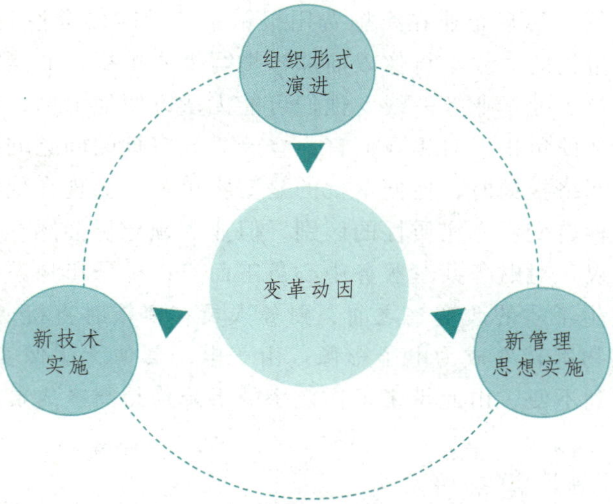

图9-5　财务共享服务中心的变革动因

1.组织形式演进带来的变革

财务共享服务中心的组织会根据环境的变化适时做出调整，并由此带来组织的变革。组织的变革中尤以地域变化所产生的影响最为深刻。

对组织演变而言，最为重要的一次变革莫过于从分散式到集中式的变革，因为这次变革第一次在地域上改变了组织。在分散式的组织下，财务人员分布在各个业务单位，这正是很多企业在建立之初为了有效地进行业务支持所采用的分权管理的模式。财务人员多数是就近招聘的，在进行集中式变革之前，他们在当地建立了适合自己的生态环境，他们的家庭和朋友在这里，他们和业务单位之间已经形成了一种依赖。

当变革打破这种平静，将分散在各地的财务人员集中到一起的时候，无论是财务人员本身还是他们曾经直接面对面服务的业务人员都无法接受这种事实。对财务人员而言，他们要背井离乡，到一个完全陌生的环境中去，离开家人、离开朋友、离开每天生活的环境，这将深深地影响他们的情绪。此外，地域的迁移将直接影响员工生活成本的变化，如果集中使得员工生活成本上升，那么这将导致员工的满意度下降。

对业务人员而言，实施集中前的服务是面对面的服务，任何与财务相关的问题都可以直接和常驻当地的财务人员即时沟通解决。而实施集中后，业务单位和财务人员的沟通多了一道壁垒，业务单位所面对的不再是具体的某个财务人员，而是财务共享服务中心这个组织。在这种情况下，业务人员将对财务的服务产生怀疑，集中后的财务是否还能够保持先前高效、满意的服务？自己的问题是否还有人能够协助解决？

2.新技术实施带来的变革

技术革新也将直接对组织造成冲击并最终带来变革。新技术的应用能够有效地改进财务共享服务中心的业务处理能力，但在提升共享服务中心能力的同时，也必须意识到新技术实施给财务共享服务中心所带来的变革和冲击。

人对新事物总是容易产生抵触和回避的心理，当人们得知一项新技术即将实施时，各种猜测将随之而起。由于技术本身的神秘以及实施后的不确定性，共享服务中心的员工以及该技术所涉及的业务单位人员均不可避免地会受到它的影响。

以费用报销为例，很多企业在实施费用报销系统的时候会遭到业务人员的抵触。对员工而言，他们报销的时候不再像以前那样填写纸质单据，而是需要登录系统填写单据。有些企业的员工处于业务一线，他们可能无法方便地上网，使用系统填单无疑对他们来说是一种新的负担。对领导而言，登录系统审批的问题同样存在，更为重要的是，在没有实施网络报销时，他们审批的是实物单据，而现在他们只能看到电子的虚拟单据。尽管这种转变没有实质性的区别，但业务领导仍会感觉到权力被削减，并对此质疑甚至是抗议。对财务共享服务中心员工而言，电子影像系统的实施使得财务人员工作的界面发生了质的改变。之前，财务人员在审核时直接通过实物进行审核。而现在，所有的实物都转变成为电子影像。由于电子影像无法像实物一样随意翻阅，很多财务人员会感到不便，由此带来工作效率的下降使得财务人员产生焦虑情绪和对自身能力的怀疑。

3.新管理思想实施带来的变革

新兴管理思想的实践也会直接地带来组织变革。一个组织的绩效与指导其前进的管理思想是密切相关的。为了不断地提升组织能力，财务共享服务中心会积极探索并勇于尝试先进的管理思想。在新思路、新思想的实践过程中，变革已悄然产生。

以服务工厂这个新思路的实施为例。在中国，已经能够看到很多按照服务工厂模式进行管理的共享服务中心，这些公司在建立初期即是按照服务工厂的模式进行设计的，因此服务工厂的理念并没有使组织产生重大的变革。但在考察一些集团内部共享服务中心推行服务工厂模式时，可以发现，这种新思路的引入使组织面对了巨大的变革压力。

一方面，传统的财务人员始终将自己的职责定位为监管者。无论具体待遇如何，在他们的心里始终对岗位有一定的荣誉感。但当服务工厂的概念被提出后，很多财务人员意识到，他们所从事的工作将和工厂中流水线上的工人没有本质差别，也许差别仅在别人生产的是汽车，而财务共享服务中心生产的是财务服务。这种心理上的落差使得他们的工作热情受到严重打击。另一方面，在引入服务工厂的概念后，现场管理将更加精细、严格。财务人员的工作自由度大幅降低，他们不再自主做出重要决策，而仅仅是依照设计人员制订的方案执行。此外，工作的强度较先前也有了大幅的提升。财务人员的工作方式由传统的自主安排变为推送式“计划排产”，运营管理人员根据原料到达情况向每个财务人员下达工作任务，完成任务才能够达到绩效考核的基本要求。由此可见，管理思想的变革会对财务共享服务中心带来巨大的影响。

二、变革的类型

一个成功的财务共享服务中心为了保持自身的竞争力，应对市场的复杂变化，变革是必然的。变革可以分为两种类型：一种是维持性变革，另一种是颠覆性变革。这两种不同的变革形式会有不同的结果以及应对方式，财务共享服务中心在进行变革时需要认真地分析自己采用何种方式更合适。

1.维持性变革与颠覆性变革

维持性变革所改善的产品或服务的性能，是主流市场客户本身就看重的。例如，美林证券（Merrill Lynch）推出现金管理账户，允许客户填写支票支取自己权益账户里的钱；再如，微软（Microsoft）将Windows系统从Vista升级为Windows10，使用户有更好的体验，这些都属于维持性变革。这类变革不乏突破性，是通过对原有产品和服务进行改进来留住客户。

颠覆性变革则是通过推出新产品、新服务或新的服务能力来开创一个全新的市场。对颠覆性变革而言，如果以主流客户注重的性能指标来评价，基于颠覆性变革所带来的新状况也许会更差，但它为组织的长远发展和提升市场占有率奠定了基础。颠覆性变革不会以主流客户群体的下一代需求为直接目的，它具备其他的一些特性，能够催生一些新的市场应用，而且它的改进速度非常快，最终还是能够满足主流客户的需求。

维持性变革几乎总是由市场地位稳固的行业领袖提出来的。这些公司鲜有颠覆性变革，并且它们也不善于应对颠覆性变革的挑战。行业领袖的组织和运营方式本身就更适合开发维持性技术并推动其应用。月复一月，年复一年，它们都在努力推出新的改良型产品或服务，以期超越竞争对手。它们实现这一点的方式，是开发一些必要的流程，用来评估维持性变革的技术潜力以及客户对替代产品的潜在需求。投资于维持性技术也符合领先企业的价值观，因为向主流客户出售更好的产品有望带来更加丰厚的利润。

颠覆性变革发生的时间没有规律可循，所以没有一家公司拥有常规的应对流程。此外，颠覆性变革带来的短期利润很低，对公司的最佳客户也没有多少吸引力，从而与成熟型公司的价值观格格不入。因此，大公司往往放弃新兴市场，反而是规模较小的颠覆型公司更有意愿、更具能力去开拓这类市场。新创企业缺少资源，但它们的价值观使得它们可以接受较小规模的市场，它们的成本结构允许它们接受较低的利润率，它们的市场研究和资源配置流程允许管理者凭直觉行事，它们也不需要各项深入的研究和分析来支持决策。所有这些优势整合起来，就形成了应对甚至发动颠覆性变革的能力。

2.财务共享服务中心的变革类型选择

财务共享服务中心在维持性变革和颠覆性变革面前也经常面临抉择。财务共享服务中心面对的变革来自两个方面：一方面是自身的变革，另一方面是财务共享服务中心协助客户进行的变革。无论哪种变革，财务共享服务中心都经常会陷入两难的境地。

（1）财务共享服务中心自身的变革

正如在分析维持性变革和颠覆性变革时所提到的，财务共享服务中心自身的变革与其所处的发展阶段有着紧密的联系。对于一个处于成熟期的财务共享服务中心，其变革会更多地考虑重要客户的感受。这一阶段的变革多属于维持性变革，如果这种变革使得关键客户受到了难以接受的影响，他们则很少会下定决心接受变革。

但对一个新建的财务共享服务中心而言，它会有很大的勇气进行颠覆性变革。一些从分散型财务部走向共享服务模式的组织采用了激进的颠覆性变革。企业突然间通知所有人员集中，仅保留很短的停留期。在人员被集中后，不经过很长时间的过渡，便转变为全新的流程。这种做法被称为休克性疗法。尽管经历了阵痛，但由于人们没有过多的时间考虑、发牢骚，这种变革成功的概率也还是比较高的。但也要关注的是，一旦这种变革失败，后果也是相当严重的，很可能导致业务的彻底瘫痪。这也是为什么成熟型共享服务中心对颠覆性变革难以下定决心的原因。

颠覆性变革一般出现在共享服务中心建立之初，或是企业所处的经济政治环境、科学技术、企业自身出现重大变化时，颠覆性变革会使共享服务中心整体出现重大变动。维持性变革多在共享服务中心进入成熟期或稳定期之后出现，目的多是提供更好的服务，是对共享服务中心业务的局部修正。

（2）协助客户的变革

一些客户将变革过程交给共享服务中心来管理。这个时候，财务共享服务中心必须对客户负责，否则，它们失去的不仅仅是一个项目，而是在行业中的信誉。在替客户决策时，财务共享服务中心通常会采用更加保守的做法。协助维持性变革无论对成熟的还是新建的共享服务中心而言都是优先的选择。

通常情况下，财务共享服务中心会推荐客户先在各地按新的标准将业务规范化，再逐步将人员向财务共享服务中心集中。但集中后的业务流程和集中前是一致的，所不同的仅仅是地域的转移。当集中完毕并稳定移交后，财务共享服务中心的流程管理人员将着手优化共享服务中心的流程，并在共享服务中心实施经过测试的稳定流程。通过这种温和的演变，保证变革的成功实施。

但在一些特殊情况下，客户本身希望在短时间内迅速见到效果，为了满足客户的需求，在一定时候进行颠覆性变革也是必要的，因为客户认为这样更符合他们的利益诉求。

三、应对变革

当面临重重变革压力，需要企业上下所有人员拨开迷雾、迎难而上时，每个人心中又会涌现出一个又一个的问题：领导的工作重点转移到了哪些方面？员工如何面对变革？如何处理变革过程中的客户关系？在变革的过程中企业需要完成哪些工作？具备哪些能力？

领导对变革的作用是巨大的。面临变革时，对企业而言，领导决定了企业的战略、经营决策；对员工而言，领导能够给予员工精神上的安抚和物质上的支持；对客户而言，领导代表了双方企业间合作的未来发展方向。

财务共享服务中心的领导需要具备哪些特征和能力，才能推动财务共享服务中心变革的顺利完成呢？根据实践经验，得出的结论如下：

预见力：共享服务中心的领导应乐于、勇于且持续接受新的观念、知识，敢于舍弃固有的传统观念，善于掌握和运用新知识，在此基础上，通过自身的思考，形成对行业未来发展的认知，未雨绸缪。

决策力：预见力是决策力的基础，决策力是领导应变能力及果敢决断力的体现。在企业决定进行变革时，企业的未来就存在着巨大的未知性，机遇与风险并存。具有决策力的领导会在自身对未来形势认知的基础上，抓住机会，适时调整财务共享服务中心的战略定位、工作模式、工作范畴，规避风险，推动企业的变革。

交际沟通力：团队的领导应有活力、具备沟通技巧，并且是一个善于说服引导的协调者、良好人际关系的营造者。领导通过良好的人际关系及沟通能力勾勒出一幅美好的企业变革愿景图，让变革的相关人员更容易理解和支持企业的变革，维持企业在变革过程中的向心力。

关怀之心：团队的领导应能主动关心变革中的员工和客户，耐心倾听他们的疑惑、困难和愿望，并切实为他们解决问题，保证变革相关人员的满意度和稳定性。

具有如上特征和能力的领导及其团队在变革中又会对员工、客户和企业起到哪些作用呢？

1.员工的变革应对

变革中员工的心理活动是一个复杂的演变过程，很多财务共享服务中心在应对变革时并没有将员工心理变化对组织变革的影响放在十分重要的位置。当剧烈的变革行为发生后，他们会发现对员工心理变化的忽视是很大的错误。

变革心理曲线反映了变革中员工的心理。在变革开始前一切平静，员工甚至都不会意识到变革即将发生。所有人按既定模式做事情，没有任何信号，没有任何准备，盲目的乐观充斥整个组织。当有一天突然接到来自管理者的通知，得知变革即将来临后，员工不自觉地以冷漠抵触即将到来的变革。此时，由于变革的细节不甚清晰，盲目乐观的情绪仍然充斥整个组织，他们希望以抵触驱赶任何可能的变化。随后，人们发现抵触没有产生效果，紧随着会产生反感。一些员工逐步意识到这场即将来临的变革可能会对自己产生严重的影响，他们便悄悄地为自己寻找可能的退路。当变革措施的明细方案发布后，没有及早准备的人发现情况远没有想象中那么乐观，他们的预期突然被摧毁，留下的只有绝望。

经历了绝望的人往往有两种选择，一种是在绝望中离开，另一种则是在绝望中改变自己的目标和追求，重新面对。对于绝望中离开的人，没有理由指责他们的承受能力，更多的是管理者要检讨是否在变革中没有投入更多的精力进行变革管理，从而导致了人员的流失。对于后者，他们在走出绝望的阴影后开始尝试一种新的工作方式，对于变革后的新环境，他们小心翼翼地迈出每一步，当经历一步步的尝试后，他们会发现这种变革也许并没有想象中的那么可怕，并逐步找回失去已久的信心和希望。随着信心的恢复，他们开始接受新兴事物，进而产生乐观的情绪，直至最终恢复到变革开始前乐观进取的状况。

变革中的员工心理曲线（如图9-6所示）揭示了在变革中需要关注的三个重要方面：首先，要关注从变革开始到员工恢复信心主动接受新事物的周期（A）；其次，要关注员工产生绝望情绪时对组织绩效最坏的影响（B）；最后，要关注如何在员工接受变革并恢复信心后持续地提升组织绩效（C/D）。

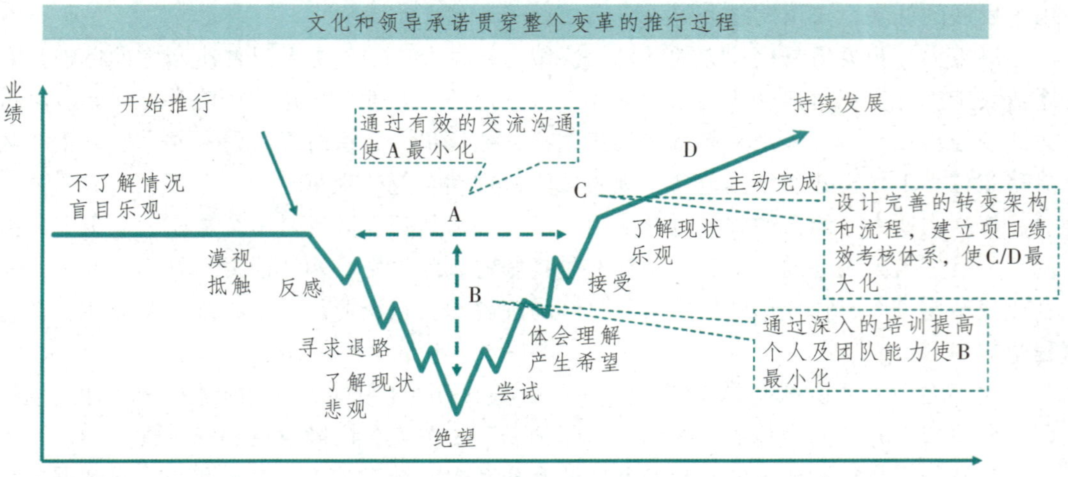

图9-6 人员变革心理曲线[①]

(1)领导重视化解阻力。财务共享服务中心的建设耗时较长，投入的精力较多。它是企业一次重大的组织变革和文化革新，会将那些与业务单元、业务环境相对独立的非核心业务剥离出来，规范化运作，由财务共享服务中心统一向所有业务单位提供服务。这种冲击往往会带来员工的质疑与不配合，特别是部分利益受到损害的管理者，更容易从心理上产生反感，并且这种情绪容易影响财务共享服务中心的领导者及更高层次的领导者，动摇建设财务共享服务的信心和决心。因此，细致的计划和流程标准化并不能够完全保证共享服务的成功实施，高层领导者的支持至关重要。在获得高层领导者的支持后，应注意将高层领导者对变革的关心和指示传达给员工，让员工充分理解财务共享服务模式的意义、领导的重视度以及给企业和他们自身所带来的巨大利益，让他们明白在整合过程中合作所带来的便利，鼓励员工积极参与到企业财务共享服务模式的建设和实施中，体验财务共享的优势所在。

(2)通过有效的交流沟通使A变小。从变革开始至变革后员工心理恢复到正常水平是一个重要的变革周期。通过对变革项目的研究发现，有的项目变革周期很短，而有的项目则很长。是什么原因影响了变革周期？研究表明，变革过程中信息的公开性和透明度与变革周期有着直接关系。

在财务共享服务中心的变革过程中，变革领导者和共享中心的员工是信息互动者。多种原因会导致两者之间的信息并不对称和透明。作为变革领导者，他们在实施变革前深有疑虑，由于担心实施过程中受到员工的抵触，领导者有可能隐瞒一些对员工不利的消息，以换取短期的稳定。对共享中心的员工而言，他们处于信息互动中的劣势，无法比变革推动者更早地获悉确切的消息。

事实上，变革曲线中A的幅度取决于员工对变革信息了解的深度。诸多变革案例表明，如果员工在变革过程中对具体情况不了解，心存疑虑，则他们从获悉变革到走向绝望，直至正视面对的过程将被放大和延长。反之，情况则会好很多。

因此，变革的领导者在实施重要变革举措前，应主动与员工沟通，通过真诚的对话

① 毕博. ERP与财务管理信息系统实施关键成功因素［EB/OL］.［2019-01-25］. https://wenku.baidu.com/view/1a02f76c640e52ea551810a6f524ccbff121cae5.html，2002.

获取对方的支持。当员工发现管理者是在与他共同面对困难，帮助他渡过难关时，尽管同样会有困苦，但会少一份忧虑。他们能够更快地走出绝望的低谷，并重新以崭新的面貌投入到工作中来。

（3）通过深入的培训提高个人及团队能力使B最小化。良好的沟通能够使员工更快地走出变革周期，而深入的培训则能够使员工在面临变革时不致走向绝望。员工在面临变革时走向绝望的一个很重要的原因，是担心自身能力无法适应变革后的环境，从而在新的环境中丧失竞争优势，甚至无立足之地。

变革的领导者如果能够及早预见这个问题，则能够将员工的心理落差稳定在一个可控的水平。针对组织演变带来的变革，培训的重点是转变观念并达成上下一致，讲解新组织架构以及新组织架构下的流程。对员工进行组织架构和流程的培训，能够使员工和团队对新组织有一个全面的了解，从而消除恐惧感。针对新技术带来的变革，培训的重点则应放在新技术本身，通过培训使员工和团队能够熟练应用新技术，使新技术不再成为负担，而是能够帮助员工和团队改进绩效的有效工具。针对管理思想所带来的变革，培训的重点在于对新思想的宣贯，使员工明白新思想的应用在于提升整个组织的绩效，并且，在培训的过程中要使员工明确自己能够在这次变革中学习到新的思想，提升自己的能力。

深入的培训是变革的支柱，通过培训使得整个团队和团队中的每个人对即将来临的变革做好准备，打下基础，当变革真正来临时也就不会过于恐惧。

（4）设计完善的架构和流程，建立绩效考核体系，使C/D最大化。变革的目的是带来更好的绩效，充分的沟通和深入的培训能够使员工和团队尽快恢复到变革前的绩效水平，但是变革的目标还没有最终达成。在稳定军心后如何迅速地提升组织绩效，实现变革的价值，是变革推动者此时最需要考虑的问题。

员工心理稳定后，最需要的是完善组织架构，优化流程，并建立一套完善的绩效考核体系。变革后，由于组织的剧变，很多细节问题还没有得到解决和落实，组织内的员工会将这些问题归结为变革推动者的责任，而不会积极主动地去解决这些问题。这些细小的问题会积少成多，并逐步地降低组织的绩效水平。在这种情况下，变革推动者不能仅仅被动地苛求员工积极努力地扫除这些问题，而应该主动地承担起这份责任，积极地完善组织的架构和流程。

一个优秀绩效体系的建立对迅速稳定变革中的组织并提升绩效是十分有帮助的。管理者可以根据此次变革的项目制定有针对性的绩效指标，从而为变革中的员工指明努力的方向。经历了变革之后，员工迫切地需要向自己证明所经历的一切是有价值的。此时一个富有挑战性的绩效目标不仅不会受到抵触，反而会激发他们的工作热情。

（5）文化和领导承诺贯彻变革全过程。沟通、培训和绩效体系的建设从技术层面减轻了变革的压力，使组织从变革的过程中获益。但仍要强调的是，虽然技术手段是变革的重要工具，但变革成功的关键还在于变革的推动者是否营造了一个良好的文化氛围，并且在恰当的时候给出承诺并履行承诺。

某公司财务共享服务中心项目启动时，分散在全国各地的财务人员被要求集中到北京。由于薪资待遇等没有相应提高，很多员工对此深有抱怨。但对这家公司而言，集中、共享势在必行。为了鼓励员工能够接受集中的现状，管理者慎重地做出承诺，即在共享服务中心工作两年后将可以协助其返回原工作地工作。尽管这个承诺是以两年后的人员流动为代价，但此时还是创造了极大的价值。有了这个承诺，财务人员放心地来到了北京。利用这两年的时间，一方面，管理者积极优化流程，实施一些人性化措施以鼓励员工主动留下来；另一方面，财务共享服务中心逐步地储备新的业务人员，以应对即将来临的人员回流。通过这些充分的准备，变革顺利完成。同时，也有很多员工在新组织良好的文化氛围中找到了自己新的定位，并主动要求留了下来。

（6）换位思考解决实际问题，进一步缩小A。虽然有了领导的支持和承诺，但在财务共享服务中心运营的过程中，员工在工作和生活中还是会遇到很多问题，这些问题都超出了员工的能力范围，例如员工异地生活的适应问题，由于财务共享服务中心大多经历了分散到集中的过程，或者出于提高员工素质、降低运营成本的考虑，财务共享服务中心的很多员工都不是所在城市的当地人，因此无可避免地会因异地工作而对生活造成一定影响。如果这时领导能安排相关部门或亲自带领相关人员解决这些问题，提前给员工联系好租赁的房屋、做好住宿附近行车路线调查、介绍超市及饭店分布等，那么财务共享服务中心员工的忠诚度、工作积极性势必大有提升。变革曲线揭示了变革中员工会面临的困难，以及管理者应如何积极应对。积极的心态是化解危机的关键，变革本身并不可怕，可怕的是不敢面对变革。

2.客户的变革应对

变革曲线解决了变革中组织内部员工的问题，但不能忽视的是，组织的客户也是变革的干系者。当变革行为发生时，组织的客户会切身感受到这些影响。管理者必须考虑如何最大限度地减少变革给客户带来的影响。

对多个财务共享服务中心的调查表明，在变革期间，客户感受到的最大压力是沟通界面的变化。财务共享服务中心作为一个集中式组织，它对客户是封闭的。如果变革没有改变客户沟通界面，客户不会在变革中受到巨大的影响。然而，如果变革改变了客户沟通界面，客户无法再像先前一样找到明确或熟悉的接口人，客户的满意度会迅速受到影响。不难看出，一个完善的沟通渠道在适当的时候能够有效地化解变革对客户的影响。

财务共享服务中心和客户间的沟通可以分为主动沟通和被动沟通。对共享服务中心而言，最为理想的沟通状态是让客户将财务共享服务中心视为一个整体，他们是在与财务共享服务中心这个组织发生交互，因此，在进行沟通渠道设计时，要尽快塑造一种整体形象。

（1）主动式沟通渠道。主动式沟通渠道是以财务共享服务中心为主体，主动向客户发起沟通的行为。主动的沟通渠道能够让客户产生被服务的感觉，有利于提高客户满意度。主动式沟通渠道的建设关键在于能够将希望沟通的信息有效率、高质量地传递到客户那里。

例如，一些财务共享服务中心设立了专业的沟通渠道管理人员，他们负责对与客户沟通的各种渠道进行管理。主动沟通渠道中最为重要的是向客户发布公告和邮件，公告的发布通常会在客户方的公告信息栏或论坛中进行。为了树立共享服务中心在客户心目中的整体形象，公告的发布可以进行统一编号，所有公告的形式保持一致，并以共享服务中心署名。渠道管理员要对客户群体进行分析和分类并及时对各类群体信息进行维护，当客户群体被明确划分后，信息的发布将更具针对性，信息通过最直接的渠道传递到客户那里，从而达到最佳的宣贯效果。对于与客户正式的沟通，建议采用书面函件的方式进行。正式的文件使客户能够意识到事件的重要性，并给予更多的关注和认同。

（2）被动式沟通渠道。与主动式沟通渠道相反，被动式沟通渠道是指客户主动向财务共享服务中心发起沟通，财务共享服务中心被动应答的方式。这种沟通方式不适合信息的发布，但却能够有力地支持客户的业务咨询。被动式沟通的关键在于让客户能够在需要的时候找到合适的人并满意地解决问题。

为避免缺乏统一的应答，以及发生客户有可能得到错误的解答和不满意的服务，或是根本无法找到人进行解答的情况，财务共享服务中心可以考虑建设自己的呼叫中心以应对客户的咨询。借助呼叫中心，财务共享服务中心可以建立自己的知识库，将与客户相关的各类知识予以记载，并在答复客户咨询的过程中不断进行知识积累。对于自行建设呼叫中心有困难的财务共享服务中心，可以考虑将呼叫业务外包给专业的呼叫中心，它们在呼叫业务管理上有着更加丰富的经验和技术条件。但需要注意的是，外包的呼叫中心尽管具有其在呼叫行业的专业水平，但缺乏财务业务知识。在这种情况下，财务共享服务中心可以通过派驻培训经理的方式来协助呼叫中心提升财务业务知识水平。在一些情况下，还可以将呼叫中心的接线人员安排到财务共享服务中心现场进行学习。

对沟通渠道的建设，能够有效地改进变革过程中财务共享服务中心和客户之间的沟通界面，使得客户能够尽快地接受这种变革，并认为这种变革不会给他们带来巨大的影响。

3.企业的变革应对

心理的疏导和沟通渠道的建设使组织在面对变革时不会束手无策，但对一个优秀的共享服务中心而言，更为重要的是在日常运作中培育其应对变革的能力。

变革能力的产生往往需要外力的推动，因此在很多企业中，变革的产生往往伴随着组织的调整。克莱顿·克里斯滕森（Clayton M.Christensen）与迈克尔·奥弗多尔夫（Michael Overdorf）在《应对颠覆性变革的挑战》一文中指出，通常可以通过以下三种方式来培育应对变革的能力：在公司内部成立一个新机构，建立新流程；从现有组织中分拆出一个独立的组织，建立解决新问题所需的新流程和新价值观；收购一个外部组织，其流程和价值观必须与新任务的需求高度匹配。

（1）在内部培育新能力。由于最初的组织边界通常是为了旧流程的运行而界定的，当出现新的挑战时，旧流程不再适用于新形势，那么管理者就要从现有组织中抽调相关人员，重新划定边界，组成一个新的团队。

这种新构建的团队能够全身心地迎接新的挑战：团队成员在同一地点工作，团队每位成员都对整个项目的成功承担各自的责任。很多公司将这种新型团队作为流程创新的工具，来尝试新的技术和新的管理思想，这种应对挑战和促动变革的组织模式赋予组织内部更强的创造力和执行力。

（2）通过分拆组织培育新能力。当组织的主流价值观使它无法给一个创新项目分配资源时，公司就应该将该项目分拆出去成立一个新企业。大公司不可能为了在小规模的新兴市场上取得优势，而将关键的财务资源和人力资源分配给这个项目团队。而且，对成本结构专为高端市场而设计的公司来说，也难以在低端市场上盈利。分拆后组建一个独立的组织，有助于建立解决新问题所需的新流程和新价值观。

例如，在一些共享中心推出影像业务时，代表了颠覆性变革的影像处理业务流程被埋没在以实物流转为主体的传统业务中。尽管影像系统有其技术的先进性，但考虑到主要客户并没有提出这样的需求，并且担心影像系统的实施会使原来纸面流转的传统流程受到冲击，从而引发变革的阻力，因此很少被引入和实施。直到一些管理者将影像流程组织单独剥离出来，并说服一些合适的小客户使用影像系统后，影像业务流程才找到了自己的土壤和空间。

分离组织并不是要让该项目在空间上独立，而更多的是不能让该项目与主流组织的其他项目争夺资源。通常来说，与公司主流价值观相抵触的项目，其优先级自然会被降为最低。分拆出去的组织是否需要另辟办公场所并不重要，重要的是它不能再受原有资源配置流程中常规决策标准的束缚。

（3）通过收购培育新能力。对组织的资源、流程和价值观中的缺陷也可以考虑通过收购来获得弥补，某些外部组织的流程和价值观，可能恰好与新任务的要求高度匹配。这时，就可以通过收购来获得这些能力。在收购过程中，管理者必须仔细评估被收购公司的资源、流程和价值观中蕴含的能力和缺陷，同时必须准确了解被收购公司的能力所在，并有针对性地对其进行吸收和同化。

例如，进行企业收购时，管理者常常选择将被收购方直接整合到母公司中，这种整合的方式会导致被收购方迅速被母公司的流程、价值观和经营方式所趋同，丧失了其自身独特的能力，从而导致收购的初衷难以达成。因此，通过企业收购的方式获取被收购方流程和价值观时，正确的做法应该是让被收购的组织单独存在，并将母公司的资源注入其流程和价值观，只有这样才能真正通过收购获得新能力。

这种能力获取方式不仅适用于收购，对于竞争性的内部合并也是有效的。某集团的财务共享服务中心分设国内中心和国际中心。国际的财务共享服务中心更加了解当地的具体情况，能够更好地适应海外客户的需求；而国内的财务共享服务中心在流程和价值观管理上则更为突出。集团在将二者合并后，并没有让双方人员融合后进行业务处理，而是配以共同的领导，分别运作。这时，管理者将国内中心的流程和价值观在国际中心予以实施，并让国内中心逐步学习国际业务的复杂性，从而有效地提升了整合后中心的整体能力。

微课：变革应对

【案例】SAP亚洲六年瘦身CFO畅谈共享服务变革

尽管SAP在中国的业务正以每年50%的速度增长，可是它在中国的员工数量并没有多少变化。“除了在上海的研发中心需要不断招聘一些新人外，我想我们公司在很长一段时间不会招进新的员工。”北京SAP的姚小姐告诉记者。更有甚者，SAP中国一些岗位上的职员正在迅速减少，现在负责北京公司人力资源的只有两位员工，而上海只有一位。而在前不久，SAP各地分公司人力资源岗位的编制还是四至五名。同样，在财务、营销、法律等各个环节上，SAP中国的人手也没有随着业务的迅速增长而增加，岗位职能也在发生巨大的变化：中国区的财务人员不必为公司庞杂的差旅费、应收账款、票据结算而头疼，行政管理人员也不再为合同管理、信件、员工请假等琐事而手忙脚乱。

前来中国“布道”的SAP亚太区首席财务总监兼新加坡管理总监Colin Sampson向中国记者讲述了这一场长达六年的运动。“这一切都是因为五年前SAP亚太区开始了一项新的尝试。”Colin说。五年前，SAP亚太区在Colin的带领下，进行了一场低调却重大的变革——在公司内部推行共享服务。

Colin把它定义为一种协同战略——即将现有的部分业务职能部门合并为一个新的、半自治的业务部门，旨在提高效率、创造价值、节约成本并提高对总公司内部客户的服务水平。“要像一个独立企业那样在开放市场中展开竞争。”他总结道。通过共享服务，SAP亚太区降低了40%的管理成本，节约了42%的人员数量。“根据内部测算，每个员工的平均月成本下降了20%；此外，因为安排了专门的人来处理专门的事情，现在9个人可以承担以前需要16个人完成的工作。”Colin说。

为什么由CFO领导变革？SAP亚太区为什么要由CFO在内部发动这样一场共享服务的变革？驱动力是什么？最重要的原因是CFO这个角色正在面临巨大的挑战。首席财务官们不像过去那样，仅仅是在电脑前面按按键，而是介入到企业价值链上的各个环节：企业战略、结构重组、BPO（业务流程外包）、KPI（关键绩效指标）、销售、IT……信息对企业至关重要，因此CFO面临快速结算的挑战；受萨班斯-奥克斯利法案的约束，内部控制和报告的重要性与日俱增，所以CFO就必须与CEO一起来承担最终责任；要减少成本、确保信息的高质量和可靠性，CFO就必须介入流程标准化和流线化的全过程；安然事件的发生，企业监管和风险控制问题被摆到桌面上来，这一切都是当今CFO们不得不面对的挑战。而这些挑战在Colin看来大部分都可以通过共享服务得以解决。其最终目的就是：企业在发展的同时，成本也得到有效控制。

那为什么是由CFO来领导这场变革，而不是CEO，或者是职位更高的人呢？事实上，BP（英国石油公司）也在做同样的事情。BP的全球CEO约翰·布朗勋爵是整个集团建立共享服务中心的幕后推动者。但当他在决定引发这场变革的时候，所考虑的第一个人就是CFO，CFO能够阐明如何推动这场变革。实际上，如今CFO对任何一个公司都是至关重要的，他们既涉及对新系统的部署，同时也参与对以往企业运作系统的更新换代。一旦获得了CEO的授权，在推动这个项目的实施过程中，CFO就是不二人选。

当内部员工对共享服务带来的组织变革产生畏惧，进而对集权产生阻力时，SAP大概从什么时候开始考虑建立共享服务这个模式，花了多长时间呢？Colin说：大约在六年前，我们提出过要建立共享服务中心，但是遭到了公司上下的一致反对，大家认为风险太大。五年前，我们再次提出，可以在亚太区先试点建设共享服务中心。因为没有别人的经验可以学习，不能从其他地方获得帮助，所以主要是在一些比较小的领域开始尝试，例如在员工薪金支付系统、合同管理等领域。在这两个领域取得成功后，以此为基础进一步推广，逐步扩大它的实施范围，直到财务和行政管理。整个过程从起步到真正扩展开来花了三年多的时间。最后又花了大概一年半的时间从战略层面在整个公司推广。

这场变革是一场全民运动，包括所有部门的所有人，Colin讲道，这样的变革需要得到所有人的支持，他们都是加班来做的。变革中花在沟通上的时间极多。比如，亚太区管理人员每周都要开会，通报最新进展情况；每月一次内部沟通的电话会议；通过电子邮件和内部新闻稿向每个员工提供最新信息。总之，充分沟通，得到大家的理解和支持是很必要的。

在这场组织变革过程中有没有统一的指导思想呢？Colin介绍说：首先要确立目标和方法。为了建立亚太区共享服务中心（APA/SSC），亚太区所有的12家分公司执行的是统一的业务流程，重点是五个方面，包括合同管理、人力资源与薪金管理、教育管理、咨询管理和财务与行政管理。具体的策略是渐进式，一项一项业务依次合并。追求的是立竿见影的效果，否则大家容易失去信心。

这场变革具体的实施步骤是什么？Colin回答道：首先，要选择共享服务中心的地点。综合考虑以下几个因素：是否接近亚太区的管理层，接入IT的基础设施状况，劳动力资源，包括通信、交通、医疗等在内的国家基础设施条件等，最后选择了新加坡。其次，建立一个完整的共享服务结构，也就是业务内部系统再造。从IT、HR直到内部审计，这些不同的群组中通常都会安排一个组长，也会各有一个小组长负责各组的财务管理、咨询管理……他们之间都是通过共享库来进行交易。打个比方，子公司的财务人员不能往共享库中输入文件，但是他们可以查看、分析并获取所需要的信息。通过共享服务，公司可以实现信息透明化，降低风险。

变革中间遇到最大的阻力是哪些，如何解决呢？Colin介绍说：遇到的最大困难就是：因为要将一些职能集中起来，很多分公司的领导者都与他们的下属感情深厚，他们不愿意看到下属离开岗位，被分派去做其他工作。为了能够解决这些问题，我们与相关的人员进行了充分的沟通和座谈，向他们说明这种变化对他们会产生什么样的影响。以一种开诚布公的方式告诉他们，今后业务发展的方向在哪里。有时候我会打电话给那些董事、总经理，问他们，是什么让你们如此焦虑不安？是销售额、是人事问题还是薪酬？都不是，他们担忧的只是如何才能满足客户的需求，所以我们需要建立一个高效的共享服务中心。

执行共享管理，在组织变革之后公司内部CFO的决策和职能将会发生什么样的变化？Colin认为，CFO是为公司未来确定财务战略，这个未来的期限可以达到十年以上。CFO的作用是根据公司竞争对手在财务方面的能力，为本公司确定一个财务方面的标准，而且CFO应该清楚地了解受资者的预期，同时他需要帮助公司实现所要达到的目标。举个例子，通常大家认为预算是相当重要的，可是通过共享服务，对于SAP来说，重点是放在预测，而非预算。完全抛弃预算需要具有革命性的勇气。但是，财务管理人员最好是能将预算体现在实现公司的目标和远景战略之中。他们应该采取更及时的反馈方式，同时应具有高瞻远瞩的眼光。SAP将精力集中在滚动式的预测，也可以把它称为一种更灵活的预算，用这种滚动式的预测来帮助企业确定关键绩效指标。这些业务指标是变量，比方说，如果一个国家的发展比之前预测的速度要快，那么就随时可以调整指标以及相关的战略，以适应这个国家加速发展的新局面。因此我们会建立一个程序，随时应对业务的发展和新形势的变化。

变革后中国分公司的CFO呢？他们会不会抱怨权力被削弱了？Colin认为：CFO的职能本身就一直在发生着变化，不能简单地说谁更强势或谁被削弱。各个国家分公司的CFO现在更多的是考虑如何为决策提供支持，而他们之前的作用可能只是将财务数据简单地记录下来。实际上，他们会更加愿意，也更加主动地来从事这种决策。我们从亚太区各个国家CFO那里收集相关的数据，在共享服务中心进行数据整合，共享服务中心与各个国家的CFO实际上是一个团队。共享服务的关键在于，是否能够允许CFO独立履行这种变革中所要求的一些职责，比如，让中国分部的CFO独立负责包括持续降低运作成本、提高合并信息的质量和可靠性、优化向内外部客户提供的与服务和支持等相关的财务决策，而非像过去那样，仅仅从事财务方面的管理。

什么样的行业，什么样的公司应该建立共享服务中心？或者说它对中国企业的意义何在？Colin又谈到了BP的例子，这是一个石油公司，其上下游产品涉及几千种，同时有化工、天然气、电力等，而且它的业务遍布全球。对于这样一个大的石油公司来说，它的共享服务可以划分为三个地区：欧洲、美洲和亚太区，这三个共享服务中心是在不同的业务领域分配设置。今后将会有一个统一的、一体的共享服务中心。所以，其实任何行业都可以实施共享服务。SAP与BP几乎是同时做着同样的事情，我们也是要建立这样三个共享服务中心，一个在亚太区，一个在美国，另外一个打算建在欧洲。这对中国的意义更是重大的，我们认为，将来中国很可能会成为这种共享服务的全球性中心。

思考：SAP的变革历程为财务共享服务的实施与变革提供了哪些实践经验及启示？

第三节 财务共享服务中心的风险管理

风险是影响目标达成的不确定性。财务共享服务中心的出现是一次革命，它的可持续发展必须建立在变革的基础上。而变革的同时，就意味着要时刻面对潜伏着的各类风险。企业在实施共享服务的过程中，要能提前认识到这些风险的存在及其严重性，预先制定应对措施或备选方案，并注重对风险的监控，从而使变革之路更为平坦。

一、财务共享服务的风险模型

财务共享服务中心的实施风险主要包含三类：战略风险、管理风险和技术风险。其中，战略风险主要是一些战略性决策所带来的风险；管理风险多是运营管理业务所带来的风险；技术风险主要是来自基层业务或业务支撑系统的风险。

1.战略风险

（1）业务范围确定风险：选择财务共享的范围涉及集团内部敏感的利益划分，将会给财务共享服务的运行带来内部阻力，给项目带来运作风险。

（2）选址策略风险：共享服务中心的选址应参考成本/收益、当地经济和政治环境、税收、法律、资产和人力资源等多方面因素。这些因素关系到财务共享服务中心的运营利益和绩效，直接影响实施成败。

（3）实施方法风险：选择不恰当的实施方法，将增加财务共享服务中心的实施成本，甚至可能导致实施失败。

2.管理风险

（1）组织架构风险：财务集中打破了传统的分散式财务管理结构，实现了财务会计和管理会计的分离，财务管理职能独立出来，由此引发了组织架构及各级财务职能的重新建立和划分问题。

（2）人员转型风险：财务集中后，各分子公司的业务核算全部集中到财务共享服务中心处理，从而引发了分子公司释放的财务人员的转型问题。

（3）心理变化风险：员工心理变化、接受变革的态度以及对变革的支持力度等都可能影响共享服务项目实施的进度及效果。

3.技术风险

（1）IT系统优化风险：财务共享服务大多是借助IT系统来实现，系统的优化和设计将影响流程的设计和财务共享服务中心的成功运营。

（2）系统集成风险：企业中原先各自分离的一些自动化信息孤岛在集成时会产生很多接口上的困难，要深入了解各孤岛的内部机制。

（3）流程风险：流程设计的合理性会影响财务共享服务中心的运作效率，是影响财务共享服务中心能否成功运营的重要因素。

（4）业务变更风险：新模式下业务单元以及操作流程设置得合理与否，对财务共享服务中心能否成功运营起着至关重要的作用。

二、战略风险及其应对

1.业务范围确定风险

确定财务共享服务中心的模式与定位是实施财务共享的首要任务。

业务范围的确定会带来企业财务组织架构的变革，由于涉及内部利益格局的转变，业务范围划分的风险将会给财务共享服务中心的运行带来阻力。财务共享服务的模式，适用于具有同质性、高度重复、可标准化的业务，其业务区域具有明显的特征。

财务共享服务虽然具有规模优势，利于降低流程成本，提升效率，但是由于其强调标准化、统一化，因此很难满足业务需求多变、标准和方式独立的业务单元，例如与集团主营业务相差非常大的子公司，是否将其纳入集团共享服务中心的业务范围，就需要根据其业务特性、成本效率等因素，进行慎重的考虑与判断。

财务共享服务业务范围的确定，决定了共享服务实施后共享服务中心与企业其他财务组织间的职责界面和利益划分，以及纳入共享服务的企业组织机构。不恰当的业务范围，容易造成共享服务实施过程中组织内部运行不畅，以及与其他组织间的协作障碍，对于共享服务目标的实现具有极为不利的影响，会带来运行风险。

在财务共享服务推广过程中，不能一味追求共享的模式而忽略了业务的本质。对共享的业务范围进行缜密的考虑和确定，对于共享服务模式优势的体现具有积极的促进作用。

2.选址策略风险

财务共享服务中心选址的最直接意义在于与建设共享服务中心的目标或定位保持一致。不同的目标或定位决定了其对环境的不同需求，管理者需要借助财务共享服务中心选址来满足这种环境需求。如果财务共享服务中心选址与这种需求发生冲突，将会给财务共享服务的长远发展埋下隐患。因此，需要谨慎对待选址问题，而非简单地就地取材，将共享服务中心建设在CFO身边。

选址策略从总体来看，受共享服务中心定位、运营模式、长远战略、企业规模大小等多个因素的共同影响。以共享服务中心定位为例，如果建设财务共享服务中心的主要目的是降低成本、从中获益，选址时就会更多地考虑当地的人力成本和运营成本等成本因素。在确定了财务共享服务中心选址的总体策略后，还需要从人力资源、成本/收益、当地环境、税收法律四个方面去综合考虑选址当地的人员素质、人力成本、通信与交通、人才资源、与总部的关系、城市的配套设施、当地的法律法规及税收政策等影响因素。

财务共享服务中心的选址应综合考虑上述选址决策的影响因素，将选址与环境需求相冲突的风险降到最低，满足财务共享服务中心的长远发展需求。需要注意的是，事实上，不存在能够满足所有选择标准的办公地址，所以在决策过程中应进行排序，选择其中最适合的即可。地震、飓风、洪水等自然灾害都有可能引起业务中断，必须在选址时加以考虑。

从行业调查结果可知，中国企业在为共享服务中心选址时，比较关注的因素集中在与总部或分支机构所在地一致、人员素质和招聘来源以及成本等因素。目前，已实施财务共享服务的企业大多集中在北京、深圳、大连、天津、成都等城市。

综上所述，企业在进行财务共享服务中心选址决策时，应紧密结合企业对财务共享服务中心的建设目标和定位，综合考虑相关影响因素，参考国内已实施财务共享服务企业的经验，做出自己的选择，为企业规避风险。

3.实施方法风险

财务共享服务的实施是一项耗时较长的复杂工程，各个阶段环环相扣，每一环对整个项目的成功都起着重要的作用。同时，共享服务这个理念起源于西方，在中国企业的应用中，还需要结合中国社会经济背景和企业自身特点，设计出一套完善的实施方法。不恰当的实施方法，将增加财务共享服务中心的实施成本，甚至可能导致实施失败。实施方法主要解决以下几个方面的问题：

（1）试点单位选择。是选择某个地区或产品线试点，还是选择几个法人机构试点。这两者的区别是，使用地区或产品线试点，所实施的业务有一定局限性；选择法人机构试点，业务范围较为广泛。

（2）试点业务选择。是所有的流程同步切换，还是从某些流程先开始。如果所有流程同步切换，对财务共享服务中心的业务处理能力将是全方位的考验。

（3）试点周期选择。试点周期越长，发现的问题就会越多、越全面，但试点周期过长会拖延共享服务中心的实施进程，消耗共享服务中心人员的进取热情。而如果试点周期过短，又不能充分发现存在的问题。

（4）问题反馈处理机制。在试点的过程中，试点单位会不断反馈工作中遇到的问题，这些问题如何被接收、记录、处理、反馈及其对应的时效要求将影响客户的满意度，且由于处于试运行这一敏感时期，问题的处理很可能会影响后续的全面上线推广。

（5）全面上线策略。在试运行过程中，财务共享服务中心需要对相关业务流程、组织架构、人员分工、IT系统、运营管理等进行修正，并确定最终方案。试运行结束后财务共享服务中心的全面上线，是将所有子公司业务流程一次性全部上线，还是逐步接入各子公司业务流程，这是需要慎重对待的问题。如果一次性全部上线，就会面临试点单位选择的问题，共享服务中心的业务处理人员将面临巨大的压力，而且由于是所有子公司的业务流程，这个考验将比试运行期更加严峻。

对于以上问题，根据总结的实践经验，建议如下：

（1）合理选择共享模式。财务共享服务中心模式选择必须以企业战略发展为起点，分析企业对财务共享服务中心的职能定位，并进行研讨论证，分析选择。

（2）欲速则不达。无论是试运行期，还是全面上线期，应优先选择某个地区或产品线的易于共享的业务上线，例如可以选择较为规范的子公司的员工报销、档案管理、资金支付等业务先行上线。

（3）试运行期以2至6个月为宜。较为简单的业务经过2个报表期已经可以将问题充分暴露出来。较为复杂或发生频率低的业务因经过6个月的试运行，也已经经过了一次半年报或者年报，财务共享服务中心可以获取一定的处理经验。

（4）加强宣贯与监控。财务共享可能会限制子公司经营的灵活性，对突发事件处理的及时性不足，在一定程度上导致子公司对财务共享服务上线的抵制。但这并非财务共享的问题，而是集权与分权的矛盾。实施财务共享的目的是要为子公司提供良好的财务内部环境，因此财务共享服务中心在建立之初就要做好宣贯工作，让公司所有员工都了解财务共享服务中心建立的目的；另外，通过系统或制度化建设引入高效的财务跟踪和监控机制，总公司可以对下属公司充分授权，并且不介入下属公司的日常管理。

（5）建立完善的问题处理机制。问题的处理方式、客户满意度也会影响后续的上线推广，必须要予以重视。问题处理不但包括业务流程中出现的问题，例如员工报销费用时不知如何提单，或者系统出现问题导致报销金额有误等，还应包括财务共享服务中心内部的问题如何处理，例如系统需求提交等。对这些问题的处理应固化，以便高效、快速解决问题，避免每次出现问题时都要请示领导。

三、管理风险及其应对

1.组织架构风险

一方面，财务共享打破了传统的分散式财务管理结构，实现了财务会计和管理会计的分离，使财务管理职能独立出来，由此引发了组织架构及各级财务职能中心的建立和划分问题。另一方面，财务共享服务中心流水线的工作模式，导致共享服务中心内部也存在不同的组织架构划分，能否协调好组织间和组织内的关系对共享服务中心的发展至关重要。组织架构的风险主要分为三个方面：

组织架构的设置风险。财务共享服务中心整体战略目标的达成，依赖于内部各个组织模块的协同工作，以及与外部关系部门的良好配合。在共享服务中心运营的过程中，相关组织的职责界面划分是否清晰，内部机构设置是否科学，组织架构是否过于偏重内控等都会对共享服务中心的效率产生影响。如果组织架构的设置不合理，就会导致相关组织的工作开展受到牵制和阻碍，影响整体组织目标的达成。

组织架构的运行风险。一是运行效率低下的风险，这可能是由于财务组织设置不科学、权责不清晰、职能交叉、跨部门协调不畅等，这样会增加组织的运行成本；二是岗位操作风险，操作风险是员工在日常操作中，由于缺乏监管或员工故意作弊，违规操作给公司带来损失；三是运行中不能很好地通过组织或职能调整优化企业的管控方式，导致管控不力或管控过度，出现失控、员工积极性受挫等问题。

组织架构的监控风险。组织设立后，需要根据公司管控要求，不断优化，这就需要有一套很好的监控和评价机制，监控风险主要是监控过度和监控不力两个方面的风险，这就需要对此进行协调和平衡。

针对以上风险，财务共享服务中心应该如何应对？

组织架构的设置应兼顾职能的完整性、处理业务的高效性和审批的分级性。紧密相关的业务操作应尽量放在一个组织中完成，同时避免出现业务无人负责的情况。对组织架构设置和运行中存在职能交叉、职能缺失或运行效率低下的问题，应当及时解决。企业应制定科学、高效的组织结构图、业务流程图、岗位说明书和权限指引等内部管理制度或相关文件，对各组织机构的职能进行科学、合理的划分，明确各个岗位的权限和相互关系。对不相容职务必须严格分离，避免关键人物操纵整个业务。明确划分各层级的权限，规定其权限范围，对超出限额的业务，必须通过上一级领导审批。

确保信息畅通。组织架构的设计，需有利于组织间、组织内部上下进行有效的沟通、信息共享，防止因组织架构复杂或沟通渠道不畅导致业务无法正常开展。

健全内部控制制度。财务共享服务中心要建立健全议事规则和内部运行制度，严格履行职责，确保不缺位、不越位、不错位，保证权力制衡机制作用的有效发挥。

2. 人员转型风险

实施财务共享服务后，分散在各分子公司的业务核算全部集中到财务共享服务中心处理，通过规模效应以及共享后的流程优化、效率提升，财务核算人员将得到极大释放，从而引发了各分子公司释放的财务人员的转型问题。

在实施初期，不建议随意或盲目地减少人员，这样可能造成人心不稳，抵触情绪增加，不利于项目推进。集团在设计财务共享服务方案时就应提前明确对释放人员的安置态度和转型方案。如何根据释放的财务人员的学习能力、基本素质选择适当的转型方案是问题的关键。

3. 心理变化风险

变革的成功依赖于各种因素的综合作用，在这之中人的因素是万万不可忽略的，企业的任何行为都离不开人，如企业的建立、战略定位的确定、产品的生产等，越来越多的学者和实践者认识到在变革中必须先解决人的问题。从职业心理健康的角度来分析，组织变革对员工而言是一个特殊而强大的刺激源，员工必然会产生不同寻常的应激反应，如若员工没有足够的能力应付如此强大的压力，将会引起一系列生理、心理、行为上的不适，进而影响正常的工作与生活，这样的员工将是组织变革的真正风险。

许多企业把员工帮助计划（EAP）作为建立员工心理支持和干预系统、帮助员工解决变革中各种心理问题及应对由此引发的危机事件的一种有效途径，并且得到了广泛认可。诚然，是否能应对压力与每个员工个人的心理素质与应对技巧有关，但已有的大量研究表明，组织在变革中也能通过很多管理手段帮助员工消除和缓解压力、提高员工对变革的适应能力，从而把员工从变革的阻力转变成为变革的推动力。

在变革心理应对中，财务共享服务中心的领导者至关重要，共享中心的领导者可从以下方面入手，增强员工对财务共享服务的认同感，积极参与和支持项目实施：

（1）领导者表达对财务共享服务中心建设的重视和支持。高层领导应将对财务共享服务中心的关心和支持传达给员工，让员工充分理解财务共享服务模式的意义，领导者对财务共享服务的重视程度，以及财务共享服务为企业和他们自身所带来的巨大利益。

（2）培训、培训、再培训。通过反复培训，让员工充分认识到实施财务共享服务的重要性和必然性，与企业达成一致的奋斗目标。

（3）频繁而密切的沟通。与员工沟通财务共享服务中心未来的发展方向、目前的进展、可能遇到的机遇与困难，了解员工的顾虑和担忧，积极引导，让员工对未来有清晰的认知。

（4）承诺与承诺兑现。给予员工适当的承诺，激发员工的进取心，同时，在适当的时候兑现承诺，让员工对领导有充分的信任，以更加饱满的热情投入工作。

（5）分享、宣贯。对项目关键里程碑进行排序，及时分享项目实施成果。增强财务共享服务中心员工及企业其他部门对财务共享服务中心的信心。

四、技术风险及其应对

1.IT系统优化风险

信息化是财务共享服务的一大特征，财务共享服务的实现及实施效果依赖于几大核心系统的支撑。这些系统的设计以及与业务系统的集成，关系着财务共享服务中心的运作效率和运营效果，也关系着财务共享服务中心的业务流程是否能得到系统的有效支撑。分散模式下，各分子公司大多是根据各自的业务需求自行开发相关的信息系统，但各分子公司的信息化程度不同，所采用的信息系统也不一致，原先各自分离的信息孤岛在集成时可能会产生很多接口上的困难。而共享服务实施的一个重要前提是具有统一的系统平台，这一点对很多企业，特别是中国的企业来说是一个较大的阻力。

针对IT系统优化风险，建议可从以下几个方面防范：

（1）对企业IT系统现状进行充分评估，识别系统的待优化之处以及实施共享服务的功能缺失部分。

（2）尽可能开发并整合业务系统，同时开发必要的核心系统功能，以满足共享服务的要求。

（3）充分集成业务系统与财务系统。

（4）各分子公司派人参与系统需求设计，确保系统功能满足各公司的需求，同时增强各公司的参与感，降低系统上线的阻力。

（5）尽量统一各分子公司的业务和系统，减少系统的数量，降低接口难度。

（6）对共享服务中心人员进行培训以使其熟练掌握各个业务系统功能及操作。

（7）IT系统开发时应关注界面的可操作性，操作方式简单明了，说明信息尽量使用通俗易懂的非专业性词汇等。

（8）尽可能将各种流程、制度要求实现系统固化，例如各种事前事后审批、签批流程、额度控制等，以提升业务处理效率，避免差错，实现风险控制。

2.系统集成风险

随着计算机技术、网络技术和通信技术的飞速发展，企业的信息化水平得到了前所未有的提高。在企业的巨额投入下，办公自动化、管理信息系统、决策支持系统等纷纷得到实施和应用，帮助企业提高运作效率，协助企业管理层的决策制定。但是，随着企业发展规模的扩大，企业发现信息化并未达到预期的目标，由于信息化开始阶段的盲目性、分散性和局部性，现有的信息系统都是分散的、异构的、封闭的，系统之间不能实现信息的有效共享，造成企业内部部门间信息交互的困难，影响了企业的正常运作，信息化反而造成了企业内的一个个信息孤岛，成为企业进一步发展的瓶颈。要解决企业内部信息共享的问题，最切实可行的方法就是选择一个合理的集成方案，对企业内的多个信息系统进行有机集成。系统集成不仅涉及技术方面，更涉及组织架构、管理、人员等方面，所以集成的过程中存在巨大的风险。

系统集成过程中涉及的风险主要包括以下几个方面：

（1）管理集成风险。人们常说，信息系统的开发，三分靠技术，七分靠管理，而信息系统集成过程中，管理同样扮演着关键的角色。IT系统集成的目的是解决信息孤岛的问题，支撑企业的业务运营和辅助管理决策，这必然会涉及不同的部门，可能需要调整组织架构、划分部门利益、分派资源、梳理和重整业务流程，这些都是管理集成不得不考虑的问题。

（2）技术集成风险。企业在不同阶段上线的信息系统可能会采用不同的技术开发，运行于不同的平台之上，也可能使用不同的第三方成熟产品。而技术的发展日新月异，新旧技术之间，新技术与旧平台之间，不同平台、不同产品之间能否实现无缝集成，都会影响信息系统集成的成功与否。

（3）数据集成风险。信息系统集成可以解决企业数据冗余和信息孤岛的问题，以达到信息共享、辅助管理的目的，但现状是企业没有一个统一的数据模式和成熟的数据质量稽核机制，各部门之间信息封闭、独立，不能共享，各信息系统之间采用不同的数据库平台和选择不同的数据库设计模式，所以在系统集成时，会产生数据丢失、不准确以及各系统数据冲突、冗余、缺失等风险。同时，没有建立完善的管理制度，数据泄露、数据安全等都是系统集成的隐患。

（4）人员集成和其他风险。信息系统集成涉及企业的各个层面，存在各个部门利益资源的分派、专业技术人员和业务人员的沟通交流障碍、实施人员与开发人员的矛盾、顾客与开发方的目标不一致、项目过程中人事变动等潜在风险。同时，系统集成往往周期较长，这期间国家地方法律法规及行业政策的变化、经济环境的变动都会带来各种风险。

针对系统集成风险，建议可从以下几个方面防范：

（1）争取管理层支持，根据战略定位，对组织架构、职能、业务流程进行重新划分。

（2）在企业自身IT资源的基础上，通过招聘或外包提升IT处理能力，打通不同信息系统间的接口。

（3）建立企业数据管理制度，包括数据质量要求、数据稽核规范、信息安全规范等。

（4）必要时重新建立一个新的数据管理平台，彻底解决数据冗余、信息孤岛的问题。

（5）加强人力资源管理，考核与激励并重，高效、合理地使用人力资源。

3.流程风险

流程设计的合理性会影响财务共享服务中心的运作效率，是财务共享服务中心成功运营的重要因素。

实施财务共享服务后的一大特征是所有流程及操作都流程化、标准化，这是财务共享服务提升效率的一个重要因素。对于大型集团企业，在分散模式下，各分子公司都有一定的自主权，即使相同的业务也很可能对应不同的业务流程，而财务共享服务实施中的一项不可缺少的工作就是流程梳理及优化，使优化后的流程一方面满足各分子公司业务需要，另一方面尽量做到高效、标准化。如果流程设计不合理，可能为财务共享服务中心的运营带来极大的阻力，导致工作效率低下、流程冗余、成本耗费大，甚至无法实现系统配合等。

为应对流程带来的风险，建议可从以下几个方面防范：

（1）获得高层领导支持。由于流程梳理和优化会改变原有各分子公司的习惯和规则，员工很容易产生抵触情绪，此时如有高层领导的支持和要求，执行力会提高，流程优化工作容易进行下去。同时，在执行过程中，遇到项目团队无法达成一致意见时，高层领导需要发挥决策作用，明确方向。

（2）重视可行性分析工作，对各分子公司的业务流程现状进行充分调研和评估，尽量统一同质的业务流程，简化流程，减少流程的冗余环节，提高流程效率。

（3）基于实施共享服务后的业务模式进行业务流程优化，确保优化后的流程满足业务需求，也满足共享服务的运作模式。

（4）流程优化团队建议从各分子公司抽调人员组成，共同参与流程的调研分析和优化项目，不但可全面考虑各分子公司的需求和特点，确保优化后流程的可行性，同时也可增强各分子公司的参与感，减少对新流程的抵触。

（5）可考虑借助第三方咨询顾问的专业优势。

（6）形成完整的流程文档，设定流程的更新机制，明确流程责任人。

4.业务变更风险

财务共享服务中心的建立是一场变革，变革的核心目的是提高效率、降低成本，变革的手段是业务重新划分、流程再造、优化及管理制度统一。首先，必须为共享服务中心的建立设计一整套的业务流程、组织人力、信息系统、运营管理体系。其次，这些标准的文档、美好的愿景必须要变为实际可操作的规范和流程，这样变革才能成功。

在合理设计业务单元以及业务流程时需要关注以下几个风险点：

（1）新的业务单元以及业务流程是否达成了财务共享服务中心建立的目标？

（2）新的业务单元以及业务流程是否具有可操作性？

（3）业务变更是否做好了培训与宣贯工作？

（4）新旧业务切换是否有标准的指导性文档？

首先，应坚持财务共享服务中心建立的目标：成本和效率。在业务变更中，需要主动优化业务流程，调整组织架构，使业务操作标准化、简化，以达到降低部分岗位要求，降低人工成本，同时提升效率的目的。

其次，流程和业务单元一旦确认应强制执行。优化后的流程改变了部分人员的工作习惯，需要提前做好培训，同时辅以稽核、监控等手段保障执行的效果。对于与财务共享服务中心以外的其他部门相关的变更，在确认流程时应要求相关部门会签，在确认后，应采用邮件、关键人员电视电话会议等手段尽量保证通知到每位员工。

最后，业务变更涉及新旧业务切换，对于新旧业务切换应出台相应的管理规范，包括变更审批、切换要求、并行期等。

【知识链接】实施财务共享服务的常见问题

财务共享服务如今得到了国际上的普遍认可，并已在众多跨国企业中付诸实践，也涌现了诸多成功实施的案例，积累了宝贵的经验。当然，目前在企业实施的过程中，一些实践中的问题与误区也暴露了出来。财务共享服务项目本身具有复杂性、创造性、多地点性、多公司性和国际性的特点，财务共享服务项目管理具有很高的复杂性和风险，项目人员也就不可避免地会遇到一些问题或误区。综合来看，实施中会面临的问题与误区可以归结为以下几个方面：

1. 对共享服务定位不清。在项目规划阶段，需要将明确的企业战略定位作为财务共享服务中心构建与实施的指导。例如，企业依据自身的发展战略，将财务共享服务中心定位为“两步走”战略，第一步仅建立一个财务数据处理中心，第二步建立一个风险控制、绩效管理、客户管理、学习与成长一体化的财务共享服务中心；抑或是第一阶段定位于构建一个区域性的财务共享服务中心，在此基础上，第二阶段构建一个全国性的财务共享服务中心。

2. 缺乏对管理变革的重视。财务共享服务建设是一场管理模式的变革，这种冲击往往会带来员工、客户的质疑和不配合。管理层对管理变革的重视是项目推进的前提与有力保障，因此，财务共享服务的建设首先必须得到高级管理层坚定不移的重视和支持，让员工认识到管理变革所带来的利益，体验财务共享的优势所在。

3. 对实施周期考虑不充分。项目以“慢—快—慢”的方式朝目标进展是普遍现象，观察过建筑物建设项目的人都会注意到这一现象。这主要是项目生命周期各个阶段资源分布的变化所导致的。大多数项目的生命周期可以划分为概念、设计、实施、终止四个阶段。在实践中，多数的项目人员能够合理划分项目的生命周期，问题通常出现在各阶段的内部控制上。在项目生命周期中，美国项目管理学会将生命周期的各阶段划分为5个不同的过程：启动过程、计划过程、实施过程、控制过程和收尾过程。

在生命周期的每个阶段，都需要经历这5个过程，是一个阶段性的循环过程。财务共享服务项目人员需要周全考虑不同阶段实施过程的要点，结合行业经验与本企业的自身特点，充分考虑设置各个周期长度，避免出现周期过短导致项目上线仓促，或周期过长导致效率低下和人员积极性降低的问题。

4. 项目期间人员不稳定。一方面，公司引入一个包含巨大变革的新概念，员工的心理变化、接受变革的态度以及变革的支持力度都会影响服务项目实施的进度和效果。共享服务模式的推行必然带来资源和组织的整合，能否协调好组织之间的关系是面临的重要问题之一。财务共享服务中心的建设是一个持续完善、不断改进的过程。在项目的不同周期，需要构建不同结构的人才梯队，这并非一个不稳定的人力资源结构，而是一个有机的和动态的人员组织结构。企业需要重视人力资源管理在共享服务中心管理中的作用和地位。另一方面，组织变革带来的一个重大影响可能是基层业务领导认为自己的管理权限被上收，将会失去原有的财务审批权限，可能会人为阻碍财务共享在当地的实施，甚至造成人员流失。因此，需要让员工理解，财务共享仅仅是信息处理模式和财务核算流程的优化，不会削弱原有的管理权限，以获得员工的支持。

5.忽略共享之外的变化。财务共享为企业带来的变化，不仅仅在于财务管理模式本身；事实上，财务共享服务的构建带来了财务职能架构的改变，财务管理、人员管理手段得到了很大提升。

6.试图通过共享解决太多问题。先进性与有效性的大大提升使得共享成为了适合现代集团企业的新型管理模式，但期望实施财务共享解决实务中的所有问题是实践中的误区。在实施财务共享时，一定要视集团公司具体情况和要求框定项目范围。财务共享服务中心的建立是分阶段、分步骤进行的，不同的阶段和工作步骤有不同的项目目标和项目工作范围。例如，有的跨国公司考虑汇率与税收规定的问题，将海外业务的共享放在共享服务的后期；而有的跨国公司为了高效解决派驻海外的财务人员过多的问题，将海外业务的共享放在共享服务的前期。

7.试图建立一步到位的共享中心。在讲求标准化和流程化的财务共享服务中心，很多人认为不需要创新能力，只要按要求做事情就可以了。但财务共享服务是一个走在技术和创新前沿的领域，不可能一蹴而就地建立一步到位的共享中心，需要在制度化的模式下形成持续创新能力。

8.管理层缺乏充分的参与。管理层的参与能够为财务共享服务中心的建立起到标杆和带动作用，管理层缺乏充分参与可能会导致项目周期延长，项目目标不能按期达成。由于管理层在企业运转中具有指示性作用，管理层缺乏充分的参与将导致员工对财务共享服务中心的建立产生怀疑，不能有效推动财务共享服务中心方案的实施。因此，在项目的准备阶段，项目人员一定要与管理层进行充分沟通，解决管理层对实施财务共享的疑虑与误解，使其首先充分理解实施财务共享将给企业带来的效益。在项目的设计与推进阶段，项目人员也需要及时与管理层进行沟通与反馈，共同完成项目的构建与上线工作。

本章小结

财务共享服务中心的建设具有较高的复杂性，这就要求财务共享服务中心项目的实施必须具备完备的实施逻辑。PDE方法来源于业界的最佳实践，指出了由现状（传统模式的财务）到目标（财务共享服务）的实施方案；财务共享服务项目实施的“361度方法”，将财务共享服务的启动与调研、规划与设计和实施与运营三个阶段具体细化为实施的六个步骤，在很大程度上助力财务共享服务中心的上线运营。

企业变革的核心是管理变革，在财务共享服务中心的变革管理中，首先，要了解变革的由来和影响，根据变革的类型施予不同的应对策略。其次，明确变革中可能遭遇的风险，建立风险模型，充分评估各个方面可能产生的具体问题，以防为主，以堵为辅，通过各项具体的管理举措和控制机制防范风险产生的来源，并在问题产生之初就予以疏导和解决。财务共享服务是企业的一场彻底、深入、全面的变革，管理者必须通过自上而下（包括管理层、基层员工，以及与之相关的客户和供应商等）、全面深入（包括战略、模式、流程、组织、技术、产品和服务等）的管理举措才能保证共享中心的成功运营和健康发展。

学思践悟

新一轮的科技革命与产业革命正在重塑世界经济体系，财务共享服务就是新技术和先进管理思想汇集的产物。面对新的机遇与挑战，青年一代应主动引领变革，坚持以改革创新为核心的时代精神，用财务共享服务建设与实施理论指导实践，推动工作；无论财务共享服务实施过程中挑战如何严峻、道路如何艰险，对于变革途中可能出现的风险与困难，都要充分做好风险与挑战的有效应对工作，增强专业能力，绝不畏惧，坚定信心，激发潜力，顽强拼搏，在通往财务转型与财务共享服务的道路上行稳致远。

思考与练习

（一）选择题

1.在PDE方法的指引下，财务共享服务实施路径的三个阶段包括（　　）。

A.启动与调研　　B.规划与设计　　C.实施与运营　　D.持续改进

2.财务共享服务项目实施的六个步骤顺序是（　　）。

A.现状调研分析　　B.定义与启动　　C.详细方案设计　　D.实施部署

E.整体规划　　F.持续改进

3.PDE方法整体的设计理念与思路是一个变革管理过程，主要包括对（　　）要素进行整合与设计。

A.流程　　B.观念　　C.组织　　D.变革

E.信息系统　　F.运营管理

（二）判断题

1.在需求调研过程中，要充分调研企业业务规则，对接系统、技术等各方面需求。（　　）

2.在上线前培训的过程中，不需要对财务人员培训审核要点及注意事项。（　　）

3.财务共享服务中心常见的实施风险主要包含战略风险、管理风险和技术风险。（　　）

（三）简答题

1.请简要阐述“361度方法”。

2.请简要介绍财务共享服务实施推广的直线策略。

3.请简要描述财务共享服务中心面临的风险。

（四）思考题

财务共享服务中心的整体建设策略需从业务范围和组织范围两个角度考虑，其中业务范围可以划分为部分业务和全业务，组织范围可以划分为试点单位和全组织范围。B集团综合考虑上线进度、难度等因素，最终选择从试点单位的全业务共享再推广到全业务、全组织范围内共享的建设策略，同时坚持应纳尽纳的原则，充分发挥财务共享的规模优势和集约效应。

请你简要分析B集团选择的建设策略在实施过程中可能会遇到哪些风险？如何去防范这些风险？

第九章客观题
即测即评

第三篇
财务共享服务中心的管理

第十章 财务共享服务中心的运营管理

运营管理是指针对运营过程的计划、组织、实施和控制活动，是与产品生产和服务创造密切相关的各项管理工作的总称。运营管理通过对价值链上的各项活动进行分析和设计，提高组织运作效益，协调并不断优化组织活动。常见的运营管理活动包括：制定科学高效的运作体系，养成规范良好的作业习惯；确保工作按制度执行，持续检查执行效果；随着组织的发展不断优化、创新工作流程。

本章学习目标

1.了解财务共享服务中心运营管理的重要性；

2.理解财务共享服务中心运营成熟度模型；

3.掌握财务共享服务中心的十一维运营管理体系内容；

4.树立服务人民、爱岗敬业的人生观与价值观，传承积极探索、精益求精、终身学习、勇于创新的时代精神，将科学规范的管理思想融入工作中。

引导案例

A集团基于多业态、多地域经营的特点，集团内财务共享服务中心采取“集团统一规划，各业态分开实施”的思路，由集团进行总体方案设计，各中心结合业务特点具体实施。目前，A集团总部财务共享服务中心已上线，下属6家单位中的5家单位已完成推广上线。

A集团财务共享服务中心整体处于探索阶段，尚未建立完善的运营管理体系。变革小组在调研各个财务共享服务中心情况时发现，各个财务共享服务中心在运营管理方面存在诸多相似的痛点与难点。

痛点一：财务共享服务中心各岗位财务人员工作质量参差不齐，缺乏统一的操作标准及评价体系。为了控制差错率，财务共享服务中心设置了初审、复审、稽核等层层事后检查环节，虽在一定程度上提高了质量，却牺牲了效率，增加了审核工作量，成本也大幅增加。

痛点二：A集团财务共享服务中心建立后，业务部门提出的疑难问题无法得到及时沟通和解决，财务政策的宣贯效果不佳，财务共享服务中心无法获取服务对象对服务的评价及建议来改进服务。

痛点三：财务共享服务中心建成后，运营管理团队设计了一系列绩效考核指标，但是目前财务共享服务中心的信息系统不支持自动获取这些数据，依靠人工的方式很难获得完整的绩效指标数据，无法更好地考核并激励员工，绩效管理工作推进遇到瓶颈。

痛点四：……

为了尽快建立健全各个财务共享服务中心的运营管理体系，完善运营管理岗位设置，优化运营管理人员配置，提高运营管理工作信息化，将变革小组分为数个专家小分队，深入各个财务共享服务中心，指导并推进财务共享服务中心运营管理提升工作。

本章知识地图

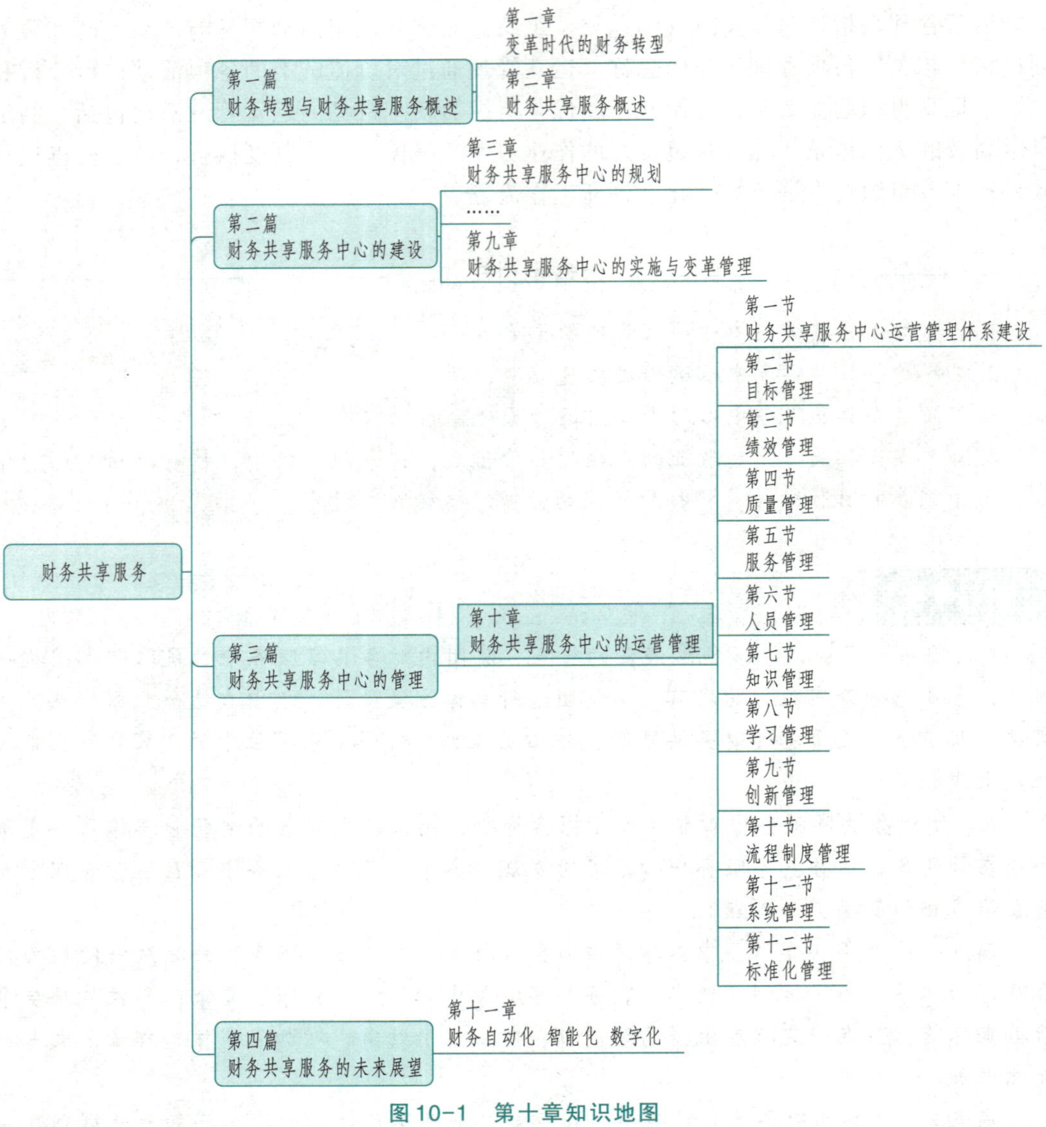

图 10-1　第十章知识地图

本章关键名词

运营成熟度模型、运营管理体系、目标管理、绩效管理、质量管理、服务管理、人员管理、知识管理、学习管理、创新管理、流程制度管理、系统管理、标准化管理

第一节　财务共享服务中心运营管理体系建设

财务共享服务中心运营成熟度模型，即FSSCMM①模型，是在充分借鉴中兴通讯财务管理成熟度模型FCMM②和软件过程能力成熟度模型CMM（Capacity Maturity Model）③的基础上提出的。该模型将共享服务中心运营分为四大关键驱动因素，即组织人员、业务流程、信息系统、运营管理，每个关键驱动因素下设多个二级、三级指标。模型以定量指标为主、定性指标为辅，通过对每个驱动因素设置不同的权重，再将各个维度的得分按照权重进行合计，得出最终运营成熟度评估模型。

综合国内外实践经验，FSSCMM模型将财务共享服务中心建设和运营成熟度分为5个阶段，分别是初建期、提升期、稳定期、成熟期和卓越期。

1.初建期（40~55分）：共享业务逐步收回，业务流程、信息系统覆盖度低，较少关注运营管理；

2.提升期（55~70分）：共享业务继续收回，业务流程、信息系统持续优化，积极探索运营管理；

3.稳定期（70~80分）：业务流程基本标准化，信息系统逐步完善，运营管理工具初步实施；

4.成熟期（80~90分）：业务流程持续优化，积极应用新兴技术，信息系统不断拓展，运营管理体系逐步完善；

5.卓越期（90~100分）：共享运营高度标准化和规范化，自动化、智能化程度非常高，业财高度融合，运营管理工具应用全面。

经模型测算，目前中国企业共享服务中心成熟度平均得分为64.37分，处于提升期，并且处在此期间的企业占比也最多（43.94%），说明我国大部分企业的财务共享服务中心还处于开始探索运营管理的阶段，未来存在很大的发展提升空间（如图10-2所示）。

由于财务共享服务中心对于企业来说是一种新型的组织机构，使用传统的管理模式往往不能起到良好的管理效果，反而会影响组织的运作和人员的积极性。如何规划财务共享服务中心运营管理体系，建立评价标准，成为很多企业在建立财务共享服务中心之后考虑的首要问题。

财务共享服务运营体系的建立过程也是共享服务中心丰富自身管理工具和管理手段的过程。建立运营管理体系，能够使其管理手段实现多元化，使得财务共享服务中心的管理更加有序、规范，从而带来管理效率和效果的提升。

中兴新云提出了财务共享服务中心的十一维运营管理体系，具体包括目标管理、绩效管理、人员管理、知识管理、质量管理、流程制度管理、服务管理、系统管理、创新管理、学习管理、标准化管理（如图10-3所示）。

---

① FSSCMM模型：中兴新云梳理的财务共享服务中心运营成熟度模型。
② FCMM模型：中兴通讯用于财务管理成熟度评估的模型。
③ CMM模型：最初用来定义、评价软件开发过程成熟度的模型，近年来也被广泛应用于其他领域。

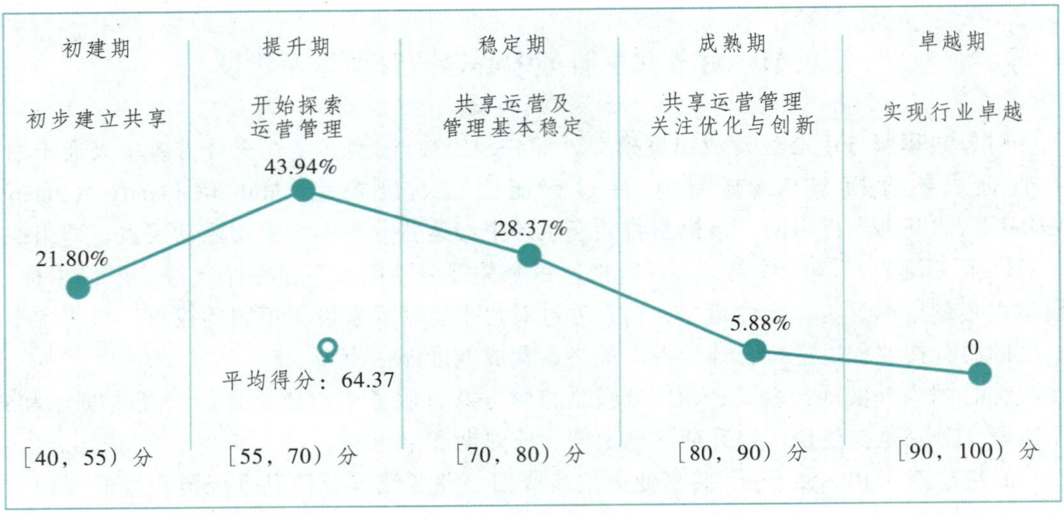

图 10-2 财务共享服务中心运营成熟度评估总体情况①

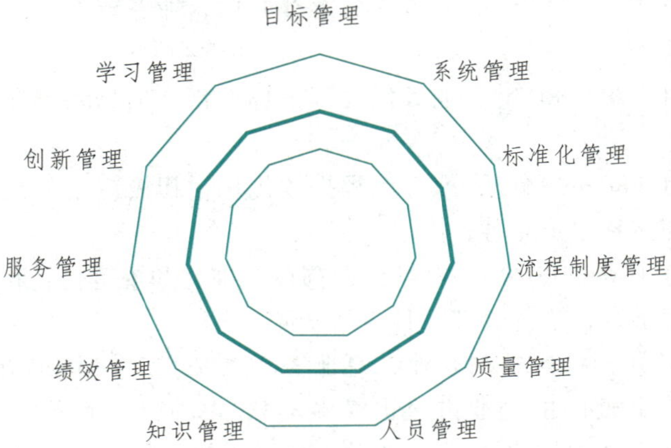

微课：财务共享服务中心运营管理体系建设

图 10-3 十一维运营管理体系

第二节 目标管理

美国管理大师彼得·德鲁克（Peter Drucker）在其著作《管理的实践》中最先提出了“目标管理”的概念。德鲁克认为，并不是有了工作才有目标，相反，有了目标才能确定每个人的工作，所以“企业的使命和任务，必须转化为目标”②。如果一个领域没有目标，这个领域的工作必然被忽视。因此，管理者应该通过目标对下级进行管理，当组织最高层管理者确定了组织目标后，必须对其进行有效分解，转变成各个部门以及每个人的分目标，管理者依据分目标的完成情况对下级进行考核、评价和奖惩。

目标管理是财务共享服务中心的管理导向。财务共享服务中心的目标是衡量财务共享服务中心组织活动绩效的标准，也是其他运营管理行为有效运行的前提。明确的目标好比路标，指明了财务共享服务中心的努力方向和可以改进的领域。所以，财务共享服

① 中兴新云，ACCA，厦门国家会计学院. 2020年中国共享服务领域调研报告［EB/OL］.［2020-12-28］. https：//qr31.cn/EBais7.

② 德鲁克. 管理的实践［M］. 北京：机械工业出版社，2018.

务中心必须有一个明确的、贯穿各项活动的统一目标，并将其分解为诸多子目标，在共享服务中心建设和运营过程中持续向全体员工进行宣贯，达到公司整体层面的目标一致、文化相符。该目标实质上是一个目标体系，不同的子目标相互联系、相互制约。在财务共享服务中心的不同阶段，目标会有不同的偏重。数据显示①，超过半数（53.29%）的受调研企业将财务共享服务中心的目标向全体员工进行充分的说明、沟通、宣贯（如图10-4所示）。

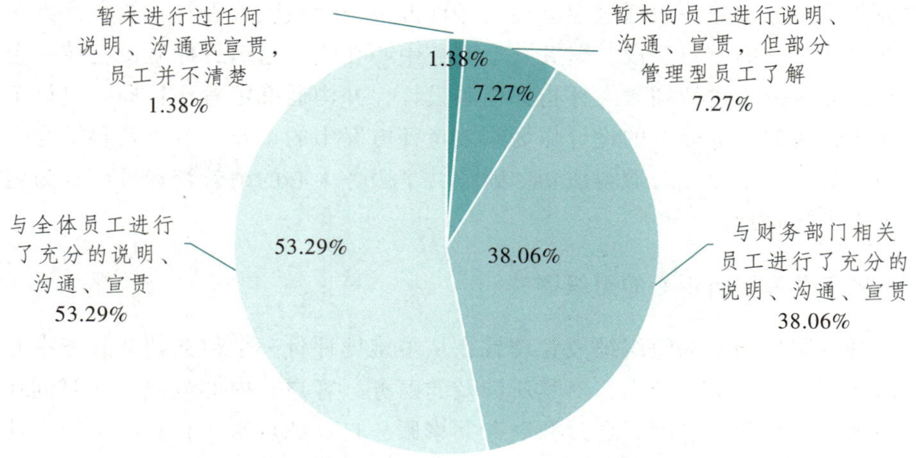

图10-4　财务共享服务中心的目标是否与全体员工进行沟通和宣贯

在财务共享服务中心的不同阶段，目标会有不同的偏重。作为独立运营单元，财务共享服务中心模拟市场化方式为不同成员单位提供服务。其建立的目标主要包括提高业务处理效率、降低运营成本、提升会计信息质量以及满足客户需求等（如图10-5所示）。

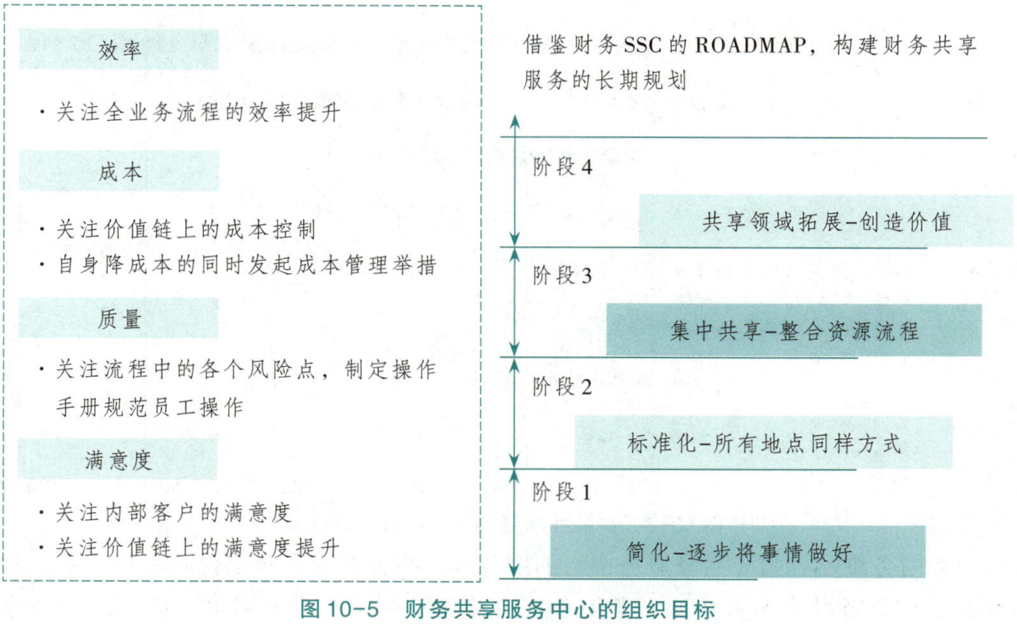

图10-5　财务共享服务中心的组织目标

① 中兴新云，ACCA，厦门国家会计学院．2020年中国共享服务领域调研报告［EB/OL］．［2020-12-28］．https：//qr31.cn/EBais7.

第三节　绩效管理

绩效管理是用于监控和管理组织绩效的方法、准则、过程和系统的整体组合，它涉及组织管理和运营的方方面面，并以整体一致的形式表现出来。绩效管理强调组织目标和个人目标的一致性，强调组织和个人同步成长，形成“多赢”局面。

财务共享服务中心一般通过建立绩效考评方案进行绩效管理。绩效考评方案是企业进行有效绩效管理的重要手段。财务共享服务中心在明确组织目标后，应结合企业文化理念与岗位职责分工进行绩效考评指标体系设计，并沟通确定考评目标，签订个人绩效合同。其中，考评指标体系的设计作为绩效考评方案中的重要环节，其科学性、合理性直接影响绩效管理工作能否取得成功。财务共享服务中心的绩效管理可以分为组织绩效管理和个人绩效管理。

一、财务共享服务中心的组织绩效

财务共享服务中心的组织绩效管理旨在从多维度评价一个财务共享服务中心的运营及管理水平，借助平衡计分卡，对其所涉及的财务、客户、内部流程、学习创新四个维度进行绩效指标细化的过程，通过和财务共享服务自身特点密切相关的指标设计来达到全面评估财务共享服务中心的目的。

调研结果显示[①]，受调研企业对财务共享服务中心组织绩效进行衡量的标准主要是业务处理时效（89.27%）、业务处理质量（87.54%）、服务满意度（62.98%）、沟通与协作（41.52%）和业务处理成本（33.91%）（如图10-6所示）。

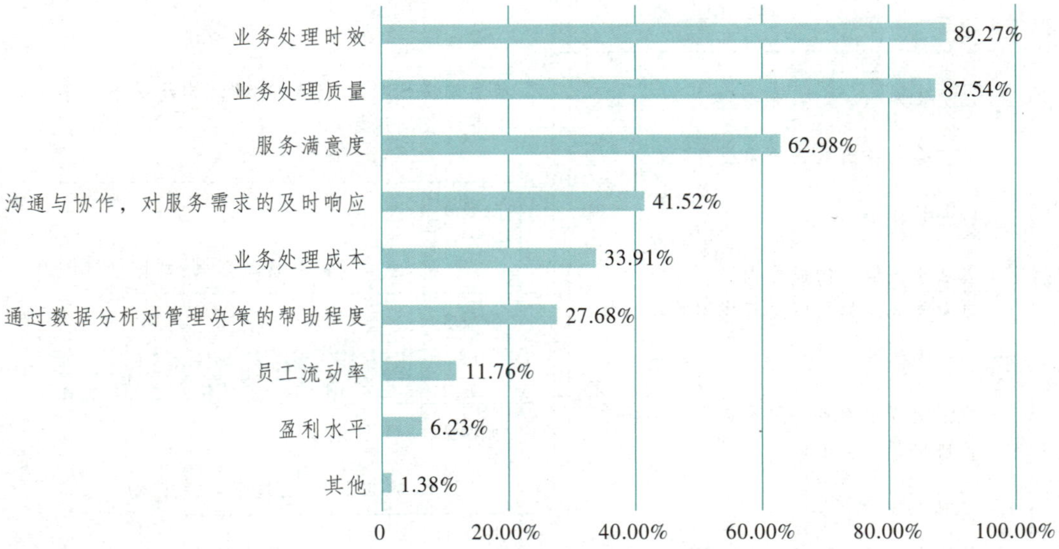

图10-6　财务共享服务中心组织绩效标准

（1）财务维度：财务共享服务中心的财务维度指标和其自身定位有密切关系。对于独立运营的财务共享服务中心，其财务维度的设计侧重于投资回报、成本、利润等指

① 中兴新云，ACCA，厦门国家会计学院. 2020年中国共享服务领域调研报告［EB/OL］.［2020-12-28］. https：//qr31.cn/EBais7.

标，而服务于特定集团的内部财务共享服务中心，更多关注预算达成度等指标。

（2）客户维度：客户维度指标体现了财务共享服务中心和客户之间关系的紧密程度，以及客户对财务共享服务中心的认可程度。获得客户满意的评价、与客户保持良好的沟通、关注客户体验、保持良好的客户关系等都是至关重要的。客户维度的指标体系主要包括客户满意度、客户沟通、客户体验管理能力、服务水平协议达成度等。

（3）内部流程维度：内部流程维度指标体现了财务共享服务中心的内部运营管理能力。它包括具体业务实施过程中对效率的关注、对实施质量的关注、流程的优劣等诸多方面。对内部流程维度的关注能够引导财务共享服务中心改进自身流程，提升运营绩效质量。财务共享服务中心内部流程维度的指标体系包括业务数量、差错率、周期改进、流程执行力等。

（4）学习创新维度：学习创新维度是财务共享服务中心未来能够可持续发展，并形成竞争优势的重要方面。学习创新维度一方面体现在组织内部对员工培训以及学习氛围的营造，另一方面则体现在组织内对创新性事物的接受程度以及主动创新的动力和能力。

二、财务共享服务中心的人员绩效

人员绩效是组织绩效的分解，只有与组织绩效保持一致的情况下，对人员的激励才能促进财务共享服务中心实现组织目标。在如何对员工进行绩效管理方面，受调研企业应用的主要方式有：按月度、季度或年度定期对员工绩效进行考核和评价（73.36%）；KPI考核影响员工薪酬、晋升或轮岗（61.25%）；针对不同岗位设置较为全面的绩效KPI指标（57.09%）等（如图10-7所示）。

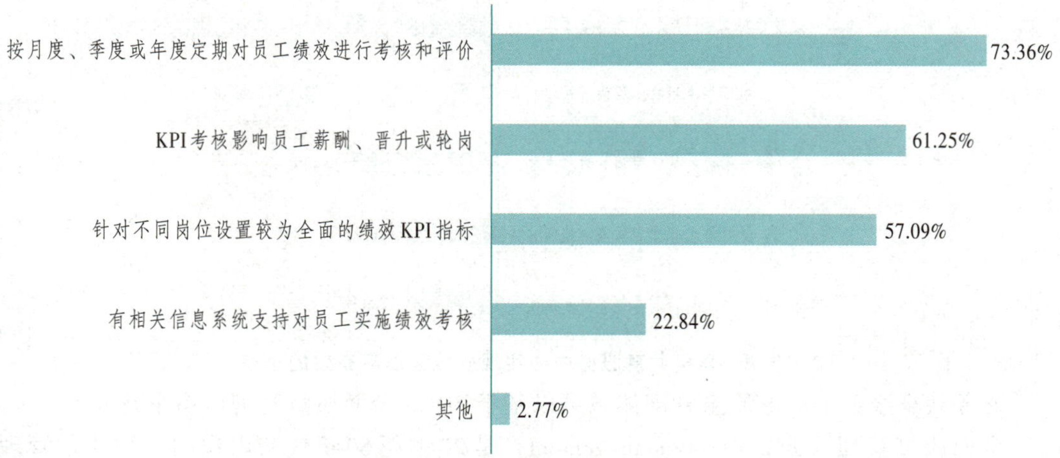

图10-7　财务共享服务中心对员工进行绩效管理的主要方式

财务共享服务中心进行绩效管理时，应认真分析人员构成的特点，有针对性地分人群进行差异化管理，这样才能够全面调动财务共享服务中心的运作积极性。

从人员特点来看，财务共享服务中心包括两类群体，一类是从事具体业务的运营业务人员，另一类是从事运营管理以及共享服务支撑的技术人员。

运营业务人员是财务共享服务中心人员的主要构成部分，是服务产品的直接生产者，也是组织内最为活跃的成员。由于运营业务人员直接面对客户并提供产品，所面临的压力也最为直接。此类人员的绩效管理应着重考虑两个方面：一方面通过公平的量化绩效进行考核，并形成多劳多得的考核导向；另一方面则应对人员开展的创新性改良活动予以激励。绩效考核指标包括标准工作量、差错率、客户满意度等。

技术人员是财务共享服务组织的核心，此类人员的稳定程度直接关系到财务共享服务中心应对风险的能力，他们是否积极地发挥作用影响着财务共享服务中心的发展潜力和创新能力。从事运营管理及共享服务支撑的技术人员的绩效较运营业务人员则隐蔽很多。由于没有明确的输出，工作是否创造了价值、是否较其他人做出了更多的成绩相对而言更加难以评估，因此对这类人员的绩效评价方案应考虑综合利用其他评价手段。常见的评价方法包括管理者绩效、360度评估、个案评估等。

第四节　质量管理

财务共享服务中心作为运营实体，通过对外部输入的处理形成服务产品。在这种基于业务处理的运营模式下，质量管理是为实现服务与产品输出过程与质量的完整、可靠而进行的管理性质活动。

调研结果显示[①]，受调研企业认为共享服务中心实现质量管理最有效的举措分别是针对各岗位具有细化的质量指标体系和可量化的衡量指标（60.90%）、设立专人或专门组织负责质量管理工作（55.71%）、针对每个流程有详细的质量控制点（37.37%），20.42%的受调研企业尚未形成质量管理相关举措或要求（如图10-8所示）。

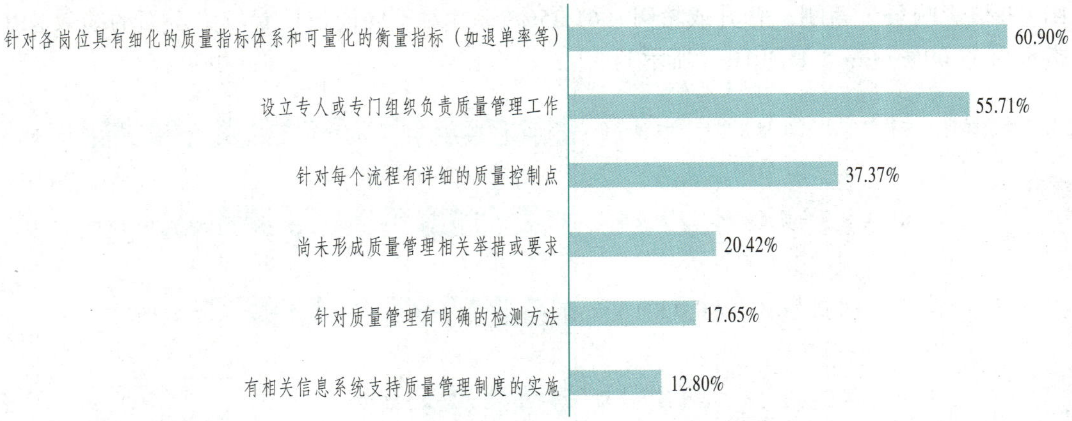

图10-8　财务共享服务中心实现质量管理最有效的举措

财务共享服务中心的质量管理体系可以基于PDCA全面质量管理体系来建立。

全面质量管理（total quality management）是20世纪60年代初出现的一种质量管理方法。与传统的质量管理方法相比，它不仅是单纯的业务方法、具体工作内容、管理职能范围的变化，而且是质量管理思想、目的，甚至整个管理组织方面的变化，是质量管向科学化、合理化、群众化的深入发展。全面质量管理的基本方法可以概括为“一个过程，四个阶段，八个步骤，数理统计方法”（如图10-9所示）。

① 中兴新云，ACCA，厦门国家会计学院．2020年中国共享服务领域调研报告［EB/OL］．［2020-12-28］．https：//qr31.cn/EBais7.

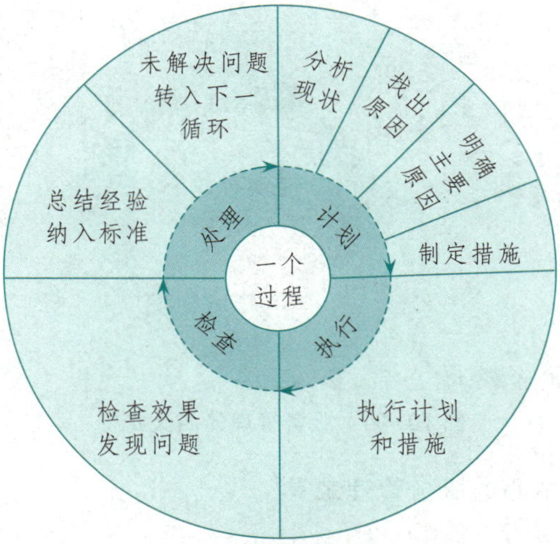

图10-9　PDCA全面质量管理机制

一个过程：即企业管理是一个过程。企业在不同时间内，应完成不同的工作任务。企业的每项生产经营活动，都有一个产生、形成、实施和验证的过程。

四个阶段：根据管理是一个过程的理论，美国的戴明博士把它运用到质量管理中来，总结出“计划（plan）——执行（do）——检查（check）——处理（action）”四阶段的循环方式，简称“PDCA循环”，又称“戴明循环”。

八个步骤：为了解决和改进质量问题，PDCA循环中的四个阶段还可以初步划分为八个步骤。在计划阶段：分析质量现状，找出存在的质量问题；分析产生质量问题的各种原因或影响因素；从各种原因中找出影响质量的主要原因；针对影响质量的主要原因提出计划和制定措施。在执行阶段：执行计划，落实实施。

在检查阶段：检查计划的实施情况。在处理阶段：总结经验，巩固成绩，工作结果标准化；提出尚未解决的问题，自动转入下一个循环。

质量管理不是孤立的活动，需要组织、系统、培训、文化等作为保障，需要标准化的工作程序、体系化的检查与控制、量化的评价，并有持续改进的动力。企业通过操作标准化、检查体系化、评价显性化的管理体系，配合制度政策、质量宣传、质量培训、主题活动等，并依赖有效的系统工具，共同完成对财务共享服务中心业务进行有效的质量管理。

第五节　服务管理

财务共享服务中心与传统的财务部门相比，除了财务部门在企业运行中扮演的监控和管理角色外，还多了一个重要的职责，即提供高效、高质量的财务服务。保证服务质量、提高客户满意度成为财务共享服务中心在运营过程中需要重点关注的问题。

服务管理是管理者对财务共享服务中心员工对外服务工作的服务效果、服务能力、服务时限、服务态度等服务质量工作的管理与提升过程。服务管理通过对一系列指标进行监控、分析，了解客户需求，并依托于全员参与服务，达到客户满意的目标。

服务管理以长期合作为基础，具有四个方面的特征（如图10-10所示）。

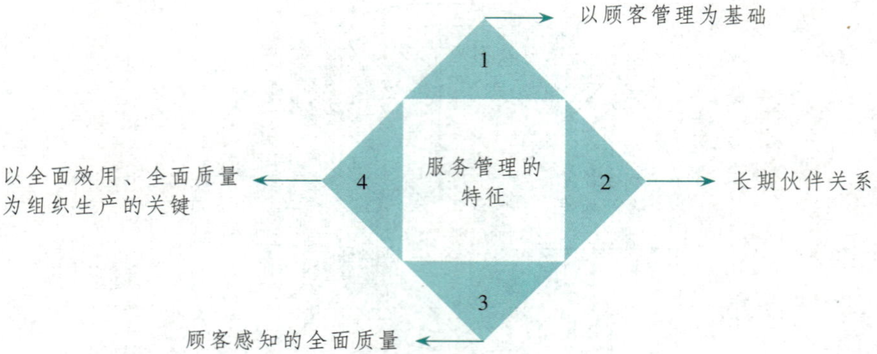

图 10-10 服务管理的四大特征

一、财务共享服务中心的服务管理工具

财务共享服务中心员工对外服务的方式多种多样，包括服务热线、公共邮箱、交流网站等（如图 10-11 所示）。对服务质量的测定，可以通过逐单反馈、电话访谈以及调查问卷等方式收集客户的反馈。

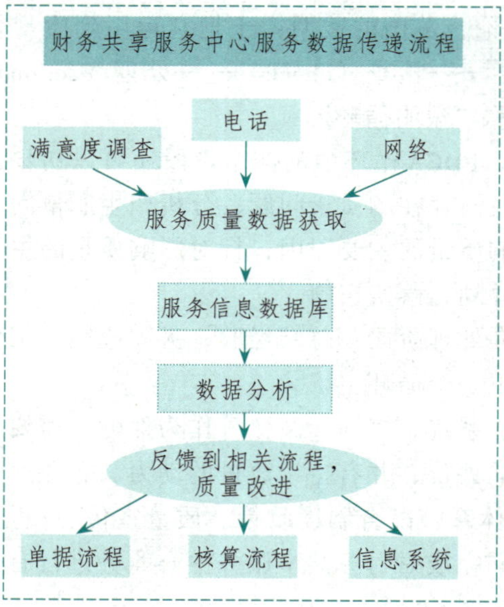

财务共享服务中心顾客服务管理工具示例

公共邮箱、在线咨询

建立公共邮箱、在线咨询平台，用于财务信息的查询及财务业务的处理，作为财务共享服务中心与公司内部员工的服务接口，由专人负责邮件的回复与跟进

呼叫中心

建立电话专线，用于财务信息的查询及财务业务的处理，作为财务共享服务中心与公司内部员工的服务接口，由专人负责接听来电、问题回复及业务处理。

满意度调查

可定期向财务服务人群发布财务共享服务中心满意度调查，统计分析员工对财务共享服务中心的满意度，以便收集员工意见建议，有利于财务共享服务中心持续改进

图 10-11 财务共享服务中心服务管理机制

二、服务评价指标

共享服务中心作为一个服务提供机构，在对其进行客户满意度调查时，服务评价指标应主要包括五个方面，分别是服务效果、服务时限、服务态度、沟通技巧和服务协作性，其中服务效果为最主要的评价依据。为显示不同指标的相对重要程度，可以考虑对五个方面的不同细分指标赋予相应的分值权重，最后加权获得整体评价结果。

三、财务共享服务中心的投诉管理

投诉管理是服务管理的非常重要的一个内容。客户的需求多种多样，要做好服务工作、满足每个客户的需求绝非易事。当出现客户投诉时，财务共享服务中心应能够迅速

分析原因、解决问题，或可以通过及时的投诉处理提升客户满意度。

及时采取适当的补救措施，可以向客户表明共享服务中心重视服务质量和客户满意度，在处理客户投诉时，一般按照图10-12所示的流程进行处理，在整个过程中应注重对客户的安抚和尊重。同时，需要利用投诉记录表进行统一记录，对投诉时间、投诉人、客诉级别、责任人、处理结果、反馈情况进行统一的记录和整理。完整的投诉记录，一方面有助于协助投诉处理流程，敦促客户投诉的高效、高质量解决，另一方面也有助于投诉的定期复盘和分析，确定常见问题发生原因及对应责任人，帮助财务共享服务中心不断提升自身业务水平。

图10-12　财务共享服务中心客户投诉处理流程

四、财务共享服务中心的满意度管理

满意度管理主要是指针对客户的满意度调查开展的管理。财务共享服务中心的客户满意度调查可以采用多种方式进行，如电话访谈或定期向客户发送“财务共享服务中心满意度调查问卷”等。

电话调查可即时获得结果，时效性高，但缺点在于成本较高；被访者思考时间较短，准确性稍显不足；拨打时间不合适，遭到被访者拒绝等。

问卷调查成本较低，可大范围发送，被访者可选择合适的时间仔细填写，但缺点在于问卷容易被忽略。

通过客户满意度调查可以直观地了解财务共享服务中心的服务水平，并对服务的短板进行针对性的改进。

满意度调查的结果可以直接说明服务对象对共享服务中心提供服务的满意程度，有助于不断地改进共享服务中心的服务质量，提升客户体验。调研结果[①]显示，28.03%的受调研企业共享服务中心客户服务满意度在90%及以上，而20.07%的共享服务中心从未进行过满意度调查，其背后可能是因为不同企业的战略目标和管理诉求不同，并非所有企业都将服务满意度作为衡量共享服务中心服务水平的重要指标。

第六节　人员管理

人，是企业最宝贵的资产。杰克·韦尔奇（Jack Welch）说过，人才是GE长盛不衰的真正秘诀。要吸引和留住所需人才，企业必须做到：选对人、用好人，激发企业活力；加强人才培养，推动个人提升和组织发展；留住人才，为组织长远发展积聚力量，实现组织目标。

人员管理是指在企业的发展目标指导下，根据业务发展的需要，对人员的数量、素

① 中兴新云，ACCA，厦门国家会计学院．2020年中国共享服务领域调研报告［EB/OL］．［2020-12-28］．https：//qr31.cn/EBais7.

质要求进行规划，制定人才选、育、用、留的策略，保证业务正常有序运作。人员管理的一个重要目标就是让人员建立对岗位的热爱和对职业发展的期望。

财务共享服务中心的工作内容是标准化的基础业务，专业分工明确，员工数量众多，人员年轻，女性员工较多。如何吸引合适的员工？如何使员工尽快适应组织文化，承担岗位职责？如何发挥员工最大潜能？如何保留核心员工……财务共享服务中心管理者必须重视员工特点，才能充分发挥员工的主观能动性，人尽其才，事得其人。财务共享服务中心常见的人员管理方式主要包括人才选拔、人员培训、人员激励和人员发展四个方面。

一、人才选拔

人才的招聘与选拔重在“一次选对”。招聘到不合适的员工，不仅影响员工本人的职业发展，还会给团队带来危害，增加工作环节的不可靠因素与组织的沉没成本。

财务共享服务中心的人员选拔一般分为两类（如图 10-13 所示）：一类是从事具体业务的运营人员，另一类是从事运营管理以及专业支持的专家及管理人员。两类人员的业务特点、人员特点和团队文化均有所不同，因此对两类人员的业务和专业要求，以及员工核心素质要求也存在差异。

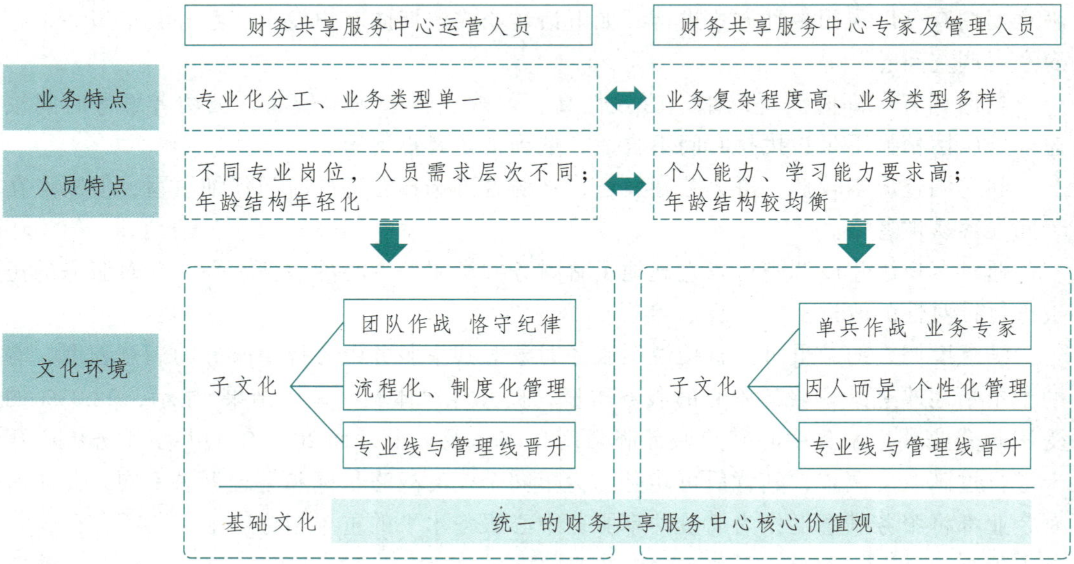

图 10-13 财务共享服务中心两类人员的特点

运营人员的招聘：关注行业知识、专业技能，核心素质要求包括责任感、适应能力、服务意识、沟通能力、团队协作和敬业精神。由于财务共享服务中心的运营岗位多样，如扫描岗、费用会计、应付会计、资金会计、开票会计、营收会计、总账会计等，这些岗位专业分工明确，因此不同的运营岗位对人员的要求也有差异。

专家及管理人员的招聘：对行业洞察力、专业能力要求更高，核心素质要求包括创新性思维、自我驱动力、团队领导力等。财务共享服务中心的专家及管理岗位，包括诸如流程经理、制度经理、系统经理、绩效经理等管理维度支撑专家，以及各个运营团队的负责人。

二、人员培训

人员培训是组织为了提高员工在执行某项特定工作或任务时所必要的知识、技能及态度或培养其解决问题的能力所采取的一系列活动。

对组织而言，培训可以引进新知识和新理念，提升员工和组织竞争力；可以有效激励员工，有利于保持员工的积极性；可以促进员工形成共同价值观，有助于形成良好的工作氛围；能够增强员工对组织的认同感，增强组织凝聚力。

对财务共享服务中心而言，培训的重要性还在于财务共享服务中心人员专业化分工，工作内容标准，培训可以保证工作产出的一致性，保证服务水平的稳定性。由于财务共享服务中心的人员流动率比企业其他组织高，完善的培训体系，可以保证新员工能够在最短时间内独立承担岗位职责；能够提高士气，让员工感受到被重视，期望未来发展空间，有助于留住核心员工；能够营造学习气氛，产生创新的动力。

财务共享服务中心的员工培训体系一般包括培训组织、课程体系、讲师队伍和支持体系四部分（如图10-14所示）。

图10-14　财务共享服务中心的员工培训体系

培训组织是负责培训管理的团队，财务共享服务中心通常在运营管理中心设有培训经理的岗位，负责培训需求分析、课程体系设计、培训的组织与评估等工作。其中，培训评估是企业最应关注的问题。没有经过评估的培训很容易无法达成预先设定的培训目标。培训评估包括两个部分：课程评估和培训效果。

课程体系是财务共享服务中心根据自身的业务需求和岗位需求设计的课程内容。不同岗位的培训内容存在差异，但都遵循一定的培训要求。以共享运营为例，培训内容主要包括专业知识培训、岗位技能培训、业务制度培训、管理制度培训、通用技能培训及职业素质培训等。

讲师是课程的演绎者，主要职责是将该课程的精髓传达给学员。一个好的讲师必须对课程涉及的内容有很深刻的了解，同时配以适当的授课技巧。讲师队伍包括企业的内部讲师和外部讲师。内部讲师是财务共享服务中心自己的兼职讲师团队，可以通过组织内部评选决定。

支持体系保障培训的实施和管理，例如培训管理的流程与制度、培训的硬件设施等。其中，培训制度是基础，包含培训管理办法、培训计划、相关表单、工作流程、培训评估办法及内部讲师制度。培训制度的作用在于规范公司的培训活动，作为保证培训工作顺利进行的制度依据。

三、人员激励

良好的激励可以吸引并留住人才，开发员工潜能，调动员工积极性，促使员工个人目标和组织目标相一致，并营造良好的竞争环境。人员激励应结合人员特点，考虑员工不同的需求，设置不同的激励方式。例如，财务共享服务中心的运营类岗位多采用“多劳多得”“按劳分配”的薪酬激励方式；管理类岗位多采用管理者绩效、360度评价等方法进行绩效激励。

财务共享服务中心的人员激励除了薪酬奖金等物质激励外，应该同样重视精神激励，例如荣誉激励、参与激励、工作激励、尊重激励、目标激励、情感激励等。

四、人员发展

企业在设计组织结构时，需要为每个岗位设置发展通道。职业发展通道引导员工向更高的阶段前进，上至管理者，下至最基层的员工，都同样适用。

财务共享服务中心的人员发展有平级调动和员工晋升两种渠道。

平级调动指的是在不改变薪酬和职位等级的情况下，员工在财务共享服务中心内部横向流动，变动工作。这种流动并不意味着员工的晋升，但也与员工职业生涯的发展息息相关。平级调动可以满足企业结构调整的需要，使晋升通道保持畅通，使更多员工因工作内容的多样化受到激励。

员工晋升可以使员工在更高的职位上承担更重要的责任，同时会带来更高的薪酬和福利，是一种有效的激励手段。财务共享服务中心员工的晋升通道通常包括两条：专业线和管理线（见表10-1）。

表10-1 某财务共享服务中心人员晋升职级示例

岗位类别	岗位序列	岗位示例
专业线	运营	运营专员
		运营主管
		运营经理
		运营总监
		运营资深专家
		运营首席专家
	核算	核算专员
		核算主管
		核算经理
		核算总监
		核算资深专家
		核算首席专家
管理线	管理干部	助理经理
		经理
		高级经理
		管理总监
		总经理

许多企业的财务共享服务中心，不仅在中心内部有晋升通道，为了拓展财务共享服务中心人才的发展通道，提供更有吸引力的职业前景，管理者也将财务共享服务中心视为企业财务人才的资源池，企业可从财务共享服务中心选拔优秀人才，跨部门调动或晋升，进入战略财务或业务财务的发展通道，拥有复合型财务背景的人才更有潜力成为企业的管理者。

【案例】中车时代电气共享服务中心的人员管理体系①

中车株洲电力机车研究所有限公司（中国中车株洲所）始创于1959年，前身是铁道部株洲电力机车研究所，现为中国中车股份有限公司一级全资子公司。历经60年改革发展，见证了新中国铁路电气化科技进步与产业发展的中国中车株洲所，始终坚持以科技为先导，以创新为旗帜，促进产业快速成长，已形成“电气传动与自动化、高分子复合材料应用、新能源装备、电力电子（基础）器件”四大产业板块，十大业务主体，旗下拥有两家上市公司、九个国家级科技创新平台、两个企业博士后科研工作站，并拥有五个海外技术研发中心、十一家境外分（子）公司，2019年实现销售收入302亿元。

在财务数字化转型方面，中车株洲电力机车研究所有限公司旗下的两家上市公司时代电气（HK03898）、时代新材（SH600458）已于2017年在集团率先试点实施财务共享，经过多年的努力，完成了集财务、业务、人员信息为一体的信息共享，以价值创造为核心的集团财务管理体系，实现了从传统财务会计到管理会计的转型升级。

为实现财务人员转型，中车时代电气打造了统一的财务人员管理体系，设计了一套完整的包括岗位晋升图谱、任职资格标准、薪酬与绩效管理模式在内的人员管理方案，实现了对集团公司财务人员的统一管理，解决了原有管理工作无法科学评价的难题，有效激发了财务人员的工作积极性和创造力，为财务人员的职业发展打通通道、指明方向。具体方案如下：

管理模式方面，打破原来的财务人员分散式管理，将集团所有财务人员纳入财务共享中心统一管理，其绩效和薪酬由财务共享中心统一进行评价和发放，实现了对集团财务的垂直管理。

岗位职责方面，在已经确定的组织架构的基础上，依据实践经验及工作性质，制定较为详细的、覆盖全业务及财务流程的岗位职责。依据岗位能力要求，制定相应的胜任标准，以保证财务工作的高质量交付。

岗位评估工具方面，在传统的要素评估法的基础上，基于不同的财务职能的工作特点，结合公司实际设计出独有的岗位评估工具。

晋升路径方面，明确以培养专业型、复合型人才为目标，并根据其不同特点设计了相应的晋升路径。横向发展时，将根据与目标专业线相同岗位层级或等级的能力匹配情况，确定是否可以平移；否则，可以根据实际情况确定是否需要上升一个或多个等级，甚至下调一个职位层级来实现人员转型发展。

人员层级评定方面，可根据战略、业务、共享财务的不同特点，分别设置不同的专

① 李略，陈逢春，刘泽华．中车时代电气：从传统财务会计到管理会计的转型升级［J］．国资报告，2020（6）：41-47.

业技能标准、权重和举证材料。战略财务强调战略项目的策划与推进、财务战略的制定与战略绩效评估；业务财务强调业务流程优化、业务运营风险、管理与内部控制；共享财务强调会计政策及核算风险管理与内部控制、会计核算流程优化。

考评模式方面，应用平衡计分卡等前沿理论，建立包括关键绩效指标、薪酬管理在内的一整套人员管理激励机制。各岗位的考评关键绩效指标包括：

财务维度：以企业的经营业绩作为财务业绩考核的一部分，体现财务作为业务合作伙伴的影响力与专业性。

客户维度：以公司的外部客户和内部客户作为财务的客户，建立为客户服务的意识，并争取提高服务水平。

内部运营：作为业务流程的重要控制角色，体现对流程的参与度与引导效果，并以专业身份参与流程制定。

学习与发展：促进财务人员的能力提升，为财务组织的进一步整体提升提供基础。

对战略财务、业务财务、共享财务三部分的考核重点也各不相同：战略财务强调财务资源的价值创造；业务财务强调对业务的分析支持能力；共享财务强调业务处理的数量与质量。

思考：人员管理对财务共享服务中心运营管理有何意义？中车时代电气是如何打造财务人员管理体系的？

第七节　知识管理

知识分为隐性知识和显性知识。隐性知识是指高度个性化而且难于格式化的知识，主观的理解、直觉都属于隐性知识，例如企业员工的经验。显性知识是指能用文字和数字表达出来，容易以数据的形式交流和共享的知识，比如普遍原则。

建立一个学习型组织，并进行有效的知识管理，对组织知识的培育具有十分积极的作用。组织的持续发展离不开知识的掌握和运用，然而在部分情况下，组织的知识是非体系化的，很多组织内的知识“只可意会，不可言传”。如果不能实现组织成员所掌握的知识在组织内被提炼并有效共享，富有创造价值的知识将无法得到积累。

一、知识管理的内容

知识管理是有目的、有意识地对知识进行管理的过程，促进有用的知识在组织成员中得到流通与优化，形成一套完整的、系统化的知识体系，最终达到增进组织绩效、运用知识创造价值的作用。对财务共享服务中心来说，知识管理就是有意识地将日常所需和形成的知识进行整理，对知识的流动过程加以引导，鼓励成员在工作中不断学习与创新，形成信任合作、分享交流的组织文化，从而将财务共享服务中心建设为知识型组织。

二、财务共享服务中心的知识管理

财务共享服务中心是一个基于财务业务、从事共享服务的组织。在这种背景下，其知识体系建设的过程不可避免地将受到财务专业知识、业务技能等多种因素的复合影响，企业不能简单地将传统财务人员的知识体系或服务行业的知识体系强加于财务共享服务中心，而要充分考虑其复合影响的结果。

1. 知识管理组织

通常情况下，可以考虑在整个财务共享服务中心设立知识管理组织。该组织可分为推动层、支撑层和执行层。

推动层通常为财务共享服务中心的管理层，负责推动知识管理的落实，使财务共享服务中心自上而下形成推动知识管理的环境和氛围。推动层在整个知识管理过程中工作量不是很大，但却能起到决定性的作用。

支撑层是知识管理组织的核心，他们以全职的身份投入到知识管理工作中来。支撑层的知识经理负责整个知识体系的设计及实施，并在整个知识管理组织中起到承上启下的作用。

执行层通常由各项目组的人员兼职从事。从每个项目组选拔基层知识经理作为知识管理组织的执行层，对知识管理的推动将起到积极作用。执行层的知识经理负责将上层知识经理的任务分解执行，并与成员充分沟通，使大家从心里认同和接受。

2. 知识分享的文化和价值观

要在财务共享服务中心内建立起知识型组织文化，首先要建立信任与合作的文化氛围，使财务共享服务中心的员工之间能够互相学习，形成良性互动，建立成员间的知识流通渠道；要营造尊重知识和鼓励创新的组织文化，鼓励员工持续保持学习状态，在丰富有关知识的基础上推动知识的创新。

3. 专家网络

成立专家网络，可以从外界引入专家，如研究领域与财务共享服务有关的高校科研人员，财务共享服务领域的专家学者、咨询顾问等；也可以从内部产生，如财务共享服务中心经验丰富的业务骨干等。专家网络的运行就是通过对专家的显性知识的管理，以及专家利用系统进行协同工作，来实现对专家知识的有效利用和知识创新。专家对各类疑难问题的解答可以成为日后同类问题参考的判例，甚至进入知识库。同时，专家可以对财务共享服务中心的知识进行梳理和升华，构建专业的知识体系，帮助财务共享服务中心的知识实现互联互通。

4. 知识库

重点在于“知识数据库”的建立，即筛选、分析财务共享服务中心的内部数据、文件、档案，融合成可用的知识，并储存于财务共享服务中心内部的数据库中。通过将内部知识系统化，财务共享服务中心的每一位成员都能从数据库中轻松获取所需的知识。

5. 社区讨论

“营造一个开放、自由的讨论空间”是这种知识管理方法的核心。与“知识库”方法最大的不同在于其特别适用于非正式化的知识环境，形式灵活的隐性知识特别容易在这里发展。社区讨论给财务共享服务中心的成员提供了思想交流的平台，各类头脑风暴产生的灵感由此而来。

6. 对外沟通

对外沟通是财务共享服务中心提升知识水平的一个有效途径。企业之间、企业与学者、咨询顾问之间的一些交流有利于各企业开阔视野，了解到行业的最新动态并学习其他同行的技术知识。对外联络可通过参加会议及相互邀请访问的方式进行。目前，一些跨国组织机构频繁召开关于共享服务主题的相关会议，并经常有重量级的专家参与发言。如果想了解最新动态，认识行业同仁，参加一些类似的会议是一个不错的选择。互访则是深度了解的一个好手段，通过互访能够在现场感受对方的管理方法和经验，能够迅速提升自己的业务能力。

7.员工培训

财务共享服务中心知识管理的重要应用体现为培训管理，它是知识分享的重要方法之一，目的是启发员工自我学习、加快知识资产循环周转、快速发挥效用。知识的积累一方面来自员工的自我形成，另一方面则是通过组织培训获得。员工培训是财务共享服务中心显性知识的内隐化，帮助中心成员将显性知识转化为个人的隐性知识。

8.员工知识评测

员工知识评测是知识经理定期对财务共享服务中心员工进行知识梳理和测评的过程。通过知识评测，知识经理能够衡量目前财务共享服务中心的知识水平，并更好地制订未来的知识管理计划。知识评测应形成一套标准、有效的评测方法，这样才能保证评测口径的一致性。评测过程应以客观公正为出发点，这样评测结果对知识管理工作才有更好的指导意义。知识评测的过程也是协助员工梳理自身知识、发现不足的过程。

9.知识贡献度管理

知识贡献度管理是推动和评测员工对财务共享服务中心的知识建设贡献程度的管理方法。知识贡献度体现了财务共享服务中心员工是否乐于分享自己的知识，管理层是否乐于营造知识分享的氛围。一个具有高度知识贡献度的财务共享服务中心的内部，所有员工会积极地将自己学习到的新知识与组织内的其他成员分享，从而实现知识外显化，产生乘数效应。

【知识链接】知识库

1.什么是知识库

知识库（knowledge base）是知识工程中结构化、易操作、易利用、全面有组织的知识集群，是针对某一（或某些）领域问题求解的需要，采用某种（或若干）知识表示方式在计算机存储器中存储、组织、管理和使用的互相联系的知识片集合。这些知识片包括与领域相关的理论知识、事实数据，由专家经验得到的启发式知识，如某领域内有关的定义、定理和运算法则以及常识性知识等。

知识库的搭建，对财务共享服务中心主要有以下三个方面的作用：

（1）使信息和知识有序化，是知识库对组织的首要贡献。建立知识库，必定要对原有的信息和知识做一次大规模的收集和整理，按照一定的方法进行分类保存，并提供相应的检索手段。经过这样一番处理，大量隐含知识被编码化和数字化，信息和知识便从原来的混乱状态变得有序化。这样就方便了员工对信息和知识的检索和有效使用。

（2）加快知识和信息的流动，有利于知识共享与交流。知识和信息实现有序化后，减少了员工寻找知识和信息的时间，提高了知识和信息的利用效率，自然加快了其流动速度。另外，如果在企业的内网开设一些时事、新闻性质的栏目，那么企业内外发生的事能够迅速传遍整个企业，使员工获得新信息和新知识的速度大大加快。

（3）有利于实现组织的协作与沟通。例如，员工在工作中解决了一个难题或发现了处理某件事更好的方法后，可以把这个建议提交给一个由专家组成的评审小组。评审小组对这些建议进行审核，把最好的建议存入知识库。建议中注明建议者的姓名，以保证所提交建议的质量，并保护员工提交建议的积极性。

2.知识库分类

知识库建设的一项重要工作就是对知识库进行细化分类。知识一般是模块化的，知识库中的知识根据应用领域特征、背景特征（获取时的背景信息）、使用特征、属性特征等可以被划分成便于利用的、有结构的组织形式。

对于获得的知识可参照以下示例进行分类设置，并在知识库文件夹中设置文件夹结构分布（如图10-15所示）。

（1）人员资料

人员档案：基本人事信息表、培训情况表、员工考核表、奖惩记录表、重大贡献明细表；

岗位说明：岗位说明书、岗位考核指标。

（2）业务手册

业务资料：审核业务、账表业务、档案管理；

操作手册：系统操作手册、PTP核算流程、OTC核算流程、ATR核算流程、发票应用手册。

（3）规章制度

政策制度：国家会计政策、国家法律法规；

业务管理办法：货币资金支出管理规定、员工借款管理办法、员工还款管理办法、费用报销时限规定、销售合同收入确认与计量、会计业务入账规范、合同管理办法。

运营管理办法：目标管理办法、服务管理办法、人员管理办法、知识管理办法、学习管理办法、绩效管理办法、流程管理办法、质量管理办法、标准化管理办法、创新管理办法、系统管理办法。

（4）培训手册

通用知识：公司发展历程、公司核心业务、财务转型、共享发展趋势、信息合规、组织架构、企业文化愿景。

培训课件：办公软件使用技巧、ERP操作指导、Excel应用、PPT应用、Access应用。

（5）文档报告

文档报告：年报、季报、月报、社会责任报告、公众号期刊、内部期刊、领导讲话稿。

3.知识库的岗位职责

知识库的搭建与后续的日常维护工作主要由知识岗执行。具体来说，工作内容主要

人员资料		业务手册		规章制度			培训手册		文档报告
人员档案	岗位说明	业务资料	操作手册	政策制度	业务管理办法	运营管理办法	通用知识	培训课件	文档报告
基本人事信息表	岗位说明书	审核业务	系统操作手册	国家会计政策	货币资金支出管理规定	目标管理办法	公司发展历程	办公软件使用技巧	年报
培训情况表	岗位考核指标	账表业务	PTP核算流程	国家法律法规	员工借款管理办法	服务管理办法	公司核心业务	ERP操作指导	季报
员工考核表		档案管理	OTC核算流程		员工还款管理办法	人员管理办法	财务转型	Excel应用	月报
奖惩记录表			ATR核算流程		费用报销时限规定	知识管理办法	共享发展趋势	PPT应用	社会责任报告
重大贡献明细表			发票应用手册		销售合同收入确认与计量	学习管理办法	信息合规	Access应用	公众号期刊
					会计业务入账规范	绩效管理办法	组织架构		内部期刊
					合同管理办法	流程管理办法	企业文化愿景		领导讲话稿
						质量管理办法			
						标准化管理办法			
						创新管理办法			
						系统管理办法			

10-15 知识库分类示例

包含知识获得、知识分类、知识储存和知识更新四个层面（如图 10-16 所示）。

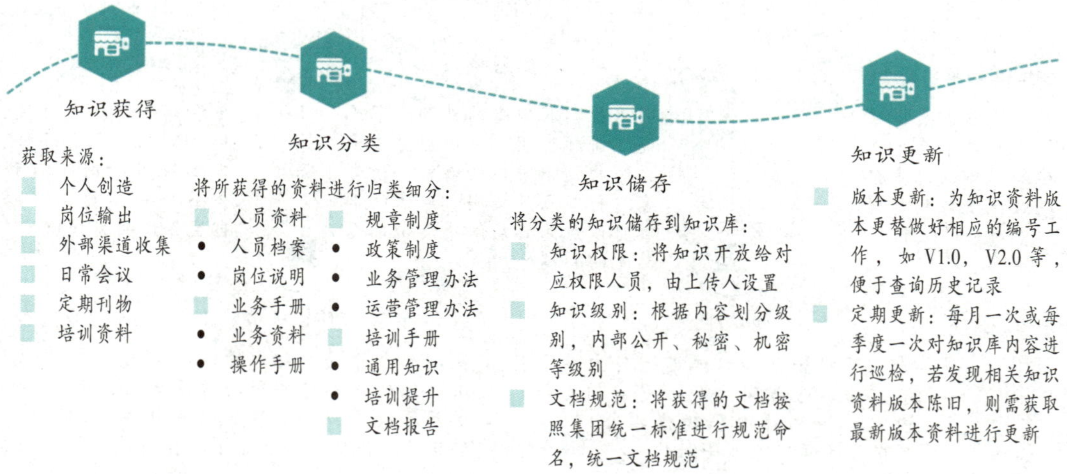

图 10-16　知识库的岗位职责

知识获得，即知识的初步获取。获取来源主要包括个人创造、岗位输出、外部渠道收集、日常会议、定期刊物、培训资料等。

知识分类，即将获得的资料进行归类细分。知识具体可以分为人员资料（包括人员档案、岗位说明等）、业务手册（业务资料、操作手册等）、规章制度（包括政策制度、业务管理办法、运营管理办法等）、培训手册（包括通用知识、培训提升等）、文档报告等。

知识储存，即将知识按照分类规则储存到知识库中，应由上传人设置知识权限，将知识开放给对应权限的人员，具体可参考岗位级别，可将知识权限分为内部公开、秘密、机密等级别。另外，在文档规范上，应注意将获得的文档按照集团统一标准进行规范命名，统一文档规范。

知识更新，包括版本更新和定期更新。在版本更新时，应做好知识资料版本更替的相应编号工作，如 V1.0、V2.0 等，便于查询历史记录；定期更新则要求每月一次或每季度一次对知识库内容进行巡检，若发现相关知识资料版本陈旧，则需获取最新版本资料进行更新。

4. 知识共享平台

知识共享平台是进行知识展示、员工交互、辅助学习的综合管理平台，是共享服务中心进行知识管理的平台。在职责设置上，学习管理岗主要负责平台内容的维护和知识的归集整理，信息技术部人员则主要负责保证平台的稳定运行和功能开发。

财务共享服务与全球化人才培养. 财务与会计

随着财务共享服务中心逐步进入提升期，多维度、多模块的知识共享平台将逐渐显示出非常重要的意义，据此，可在知识库的基础上，延伸建立知识地图导航、专家网络、社区讨论、知识百科等功能模块，形成完整的知识共享平台，以支撑知识管理建设（如图 10-17 所示）。

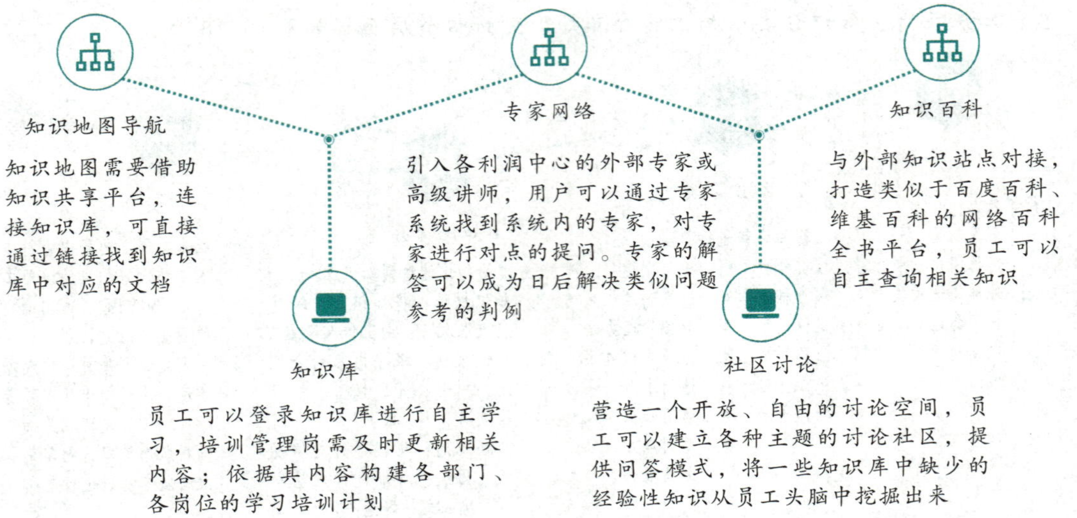

图10-17　知识共享平台示例

第八节　学习管理

学习管理是以完善的培训管理体系和知识管理体系为基础，建立良好的学习环境和学习激励机制，最大限度地激发员工的学习热情，员工自主学习和公司培训双管齐下，将财务共享服务中心打造成学习型组织的过程。

学习管理机制包括营造学习环境、鼓励员工自主学习、搭建培训体系、建立激励与考核机制。

一、营造学习环境

在财务共享服务中心营造学习环境，形成共享服务中心员工对学习的积极、正面的态度，保持对工作的认同和兴趣。学习管理岗位负责定期举办比赛和活动，比如劳动技能大赛、学习沙龙；建立以师带徒机制贯穿新员工试用期，保证学员对工作能尽快适应，激发他们的潜能和动力。

二、鼓励员工自主学习

学习型组织的建设，应注重鼓励员工自主学习，形成勤于学习的意识和全员学习的团体氛围。在学习内容方面，应突破岗位限制，学习其他学科、其他方面的知识内容。在学习形式方面，提倡丰富多样的自主学习形式，可运用面对面、集团学习系统、日常工作、知识共享平台等多种方式进行学习，提倡员工考证和进行岗位考评与认证，吸引员工学习、丰富员工素养，提升团队整体综合能力。

三、搭建培训体系

由于财务共享服务中心人员实行专业化分工，工作内容标准，培训可以保证其工作产出的一致性，保证工作水平的稳定性；能够让员工感觉被重视，能够营造学习气氛，产生创新的动力。搭建培训体系包括培训组织建设、讲师队伍建设、培训课程体系建设、培训管理评估体系建设。

四、建立激励与考核机制

学习型组织建设需建立一套完善的管理制度，可以采用积分制度，以此作为学习管理的好坏评判标准。基于学习型组织建设大环境，财务共享服务中心机制建设应重奖励轻考核，逐步营造形成学习氛围和形成自主学习意识。

第九节　创新管理

创新是企业应对各种变化、持续发展的不竭动力。创新管理是鼓励员工在工作的过程中不断创新，对工作问题质疑和提出创新性解决方案的管理过程。创新管理的关键活动是组织的创新意识及相关人员对新事物的接受程度。

对于财务共享服务中心来说，创新管理以培养财务共享服务中心的核心能力、提高持续竞争力为中心，以战略为导向，以战略、文化、组织、技术、制度等创新要素的有机结合与协同为关键点，通过有效的创新管理机制、方法和工具，力求做到人人创新、事事创新、时时创新、处处创新，最终实现财务共享服务中心的价值创造目标。创新管理架构图如图10-18所示。

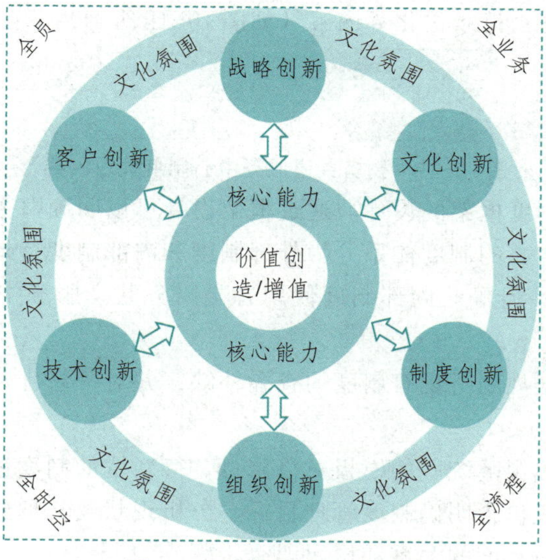

图10-18　创新管理架构图

一、创新管理机制

创新管理机制包括制定创新目标、创建思想文化环境、建立创新组织体系、合理安排创新资源、加强创新过程管理。

制定创新目标是财务共享服务中心战略目标体系的重要组成部分，且创新目标的设定应合理、恰当，按年度分解。

创建思想文化环境就是强化集团及高层领导的带动作用，培育全员创新的文化氛围，形成思想活跃、鼓励创新、既开放又包容的创新氛围。

建立创新组织体系就是设立以财务共享服务中心领导为首的创新领导机构，建立多层级创新组织和领导、组长责任制。

合理安排创新资源包括人力资源、财务资源、物质资源的投入与安排等。

加强创新过程管理是合理利用创新工具，并建立创新激励机制，建立从创新立项、执行到评价的全过程管理。

二、创新要素

创新是财务共享服务中心为解决问题、实现目标、提高组织价值，在特定的环境中，利用现有的知识和物质基础改进或创造新的事物。创新包含战略创新、组织创新、文化创新、制度创新、技术创新、客户创新等要素。

第十节　流程制度管理

流程与制度是企业管理规则的重要体现，财务共享服务中心的流程管理已经在第六章中详细介绍，这一节主要讨论财务共享服务中心的制度管理。

制度是要求大家共同遵守的办事规程或行动准则。制度管理指的是对外遵守外部行为准则，对内不断建立、修订各种制度的过程。制度管理包含了对财务共享服务中心制度的规划、梳理、编写、持续优化等内容（如图10-19所示）。

图10-19　财务共享服务中心制度管理内容

制度规划：是对制度框架的设计。通过框架设计可以明确财务共享服务中心的制度体系。财务共享服务中心的制度体系分为外部制度和内部制度。外部制度使用者是服务对象，例如员工报销手册等。内部制度使用者是财务共享服务中心，比如会计核算手册、绩效考核办法等。

制度梳理：是依据规划对现有制度的查漏补缺，并对待修订、待新增的制度拟订编写计划。

制度编写：是按照规范统一的模板对待修订、待新增的制度进行拟定。财务共享服务中心的制度编写一般包含明确制度管理目标、分析现状及其形成原因、明确职责及其权利义务、梳理与其他制度的关系和层次四个步骤。

制度优化：重在保障制度的持续更新，根据国家会计准则、财税制度的变化，以及服务对象业务的变化，对财务共享服务中心的制度进行持续优化。

第十一节　系统管理

系统管理是指管理者以系统建设原则为基础，通过系统管理组织的支撑，进行系统新建实施、日常运维、优化升级，以达成系统有效支持财务共享服务中心运营管理的过程，是财务共享服务中心稳定运行的基础。

一、系统建设原则

财务共享服务中心的建设离不开信息系统的支撑，信息系统是财务共享服务中心实现流程化、标准化、信息化、智能化、数字化的重要工具。信息系统的建设需遵循符合公司战略、促进业财一体、规范化、效率化、数据高效整合、成本收益原则等。

二、系统管理组织

财务共享服务中心需设置专门的信息系统管理组负责整体的信息系统管理。系统管理组由共享服务中心负责人、运营管理组组长和系统管理岗构成，负责主导建设财务共享核心系统及相关业务支持系统，业务部门主导建设的业务系统若需要与财务共享核心系统进行对接，则共享服务中心系统管理组参与功能需求调研、系统架构设计和系统集成规划，确保系统支持业务财务一体化运作。

财务共享服务中心负责人负责对系统整体建设规范、系统需求评审、系统架构设计、系统集成规划、信息系统建设进度等方面进行整体把控。运营管理组组长、系统管理岗负责系统需求及问题收集、系统落地实施跟进、系统日常运维、与系统供应商沟通等系统落地实施路径中的具体工作。

三、系统新建实施

财务共享服务中心系统管理组需要对信息系统从新建需求提出到系统落地实施以及正式上线运行期间的业务操作进行规范管理。系统新建实施分为立项招标和落地实施两个阶段。

立项招标阶段通常包括以下几个步骤：系统新建需求分析、系统蓝图设计、系统初步选型、供应商沟通、系统功能需求设计、系统建设招投标、项目定标。

项目定标后，项目进入落地实施阶段，系统管理组需要对从需求调研到系统正式上线运行期间的业务操作进行规范化管理。

四、系统日常运维

系统的稳定运行是共享服务中心业务处理的基础。系统一旦出现问题，将极大地影响财务共享服务中心的工作效率，降低服务满意度，因此财务共享服务中心系统管理组需切实做好系统运维管理工作，这也是系统上线运行后财务共享服务中心系统管理组主要的工作职责。

五、系统优化升级

随着信息技术的发展和财务共享服务中心运营水平的提升，对现有业务的处理可能存在更好的解决方案，加之现有信息系统的运维成本增加，业务处理效率跟不上财务共享服务中心的发展节奏，企业需要适时对信息系统进行功能优化或者升级改造。财务共享服务中心的系统管理组需定期搜集或自行分析评估优化需求，并对提出的优化需求进行评审。系统优化升级需关注系统升级条件与要求。

第十二节 标准化管理

标准化管理是通过对财务共享服务中心的业务活动制定通用和可被重复使用的规则，从而在一定范围内获得最佳秩序和最大经济效益。标准化的重要意义是改进产品、过程和服务的适用性，把生产全过程的各个要素和环节组织起来，使多项工作达到规范化、科学化、程序化，建立起生产、经营的最佳秩序。

标准化管理按照“文件化、动态化、系统化、效率化”的原则，制定流程管理规范、作业管理规范及文档管理规范等标准化文件，指导共享中心工作人员的工作。标准化管理需要全面梳理企业流程，整合组织岗位、业务表单、优化制度等要素，构建财务共享服务中心的标准管理体系。

财务共享服务中心的标准化管理无处不在，贯穿于流程管理、组织管理、质量管理、绩效管理、培训管理、服务管理之中，起到固化流程、提升效率、树立品牌的作用。标准化管理的载体为标准化文档，包括制定、发布和实施过程（如图 10-20 所示）。

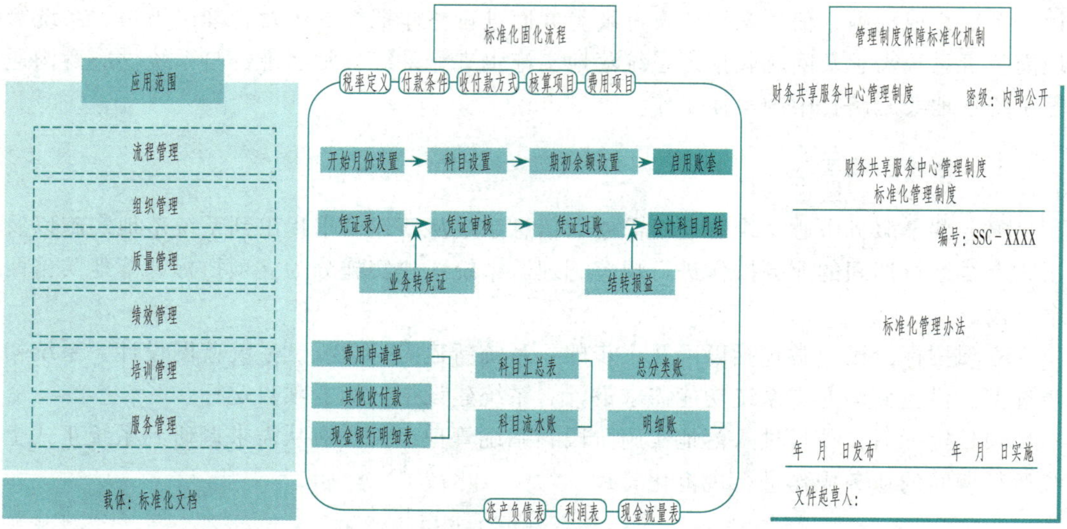

图 10-20 财务共享服务中心的标准化管理示例

财务共享服务中心的标准化管理主要举措如下：实现流程标准化，对流程设计、优化、执行、固化等环节进行规范化管理；实现岗位标准化，对岗位进行标准化分组管理；实现制度标准化，有完整的制度框架及具体制度文档，以及编写、发布、修订的流程；实现操作动作标准化，将岗位操作时间、操作动作、操作内容等进行标准化管理，设计并持续改进共享服务中心所有业务操作。

标准化建设能为财务共享服务中心提供明确的评价标准，形成完整的流程和程序，为员工提供行为规范和标准，保证交付质量，是财务共享服务中心高效运作的基础。

【知识链接】服务水平协议

服务水平协议（service level agreement，SLA）是服务供应商与顾客双方就顾客的最低可接受的服务水平、服务范围等进行多次商讨、谈判达成的协议。服务水平协议属于法律文件范畴，需要得到双方的承认，并且被共同遵守。服务水平协议体现了双方的意愿，并对无形的服务约定了量化的标准和考核指标。

通过签订服务水平协议来明确财务共享服务中心与各法人之间及各财务共享服务多部门之间的权利以及对应的承诺，使所有职责落实到每个具体的责任实体。

1.服务水平协议的核心特征

（1）协议性

既然称之为服务水平协议，它首先是一个协议。既然是协议就必须是在双方协商一致的基础上产生的，得到了协议双方的认同。这也是服务承诺与服务水平协议首要的且最基本的区别。服务承诺是服务供应商单方面做出的，服务供应商虽然在构思承诺时会考虑消费者的一些想法，但不需要征求消费者的同意，可以独自决定许诺的内容、约束条件、赔偿方式和数量以及行使程序。而服务水平协议则是双方共同商讨达成的，明确规定双方的责任，更具有权威性，可执行性更强。

（2）相互性

服务水平协议是双边的，是服务供应商和客户共同构思、协商的结果。服务供应商和客户都必须承认它，这需要双方的妥协。例如，一方面，服务供应商可能许诺达到一定的服务水平；另一方面，客户可能答应提供精确的订单数量和遵守指定的期限。因而，服务水平协议中既有服务供应商的许诺，也有客户的许诺，即约束条件。

服务水平协议的“相互性”特征产生的一个重要结果是“定制服务”。定制服务就是针对不同的顾客提供不同的服务或差异化的服务方式、赔偿方式等。这就决定了不存在标准化的服务水平协议。每一份协议都是服务供应商与客户就双方特定的需求和责任达成的共识。

相互性的另一个表现是服务水平协议是在考虑双方共同利益的基础上，双方最低可接受的服务水平，从而达到双赢。例如，一个财务共享服务公司可能向客户承诺1天的报销时效（从提单到付款），这样的承诺确立了一个明确的绩效标准，但不一定是最佳标准。因为较快的报销时效往往对应着较高的费用，而1天的报销时效和3天的报销时效对客户产生的效果可能没有太大差异。因此，有的客户可以接受3天的报销时效。服务水平协议使服务供应商和客户得以定义最低可接受的服务水平，在这个水平上双方都能达到效益最大化，防止不必要的昂贵的“质量过剩”。

（3）量化性

服务水平协议不仅制定了最低可接受的服务水平，还为服务水平提供了一系列的量化指标。这些指标能清晰、准确地衡量服务水平。例如，一个财务共享服务公司承接一个客户的报销审核业务，那么协议中必定要约定报销时限、差错率，以及针对不同服务缺陷的赔偿机制、金额，这些都必须是清晰的可量化指标。另外，如果服务供应商没有达到既定的服务水平，协议还制定了量化的赔偿金额。

服务水平协议能够帮助共享中心清楚地认识客户的需求，能够更好地达成客户的期望。正如服务承诺的推行一样，财务共享服务中心的内部工作程序应能够稳定，以保证服务水平协议的可行性。服务水平协议也有助于优化配置竞争所需要的稀缺资源，例如通过服务水平协议避免提供不合理的高水平服务。服务水平协议对稳固客户以及与客户建立长期的合作关系有积极的作用。

2.服务水平协议的确定步骤

一般来说，服务水平协议的确定包括四个步骤：甄别、确定、谈判、回顾。

第一步，说明如何甄别客户需求，以及合作双方的关系如何建立。

第二步，确定共享服务提供者和客户之间的责任，还包括阐述如何向客户提供服务。

第三步，谈判服务的具体内容、服务成本和所依据的业绩标准，还包括确定奖惩措施，用于存在低于或高于协定业绩标准的业绩之时。

第四步，对流程进行必要的回顾，以确保达到所要求的业绩水平。

3.服务水平协议的内容

任何一项服务水平协议都必须包括服务的内容、最低可接受服务水平、接受服务方即客户的许诺、例外事项的解决流程、双方的沟通接口人以及双方的签字盖章等要素。

（1）服务内容

共享服务适用范围很广，包括财务、IT、客户关系管理、供应、人力资源等。不同的服务领域包含了不同的服务项目。就财务共享服务而言，具体服务项目包括应收账款、应付账款、费用报销、总分类账、现金管理、内部审计、资产管理等。需要就每一个服务项目的服务内容进行详细界定，并对提供服务的输入，如制度、规范、要求，以及提供服务所采用的系统、工具等进行清晰的界定。例如，在提供费用报销服务时，协议中需要约定服务所参考的财务制度、财务系统的提供方式，比如是由客户提供还是由共享服务中心提供，以及其他需要事先界定清楚的事项。

（2）服务标准

服务标准实际上就是最低的可接受服务水平，也是服务供应商要保证的最低服务水平，如费用报销服务的审核时限及差错率、明细账服务的完成账务录入时限、总账服务中的提交报表时限等都需要在这部分进行具体、清晰的界定。

（3）客户的许诺

客户的许诺实际上就是对服务接受方的约束条件或者是服务接受需要提供的协助的界定。在财务共享服务中，客户的许诺一般包括但不限于以下内容：公司材料提供、相关法律资料提供、财务会计资料提供、发票和凭证等原始资料提供等。

（4）收费机制

收费机制是指财务共享服务中心的收费方式，主要包括持续优化法、利益共享法和实际业务量法。持续优化法类似于设置阶段性目标，即达成目标后，可按预先商定的固定标准收取费用。利益共享法类似于承包责任制，只要达到既定目标，多出部分无论金额大小都归业务部门和财务共享服务中心所有。实际业务量法与计件工资原理相似，即完成一单业务后，财务共享服务中心就可以向业务部门收取相应的费用。

（5）例外事项处理流程

协议的内容和篇幅都是有限的，不可能囊括所有细节，而且协议双方也不可能在签订协议时预测到将来会发生的所有状况，因此，例外事项处理流程是服务水平协议中必不可少的一项。例外事项是指服务过程中遇到的协议没有界定的突发事项或客户提出的协议以外的特殊服务需求。针对这一类例外事项，双方需要事先在协议中约定处理流程、沟通的方式以及负责人等。

（6）沟通

在这一部分需要明确双方的总体负责人、各具体业务的接口人以及沟通的方式、工具、周期等。对于财务共享服务中心来说，每一个客户或每一项服务都应设置一名项目经理，负责整体的组织、协调、谈判等工作。如果各项目中包括的具体业务较多，需要针对具体业务设置接口人，这样在具体业务的沟通上可以减少沟通层级、缩短信息传递时间，保证沟通的及时性和针对性，增强双方沟通的有效性。

另外，由于沟通的方式有很多，仅明确了沟通的对象是远远不够的，还必须对沟通方式、沟通工具以及沟通的周期进行约定，甚至对不同的需求需要采取不同的沟通形式都要约定清楚。沟通的方式包括：电话沟通、见面沟通、邮件沟通、会议沟通等。沟通周期包括：定期沟通、实时沟通、紧急沟通等。对于不同的沟通需求还要界定沟通的对象，比如对于紧急且重要的事件与双方项目负责人沟通，对于具体业务需要与业务接口人沟通等。

（7）其他事项

其他事项是指协议约定以外的事项。对于其他事项，双方应约定进行友好协商。

【案例】施耐德电气：三大管理体系+新技术带来“标签效应”[①]

施耐德电气（Schneider Electric）是全球能效管理和自动化领域的专家，为客户提供安全、可靠、高效、经济、环保的能源和过程管理，在100多个国家拥有超过14万名员工。施耐德电气在中国有26家工厂、8个物流中心、5个分公司和40个办事处。

施耐德电气（中国）共享服务中心于2008年建立，全球的共享服务中心于2009年成立。施耐德在中国共有6个共享服务中心，包括财务、采购、信息技术、销售与配送、设施安装和能源管理，其中财务共享服务中心与其他分别位于印度、菲律宾、美国和波兰的四个财务共享服务中心一样，直接向法国总部汇报。

目前，施耐德电气（中国）的财务共享服务组织位于北京和武汉，约有员工220人，北京为能力发展中心，提供增值服务，武汉为结算中心，主要为中国及东北亚国家提供服务。

施耐德电气对共享服务中心的定位是：建立灵活的预防型企业组织，通过打造精益化、数字化的信息处理流程，为客户提供高效、优质的增值服务。“三大管理体系+新技术”是施耐德电气财务共享服务中心目标得以实现的杀手锏。

三大管理体系为精益管理、质量管理和知识管理体系，其中精益管理主要包括短距管理、效率管理、工作重新校准、多技能、队列管理和拖拉理论，通过流程优化和架构的重新搭建提高效率，帮助财务共享服务中心实现资源的可预测与灵活调用；质量管理架构中不仅包括共享服务中心的员工，也包括质量经理和客户，通过这种组织架构极大地传达了施耐德电气财务共享服务中心“让共享的价值最大化”的理念；通过组织岗位分析、建立技能数据库和文档管理来搭建知识管理体系，并对员工进行有效培训。施耐德电气还利用信息技术的支持，通过重视新技术应用（如RPA等）为财务共享服务升级提供新元素。

2020年中国共享服务领域调研报告

经过几年的发展，施耐德电气的财务共享服务中心已经实现了明显的“标签效

① 中兴新云，中国会计报，西安交通大学．2019年中国共享服务领域调研报告——基于中央企业财务共享服务建设情况［EB/OL］．［2019-11-08］．https：//qr31.cn/D9qZB7.

应”，使施耐德电气品牌大为增色[①]。

思考：施耐德电气财务共享服务中心是如何打造品牌“标签效应”的？

本章小结

引入共享服务意味着会带来复杂的变革。一个最常见的错误就是，一旦实施阶段结束，企业就疏于管理，注意力转移。财务共享服务中心的运营管理对管理者来说是个挑战，需要面对跨职能的问题，要求管理者具备更多的、非传统的管理能力。

管理者需要重新审视财务共享服务中心如何为企业增加价值，以此为出发点，设定财务共享服务中心的业绩基准，建立客户对服务中心的预期。为了确保财务共享服务中心有能力达到这种预期，管理者必须在流程设计、绩效、质量、服务等各个方面建立管理体系，不断检查和更新业绩指标，对“供应商—客户”关系进行持续高效的管理，不断审查、完善伙伴关系协议，鼓励财务共享服务中心以低成本提供高效率、高质量、高满意度的服务。

学思践悟

财务共享服务中心组织机构的高效运转与持续优化，离不开成熟的运营管理体系以及每个员工个人的努力。青年一代可以通过本章的学习，牢固树立为人民服务的理念，深化自身服务意识，将服务人民、爱岗敬业的人生观与价值观，诚实守信、积极进取、勇于创新的职业品格以及精益求精、科学规范的管理思想融入未来工作与管理中去，并强化终身学习理念，立足专业学习、积极探索，不断提高自己的职业道德修养，成长为社会需要的复合型人才。

思考与练习

（一）选择题

1.财务共享服务中心的十一维运营管理体系不包括（　　）。

A.目标管理　　B.服务管理　　C.时效管理　　D.质量管理

2.下列不属于财务共享服务中心的创新要素的有（　　）。

A.战略创新　　B.组织创新　　C.人员创新　　D.技术创新

3.人员管理的主要内容有（　　）。

A.人才选拔　　B.人员培训　　C.人员激励　　D.人员发展

4.财务共享服务中心的员工培训体系一般有培训组织、（　　）、（　　）、支持体系四部分。

A.培训评价　　B.实践活动　　C.课程体系　　D.讲师队伍

5.财务共享服务中心的标准化管理无处不在，贯穿于流程管理、组织管理、质量管

① 刘阳．FISS：施耐德电气新名片［J］．首席财务官，2017（18）：24-30.

理、绩效管理、培训管理、服务管理之中，标准化管理的载体为（　　），涵盖制定、发布和实施过程。

A.标准化流程　　B.标准化系统　　C.标准化制度　　D.标准化文档

6.共享服务中心作为一个服务提供机构，在对其进行客户满意度调查时，服务评价指标主要涵盖五个方面，其中（　　）为最主要的评价依据。

A.服务协作性　　B.服务时限　　C.服务态度　　D.服务效果

（二）判断题

1.目标管理决定着共享服务中心的管理导向，是开展其他管理活动的基础。（　　）

2.运营管理是对提供的产品或服务进行设计、运行、评价和改进的活动。通过对价值链上的各项活动进行分析和设计，提高组织运作效益，协调组织活动并不断优化。（　　）

3.创新管理机制包括制定创新目标、创建思想文化环境、建立创新组织体系、合理安排创新资源、加强创新过程管理。制定创新目标是财务共享服务中心战略目标体系的重要组成部分，且创新目标的设定应合理恰当、按月度分解。（　　）

4.绩效管理强调组织目标和个人目标的一致性，强调组织和个人同步成长。（　　）

5.服务水平协议是服务供应商与客户就客户最高可接受的服务水平、服务范围等进行多次商讨与谈判达成的协议。（　　）

（三）简答题

1.请简要介绍财务共享服务中心十一维运营管理体系。

2.请简要分析财务共享服务中心如何进行人员管理。

（四）思考题

B集团财务共享服务中心在上线运营初期面临多重挑战。

由于公司各地的单据必须通过邮寄的方式传送到财务共享服务中心进行处理，员工普遍反映报销周期过长，引发众多投诉；B集团财务共享服务中心未建立员工绩效考核标准，服务质量差；财务共享服务中心缺乏运营管理监督控制机制，管理效率低下。同时，财务共享服务中心建立初期按照服务区域对业务小组进行划分，但在这种模式下，不同区域的工作量存在差异，区域之间存在空间和时间的壁垒，出现忙闲不均的情况，财务共享服务中心员工工作热情不高，单据审核质量参差不齐。

B集团财务共享服务中心管理层意识到共享服务中心的运营管理出现了问题，有的人认为是共享服务中心业务人员没有尽力工作，有的认为是共享服务中心管理制度不够健全，有的认为与共享服务中心分工有关，一时间众说纷纭，难以得出结论。

B集团财务共享服务中心应该如何全面、持续地优化运营管理工作？你有什么好的建议吗？

第十章客观题
即测即评

第四篇

财务共享服务的未来展望

第十一章
财务自动化 智能化 数字化

在全球新一轮技术革命的时代背景下，越来越多的企业开启了数字化转型之路。数字技术以“连接—分析—智能”的演进路径，改变着传统的时间和空间建设模式，不断地推动着企业的数字化转型，在改变企业运营方式的同时也在重塑世界经济面貌，带动人类社会生产方式变革、生产关系再造、经济结构重组和生活方式转变。数字化给企业财务部门创造了一个全新的“黄金年代”。数字技术的不断迭代和管理模式的不断更新正在彻底改变着企业财务组织提供财务能力的方式。一方面，每一个财务人员的角色都将被重塑；另一方面，RPA、人工智能、数字技术的应用将驱动财务工作更加自动化、智能化、数字化。对于财务共享服务中心来说，未来将转变为“人机协同、共创价值”和“数据驱动、助力经营”。

本章学习目标

1. 理解机器人流程自动化在财务领域的应用；
2. 理解人工智能技术在财务领域的应用；
3. 了解未来数字化财务的发展趋势；
4. 领悟并贯彻解放思想、积极探索、锐意进取、勇于创新与创造的时代精神，树立终身学习意识，强化行业自信。

引导案例

近些年来，关于财务机器人、人工智能以及财务数字化的话题十分火热，越来越多的企业将财务机器人、知识图谱、财经云图等技术应用到财务共享服务中心的工作中。A集团同样也希望借助RPA等新兴技术，在不改变企业原有信息系统架构的基础上，对业务流程进行优化。

这个消息一出，引起了集团上下财务人员的纷纷议论与不安。

“我们的工作会被机器人替代吗？”

“工作都让机器人做了，我们还能做什么？”

“我们需要学习哪些新技术？”

“……”

企业变革小组也不断收到来自财务人员关于新技术是否会取代他们现有岗位以及未来工作规划的相关咨询与质疑，这样的讨论还在继续，财务人员不安的情绪逐渐蔓延……

本章知识地图

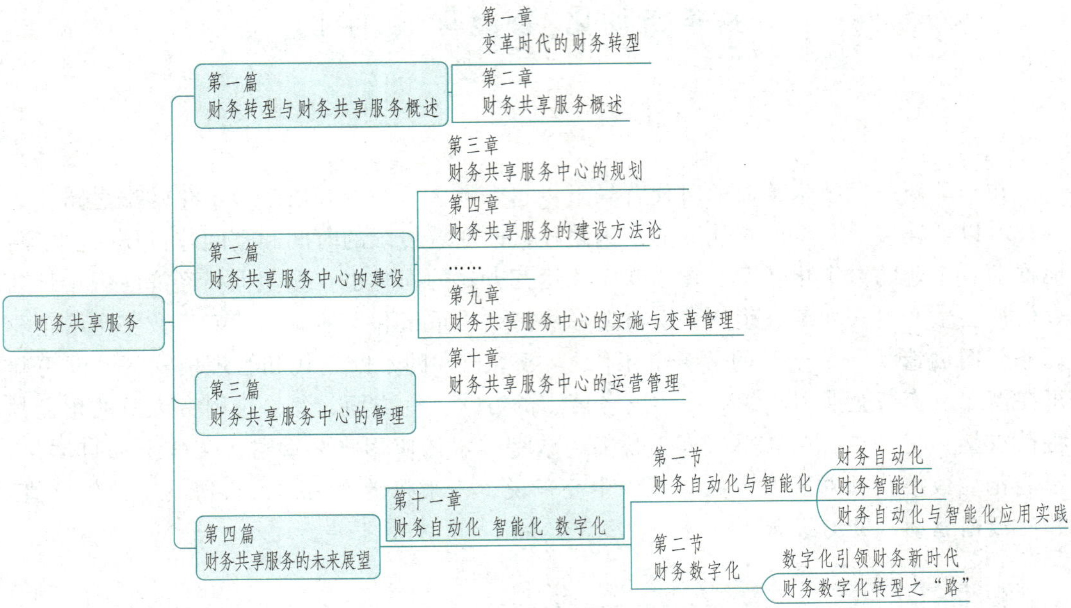

图11-1 第十一章知识地图

本章关键名词

财务自动化、财务智能化、财务数字化、机器人流程自动化、财务机器人、智能采集、智能审核、知识图谱

第一节 财务自动化与智能化

科技革命伴随着财务的演变，技术已经成为越来越多的企业的重点投资方向，目的是促进企业整体运营效率的提升。财务共享服务中心正在或未来将通过一系列技术工具的组合使用，使财务更加自动化、智能化，从而助力企业寻求新的价值增长点。

《2020年中国共享服务领域调研报告》调研统计了企业正在使用或未来希望在财务共享服务中心应用的新兴技术，主要有RPA（55.2%）、大数据（48%）、可视化（27.6%）、智能识别（24%）和高级分析（23.2%）。通过分析可以看出，超过一半都是自动化与智能化的技术和应用。

财务自动化以机器替代了基础的重复性人工劳动，实现了操作层面的资源优化。而财务的智能化则可结合机器深度学习的能力，利用信息系统来帮助管理者选择适合企业现状和发展规划的相应策略，实现全局资源优化。自动化、智能化技术在财务的关键流程中均有应用（如图11-2所示），诸如智能采集、智能审核、供应商知识图谱等技术已经发展成熟并在实践中应用。

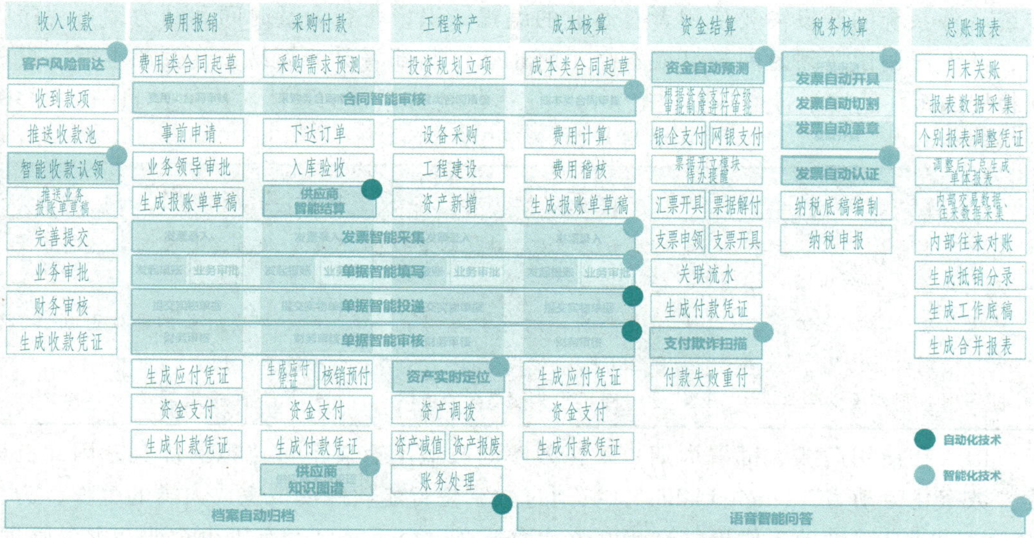

图 11-2 财务自动化、智能化热力图

一、财务自动化

财务部门的工作普遍具有操作量大、系统数据难以兼容等痛点，自动化存在较大的提升空间。根据麦肯锡全球研究院对自动化的研究，42% 的财务活动通过成熟的技术可实现全自动化，19% 的财务活动可实现近全自动化。因此，为了提高财务人员的价值，提升企业的经济效益，财务亟须将基于规则的、人工重复且耗时的事务性工作以自动化方式来完成，使财务人员有更多精力投入到财务分析、预测等更有创造性的管理工作当中，促进财务转型。

目前，企业可以通过 3 种途径推动财务自动化。

第一种为基于工作流引擎实现单个系统内集成，借助工作流引擎工具，如流程引擎、规则引擎、表单引擎等，实现系统内业务处理和信息流转的自动化。

第二种为通过 API（application programming interface，应用程序编程接口）实现开放系统间的集成。对内可实现企业内部合同管理、会计核算等系统的信息交互，对外可实现与供应商、客户、银行、税务局等合作机构或第三方开发者的对接。

第三种为使用 RPA（机器人流程自动化）等非侵入式技术实现封闭异构系统对接。

1.RPA

RPA 是指通过用户界面层，模拟并增强人与计算机的交互，执行基于一定规则的、可重复操作任务的软件解决方案。简而言之，RPA 是指机器人通过记忆人工桌面操作行为和规则，自动复制执行操作。RPA 可辅助完成一系列重复性任务。

随着多系统并存、数据孤立以及人力成本的不断攀升等问题的出现，企业的自动化需求愈发急迫。企业渴望寻求一种技术路径去更好地连接多个并存系统，以打破“数据孤岛”、降低人力成本、提升流程效率，这为 RPA 的发展提供了契机。

基于模拟人工自动操作的原理，RPA 天然适用于规则明确、重复量大的使用场景。“规则明确”使 RPA 的应用成为可能，“重复量大”使 RPA 的应用有意义。与传统软件系统开发相比，RPA 在落地使用方面更为灵活，投资回报周期短，使用者准入门槛低。

传统软件系统的开发需要使用者有专业的编程知识，花费大量时间和精力编写程序脚本，开发和调试所需时间长且成本高。而RPA产品部署灵活简易，开发成本低，投资回报周期短，适用于各种环境。RPA与人工、传统IT系统的具体对比见表11-1。

表11-1　RPA与人工、传统IT系统的对比①

人工	传统IT系统	RPA
• 需要集中培训，难度适中 • 人工成本、管理成本、培训成本较高 • 人员培训时间为2周至6周 • 投资回报周期为2年至3年	• 需要专家开发系统，难度较高 • 软件开发成本高 • 需要长时间的开发与调试（半年至1年） • 投资回报周期为3年至5年	• 流程编写较为简单，难度低 • 开发成本低 • 不需要很长的开发时间（2周至6周） • 投资回报周期小于1年

RPA在使用门槛、部署周期、平衡效率与收益上有着不可比拟的优势，因此被称为“数字化劳动力”（digital labor）。其通过数字化智能软件模拟完成人类的工作，为复杂、烦琐或高强度的工作提供充沛的劳动力补充。今天，已经有不少企业在财务管理、税务管理、人力资源管理、供应链管理、客服中心等办公领域采用RPA取代了一些重复且烦琐的日常流程中的人力。

从功能上来讲，RPA是一种处理重复性工作和模拟手工操作的程序，可以实现以下五大功能：

（1）数据检索与记录，RPA可以跨系统进行数据检索、数据迁移以及数据录入；

（2）图像识别与处理，通过光学字符识别技术识别信息，并且可以在此基础上审查和分析文字；

（3）平台上传与下载，能够按照预先设计的路径，上传和下载数据，完成数据流的自动接收与输出；

（4）数据加工与分析，包括数据检查、数据筛选、数据计算、数据整理、数据校验；

（5）信息监控与产出，RPA可以基于模拟人类的判断，实现工作流分配、标准报告出具、基于明确规则决策、自动信息通知等功能。

2.财务机器人

财务机器人是RPA在财务领域的具体应用，可以辅助财务人员完成交易量大、重复性高、易于标准化的基础业务。随着越来越多的厂商相继推出财务机器人，财务机器人在企业层面不断得到应用。

RPA在财务领域的应用主要体现在五个方面，即数据检索与记录、图像识别与处理、平台上传与下载、数据加工与分析、信息监控与产出。在实际应用中，财务机器人往往承载多种功能的组合，从而实现某一流程节点的自动化。

本质上来讲，财务机器人是一种处理重复性工作、模拟手工操作的程序，因此并不适用于所有流程，其适用的流程主要具有简单重复操作、量大易错、多个异构系统、7×24小时工作模式等特征。

成熟运营的财务共享服务中心业务标准化程度高，组织内部按流程、业务模块分工

① 郭奕，赵旖旎．财税RPA：财税智能化转型实战［M］．北京：机械工业出版社，2021．

明确。典型的业务流程包括费用报销、采购到付款、资金结算、总账到报表及固定资产核算等与管理决策相关度较低、发生频繁且易标准化的流程，这些业务均符合财务机器人的适用标准。因此，财务共享服务中心为财务机器人提供了大展拳脚的场所。

《2018年中国共享服务领域调研报告》显示，44.8%的受调研共享服务中心已应用财务机器人（如图11-3所示）。应用RPA最多的业务流程依次为账务处理、发票认证、发票查验、银行对账、费用审核和发票开具等（如图11-4所示）。同时，大多数共享服务中心管理者表示，财务机器人作为流程节点上自动化的有力工具，进一步优化了共享服务中心的流程和模式，更好更快地提升了流程质量与效率，为财务共享服务中心建立核心优势提供了新的技术支持，因此财务共享服务中心有巨大动力去规划RPA技术在共享服务中心的应用和推广。

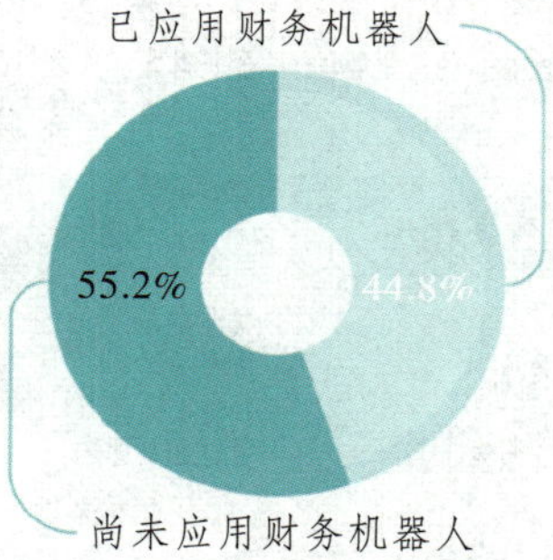

图11-3 财务共享服务中心已经应用财务机器人调研结果

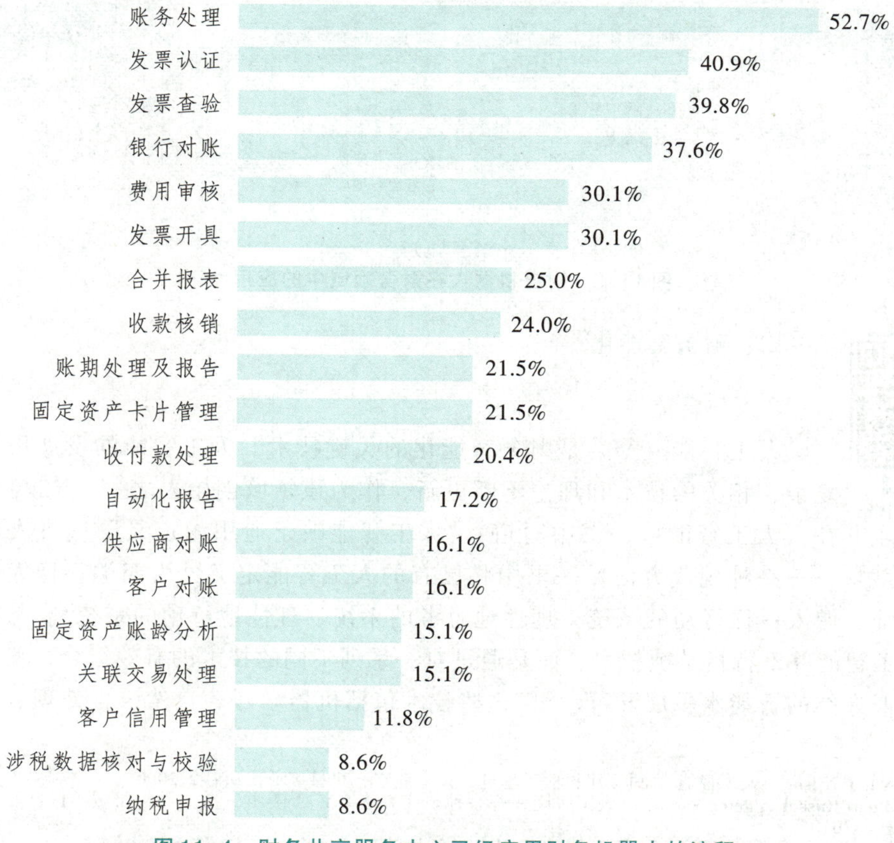

图11-4 财务共享服务中心已经应用财务机器人的流程

财务共享服务为财务机器人的运行提供了良好的环境和运行基础。财务机器人是企业顺应数字化变革的有效工具和手段，帮助企业优化财务人员结构、提升效率和质量，加速数字化转型。

财务共享服务中心常见的流程包括费用报销、采购到付款、订单到收款、固定资产管理、存货到成本、总账到报表、资金结算等。现阶段，这些流程中均有RPA的应用实践（如图11-5所示）。

费用报销
智能提单
智能审核
自动付款
自动账务处理
报告出具

采购到付款
请款单处理
发票查验与认证
采购付款
账务处理及报告
供应商对账
供应商主数据维护、供应商管理

订单到收款
销售订单录入和变更
发票开具
返利管理
收款到账
订单发货
客户对账与收款核销
客户信用审核和主数据维护

固定资产管理
资产卡片管理
资产变动管理
资产分析管理
智能预警

存货到成本
成本统计指标输入
成本与费用分摊
账务处理及报告出具

总账到报表
关账
标准记账分录处理
关联交易处理
单体报表和合并报表出具

资金管理
银企对账
现金管理
收付款处理
银行回单管理

税务管理
增值税发票开具
进销项差额提醒
发票验真
税务分录编制与录入
纳税申报准备
税务数据核对校验
纳税申报

档案管理
扫描
电子归档
电子档案查询

预算管理
预算的编制和生成
预算执行情况监测
预算报告创建

绩效管理
产品效益分析
客户收益分析
客户满意度分析
资本收益分析
经营分析标准化报表出具

管控与合规
审计证据自动化、持续采集
审计文档审阅
管控合规报告出具
审计缺陷管理
财务主数据管理

图11-5 财务机器人在财务领域中的应用

二、财务智能化

财务机器人——RPA的财务应用.财务与会计

1.人工智能

人工智能（AI）是财务智能化的关键技术。人工智能的发展历程较为复杂，相关的技术和理论不断更新，作为该领域创始人之一，Nils J.Nilsson在《人工智能》一书中写道："人工智能缺乏通用的定义"①。《人工智能——一种现代方法》一书中将已有的人工智能定义分为四类：像人一样思考的系统、像人一样行动的系统、理性地思考的系统、理性地行动的系统②。从本质来看，人工智能并不特指某项技术，而是通过对一系列不同的技术的有效组合，使机器能够以类似人类的智能水平展开行动③，这些技术包括机器学习、自然语言处理、机器视

① Nils J. Nilson. 人工智能［M］. 郑扣根，越挺，译. 北京：机械工业出版社，2000.
② Stuart Russell，Peter Norving. 人工智能——一种现代方法［M］. 姜哲，金奕江，张敏，译. 北京：人民邮电出版社，2010.
③ 埃森哲. 人工智能AI应用高管指南［EB/OL］.［2019-07-01］. https：//qr31.cn/BnR0W7.

觉、生物特征识别、人机交互、虚拟现实或增强现实、知识图谱等。

根据麦肯锡的预测，到2025年全球人工智能应用市场规模将达到1 270亿美元，将成为智能产业领域发展的新突破点①。而财务天然的数据属性和智能化需求为人工智能的应用提供了基础，德勤的一份调研报告显示，相比企业管理其他领域，人工智能或在财务领域率先得到应用②。

2.人工智能在财务领域的应用

概括来讲，人工智能在财务领域将从以下几个方面发挥作用：

（1）产品：将人工智能技术嵌入产品或服务中，由此为终端客户带来收益。

（2）流程：人工智能技术简化财务日常工作流程，通过直接减少人力或增强员工更好、更快地执行任务的能力来提高财务效率。

（3）洞察：人工智能用于辅助做出明智的战略决策，为公司业务提供有针对性的建议。

具体来讲，深度学习、知识图谱、自然语义识别等技术的应用，在处理复杂数据方面，如风险管理、财务预测，将大幅降低人力成本并提高财务业务处理和风控的能力。

机器学习是人工智能技术的核心，也是将人工智能与其他自动化技术区分的关键，专门研究计算机怎样模拟或实现人类的学习行为，以获取新的知识或技能，重新组织已有的知识结构，使之不断改善自身的性能，具体包括传统机器学习和深度学习。传统机器学习是从已有的观测样本出发，实现对未来数据或行为的预测。例如，给予机器学习关于信用卡交易的时间、地点、任务等信息，机器学习可以预测信用卡欺诈的模式。深度学习的动机在于建立、模拟人脑进行学习和分析。在财务领域，深度学习在财务审核、现金流预测、智能投资和智能风控中发挥较大的作用。

知识图谱（knowledge graph）的概念由谷歌在2012年提出，其本质是一张由知识点相互连接而成的语义网络的知识库，是显示知识发展进程与结构关系的一系列图形化结构，用节点和边来存储、表征数据。其中，图的节点代表实体或者概念，而图的边代表实体/概念之间的各种关系。知识图谱的本质是建立在图数据处理系统和传统的关系型数据库之上的知识抽取、知识表现、知识存储、知识检索的过程。知识图谱把复杂的文字信息进行结构化处理，通过数据挖掘、信息处理、知识计量和图形绘制显示出来，形成关系网络。知识图谱可突破传统的计算模式，整合企业内外部信息，便于识别管理关系、精准营销、潜在风险预警等。

自然语言处理（natural language processing，NLP）泛指各类通过处理自然的语言数据并转化为电脑可以“理解”的数据技术，实现人与计算机的有效沟通。自然语言处理技术可以显著提升财务获取、清洗、加工和分析数据的效率。例如，新闻公告、财务票据、研究报告等大量文本形式的信息，利用自然语言处理技术可迅速提取关键指标，进行分析总结，从而减少不必要的人力劳动。

生物特征识别技术是指通过个体生理特征或行为特征对个体身份进行识别认证的技术，其识别过程涉及图像处理、机器视觉、语音识别等多项技术。由于财务行业带有一定的服务属性，生物特征识别作为重要的智能化身份认证技术，可以辅助财务人员进行

① 麦肯锡．中国人工智能的未来之路［EB/OL］．［2017-03-18］．https：//qr31.cn/AoHb53.
② 德勤．与机器人老板共舞，你准备好了吗？［EB/OL］．［2017-11-30］．https：//qr31.cn/EOzbkj.

人机交互、提供客户服务等。

智能化是多点的、高水平的、全局的资源优化，通过对一系列技术的有效组合，进行数据发现、智能决策和智能行动，帮助企业的决策层进行智能判断、策略生成和策略选择。在财务智能化的时代，信息系统已经不仅仅可以进行数据收集、数据加工和数据展现，基于机器的深度学习能力，系统可以直接代替管理者进行智能决策[①]。以标准化流程为特征的财务模式走到了变革的拐点，财务智能化的时代已经到来。

【政策指引】

技术赋能。主动运用大数据、人工智能、移动互联网、云计算、区块链等新技术，充分发挥财务作为天然数据中心的优势，推动财务管理从信息化向数字化、智能化转型，实现以核算场景为基础向业务场景为核心转换，努力成为企业数字化转型的先行者、引领者、推动者，为加快产业数字化、数字产业化注智赋能。

资料来源：关于中央企业加快建设世界一流财务管理体系的指导意见（节选）[②]。

三、财务自动化与智能化应用实践

G集团成立于1999年，是国家投资控股的大型能源化工企业，其业务范围涵盖能源化工的上中下游业务，不仅在全国各城市有业务分布，还与50多个国家有业务来往。G集团员工众多，财务人员就有上千名。随着集团的迅速发展，企业对财务管理的要求越来越高。为了实现提升财务基础业务品质、增强集团财务管理水平、深入业财一体化融合、支持财务转型等战略目标，G集团于2013年启动财务共享服务中心项目，于2017年完成了全球财务共享服务中心的建设。该集团的财务共享服务中心在统一会计标准、加强财务监督、推动资源优化等方面的作用和效果已经显现。

随着纳入财务共享服务中心的子公司越来越多，G集团财务共享服务中心各项业务处理量急剧攀升，迫切需要提高自身运营能力，为集团各分子公司提供更高效、优质的服务。如何利用快速发展的新兴技术促进财务共享服务中心的创新与转型已经成为G集团当务之急。因此，G集团财务共享服务中心拟用RPA及人工智能技术帮助财务人员从部分重复性的工作中解放出来，转型投入到更有价值的任务中去，降低成本、提升准确率与运营效率、全方位优化并提升财务共享服务中心的运营管理能力。

1.场景一：银企对账机器人

G集团从业务复杂程度、规模体量、投入产出等角度，对资金管理相关流程进行梳理、评估，确定了首先在银企对账等流程应用财务机器人。

（1）G集团银企对账流程痛点

银行账户多，数据处理量大：G集团公司账户多，银行交易差异大，对账工作需按银行、账户逐个进行，每月都有海量对账数据需要人工核对，每个账户都需要出具银行存款余额调节表，工作繁重。

---

① 钟慧文. 财务的未来-从电算化到智能化［J］. 商情，2018（25）.

② 国资委. 关于中央企业加快建设世界一流财务管理体系的指导意见［EB/OL］.［2022-02-18］. http://www.sasac.gov.cn/n2588030/n16436136/c23471965/content.html.

人工操作效率低，操作出错率较高：人工进行银企对账时，下载数据或文件耗时过长，人工对账占用大量时间，同时可能出现误看、误记和遗漏等问题，从而增加后期复核或修改的时间和成本。

重复性操作，工作内容枯燥：人工不断重复地进行登录、点击、查看等动作，容易使财务人员觉得枯燥，影响财务人员工作积极性。

（2）基于RPA的银企对账流程

G集团经过深入调研，对银企对账流程进行了梳理，对可改造的流程环节进行了研究，制定了基于RPA的银企对账自动化流程，以此来替代人工操作，完成信息的自动查询、核对并出具银行存款余额调节表。

优化后的自动化流程如图11-6所示。财务机器人登录网银系统导出对账单，同时登录会计核算系统导出财务信息，机器人执行对账操作后输出银行存款余额调节表并发送邮件通知对账结果。

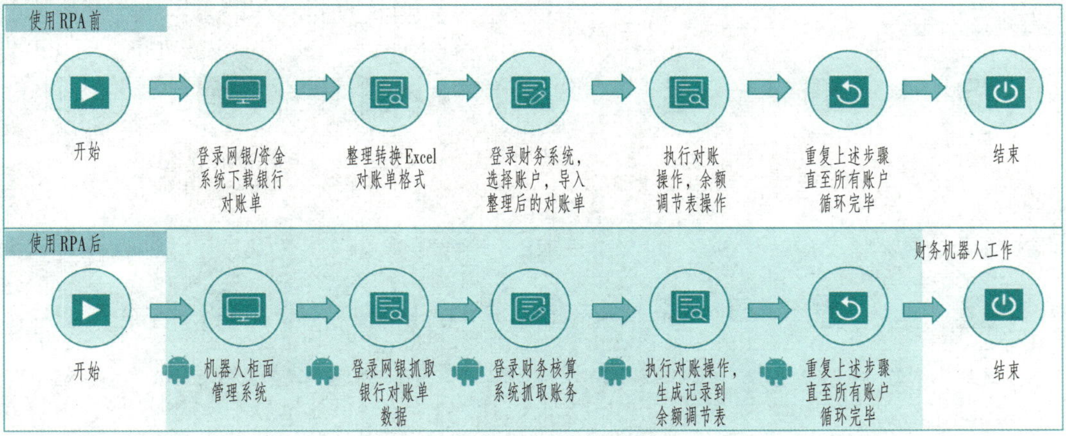

图11-6 财务机器人在银企对账流程中的应用

（3）银企对账机器人的收益

G集团成功应用银企对账机器人为公司带来了以下主要收益：

处理效率提升、成本降低：银企对账机器人的应用，极大地提升了资金团队业务处理效率，工时显著下降，节约了大量时间成本与人力成本。

准确率提升、保障工作质量：G集团应用银企对账机器人后，银企对账等业务处理错误率接近于0，准确率有了明显的提升，工作质量有了保障。

降低风险、加强管控：银企对账机器人能够在指定环境中以接近零的错误率进行自动化操作，提高了资金数据的时效性、准确性和可靠性，同时，机器人流程自动化能够满足资金可视化需求，使机器人的任何行为都可追踪。

2.场景二：收款核销机器人

G集团客户众多，交易频繁，每月都有大量的收款核对工作，人工进行收款认领压力大，G集团对收款核销环节进行了梳理与评估，进一步权衡了RPA的实施价值与实施难度，最终决定在收款核销流程应用财务机器人。

（1）G集团收款核销流程痛点

收款数据多，工作量大：由于银行交易场景多样，每月要处理的银行流水超过数千笔，人工匹配认领核销工作量大。

人工耗时长，运营效率与质量难以保证：人工对来款进行匹配认领效率低下，经常会出现银行流水与日记账存在差异的情况，准确率难以保证，极大地影响了共享服务中心的运营效率与服务质量。

工作内容重复且枯燥：大量的烦琐、枯燥、单一的工作被反复执行，不仅增加了财务人员的工作压力，也会影响财务人员工作的积极性、主动性和创造性。

（2）基于RPA的收款核销流程

G集团通过对现有收款核销流程的调研，制订了由财务机器人代替人工进行收款核销工作的方案。

优化后的流程如图11-7所示。财务机器人从银行获取收款数据并录入公司收款系统中，根据来款信息及辅助字段等进行匹配与认领。对于机器人无法识别认领的款项，则由人工确认后认领。随后，机器人会将已认领的信息同步至核算系统进行收款核销。

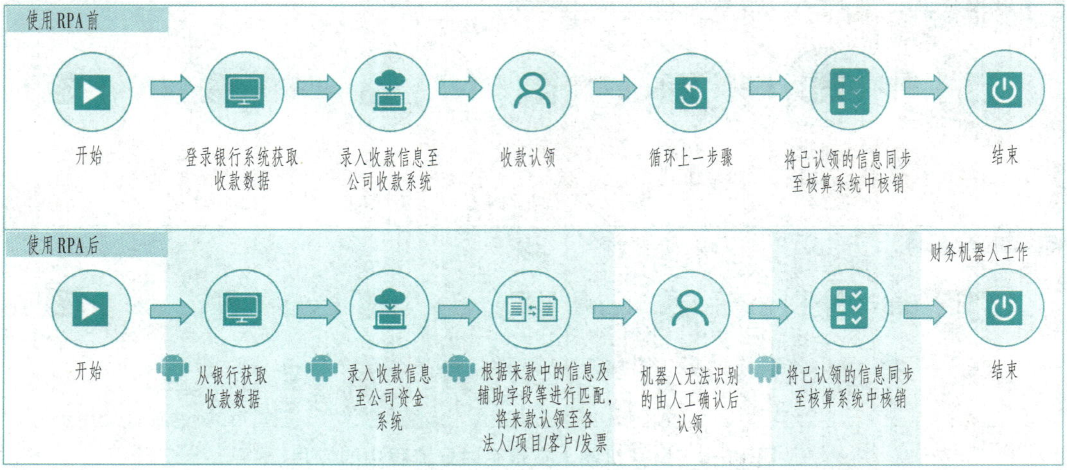

图11-7　财务机器人在收款核销流程中的应用

（3）收款核销机器人的收益

在使用收款核销机器人之前，人工匹配认领流水，整个过程需要30秒到1分钟的时间，而机器人仅需要10到20秒即可完成上百条款项的处理，认领效率明显提高。同时，基于明确规则的操作避免了人为操作风险，提高了业务处理的正确性。收款核销机器人实现了收款核销流程的自动化，降低了人力成本，帮助财务共享服务中心释放部分人力资源去从事更具价值和创造性的工作。

3.场景三：智能采集与审核

G集团传统的费用报销人工审核流程如下：财务人员每日登录费用报销系统，查询并审核待处理的电子报销单。电子报销单审核无误后，财务人员需对纸质发票的真实性与合规性进行审核，并进一步核对纸质发票与电子报销单的一致性。若信息审核无误，则将审核意见移交至下一审核环节；若信息有误，则线下直接与当事人沟通并处理。G集团希望借助OCR技术辅助实现财务智能化审核，促进财务的智能化转型。

（1）人工审核痛点

G集团传统的财务审核模式需要大量人力基于纸质单据进行，人工判断单据是否合规、完整，发票种类繁多、时间繁杂，容易出现失误，审核效率、质量与稳定性都难以保证。

单据审核规则多、费用管控难度大，大量人工审核的传统模式涉税风险高；同时，大量发票数据无法沉淀，难以满足管理者需要及时、准确了解资金情况和预算执行情况的要求，无法预警税务风险。

基础、重复的审核与沟通工作不但耗时耗力、易被投诉，更无法激发财务人员的积极性，价值感较低，无法使财务人员完成向高附加值工作的转型。

（2）智能采集及审核

为了促进集团单据的智能化采集与审核，解决在报销环节的诸多痛点，G集团在发票采集阶段上线了票联系统，利用高效稳健的OCR技术，对票据进行分析、识别、处理，获取票据结构化信息，集成税局系统自动验真查重，对接内部报销系统，在员工发票识别和验真查重方面发挥了重要作用，为财务审核的智能化创造了条件（如图11-8所示）。

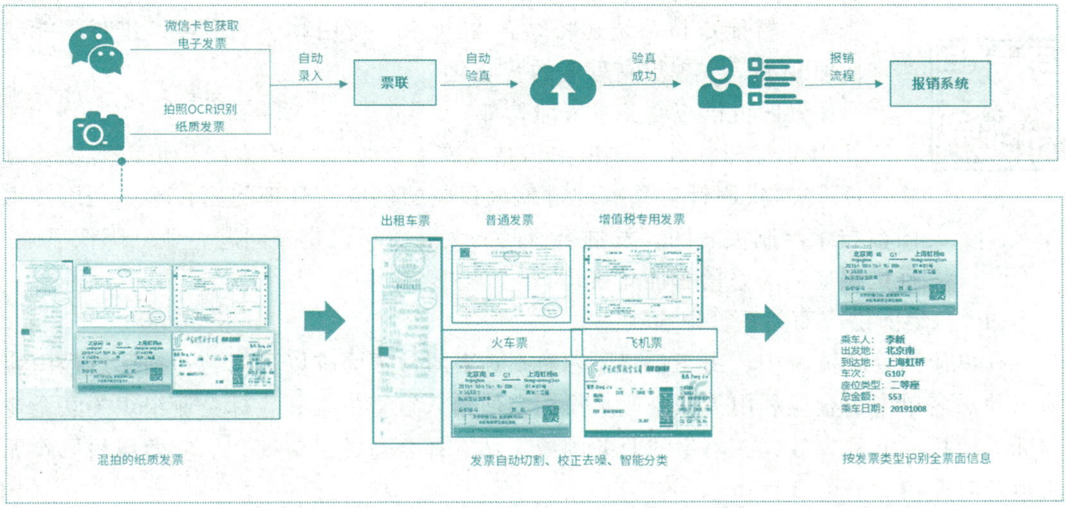

图11-8　票联系统业务流程及OCR识别过程

在审核阶段，G集团借助智能审核系统基于机器学习的规则库进行全方位智能审核，财务人员无须面对纸质单据或票据影像，可在系统内提前内置审核标准，智能审核系统会自动完成数据与规则的校验，包括业务真实性、报销规范性、票据合规性、金额合理性、付款合规性的自动审核，以及报销项与单据、明细表等的钩稽检查和报销的内控稽核等（如图11-9所示）。审核结束后，系统会将审核结果推送至财务人员，审核未通过或无法识别的，进行人工复核。随后，核算系统根据统一的会计引擎，自动生成会计凭证，实现从报账申请到审核支付、记账的全流程智能化处理。

（3）智能采集与审核收益

利用OCR+智能审核系统，能快速、准确地识别票据全票面信息，让传统的费用报销审批流程变得简单、快捷，实现了信息化、智能化作业，提升了G集团内控管理水平，有效地规避了报销与涉税风险。对于财务人员来说，极大降低了人工审核工作量，缩短了传统模式下的费用报销审批周期，审核的精细度、准确性、及时性得到了大幅度的提升，工作的满意度也提高了，为财务人员从重复性工作转型到数据分析、财务管理工作提供了机遇。

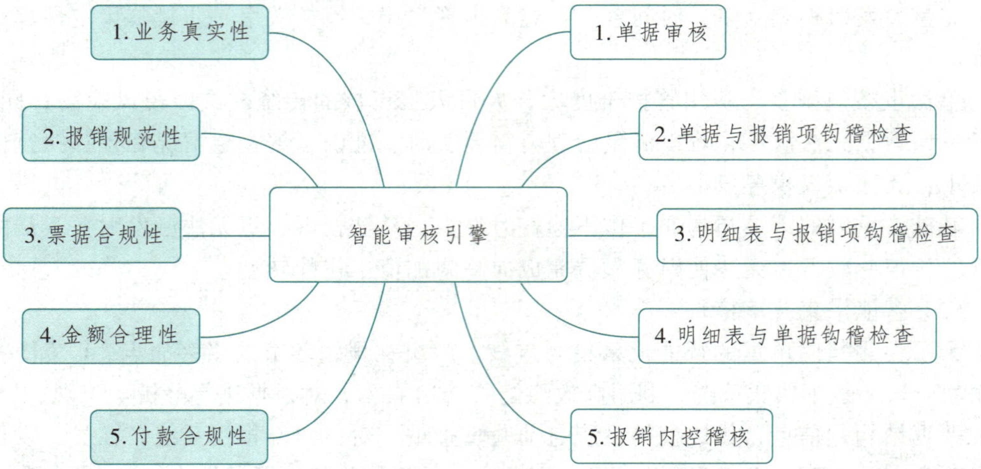

图 11-9 智能审核规则

未来，智能审核系统还将结合AI技术、应用算法和模型，进行智能预测和实时预警，实现更高程度的智能化。

人工智能助力财务智能审核.财务与会计

4. 场景四：供应商关系智能管理

在财务管理领域，知识图谱技术有着广阔的应用空间，可以实现"万物互联"。G集团针对采购到付款流程中的供应商管理问题，希望利用知识图谱技术绘制关联图，发掘企业间的关联关系，排查问题企业，降低风险，推进供应商关系的智能化管理。

（1）G集团供应商关系管理痛点

在供应商管理流程中，由于信息不对称，G集团常常面临以下问题：招标过程中容易出现黑名单中的企业利用关联企业来投标，使禁入审查失效；应标企业组织关联企业围标，使招标流程失效；在陌生的业务领域无从选择合适的供应商；供应商履约风险无法被及时监控。

（2）知识图谱在供应商管理中的应用

知识图谱在G集团供应商关系智能化管理中的应用具体体现在以下几个阶段：

在招标阶段，G集团可以根据供应商相关评估结果，找寻符合要求的优质供应商进行投标；评估供应商的历史投标行为，审查投标供应商的基础信用，排除信用不合格的企业；对入选供应商追溯历史交易记录、股权投资关系等，甄别其关联交易；进行分析审核，防止供应商关联企业围标。

在评标阶段，利用知识图谱进一步对入围供应商关联关系进行审查，排除招标黑名单中禁入企业的关联方，以防禁入供应商利用关联企业投标；审核本企业关联关系，筛除本企业高管人员的关联关系企业，预防合规风险。

在日常管理中，G集团利用知识图谱进行供应商资质年审，更新供应商相关信息，对供应商的信用风险进行监控，实现对供应商及其关联关系的维护管理，提前发现风险，筛查有不良行为的供应商，降低损失（如图11-10所示）。

（3）知识图谱收益

知识图谱综合运用语义理解、知识挖掘、知识整合与补全等技术，在海量的关联关

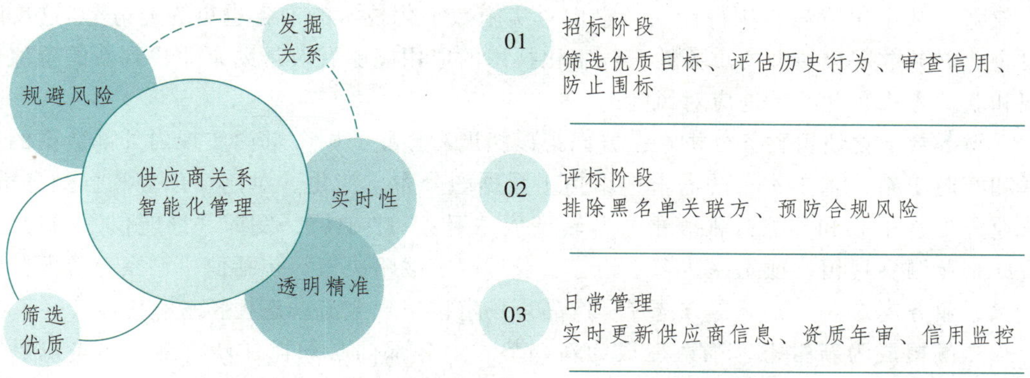

图11-10　知识图谱在供应商管理中的应用

系中挖掘数据价值，提炼出高精度知识，即时扫描与分析供应商风险状况，排查供应商关联关系，追溯供应商历史失信记录，筛查有不良行为的供应商，全方位描绘供应商的真实数据与社会关系网，为供应商选择、管理、整体状态监控提供事实依据，帮助企业规避风险、履行有效的招采流程，在降低运营成本、提高运营效率、优化用户体验方面有着明显的投资回报。同时，知识图谱的应用可以提升企业运营管理水平、风险控制的全面性和对复杂风险的预见能力，为企业动态决策提供支持。从信息技术部门的角度，新兴知识图谱的应用在系统部署、运维方面也节省了人力资源，提高了系统建设效率。

第二节　财务数字化

一、数字化引领财务新时代

财务数字化是指在整个财务领域内，通过企业内外部数据的及时、广泛采集，借助技术力量，充分挖掘数据价值，打造全新的数字化组织，帮助财务部门实现从企业的“小数据集”转化成大数据中心，为管理者提供深入价值链的业务支持、有效而精准的风险控制、数据驱动的决策支持。

数字化技术的崛起和进步推动着人与物之间实现了广泛互联，企业的数据体量开始呈指数级增长，基于数据的新产品、新模式、新服务不断涌现。数据作为数字经济时代的关键生产要素，正在逐渐成为企业最核心的资产，如何解锁数据中的价值是企业竞争的关键。

当前，中国政府高度重视数字经济战略布局，数字经济多次被写入我国政府工作报告，明确要全面推进“互联网+”，打造数字经济新优势。全国多个省（自治区、直辖市）也明确要大力发展数字经济，积极培育数字新业态。2019年，我国数字经济增加值规模达到35.8万亿元，占GDP比重达到36.2%，同比增长1.4个百分点①。以5G、大数据中心、工业物联网、人工智能等为代表的新型基础设施建设将进一步激发数字经济的巨大潜力。IBM一项针对全球领先财务组织的调查显示，一些在财务流程优化、现金流动性、费用管理、收入增长、盈利率等方面的表现均优于同行的财务组织，往往制定

① 中国信息通信研究院．中国数字经济发展白皮书［EB/OL］．［2020-07-02］．https：//qr31.cn/FFT0Ej.

了成熟的数字化策略和执行计划，它们对实施数字化技术的准备也更为充分①。这反映出企业财务数字化转型的重要性，数字化技术的应用能够有效帮助企业找到新的价值实现和获益方式，并有效地应对风险。

财务数字化使得财务分析在多方面得以拓展和创新，财务部门实现内外部数据的互联和实时更新，基于决策的需求，聚焦于数据的分布、变化、对比、预警和预测分析，从业务处理中心和“三张报表中心”转变成“财务+IT+DT”，发挥“导航仪”的功能，帮助企业洞察真相、预先评估未来趋势、合理制定战略决策，包括商机洞察、资源分配优化、业务模式变革、交易方选择、产品市场定位、现金流动态模拟等。

当颠覆成为新常态，当改变成为新趋势，财务部门必须抓住新机遇，打造制胜策略，转型成为企业全域数据汇集的中心，将经营数据转化为信息与知识，形成智慧输出，可视化地呈现给企业经营管理者和利益相关者，为企业风险管理、经营预测、战略决策提供服务，成为企业数字化转型决胜的关键赋能引擎。

财务共享服务是财务数字化转型的基础，也是必不可少的一步。在“十四五”规划背景下，中国经济朝着国内国际双循环的新格局发展，企业逐步走向精益化管理，借助财务数字化实现财务新创新也成为了财务工作“十四五”规划的重要内容，而财务共享服务是规划工作的核心“抓手”。财务基于共享服务模式完成了信息化再造、流程优化和组织变革。在新兴技术的布局下，财务共享服务中心利用算力和算法的支撑，实现全业全域数据的收集、加工、存储、管理、分析和分享，可视化、科学化地为利益相关者提供真正需要的信息，为企业财务数字化转型助力。

二、财务数字化转型之“路”

面对变化，企业应不惧困难，勇敢前行，顺应数字化时代的浪潮，借助前沿技术手段，以战略先行、技术应用、人才支撑、组织重构、数据治理为助推力量，克险化阻，积极打造数字化原生态企业，建立世界一流的财务管理能力，赋能企业业务创新、科学决策和价值创造。

（1）明确数字战略、打造文化认同

明确而清晰的战略对于企业未来的发展方向和布局重点有着重要意义。研究指出，制定成熟的数字化战略和执行计划的领先者比同行有着更好的业绩活动表现（收入增长平均高于同行80%，盈利率平均高于同行74%）②。企业要将数字化转型作为发展战略的一部分进行深入部署，制定适宜且明确的战略、顶层设计和路线图，并在各层级单位、业务部门、员工间持续性宣贯普及，提高企业人员对于数字化转型的认同感和参与感，将数字化的理念深刻融入企业发展的文化血液中，方能由“被动”化为“主动”，以内生动力推动转型可持续发展。财务数字化转型作为企业数字化转型的关键环节，不可独立展开，需要和整个企业集团的数字化战略紧密结合在一起，在此基础上做好财务的未来发展和转型规划，定义财务管理定位和愿景。

---

① IBM商业价值研究院．释放数字化的潜力　财务组织的数字化重塑［EB/OL］．［2018-01-01］．https：//qr31.cn/EC0s6X．

② IBM商业价值研究院．释放数字化的潜力　财务组织的数字化重塑［EB/OL］．［2018-01-01］．https：//qr31.cn/EC0s6X．

《2020年中国共享服务领域调研报告》显示①，14.40%的受调研企业关于财务数字化已经有了成熟的战略和计划，60.40%的受调研企业也已经开始财务数字化的探索，仅有4.80%的受调研企业没有财务数字化的相关计划。这说明绝大多数企业已经或正在进行财务数字化转型，财务数字化将成为财务发展的最新趋势。

（2）深化数字应用、布局敏捷运营

技术和数据是数字化转型的生命线，技术已成为越来越多的企业的重点投资方向来促进企业整体运营效率的提升。共享服务中心正在或未来将通过一系列数字工具的组合使用，使财务更加自动化、智能化、数字化，从而在助力企业成本降低、效率提升、业务赋能、智能运营等方面实现更大的价值。

很多共享服务中心对于更多新兴技术的使用，如云计算、物联网、区块链等还保持“犹豫”的态度，这些共享服务中心的管理者认为，以上技术是具有价值潜力的工具，但是基于各方面原因并未得以规划或布局。这些企业可以先根据自身情况，聚焦某个试点项目或应用场景上，逐步实现深度研究和全面规划。

（3）强化人才培养、锻造专业队伍

人才是推动企业财务数字化转型的核心力量。企业数字化业务的发展重塑了企业对人才的需求，企业既需要在战略层面领导企业数字化转型的高层次人才，也需要在执行层面负责各类数字技术、工具的实施、运营与维护的技术专家。此外，随着财务共享服务中心工作更加自动化，财务共享服务中心的员工将从基础工作中释放出来，更多地从事以数据分析、业务预测与洞察等为代表的高附加值工作。

企业应从战略角度出发，建设符合企业未来发展规划的可持续性数字化人才队伍和培养体系，积极引进数字化人才，强化重点专业领域人才培养，优化员工队伍人才结构，全方位提升员工应对数字化变革的技能和能力。财务共享服务中心本身还承担一个重要职责，即提供高质高效的服务，因此人才队伍建设不仅要关注员工技能的全方位提升，还需强化培养员工的服务意识和转型思维，以理念引导员工行为，充分发挥人力资源作为“使能者”的角色，为财务数字化转型的顺利实施保驾护航。

面对技术的变革和企业数字化转型的需要，财务人员也要不断学习新技能，提升自我综合能力，顺应时代发展，方能在职业生涯中有更大的突破和进步。面对充满变化的环境，不管财务人员如何选择职业发展路径，都要具有“七大职商”，即专业能力和道德水平（TEQ）、创造力（CQ）、数字商（DQ）、情商（EQ）、经验（XQ）、智商（IQ）和远见（VQ）②。

（4）重塑组织架构、全面推进变革

数字化转型意味着企业经营模式的创新，而新的商业模式一定和新的组织架构相适应。数字经济时代需要快速响应客户需求，此时就需要对组织进行转型，建立以客户为中心的反应型的数据驱动性组织。然而企业运营到一定规模之后，不管是哪一类型的企业，短时间内大幅度的组织架构调整都是有困难的，那么为了支撑企业的数字化转型，可在现有组织体系

财务的自动化 智能化 数字化报告

① 中兴新云，ACCA，厦门国家会计学院．2020年中国共享服务领域调研报告［EB/OL］．［2020-12-28］．https：//qr31.cn/EBais7.

② ACCA．面向未来：2020年代的财会职业［EB/OL］．［2020-01-14］．https：//qr31.cn/CN6tF9.

新技术推动构建数字化财务体系.战略财务

未来财务人员的转型之道.新理财

之下打造第二套组织系统即业务敏捷性组织。比如在公司常设一个从事数字化创新的机构，如数据中心或数据运营小组，一方面可以快速响应变化和决策，有效识别和交付客户价值；另一方面可作为项目团队推动企业数字化转型的进程。

《2020年中国共享服务领域调研报告》显示，28.40%的受调研企业已经建立了专门从事数字化创新的组织，如数据中心，来迎接企业的数字化转型，43.60%的受调研企业计划搭建数据中心。

（5）规范数据治理、提升数据质量

2020年4月，中共中央、国务院发布了《关于构建更加完善的要素市场化配置体制机制的意见》（以下简称《意见》），数据作为新型生产要素被写入文件中，与土地、劳动力、资本、技术等传统要素并列为要素之一，这充分体现了数字经济时代的新特征以及数据要素的重要性。目前，企业普遍存在数据积累不足、数据质量不佳、数据资产不清晰等问题，导致智能化应用无法落实到实际的业务场景，严重阻碍了数字化的建设进程。企业应逐步完善数据治理体系、厘清数据架构、沉淀数据资产、形成数据闭环、保证数据的一致性，为数字化转型打下坚实基础。

同样，对共享服务中心来说，需要充分发挥数据汇集和交互的优势和能力，打通业务系统和财务系统之间的连接，规范数据标准，实现全企业各部门同时、在线的数据采集和调用，从而改善数据质量、挖掘数据宝藏，实现数据转化为信息、沉淀成知识、凝结成智慧的作用。

【政策指引】

完善智能前瞻的财务数智体系。统筹制定全集团财务数字化转型规划，完善制度体系、组织体系和管控体系，加强跨部门、跨板块协同合作，建立智慧、敏捷、系统、深入、前瞻的数字化、智能化财务。统一底层架构、流程体系、数据规范，横向整合各财务系统、连接各业务系统，纵向贯通各级子企业，推进系统高度集成，避免数据孤岛，实现全集团“一张网、一个库、一朵云”。推动业财信息全面对接和整合，构建因果关系的数据结构，对生产、经营和投资活动实施主体化、全景化、全程化、实时化反映，实现业、财、技一体化管控和协同优化，推进经营决策由经验主导向数据和模型驱动转变。建立健全数据产生、采集、清洗、整合、分析和应用的全生命周期治理体系，完善数据标准、规则、组织、技术、模型，加强数据源端治理，提升数据质量，维护数据资产，激活数据价值。积极探索依托财务共享实现财务数字化转型的有效路径，推进共享模式、流程和技术创新，从核算共享向多领域共享延伸，从账务集中处理中心向企业数据中心演进，不断提高共享效率、拓展共享边界。加强系统、平台、数据安全管理，筑牢安全防护体系。具备条件的企业应探索建立基于自主可控体系的数字化、智能化财务。

资料来源：关于中央企业加快建设世界一流财务管理体系的指导意见（节选）①。

① 国资委．关于中央企业加快建设世界一流财务管理体系的指导意见［EB/OL］．［2022-02-18］．http：//www.sasac.gov.cn/n2588030/n16436136/c23471965/content.html.

本章小结

财务机器人是RPA技术在财务领域的应用，能够在企业财务流程的特定环节代替人工操作和判断，在一些具有明确规则的重复性工作中充当企业的虚拟劳动力，提高业务处理的效率和质量，促进财务转型。人工智能借助机器学习、深度学习、自然语言处理等技术从而能够帮助财务进行预测、规划以及流程场景重塑。

当今世界正处于数字化的进程中，数据被称为新时代的石油，数据已成为驱动社会经济发展的新引擎，财务的第四次变革方兴未艾。科技与财务的相互融合重新定义着财务的价值，作为企业天然的数据中心，财务不再局限于会计科目+复式记账法这样简单的“算法”，而是基于企业经营管理和社会经济运行，挖掘、汇聚、分析与经营相关的数据，帮助企业洞察、预测，并基于数据+算法构建一套新的决策机制，实现更加高效、科学、精准、及时的决策。财务是数据、规则、算法和算力的融合，财务的未来是数字化的。

学思践悟

数字经济事关国家发展大局，习近平总书记强调：“发展数字经济意义重大，是把握新一轮科技革命和产业变革新机遇的战略选择”。财务应抓住机遇，赢得主动，贯彻落实《会计改革与发展的“十四五”规划纲要》，积极推动会计工作的数字化转型。青年一代要在数字化转型趋势中，树立终身学习意识，持续学习与应用技术工具，在未来工作的每一个业务场景中，选择合适的自动化、智能化、数字化工具提升工作流程的效率；强化行业自信，增强自身专业技能与职业道德素养，把握数字化发展机遇，应对未来挑战。

思考与练习

（一）选择题

1.企业可（　　）推动财务自动化。

A.基于工作流引擎实现单个系统内集成

B.通过API实现开放系统间集成

C.使用非侵入式技术实现封闭异构系统对接

D.使用API实现封闭异构系统对接

2.可以运用财务机器人操作处理的流程具备（　　）特点。

A.简单重复操作　　B.非结构化信息　　C.量大易错业务

D.7×24小时工作模式　　E.多个异构系统

3.财务机器人具有工作效率高、成本低、基于固定规则设计等特点。下列业务中可以应用财务机器人的有（　　）。

A.供应商对账　　B.银企对账

C.纳税申报　　　　　　　　　　　　　　D.发票开具

4.下列说法中正确的是（　　）。

A.财务机器人就是人工智能，可以结合机器学习和深度学习，拥有自主学习的能力

B.OCR技术可以自动识别纸质单据，提取结构化电子数据

C.自动化、智能化技术的应用将释放更多的财务人员从事高附加值工作，但不会完全取代财务人员

D.财务部门要想成为企业的“数字神经系统”，需要逐步实现财务的工业化、自动化、智能化和数字化

（二）判断题

1.人工智能技术包括自然语言处理、深度学习、知识图谱、人机交互等技术。（　　）

2.财务共享服务为财务机器人的运行提供了良好的环境和运行基础。（　　）

3.明确数字战略目标、打造文化认同，有助于企业实现财务数字化。（　　）

（三）简答题

1.财务机器人的收益与局限性是什么？

2.财务数字化转型的路径是什么？

（四）思考题

RPA在为企业带来收益的同时，也带来了各种风险，这些风险可能会导致项目中途夭折，为企业增加成本。根据德勤的一项调查研究，在400家公司中，30%至50%的初始RPA项目走向失败，且63%的RPA项目未按时交付。因此，企业在实施RPA之前应明确RPA成功实施的关键因素，并在实施过程中充分考虑这些因素。

1.你能举例说明RPA成功实施的关键因素吗？

2.如何理解财务转型、财务共享服务、财务机器人三者之间的关系？

第十一章客观题
即测即评

附录一
财务共享服务系列微课

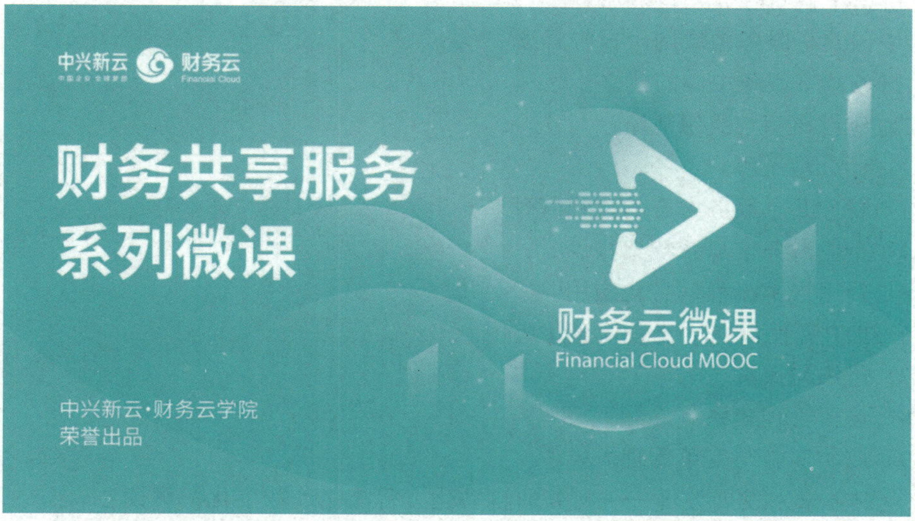

财务共享服务是财务领域一次里程碑式的革命，也是财务数字化的基础和重要一步。当前，共享服务已成为大型企业集团普遍采用的领先、成熟的财务管理模式，随着共享服务模式在中国逐渐走向成熟、走入新阶段，未来，财务共享服务中心将逐步向企业数据中心转变，帮助企业实现数据驱动的决策与创新，赋能企业数字化转型。

为帮助有需要的企业及财会同仁、高校师生系统学习基于实践的财务共享服务相关知识，作为国内财务共享服务的开创者、财务数字化的引领者，中兴新云汇聚全球化财务管理智慧，精心打造财务共享服务系列微课，从理论原理、应用场景、实施方法、案例分析四个维度展开讲解，为学员提供财务共享服务理论框架和实践参考，帮助大家了解共享、走近共享。

财务共享服务系列微课立足共享服务领域首部权威著作《财务共享服务》（陈虎、孙彦丛著），从财务管理的变革需求，引出财务共享服务的理念、意义及发展趋势，提出了经济全球化背景下的全球财经管理模式，详细讲述了建立财务共享服务中心的战略定位、建设基础、流程、组织与人员、财务信息化、运营管理、实施与变革管理。

课程通过多份报告解读，总结行业财务共享服务中心建设和运营经验；以10+案例分析真实再现优秀企业实践历程；同时，以最新视角引入前沿财务自动化、智能化、数字化技术，实现共享理论与实践的有机结合，以期能够帮助学员在财务共享服务这条道路上少走弯路，更高效地构建业财一体化思维、积累财务共享服务领域前沿知识、开启财务数字化转型的大门，更好地拥抱财务的未来。

一、课程大纲

1.变革时代的财务转型。
2.创造价值的财经管理模式。
3.共享服务与GBS。
4.财务共享服务的发展与收益。
5.解密中兴财务云建设之旅。
6.中国共享服务领域调研报告解读。
7.财务共享服务中心的建立。
（1）建设模型与组织战略。
（2）什么是流程。
（3）财务共享服务中心的流程管理。
（4）企业财务信息系统架构。
（5）费用报销流程信息化应用。
（6）PTP流程与OTC流程信息化应用。
（7）组织与人员。
（8）运营管理体系。
（9）成功实施与变革管理。
8.《财务未来发展报告——财务的自动化、智能化、数字化》解读 。

二、适合学习对象

1.想要了解财务未来新趋势、新理念、新技术的高校师生；
2.正在寻求转型的财务人员；
3.正在探索建立财务共享服务的企业；
4.想要系统学习财务转型与财务共享服务的人群；
5.想要高效学习《财务共享服务》书籍精华内容的读者们。

三、学习收益

1.学习专业知识，掌握财务共享服务理论与建设方法论；
2.领略标杆力量，学习财务共享服务实践经验；
3.提升洞察能力，把握财务变革与转型趋势；
4.关注重点剖析，解决财务共享服务建设难题；
5.汲取管理经验，全面提升财务管理效率与质量；
6.创新思考模式，构建业财一体化思维；
7.探寻最新技术，构建数字化转型能力；
8.展望财务未来，开拓多渠道发展道路。

四、观看与学习

扫描下方二维码即可开始微课订阅与学习。

附录二
智能财务云实验室

数字化时代的到来，重塑了高校财会课堂，教师、学生、学习资源等教育场景要素都发生了极大的改变。中兴新云将数智财务的应用融入高校课堂，打造了智能财务云VR实验室、智慧业财实验室、财务大数据实验室，帮助学生洞见行业发展趋势、理解前沿知识理念、体验企业多元化业务场景、应用新兴技术，推动“产、学、研、用”教学体系建设，为行业源源不断地培养财务+IT+DT的复合型人才。

一、智能财务云VR实验室

智能财务云VR实验室是基于“大智移云物”技术在财务领域的应用，通过VR技术模拟的全景式互动业财一体化实验室。实验室主要面向高校会计及财务管理相关专业，以全球化业务为设计背景，以企业的财务信息化为基础，创新性地通过多角色人物体验，使体验者切实、完整地感受国际化企业真实业务场景和财务流程。

（一）特色亮点

1.构筑智能财务元宇宙，沉浸体验业财场景

实验室引入虚拟现实技术，打破传统实景参观的时间和空间限制，复刻企业业财一体化场景，帮助学生进一步感知财务的未来。

2.融入前沿技术应用，培养科技创新思维

实验室在内容设计上立足于全球化，着眼于企业的业财一体信息化场景，展示了行业前沿的财务云信息系统平台和智能化技术，让学生深入体验新兴技术应用给财会行业带来的便捷性及为企业创造的价值。

3.创新教学模式，启发主动探索实践

实验室以全新的思维方式，打破传统高校财务实验室模式，把教学活动与学习过程从传统课堂拓展到企业实务学习空间，实现教师教学智能化、学生学习自主化、学习环境日益丰富化、学习资源多元化。

4.多视角模拟互动，感知多元岗位模式

学生可体验财务共享服务模式下企业多样化的岗位工作内容，了解不同业务场景和财务流程的岗位职能，塑造多元化职业技能。

（二）体验场景

1.智能化费用报销：从差旅申请到费用支付，体验员工智能化差旅流程，了解费用报销的业财数据线上通道，解开企业经营的数字密码。

2.协同式采购共享：从采购申请到货款支付，了解企业采购闭环管理，了解跨国企业的标准采购流程，开启数字化采购共享之旅。

3.数字化生产销售：从订单生产到收款核销，体验大型制造企业的智能化生产场

景，了解产品全生命周期信息化管理矩阵，开启数字化营收共享之旅。

4.可视化数据决策：从核算到报表出具，体验数字化技术支持下大型企业集团财务核算流程，感受企业数字神经脉络的构建和大数据分析的应用。

智能财务云VR实验室体验场景如附图1所示。

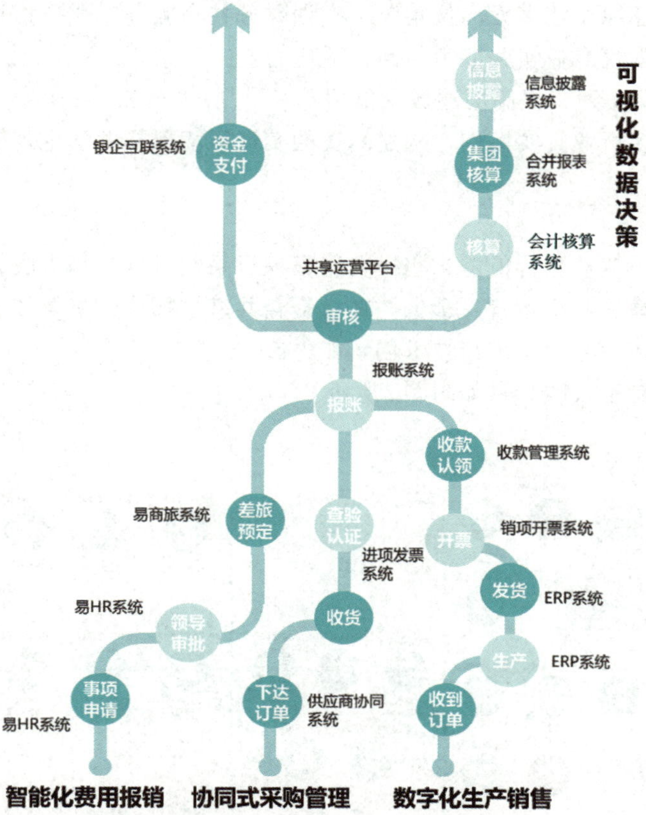

附图1　智能财务云VR实验室体验场景

二、智慧业财实验室

智慧业财实验室是数智时代业财一体化的实操实验室，立足于企业核心业务场景设计，涵盖多行业案例实操，以财务视角剖析企业业务运营过程，培养学生业财融合实践能力；基于财务云前沿信息系统平台实操，体验财务机器人、人工智能等新兴技术，培养学生业财一体信息化系统架构与实操能力；真实还原企业多元岗位角色，锻炼学生专业实践能力与岗位适应力，培养满足企业需要的应用型财务人才。

（一）特色亮点

1.深入业务价值链，实操业财一体信息化应用

实验室融入十大核心业务流程场景，学生在实验室平台可以跨越单一的财务场景，进行分业务域、分深度的业财一体信息化内容学习。

2.掌握新兴技术理念应用，提升技术创新能力

实验室涵盖多种机器人流程自动化与人工智能技术应用，帮助学生在学习过程中了解并体验OCR、NLP以及机器学习等多项智能化技术应用。

3.前后端实操体验，夯实系统架构与实操能力

实验室覆盖财务信息系统前后端进行一体化学习，体验低代码开发对系统的加持与赋能。

4.多岗位实训，塑造多元化职业技能

实验室真实还原企业多元岗位角色，实训财务共享服务、财务信息化、财务数字化岗位内容，提升学生专业实践能力与岗位适应力。

5.多行业案例实践，提高问题解决能力

实验室引入多行业真实案例，构建真实的实训环境，帮助学生理解不同行业财务处理差异。

（二）实践场景

实验室深入企业业务价值链，实操费用报销、采购付款、销售收款、资产共享、薪酬共享、总账共享、共享运营、影像档案、资金共享、核算共享等核心业务场景，帮助学生构建业财一体信息化思维与技术创新能力。

智慧业财实验室实践场景如附图2所示。

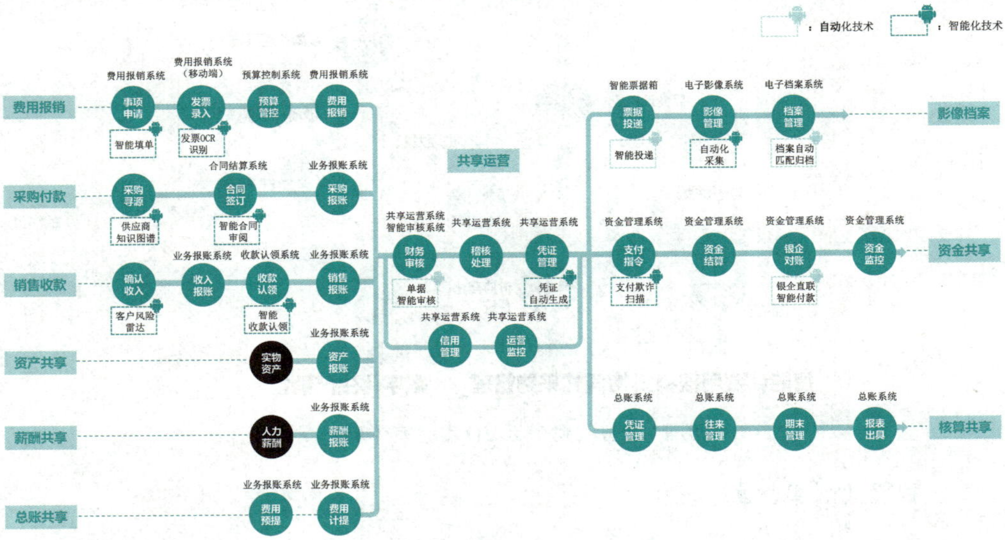

附图2　智慧业财实验室实践场景

三、财务大数据实验室

财务大数据实验室是集数据采集、建模、分析、展示于一体的企业大数据应用模拟实验室，以企业数字化转型为线索，基于企业数据采集、数据质量校验与清洗、数据建模、财经云图设计等全流程数字化场景实操，帮助学生探索企业财务数字化转型之路，深入了解行业新型数字化技术应用，构建数据科学思维，感知企业如何提升数据可用性、挖掘数据价值，实现业务逻辑自动计算，最终为管理者提供决策支持，成长为数字化创新人才。

（一）特色亮点

1.引入数据科学理念，探索数据驱动决策的路径

实验室引入数据科学理念，帮助学生构建数据价值体系，充分利用数字技术，实操

并体验数据价值链六大环节，帮助学生探索数据从“原材料”到“价值”的升华过程。

2. 模拟企业数字化应用场景，强化场景综合解决能力

实验室围绕数字化时代下的全新职能体系与工作方式，设计理论与案例实操教学，学生可在实验中逐步体验数字化场景，提升问题解决与分析能力。

3. 融汇全量企业经营数据，提升数据挖掘与探索能力

实验室内嵌企业真实经营数据，深入业务流程体验企业战略与经营决策的过程，帮助学生提升数据挖掘与分析能力。

4. 汇集前沿数字化技术，复刻真实企业数字化系统

实验室基于企业级数字化系统平台，汇集前沿新兴技术应用构建实训环境，学生可在真实环境下进行案例实操，提前掌握数字化技术实践应用，推动思维与认知升级。

5. 创新设计教学体系，培养行业复合型人才

实验室洞见行业最新发展趋势，将财务专业能力与数字化融合，创新设计教学体系，帮助更多的高校财会专业学生不断优化自身能力结构，发展成为企业需要的财务+IT+DT创新人才。

（二）实践场景

实验室基于财务数字化转型背景，以数据治理与数据价值链为核心内容，通过知识解析，帮助学生深入学习财务数字化转型方法论、决策场景与技术应用，系统实操体验数据价值链中的业务需求分析、数据采集、数据清洗、数据探索、数据算法等场景，理解数据如何创造价值，赋能经营决策。

财务大数据实验室实践场景如附图3所示。

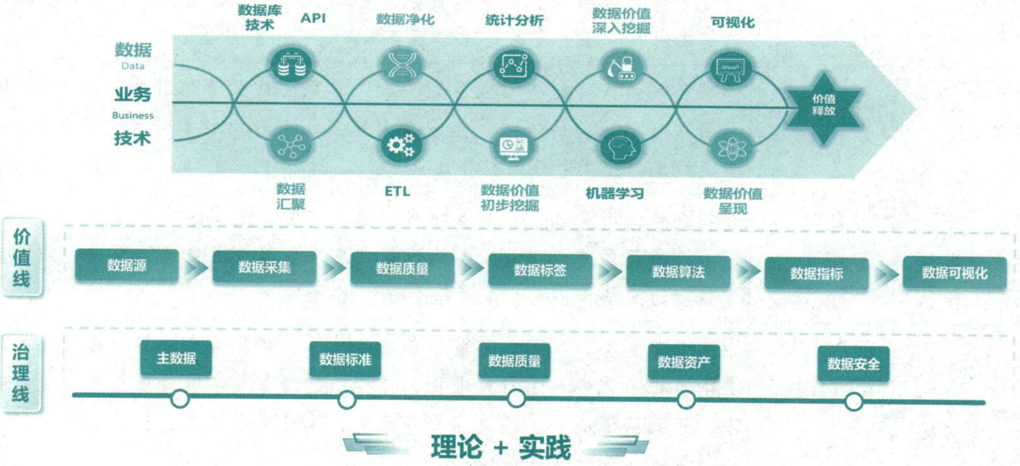

附图3　财务大数据实验室实践场景

四、了解与体验

了解与体验智能财务云实验室请扫描下方二维码。

附录三
名词解释

名词	名词解释
三分天下的财务管理模式	由中兴新云提出的财务管理模式，具体包括战略财务、业务财务、财务共享服务
战略财务	战略财务对应财务职能中的决策层，相当于财务的大脑，参与战略的制定与推进，将业务财务和共享服务提供的信息转化为对公司经营决策有价值的经营信息分析，支持战略决策的落地
业务财务	业务财务对应财务职能中的控制层，分布在各分子公司、海外运营机构中，深度参与价值链各个环节，将总部的战略、目标与计划在业务单位进行分解，帮助业务单位进行推动和落地，同时将业务单位的具体经营状况反馈给总部，成为经营决策团队的重要成员，提供全价值链业务财务管理
共享服务	共享服务覆盖财务职能的执行层，是一种创新的管理模式，以顾客需求为导向，按照市场价格和服务水平协议为企业内部各业务单位及外部企业提供跨地区的专业化共享服务，它以全球统一的流程、政策、信息系统集中进行全球的交易处理，涵盖核算、报表、资金、税务、审计等
专家团队	专家团队由战略财务、业务财务和共享服务中的专家构成的虚拟组织，采用项目化运作的方式，集中精力研究和突破财经管理重大专项问题，为实践工作提供专业的指导意见
财务转型	是指企业的财务部门在财务战略、角色定位、组织结构和操作流程等方面的全方位转变，以及财务组织在信息系统等技术支持下所进行的职能定位、组织结构、人力资源等全方位优化
财务共享服务	财务共享服务是一种将分散于各业务单位、重复性高、易于标准化的财务业务进行流程再造与标准化，并集中到财务共享服务中心统一进行处理，达到降低成本、提升客户满意度、改进服务质量、提升业务处理效率目的的作业管理模式
财务共享服务建设的“1+4+1”框架	由中兴新云提出，是指在财务共享服务发展各阶段的关键影响因素及各关键因素间的相互关系所构成的组合，主要包含战略定位、业务流程、组织与人员、信息系统、运营管理、变革与风险管理等六个方面
SPORTS模型	该模型主要围绕Site（场所）、Process（流程）、Organization（组织与人员）、Regulatory（法律）、Technology（技术）、Service（服务）等六个关键因素，进行财务共享服务中心的规划与建设，并贯穿于财务共享服务中心从规划到实施推广的全过程

续表

名词	名词解释
战略目标	是对企业战略经营活动预期取得的主要成果的期望值
国家中心	是指按照国家或者行政区域设立，主要考虑国家和地方管理的特色建立的财务共享服务中心
全球中心	是指将企业全球范围内的某些业务流程集中到一个全球共享服务中心来处理，服务于全集团的各业务单位，通过业务流程重组和标准化，为企业提供低成本的增值服务
区域中心	是企业将全球或全国某一区域范围内分支机构的财务工作整合到一个中心，整合区域资源，较为充分地实现规模经济的一种模式
专长中心	是指就每种适用于共享服务中心的业务流程在全球范围内建立的相应的共享服务中心
SIPOC模型	是由质量管理大师威廉·爱德华兹·戴明提出的，用于流程管理和改进的组织系统模型，其中每个字母各代表：Supplier（输入方），Input（输入），Process（流程中一系列活动），Output（输出），Customer（客户）
流程管理	是一种以规范化地构造端到端的卓越业务流程为中心，以持续地提高组织业务绩效为目的的系统化方法
流程框架	是一套包含横向端到端、纵向层级式业务流程体系模型，覆盖组织全业务，从战略层、管理层、执行层直至贯穿到岗位的工序规范及过程绩效测量工具和方案
流程分类框架（PCF）	是由APQC（美国生产力与质量中心）参照标杆企业经验开发设计的适用于各行业企业的业务流程清单模板，帮助企业进行流程管理
费用报销流程	是指员工因处理公司事务或受公司指派出差执行公司的某项公务而发生的费用支出，由经办人或申请人按公司的规定，凭业务发生的原始单据（发票）向公司报销费用并领取报销款项的流程
采购到付款流程	是指与采购、产品及服务验收、付款等相关的一组业务活动及信息处理过程
订单到收款流程	是指企业向客户提供产品和服务并根据订单开具发票、收回款项等一系列业务活动及信息处理过程
总账到报表流程	是一个基于会计期间的循环，从会计期间的开始，到日记账的录入、日记账复核、期末过账、外币重估、期末结账、报表出具等业务环节形成完整的会计循环
票联系统	是中兴新云研发的，通过微信、支付宝卡包获取电子发票、纸质发票混合拍照识别等方式采集各类票据信息，对接税局系统自动验真验重并可对旅客运输服务发票进行自动算税，为用户提供发票归集和验真验重解决方案的平台

续表

名词	名词解释
线上采购商城系统	是中兴新云研发的，聚合采购资源，实现办公用品、低值易耗品、固定资产、企业服务等商品的电商化采购平台
供应商智能结算系统	是中兴新云研发的，连接所有供应商，创新企业与供应商之间的协作方式，革新采购验收、对账、开票、结算、付款等合作协同模式的智能平台
开票协同系统	是中兴新云研发的，将前端业务系统与销项系统紧密联系，聚焦于业务人员开票申请审批环节，将传统的线下业务转为线上系统化处理，有效管控新开/红废发票数据的获取、申请、审批，将开票数据推送至各流程节点，并形成待开票数据、发票数据及状态信息的协同平台
收款认领系统	是中兴新云研发的，针对银行收款流水及票据进行清分认领，根据对账规则自动进行银企对账并对采集的营收数据进行匹配复核及稽核，从而进行差异处理，提高企业财务核查能力，确保收入及时准确认领、入账的平台
费用报销系统	是中兴新云研发的，集费用类单据事前申请、费用报销、借款还款、预算管控、费用标准管控、领导审批、单据查询、流程监控、费用分析等功能于一体的平台
业务报账系统	是中兴新云研发的，集采购付款、收入收款、资产报账、薪酬报账、资金票据、财务记账等财务报账业务的一体化处理平台
共享运营系统	是中兴新云研发的共享服务中心作业平台、财务业务统一处理平台与共享服务中心运营管理平台，集任务处理、运营监控、凭证管理、付款管理、绩效管理等功能于一体
电子影像系统	是中兴新云研发的，将合同、报账、核算等环节涉及的各类实物单据转换为电子影像，实现电子信息采集、影像传输、集中存储和调阅管理等功能的平台
电子档案系统	是中兴新云研发的，基于安全性、实用性、开放性原则，对接财务系统与各类业务系统，采集并存储电子档案，与电子影像、附件等材料自动匹配，经复审后进行分册归档，对电子档案借阅、鉴定、销毁进行全流程规范化管理的系统平台
会计核算系统	是以会计理论和会计方法为核心，以会计制度为依据，以计算机技术为基础，以会计数据为处理对象，支持组织完成“原始凭证—会计凭证—日记账—分类账—试算平衡表—财务报表”这一循环的系统
进项发票认证系统	是中兴新云研发的，满足企业进项发票的采集、签收、验真、报账、认证、抵扣、监控等需求，实现发票自动化和数字化管理的信息系统
销项发票管理系统	是中兴新云研发的，通过管理平台或数据接口，获取ERP或财务系统中的开票数据，实现自动开票、生成报税数据、完成增值税调节表等功能的销项发票管理平台

续表

名词	名词解释
发票池	是中兴新云研发的，针对企业生产经营管理过程中涉及的全类型发票进行集中管理，基于汇集的全票面信息、发票状态、报账信息、合同及关联信息等内容，深度挖掘发票价值、实现发票管理便捷化、智能化，辅助企业经营决策的发票管理平台
ERP	企业资源计划（enterprise resource planning），将企业的物流、资金流、信息流进行全面一体化管理，由财务管理、生产控制管理、物流管理和人力资源管理等多个模块构成
十一维运营管理体系	是由中兴新云提出的财务共享服务中心运营管理体系，具体包括目标管理、绩效管理、人员管理、知识管理、质量管理、流程制度管理、服务管理、系统管理、创新管理、学习管理、标准化管理
目标管理	是指管理者确定组织目标后，将目标进行有效分解，转变成各部门以及个人的分目标，从而依据分目标的完成情况对下级进行考核、评价和奖惩的过程
绩效管理	是用于监控和管理组织绩效的方法、准则、过程和系统的整体组合，强调组织目标和个人目标的一致性，涉及组织管理和运营的方方面面，并以整体一致的形式表现出来
人员管理	是指在企业的发展目标指导下，管理者根据业务发展的需要，对人员的数量、素质要求进行规划，制定人才选、育、用、留的策略，保证业务正常有序运作的管理过程
知识管理	是有目的、有意识地对知识进行管理，促进有用的知识在组织成员中得到流通与优化，形成一套完整的、系统化的知识体系，最终实现增进组织绩效、运用知识创造价值的过程
服务管理	是管理者对财务共享服务中心员工对外服务工作的服务效果、服务能力、服务时限、服务态度等服务质量工作的管理与提升过程，通过对一系列指标的监控、分析，了解客户需求，并依托于全员参与服务，达到客户满意的目标
系统管理	是指管理者以系统建设原则为基础，通过系统管理组织的支撑，进行系统新建实施、日常运维、优化升级，以达成系统有效支持财务共享服务中心运营管理的过程，是财务共享服务中心稳定运行的基础
创新管理	是指管理者通过鼓励员工在工作的过程中不断创新，对工作问题质疑和提出创新性解决方案的管理过程
学习管理	是以完善的培训管理体系和知识管理体系为基础，建立良好的学习环境和学习激励机制，最大限度地激发员工的学习热情，员工自主学习和公司培训双管齐下，将财务共享服务中心打造成学习型组织的过程

续表

名词	名词解释
标准化管理	是对财务共享服务中心的业务活动，制定共同和重复使用的规则的过程，帮助企业在一定范围内获得最佳秩序和最大经济效益的管理过程
质量管理	是为实现服务与产品输出过程与质量的完整、可靠而进行的管理性质的活动
OCR	光学字符识别，是指利用电子设备（例如扫描仪或数码相机）检查纸上打印的字符，通过检测暗、亮的模式确定其形状，然后用字符识别方法将形状翻译成计算机文字的过程
RPA	机器人流程自动化，是指通过用户界面层，模拟并增强人与计算机的交互，执行基于一定规则的、可重复操作任务的软件解决方案
财务机器人	是RPA技术在财务领域的具体运用，可以辅助财务人员完成交易量大、重复性高、易于标准化的基础业务
人工智能	是研究、开发用于模拟、延伸和扩展人的智能的理论、方法、技术及应用系统的一门新的技术科学。不特指某项技术，而是通过对一系列不同技术的有效组合，使机器能够以类似人类的智能水平展开行动，包括机器学习、自然语言处理、机器视觉、生物特征识别、人机交互、虚拟现实/增强现实、知识图谱等
财务数字化	是指在整个财务领域内，通过对企业内外部数据的及时、广泛采集，借助技术力量，充分挖掘数据价值，打造全新的数字化组织，使财务部门成为大数据中心，为管理者提供深入价值链的业务支持、有效精准的风险控制、数据驱动的决策支持

主要参考文献

［1］陈虎，孙彦丛．财务共享服务［M］．北京：中国财政经济出版社，2018.

［2］陈虎，孙彦丛．财务就是IT——企业财务信息系统［M］．北京：中国财政经济出版社，2017.

［3］陈虎，陈东升．财务共享服务案例集［M］．北京：中国财政经济出版社，2014.

［4］陈虎，孙彦丛，郭奕，等．财务机器人——RPA的财务应用［J］．财务与会计，2019（16）：57-62.

［5］陈虎，孙苗．以共享服务为基础的创造价值的财务管理体系［J］．财务与会计：理财版，2011（7）．

［6］郭奕，赵旖旎．财税RPA［M］．北京：机械工业出版社，2020.

［7］孙彦丛，郭奕，扶冰清．数字化时代的全员体验：费用报销系统［M］．北京：中国财政经济出版社，2021.

［8］孙彦丛，郭奕，扶冰清．数字化时代的全员体验：共享运营系统［M］．北京：中国财政经济出版社，2021.

［9］孙彦丛，郭奕，扶冰清．数字化时代的全员体验：电子影像&电子档案系统［M］．北京：中国财政经济出版社，2021.

［10］南京大学，中兴新云．智能财务教程［M］．南京：南京大学出版社，2019.

［11］霍兰德．现代会计信息系统［M］．杨周南，等译．北京：经济科学出版社，1999.

［12］郭奕．实施共享服务=上一套系统？［EB/OL］．［2017-04-21］．https：//qr31.cn/Feal2x.

［13］中兴新云，ACCA，通用电气（GE）全球运营．2017中国共享服务领域调研报告［EB/OL］．［2017-06-23］．https：//qr31.cn/AdAEx2.

［14］中兴新云，ACCA，上海财经大学．2018年中国共享服务领域调研报告［EB/OL］．［2018-12-04］．https：//qr31.cn/Ae50wA.

［15］中兴新云，中国会计报，西安交通大学．2019年中国共享服务领域调研报告——基于中央企业财务共享服务建设情况［EB/OL］．［2019-11-08］．https：//qr31.cn/D9qZB7.

［16］中国石化，ACCA．国有企业共享服务行业发展现状暨共享服务中心2019年调研报告［EB/OL］．［2019-11-28］．https：//qr31.cn/FsO7V4.

［17］中兴新云，ACCA，厦门国家会计学院．2020年中国共享服务领域调研报告

[EB/OL]. [2020-12-28]. https://qr31.cn/EBais7.

[18] 中兴财务云. 中兴财务云白皮书：国际化企业基于共享服务的全球财务管理[EB/OL]. [2016-04-22]. https://qr31.cn/DqPsWE.

[19] 张普霞. 一汽的财务数字化之路[J]. 国资报告，2020（6）：30-33.

[20] 李略，陈逢春，刘泽华. 中车时代电气：从传统财务会计到管理会计的转型升级[J]. 国资报告，2020（6）：41-47.

[21] 陈雪莹，宋洁，刘翠. 国网吉林电力开启智慧共享新华章[J]. 国资报告，2020（6）：34-40.

[22] 刘勤. 本土FSSC五大发展趋势[J]. 首席财务官，2017（18）：10-11.

[23] 德鲁克. 管理的实践[M]. 齐若兰，译. 北京：机械工业出版社，2018.

[24] 陈剑，梅震. 构建财务共享服务中心：管理咨询→系统落地→运营提升[M]. 北京：清华大学出版社，2017.

[25] 刘霞. 辉瑞制药财务共享服务运营策略研究[D]. 大连：大连理工大学，2011.

[26] 中国石油新闻中心. 中国石油集团国内财务共享业务全面上线[EB/OL]. [2020-10-22]. http://news.cnpc.com.cn/system/2020/10/22/030013753.shtml.

[27] 毕博. ERP与财务管理信息系统实施关键成功因素[EB/OL]. [2019-01-25]. https://qr31.cn/Fsqi9S.

[28] 美国生产力与质量中心APQC. 流程分类框架V7.0.5[EB/OL]. [2016-10-01]. https://qr31.cn/E6mi0K.

[29] 刘阳. FISS：施耐德电气新名片[J]. 首席财务官，2017（18）：24-30.

[30] 财政部. 企业内部控制应用指引第7号——采购业务.

[31] 财政部. 企业内部控制应用指引第9号——销售业务.

[32] 财政部. 企业内部控制应用指引第18号——信息系统.

[33] 财政部，国家档案局. 关于规范电子会计凭证报销入账归档的通知.

[34] 国资委. 关于加强中央企业财务信息化工作的通知.

[35] 财政部. 企业会计信息化工作规范.

[36] 财政部. 关于全面推进管理会计体系建设的指导意见.

[37] 财政部. 会计改革与发展“十三五”规划纲要.

[38] 深圳国资委. 深圳市国资委关于加强市属国有企业财务管理工作的指导意见.

[39] 山东国资委. 山东省国资委关于在省属企业开展财务共享中心试点工作的指导意见.

[40] 国资委. 关于开展对标世界一流管理提升行动的通知.

[41] 国资委. 关于中央企业加快建设世界一流财务管理体系的指导意见[EB/OL]. [2022-02-18]. http://www.sasac.gov.cn/n2588030/n16436136/c23471965/content.html.

[42] 财政部. 会计信息化发展规划（2021—2025年）[EB/OL]. [2021-12-30]. http://www.gov.cn/zhengce/zhengceku/2022-01/06/content_5666675.htm.

[43] 财政部，国家档案局. 中华人民共和国财政部　国家档案局令第79号——会计档案管理办法[EB/OL]. [2015-12-11]. http://kjs.mof.gov.cn/zhengcefabu/201512/t20151222_1625030.htm.

［44］财政部，国家档案局．关于规范电子会计凭证报销入账归档的通知［EB/OL］．［2020-03-23］．http：//kjs.mof.gov.cn/zhengcefabu/202003/t20200331_3490938.htm.

［45］财政部．会计改革与发展“十四五”规划纲要［EB/OL］．［2021-11-24］．http：//www.gov.cn/zhengce/zhengceku/2021-11/30/content_5654912.htm.